卓越文庫 EB014

探索精品館藏

國家圖書館特色館藏的歷史發展

Exploring the Fine Collection:
The Historical Development of Special Collections in
National Central Library of R.O.C. (Taiwan)

鍾雪珍　著

封面設計者：鍾棋
封面設計說明：以放大鏡欣賞竹簡，呈現特色館藏承載及記錄文字媒體之精美。

王 序

　　本書聚焦在研究圖書館一種館藏品之歷史發展，即以近百年來國家圖書館的「特色館藏」歷史發展為研究核心。一一探勘各歷史階段特色館藏的相關發展重點，收集包含政治、社會、經濟、科技、教育、法規、文化等面向，直接影響其演化之歷史因素及相互衝擊之相關事件史料，以便探析國家圖書館特色館藏整體發展之歷史脈絡。

　　本書歸納近百年來國家圖書館的特色館藏歷史發展中有六要項值得探討，包含 1.歷史背景與重要事件；2.組織結構，包含人事、預算、館舍等；3.特色館藏相關發展，包含（1）重要業務與計畫，例如：蒐購古籍、整理古籍、出版古籍、網路時代之數位化發展、推廣及行銷等相關議題探討；（2）預算、來源與整理利用；（3）蒐購與出版之內容、特色與數量；（4）法規等；4.出版品；5.服務，包含（1）技術服務；（2）讀者服務；（3）建置服務系統；（4）展覽；（5）利用教育等相關行銷議題及；6.國際與國內交流合作等。

II

探索精品館藏：國家圖書館特色館藏的歷史發展
Exploring the Fine Collection:
The Historical Development of Special Collections in National Central Library of R.O.C. (Taiwan)

　　本書有五個研究目的，包含 1.探析特色館藏之緣起及內涵與發展管理；2.探析國家圖書館功能變遷與特色館藏發展的關係；3.探析我國國家圖書館特色館藏在不同時期歷史背景及重要歷史發展與演變；4.探析數位時代我國國家圖書館特色館藏之作業現況、發展與問題。包含特色館藏之館藏描述、特色館藏發展政策、特色館藏數位化、特色館藏保存與特色館藏行銷之現況與特點；5.分析與歸納我國國家圖書館特色館藏歷史發展成果，及未來推動計畫與發展方向，並提出建議供國家圖書館及圖書資訊界參考。

　　本書運用三種研究方法，首先以文獻分析法探討及瞭解特色館藏緣起、內涵與發展管理，分析特色館藏與國家圖書館功能變遷之關係、及探索數位化特色館藏發展管理相關議題。繼以，歷史研究法探討我國國家圖書館特色館藏歷史發展的各階段發展重點。最後，輔以訪談研究法，訪談我國國家圖書館的特色館藏業務相關主管、實際作業人員及相關學者專家 15 位專業人士，收集各階段個人所親身經歷的特色館藏發展重要事件之意見及建議。訪談法可收集及挖掘出更多實際參與者、學者及專家不同觀點的研究資料，亦可補足文獻探討法及歷史法之不足。

　　「特色館藏（special collection）」之發展源起甚早，迄今已有幾千年歷史，但正式出現及運用於學術界是 20 世紀早期。1940 年代的研究文獻首次出現「特色館藏」這一學術名詞，1980 年代已成為被廣泛接受及普遍使用於學術圖書館，至 2000 年已是一俱有資訊時代新意義的專業學術名詞。近來，2003 年由美國研究圖書館學會（Association of Research Libraries, ARL）最早提出及對於特色館藏進行系統性的研究，包含重要性、定義、特質、功能、制訂發展規範及持續地長期推動特色館藏相關議題之研究計畫。

　　有西方學者認為今日資訊時代為特色館藏發展的新黃金時期，特色館藏發展已成為學術圖書館的一項重要任務、及大學評鑑指標之一，更是國家圖書館的首要功能及任務之一。面臨新興數位時代的網路科技挑

戰，特色館藏數位化發展相關議題之變革與衝擊，為今日全球圖書館所共同積極面對，及高度關注其最新發展趨勢之議題。

依據國家圖書館（2017）所新編定《國家圖書館館藏發展政策》，說明其所藏「特藏文獻」有 15 種內容，包括 1.善本古籍；2.普通本線裝書；3.歷代名家手稿；4.館史檔案；5.金石拓片；6.晚清百年期刊；7.古書契；8.古地圖；9.版畫；10.19 世紀以來之攝影圖像以及外國以中國和臺灣為主題之相關畫冊報導；11.各式版畫；12.石印；13.清末民初日治時期老明信片；14.印刷史文物；及 15.臺灣珍稀文獻等資料。其中所謂善本古籍係指凡是經過精刻、精鈔、精校、精注，且流傳稀少或清乾隆 60 年（1795）以前創作或刊行年代久遠之書本，或有名人批點，或是稿本，皆可稱之為善本。至於資源之珍貴性未達前述善本之古籍者，則列為普通本線裝書。

可知，國家圖書館所定義的「特藏文獻」無論在資料內容或是資料型態上都是具有獨特價值的館藏，與國外對於「特色館藏」的定義及內涵一致。我國國家圖書館稱「特藏文獻」，或直接稱呼為「特藏」，既是行政業務部門名稱，也是特色館藏資源之慣稱。國內外學術界之英文用語皆為 special collection，學術用語一致。因此，「特色館藏」、「特藏文獻」或「特藏」等名詞，國內外學術界無論在意義、內涵與學術用語方面，都是一致與相通的。

國家圖書館特色館藏之歷史發展，自 1933 年籌設迄今（2017）年已有 84 年歷史。1933 年籌備處時期，運用善本圖書之特色與價值影印《四庫全書珍本》作為國際交換的出版品，該期在抗戰後方也持續進行交換業務。尤其，1940 年國立中央圖書館（國家圖書館之前稱）正式成立後，於抗戰期間的二年（1940-1941 年），由「文獻保存同志會」於上海古籍搶救與蒐購計畫，所購得善本古籍質量兼佳，佔目前館藏量 1/3 以上。此為我國國家圖書館特色館藏歷史發展之重要事件。該期重要特色館藏出版品為《玄覽堂叢書》及《國立中央圖書館善本書目初稿》是近世善

IV

探索精品館藏：國家圖書館特色館藏的歷史發展

Exploring the Fine Collection:
The Historical Development of Special Collections in National Central Library of R.O.C. (Taiwan)

本書目編製範例。可知，國家圖書館自成立以來，就開始建立重視善本古籍特色館藏在國家文化與歷史發展的意義及價值傳統，也以保存民族文化及國家文獻，與建設現代圖書館為職志。

古籍文獻之意義與價值，依據鄭振鐸在《文獻保存同志會第三號工作報告書》一文，說明國家圖書館抗戰期間上海蒐購古籍行動之歷史意義：「民族文獻、國家典籍為子子孫孫元氣之所系，為千百世祖先精靈之所寄。若在我輩之時，目睹其淪失，而不為一援手，後人其將如何怨悵乎？！」。可知，古籍文獻乃祖先精靈所寄存，及滋養子孫元氣之慰藉，是國家歷史與文化傳承的重要傳媒之一。當時是有賴同志們齊心戮力一起完成的志業，目的就是為保存珍貴的民族文獻與國家典籍。

我個人擔任國家圖書館館長時也很重視古籍所代表的意義及其相關業務之推動，在 2013 年的《古籍蒐藏與整理》一文，我強調：「國家圖書館有促進文化發展的功能，「發揚國學」是履行其文化使命的任務之一，而具體的實踐就在古籍蒐藏與整理。我在國立中央圖書館期間，持續推動古籍蒐集、典藏、維護與整理各項工作，並開始善本古籍的編目建檔，是國際間最早進行中文古籍書目自動化的機構之一」。可知，古籍為特色館藏文獻的一種資料類型，也是早期特色館藏發展所收藏的主要來源與典藏大宗。

個人自國家圖書館退休後，每逢 4 月 21 日國家圖書館館慶日，我時常接受現任館長邀請，回館為同仁們進行勵志型的演說及分享，以鼓舞同仁們持續精進館務。所以，我與國家圖書館同仁們持續都有互動。尤其，多年來擔任國家圖書館館刊及相關出版之評審工作，協助審閱同仁們的學術著作，給予建議及評語。我見證同仁們的努力不懈及奮鬥上進，當然也包含本書作者多年的作品。

本書作者曾在國內外大學接受完整的圖書資訊學教育，並在政治大學圖書館及國家圖書館服務及授課多年，並獲得國立政治大學圖書資訊檔案所博士學位。本書廣收國內外重要相關研究資源，今鍾女士將其博

士論文整理、增補資料出版，為臺灣及全球圖書資訊界新添一份有意義
及有價值的研究文獻，茲值付梓，特表祝賀，期勉持續精進。

王振鵠

中華民國 107 年於臺北

自 序

　　1990 年因緣際會，筆者幸運進入美國佛羅里達州立大學（Florida State University, FSU）的圖書資訊學研究所就讀，並在該所電腦實驗室(Compute Lab)擔任助教，負責協助該所研究生完成圖書資訊的電腦軟體實習及操作機器必修的資訊素養課程。當時，處於個人電腦(personal computer)剛研發入市及網際網路（Internet）尚未問世的情勢，研究生必修上網及檢索各種主題資料庫，為一先進尖端科技應用，也是昂貴的專業培訓。美國佛大圖資所的學習及工作，是開啟我第一個美好圖書館學習、及愉快工作經驗的好學校。

　　1990 年代為資訊科學普及化的萌芽期，適逢世界各國大幅更改圖書館學系所名稱，「去圖書館化」的現象很普遍，美國為先進大國，其大學圖書館科系率先重視學生的資訊科技應用素養，及圖書資訊學的專業養成教育。佛大三年的電腦室助教工作歷練，我有一種「山雨欲來風滿樓」變革前夕，及新時代將來臨之警覺力。資訊科技的普及應用對於圖書館

學教育，及各項圖書館實際業務的管理發展衝擊很大。在館藏發展部分，包含特色館藏之館藏發展、管理有何種衝擊及變遷？資訊科學引起圖書館學發展的典範變遷及典範轉移，已形成一種圖書館變革的壓力，同時也為圖書館改革帶來新動力。影響為何？值得深入探討。這是默默植下筆者撰寫本書的動機之一。

　　第二個美好圖書館學習及愉快工作單位，是中華民國位於臺北的國家圖書館。自 1992 年學成歸國以來，我有機會持續及長期參與國家圖書館的各項實務工作及數位發展計畫。尤其，2000 年起參與國家圖書館與政治大學及與中山大學合辦的合辦「學校圖書館專業人員進修學士學分班」、「圖書館專業人員在職進修學分班」，教授「西文參考資源」、「參考資源與服務」及「資訊檢索服務」等課程。十多年授課經歷，持續累積筆者圖書資訊學專業知識，也深深發現「館藏發展」是圖書館開展各項服務前，最基礎及重要的上游業務工程。我也參與十年的「國家典藏數位計畫」及「數位典藏國家型科技計畫 」，累積數位化之相關知識及經驗。

　　其間，我長期負責的工作之一是接待各國貴賓，並協助導覽國家圖書館特色館藏資源。多年的導覽歷練，讓我親身體驗及見證到，特色館藏實為一國家圖書館特藏品的獨特要角，及其具有代表一國特殊歷史發展及文化價值之獨特功能。國家圖書館的「善本室」一如貴賓室、空間設計典雅，為特色館藏之保存、典藏、展示及服務空間。珍藏在「善本室」的典藏品一如閃閃發亮的黃金鑽石，總是深深吸引住貴賓們目光，其歷史意義、價值及功能是無可取代的。研讀善本古籍特色館藏資源，一直是我長期的興趣及學習主題，也是深植研究本書的動機之二。

　　2011（民國 100）年國立政治大學「圖書資訊與檔案學研究所」成立第一屆博士班，當時筆者在國家圖書館服務滿 20 年，正值個人專業工作及學習發展成熟及穩健的黃金期。我對於圖書館事業的熱愛以及對於國家圖書館的各項專業發展，滿懷興趣及信心。在博士班修習及撰寫博

士論文期間，多位師長鼓勵我將博士論文加以改寫，透過正式出版可擴
大流通層面，以增強臺灣學術研究成果的曝光度及傳播力。

　　本書內容實為筆者之博士論文《我國國家圖書館特色館藏歷史發展
之研究》，加以修改及增補資訊的學術研究作品。研究者立足於中華民國
之角度及思維，客觀、真實、中立、及忠實於真實歷史發展史料的研究
精神，進行國內外相關文獻收集及撰述。研究對象為今日位於臺北的國
家圖書館，溯自 1933 年位於中國大陸南京籌備期的國立中央圖書館，及
迄今（2017）年的歷史發展。

　　本書內容共有十一章，包含第一章緒論，說明特色館藏之重要性、
研究緣起及發展趨勢之問題陳述；第二章說明本書整體研究歷程；第三
章探討及分析國內外相關重要研究文獻；第四章之後以介紹國家圖書館
特色館藏歷史發展為主體，包含之後的五章國家圖書館五個時期之特色
館藏歷史發展；第九章綜合討論；第十章訪談研究結果與分析，及最後
一章，即第十一章提出研究結論與建議。

　　人類歷史發展可比喻為一條浩浩蕩蕩的大河，河身雖有曲、有直之
處，河流雖有緩、有急之時，但是它是一條完整的河，總是匯流、承載
及記錄人類生命整體的歷史發展。本書聚焦探討國家圖書館特色館藏的
歷史發展，從紙本印刷年代、持續跨越到數位出版，從紙本管理到數位
出版、數位保存、數位行銷等管理變革。運用「文獻探討法」、「歷史法」
及「訪談研究法」三種研究方法，收集過去所發生歷史事實及真實史料，
並以科學的態度加以研究及分析，進行檢驗和證實，再透過系統的整理
和解釋，以提出研究結果及建議。本書達成特色館藏歷史發展之重建過
去歷史發展、瞭解現狀發展以及預測未來發展趨勢等目標，也客觀、中
立及真實重現各時期發展變革及創新，恰如觀賞一條浩浩蕩蕩的大河歷
史發展。

　　感謝寫作過程中，接受很多協助及支持。感謝師長們、同學們、親
朋好友們時時都在一旁，持續送出熱情的協助及鼓勵。感謝元華文創股

份有限公司的蔡佩玲經理及陳欣欣小姐，熱心協助編排出版。本書囿於
個人時間、體力、知識力及智慧力有限度，內容難以完美無瑕、無懈可
擊。不足之處，尚祈先進與同道們包涵，不吝指教。

鍾雪珍

謹誌於臺北木柵

中華民國 107 年 6 月 6 日

目　次

II

探索精品館藏：國家圖書館特色館藏的歷史發展

Exploring the Fine Collection:
The Historical Development of Special Collections in National Central Library of R.O.C. (Taiwan)

▶ IV

探索精品館藏：國家圖書館特色館藏的歷史發展

Exploring the Fine Collection:
The Historical Development of Special Collections in National Central Library of R.O.C. (Taiwan)

探索精品館藏：國家圖書館特色館藏的歷史發展

Exploring the Fine Collection:
The Historical Development of Special Collections in National Central Library of R.O.C. (Taiwan)

圖　次

表　次

第一章

緒　論

「民族文獻、國家典籍為子子孫孫元氣之所系，為千百世
祖先精靈之所寄。若在我輩之時，目覩其淪失，而不為一援手，
後人其將如何怨悵乎？！」。可知，古籍文獻乃祖先精靈所寄
存，及滋養子孫元氣之慰藉，是國家歷史與文化傳承的重要傳
媒之一。

鄭振鐸（1941）《文獻保存同志會第三號工作報告書》

"……, our Special Collections play a critical role. ……, our Special
Collections tend to the unique. They comprise manuscripts and archival
collections unduplicated elsewhere and one-of-a-kind or rarely held books.
They also include items precious through their rarity, monetary value, or their

2

探索精品館藏：國家圖書館特色館藏的歷史發展
Exploring the Fine Collection:
The Historical Development of Special Collections in National Central Library of R.O.C. (Taiwan)

association with important figures or institutions in history, culture, politics, sciences, or the arts. "

　　　— Association of Research Libraries(2003). The Unique Role of Special Collections Special Collections: Statement of Principles, 2003 Research Libraries and the Commitment to Special Collections

　　特色館藏（special collections）為一種特殊的圖書館之館藏類型，俱有長久的發展歷史，其重要性、珍貴性及稀有性一如閃閃發亮的黃金及鑽石，總是吸引人們目光，是世界各類型圖書館所共同重視的館藏品。尤其是各國的國家圖書館，因其成立目標與功能是以永久典藏國家重要歷史與文化的特色館藏資源為首要任務，都會特別關注特色館藏發展的相關議題。今日面臨新興網路科技與數位時代的挑戰，特色館藏數位化因發展相關議題之變革與衝擊，為全球圖書館所必須積極面對及高度關注其最新發展趨勢。

　　特色館藏之發展源起甚早，迄今已有幾千年歷史，但正式出現及運用於學術界是 20 世紀早期。「特色館藏」成為一學術名詞可溯源自 1940 年代的研究文獻[1]，而 1980 年代已成為被廣泛接受及普遍使用於學術圖書館，至 2000 年已是一俱有資訊時代新意義的專業學術名詞。近來，由美國研究圖書館學會（Association of　Research Libraries, ARL）最早提出對於特色館藏系統性的研究與說明，包含重要性、定義、特質、功能與發展規範等。之後，ARL 也持續推動特色館藏相關議題之研究計畫。

　　2003 年美國研究圖書館學會發表〈特色館藏的獨特角色〉 （The

---

[1] Thomas, Lynne M. (2009). Special collections and manuscripts. In *Encyclopedia of Library and Information Sciences* (3rd ed.).　New York, NY : Taylor and Francis. 4949. （http://dx.doi.org/10.1081/E-ELIS3-120044336）

Unique Role of Special Collections）一文，聲明：「特色館藏不僅是美國
研究圖書館學會成員圖書館的核心任務，也是研究圖書館的關鍵識別之
一。（Special collections represent not only the heart of an ARL library's
mission, but one of the critical identifiers of a research library.）」。[2] 此聲明
為一劃時代之創新作法，美國研究圖書館學會正式明文將特色館藏發展
列為學術圖書館的核心任務；並在其官方網站上，將特色館藏列為研究
發展的重要議題（key issues）之一。從此，ARL 正式倡導特色館藏支援
研究者的學術研究、探索與詮釋人類歷史與文化之工具性功能，為專業
學會實踐其角色及功能之公開強調與呼籲。

　　尤其，今日面臨新興網路科技與數位時代挑戰，及特色館藏數位化
發展相關議題的變革與衝擊，全球圖書館應嚴肅面對及更必須高度關注
特色館藏最新發展趨勢。已有西方國家學者樂觀指出，未來將會是特色
館藏發展的新黃金時期之到臨。[3]

　　國家圖書館職司完整典藏國家文獻，必須收藏代表一國獨特歷史發
展意義與文化價值的文獻資源；而此文獻資源，正是世界各國國家圖書
館建置各俱其國家的獨特歷史意義及文化價值之特色館藏的活水源頭。
所以，各國國家圖書館都積極收藏代表其國家歷史發展之重要民族文獻
及國家典籍；透過此文獻典籍，可直接展現各國的真實歷史文化發展及
民族精神特點。然而，各國國家圖書館除履行國家圖書館的角色、功能
與任務外，還需支援學術研究，同時兼具學術圖書館與研究圖書館的功
能與任務，必須積極建設館藏與提供完善的學術研究資源。因此，國家
圖書館必須關注特色館藏資源重要議題，包含緣起、義涵、館藏建設、

---

[2] Association of Research Libraries. (2003). The Unique role of special collections. Retrieved from
http://www.arl.org/storage/documents/publications/special-collections-statement-of-principles-
2003.pdf

[3] Albanese A.R. (2005). Rarities online. Library Journal, 130. (Supplement), 40-43.

4

探索精品館藏：國家圖書館特色館藏的歷史發展
Exploring the Fine Collection:
The Historical Development of Special Collections in National Central Library of R.O.C. (Taiwan)

發展、管理及最新發展趨勢等，其實際運作為何？

我國國家圖書館早在 1940 年，正式成立於大陸南京為國立中央圖書館籌備處之初，於對日抗戰期間的二年（1940-1941 年），在淪陷區進行蒐購代表民族文獻與國家典籍的上海古籍搶救與蒐購行動，此為我國國家圖書館特色館藏歷史發展之重要事件。古籍是古代出版的圖書、刊物及文獻典籍，為特色館藏重要資料內容與資料類型之一；我國國家圖書館稱為特藏或特藏文獻。自圖書館成立以來，古籍一直為特色館藏文獻的一種資料類型，為早期特色館藏的館藏發展所收藏的主要來源，也是至今的典藏大宗。

古籍文獻之意義與價值，依據鄭振鐸在〈文獻保存同志會第三號工作報告書〉一文，說明國家圖書館抗戰期間上海蒐購古籍行動之歷史意義：「民族文獻、國家典籍為子子孫孫元氣之所系，為千百世祖先精靈之所寄。若在我輩之時，目覩其淪失，而不為一援手，後人其將如何怨恨乎？！」。可知，古籍文獻乃祖先精靈所寄存，及滋養子孫元氣之慰藉，是國家歷史與文化傳承的重要傳媒之一。當時是有賴同志們齊心戮力一起完成的志業，目的就是為保存珍貴的民族文獻與國家典籍。[4]

抗戰期間的上海蒐購古籍計畫是在戰爭威脅的危險環境下進行的，為當時的時空背景之下，我國國家圖書館建設其特色館藏資源的館藏發展方式之一。目標是保存重要民族文獻與國家典籍，作為永久傳承未來世代，正是國家圖書館成立的首要功能與任務。可知，沿革至今的永久典藏與傳承代表民族文獻與國家典籍的特色館藏資源，一直是我國國家圖書館遵循的傳統使命、任務與功能。同時，建設代表國家歷史文化特色館藏資源，也是世界各先進國家圖書館實踐其國家圖書館功能與任務，是共同遵循的作法之一。

---

[4] 鄭振鐸（1941）。文獻保存同志會第三號工作報告書；顧力仁、阮靜玲（2010）。國家圖書館古籍蒐購與鄭振鐸。國家圖書館館刊，14，130。

今日邁入網路時代，長期研究國家圖書館發展議題的著名英國學者
Line（1998）在〈網路時代國家圖書館之任務？〉(What Do National
Libraries Do in the Age of the Internet?) 一文中提出，處理數位化資源為
當今數位時代國家圖書館的一項新挑戰。[5] 所以，對於國家圖書館的成
立目的與功能雖然各國稍有不同的定義與期望，但是面臨數位時代的來
臨與衝擊，各國都必須處理數位化資源是共同重視的議題。Line 同時強
調，國家圖書館將具有代表國家歷史與文化遺產意義的特色館藏，進行
數位化之典藏維護、數位保存、數位行銷與開發利用等相關工作，以期
建立真正代表國家歷史文化的特色館藏，將是未來發展的一大議題。

　　當今，迎接數位時代的衝擊，世界先進國家圖書館都積極關注特色
館藏的最新發展趨勢與議題，也參加各種數位化合作計畫。可見，重視
國家圖書館特色館藏發展是現今數位時代的重要趨勢，深入研究我國國
家圖書館自籌備、創館、復員、遷臺復館、文化建設時期及網路自動化
迄今，80 多年來特色館藏整體的發展歷史，探究不同階段的歷史背景與
重要事件演進，是一個值得研究的重要議題。

　　Fung（1994）在其博士論文《中國國立中央圖書館社會使命之演進，
1928 年至 1966 年》(*The Evolving Social Mission of the National Central
Library in China (1928-1966)*) 一書，說明從 1928 至 1966 年約 40 年之
間，有兩項重要因素：1.文化傳統；及 2.中國國家意識的覺醒，促成國
立中央圖書館的成立與發展。其結論，分析出六項近代歷史發展因素，
包含文化因素、社會因素、經濟因素、政治因素、科技因素及人物因素
等，都是顯而易見影響國家圖書館歷史發展的外在環境因素。[6] 本書充

---

[5] Line, Maurice B. (1998). What do national libraries do in the age of the Internet? Ariadne, 13, 6-7.

[6] Fung, Margaret Chang (1994). *The Evolving Social Mission of the National Central Library in China (1928-1966)*. Taipei, Taiwan: National Institute for Compilation and Translation.【張鼎

6

探索精品館藏：國家圖書館特色館藏的歷史發展
Exploring the Fine Collection:
The Historical Development of Special Collections in National Central Library of R.O.C. (Taiwan)

份說明一個國家圖書館的所肩負的社會使命及其重要歷史發展。由此可知，國家圖書館各項專業發展，包含其特色館藏發展是與我國國家的整體歷史發展脈絡息息相關。自 1933 年成立以來，我國國家圖書館特色館藏之歷史發展與國家的政治、經濟、科技、文化、教育及社會等各項重要演化因素之進展相繫相連。

基於上述，特色館藏俱長久發展歷史，也是世界所有先進國家圖書館成立的首要共同任務之一，數位時代的典範轉型與創新發展趨勢，特色館藏亦為關鍵發展要素之一，深俱研究之意義及價值。

本書內容共有十一章，完備探討及說明國家圖書館特色館藏的歷史發展整體脈絡。第一章緒論，說明特色館藏的歷史發展、重要性、相關議題與最新發展趨勢之問題陳述；第二章研究歷程，說明整體研究的目的、問題、方法、對象、限制與範圍、步驟與流程；第三章文獻探討，為國內外特色館藏相關重要文獻之扼要整理、分類及探討；第四章是國家圖書館特色館藏歷史發展籌備時期（民國 22 年-26 年）；第五章是國家圖書館特色館藏歷史發展抗戰西遷至成立及復員時期（民國 27 年-37 年）；第六章是國家圖書館特色館藏歷史發展遷臺復館時期（民國 38 年-65 年）；第七章是國家圖書館特色館藏歷史發展文化建設時期（民國 66 年-84 年）；第八章是國家圖書館特色館藏歷史發展網路及自動化應用時期（民國 85 年-106 年）；第九章是綜合討論；第十章是訪談研究結果與分析；及第十一章是研究結論與建議。

鍾（1994）。中國國立中央圖書館社會使命之演進（1928 年至 1966 年）。臺北市：國立編譯館。】

第二章

研究歷程

　　本研究進行國家圖書館特色館藏之歷史發展探討，本章說明整體研究進行之歷程，以便於呈現透過社會科學之嚴謹研究方法所獲得的整體研究成果、結論及建議。本章內容共分為六節，包含第一節研究背景與動機；第二節研究目的與設計；第三節研究方法與對象；第四節研究範圍與限制；第五節研究步驟與流程；及第六節資料處理與分析。

一、研究背景與動機

　　圖書館的誕生宛如萬古長夜的一道文明曙光降臨，照亮了萬古長夜的人類心靈。圖書館具有保存人類知識及啟發人類智慧的功能，自古以來，圖書館是知識儲存、管理與服務的機構，是人類智慧的總匯，更是一個國家歷史文化發展之整體表徵。

8

探索精品館藏：國家圖書館特色館藏的歷史發展
Exploring the Fine Collection:
The Historical Development of Special Collections in National Central Library of R.O.C. (Taiwan)

　　圖書館的發展歷史已有數千年，隨著不同時代與地區的政治、社會、經濟、文化與科學技術發展，圖書館的角色、功能、任務及服務不斷變遷、轉型及典範轉移。各類型圖書館例如：國家圖書館、學術圖書館、公共圖書館、專門圖書館及學校圖書館，因設立目標與服務對象不一，因此有不同的館藏發展重點及方向。各類型圖書館依據其設立目標及服務對象，各自收集不同類型與主題的「館藏」；也制訂不同重點的「館藏發展政策」，以便指引其圖書館實際作業，以利建置符合其設立目標與服務社群所需的館藏資源與特色主題資源。[1]

　　「館藏（collections）」是圖書館組成的基本單位與靈魂要素，所有的選擇、採訪、編目、流通、參考等業務活動，都根源自館藏。圖書館功能之發揮，實繫於其館藏之建立。[2] 唯有透過嚴謹的館藏發展與管理，圖書館才能真正達成其設立目標與發揮應有功能，並持續提供優質服務。「特色館藏（special collections）」是圖書館整體館藏的一部份，也是整體館藏發展的一種資料主題與資料類型；由此可知，特色館藏的發展管理是圖書館整體館藏發展的一個重要部份。現今，由傳統紙本圖書文獻的時代轉型及邁入網路數位時代，如何運用新科技之便利與結合當代管理科學相關理論於特色館藏之實際作業中？是一應重視的新興課題。

　　國家圖書館成立的目的與功能，職司國家圖書文獻蒐集、歷史文化資源的整理與典藏之總書庫。而國家圖書館為因應各時代的不同任務與不同需求，尤其面臨網路與數位時代的衝擊，國家圖書館的功能有何變遷？我國國家圖書館因經歷各時代的不同歷史發展，其設立目標及服務對象也跟隨時代變遷而有不同需求，也同時進行逐步調整，特色館藏的發展歷史脈絡為何？現況為何？值得重視及探討。

---

[1] Johnson, Peggy. (2014). *Fundamentals of collection development and management.* (3rd ed.). Chicago, IL: American Library Association. 1-3, 7-8.

[2] 吳明德（1991）。館藏發展。臺北市：漢美。頁 1-3。

Smith（2006）在〈特色館藏數位化：衝擊與議題之文獻回顧〉（Digitalization of Special Collections: Impact and Issues, a Literature Review）一文，透過整理與回顧特色館藏發展相關議題提出：「因為網路時代的來臨與數位化科技的時代風潮影響，特色館藏發展管理業務與特色館藏事業，正在經歷一個巨大與戲劇化的轉變」，該轉變即是特色館藏數位化發展。其包含三大策略：1.數位化是一種保存策略（digitization as a preservation strategy）；2.數位化是一種促銷策略（digitization as a promotional strategy）；3.數位化是一種取用策略（digitization as an access strategy）。[3] 可見，網路時代的特色館藏數位化是一個重要的研究主題。而其影響為何？亦值得研究。

王振鵠（2013）在〈古籍蒐藏與整理〉一文說明：「國家圖書館有促進文化發展的功能，「發揚國學」是履行其文化使命的任務之一，而具體的實踐就在古籍蒐藏與整理。我在國立中央圖書館期間，持續推動古籍蒐集、典藏、維護與整理各項工作，並開始善本古籍的編目建檔，是國際間最早進行中文古籍書目自動化的機構之一」。[4] 古籍與特色館藏的關係為何？古籍在數位時代所面臨的衝擊及變遷為何？其營運及管理有何改變？

我國國家圖書館首任館長蔣復璁對於中央圖書館所應有的文化屬性甚有見地，他曾於民國 28 年陳報教育部公文中述及：「國立圖書館有促進文化之使命，其事繁，其責重，非多用專才，廣籌經費，不足以收全功。本館之工作範圍，不僅限於內部，凡有關全國圖書館事業，無不悉力以赴。諸如接辦出版品國際交換，以溝通文化；選印四庫全書，以發

---

[3] Smith, Carol. (2006). Digitization of special collections: Impact and issues a literature review. Info 663 – tech processes in libraries.
    Retrieved from http://www.carolsmith.us/downloads/663digofspecialcoll.pdf
    special collections libraries. Library trends, 51(1), 87-103.

[4] 王振鵠（2013）。古籍蒐藏與整理。國家圖書館館訊，102（4），57-64。

10

探索精品館藏：國家圖書館特色館藏的歷史發展
Exploring the Fine Collection:
The Historical Development of Special Collections in National Central Library of R.O.C. (Taiwan)

揚國學；辦理印刷所，以輔助出版事業」。蔣慰堂先生服務中央圖書館近
三十年，館內致力於古籍蒐藏與整理，包括選印文淵閣四庫全書為四庫
珍本初集，與國內外重要學術機關進行交換，充實館藏；利用中英庚款
補助建館基金，蒐購淪陷區私藏古籍，奠定館藏善本基礎；撤運善本古
籍來臺灣，保存國家文物，並提供學術研究資源，促使臺灣成為漢學研
究重鎮；又透過駐美大使館，洽取前北平圖書館所託存善本圖書，運返
臺灣，充實研究資料，以上各項工作影響深遠。[5]

　　由此可知，我國國家圖書館自籌備創館時期即開始重視國家重要珍
貴圖書文物的蒐藏與整理，自 1933 年籌備期迄今（2017）年，在 84 年
的歷史洪流中自艱辛籌創迄今，其間因連年戰亂，輾轉播遷，由南京西
遷重慶，復員後又由南京東渡臺北，三度搬遷，流離道途，備極艱辛。
多年所蒐藏、累積與整編的古籍文獻館藏之歷史發展，是一直以保存民
族文化，與建設現代圖書館為職志，始終精進不懈怠。所以，古籍文獻
一直是特色館藏的重要部分之一。近年我國國家圖書館積極進行古籍文
獻數位化與國際合作計畫，與世界發展同步。全球學術圖書館也重視特
色館藏的數位化相關合作業務，特色館藏數位化是一個重要研究議題，
其變遷為何？值得研究。

　　自 2003 年美國研究圖書館學會發表《特色館藏的獨特角色》後，陸
續制訂特色館藏發展相關的全盤性作業指引規範，供其成員圖書館共同
遵守與運用。相關的指引規範，計有：「特色館藏的作業原則」、「特色館
藏專業人員工作指引」、「大型特色館藏數位化作業的代理商與出版商合
作關係作業原則與指引」等。[6] 美國研究圖書館學會強調進行數位化特

---

[5] 同前註。

[6] Association of Research Libraries. (2010). Statements, principles and reports of ARL special
collections working groups.
Retrieved from http://www.arl.org/focus-areas/research-collections/special-collections/2482-s
tatements-principles-and-reports-of-arl-special-collections-working-groups#.Vl7JTnYrLV0

色館藏發展，必須與數位化作業的代理商與出版商合作，雙方進行數位化作業時必須共同遵守之規範及相關議題，都是值得關注與探索的。

　　有關特色館藏的調查與研究一直持續受到關注與推動，美國圖書館學會（American Library Association, ALA）於 1979 年做過一次全國性的 66 個會員調查，1998 年又進行第二次全國性的 99 個學術圖書館會員的特色館藏調查研究。2010 年 OCLC 亦完成〈為我們的時代把脈：OCLC 特色館藏與檔案調查研究〉（Taking Our Pulse: The OCLC Research Survey of Special Collections and Archives）一文，總共進行 275 所美國與加拿大地區的學術與研究圖書館的特色館藏與檔案的調查研究。[7] 綜觀此三次調查研究之進行，可見先進的美國圖書館學會與圖書資訊組織持續重視特色館藏發展，是否有值得我國借鑑的具體觀念與實際作法？深具探討之價值。

　　依據中華民國「圖書館法」第四條，我國國家圖書館設立宗旨為「徵集、整理及典藏全國圖書資訊，保存文化、弘揚學術，研究、推動及輔導全國各類圖書館發展之圖書館」。又依據該法第十五條「為完整保存國家圖書文獻，國家圖書館為全國出版品之法定送存機關。」，國家圖書館作為全國出版品(含電子媒體)之法定送存及永久典藏機關，以典藏國家文獻為職責，並兼顧服務需求。教育部於民國 101 年 2 月 3 日公布「國家圖書館組織法」，其立法目的為「教育部為辦理徵集、整理及典藏全國圖書資訊，弘揚學術，研究、推動及輔導全國各類圖書館發展之業務，特設國家圖書館」。訂定國家圖書館任務主要有十項，第一項為：國家珍貴圖書文獻保存政策與作業之規劃、協調、督導及推動執行。[8] 我國

---

[7] Dooley, Jackie M., & Luce, Katherine. (2010). Taking our pulse: The OCLC research survey of special collections and archives. Dublin, OH: OCLC Research.
Retrieved from http://www.oclc.org/research/publications/library/2010/2010-11.pdf

[8] 教育部（2012）。國家圖書館組織法。

12

探索精品館藏：國家圖書館特色館藏的歷史發展
Exploring the Fine Collection:
The Historical Development of Special Collections in National Central Library of R.O.C. (Taiwan)

國家圖書館同時肩負國家圖書館及學術圖書館的雙重角色與任務，其第一項任務就直接以條文描述有關國家珍貴圖書文獻保存之任務，是對特色館藏的優先性與重要性的聲明，可見國家圖書館對特色館藏之重視程度。

我國國家圖書館重視館藏之管理，制訂館藏發展政策以強化館藏發展，作為發展館藏業務之作業規範，依據國家圖書館發展之任務與目標，將館藏購置經費妥善分配運用，以便有效充實各類型館藏資源。[9] 自民國 75 年搬遷至新館後，開始啟動制訂第一版館藏發展政策作業。至 2017 年，已陸續修改五次版本，目標是完整收藏國家重要出版品與提供優質服務。國家圖書館對於特色館藏的館藏發展政策之書寫方式是自 2012 年版、與新修訂的 2017 年版的《國家圖書館館藏發展政策》中加入一個新章節「特藏文獻」，內容上除新導入近年來蓬勃發展的數位出版相關資源外，2012 年版首次將特色館藏發展獨立成一個章節進行書寫，以便完整描述其重要內容。該章節包括五個項目：1.蒐藏範圍；2.館藏概況；3.徵集政策；4.徵集工具；5.館藏評鑑與維護等。[10]

面臨網路與數位科技帶來的快速改變與衝擊，徒依據制訂館藏發展政策是不足以因應快速變遷與使用者需求。因此，世界先進國家的圖書館也同時積極進行各種特色館藏數位化計畫、教學與研究、展覽與出版及其他的行銷相關計畫或活動，以便積極活化運用特色館藏資源。[11] 我

檢自：http://www.rootlaw.com.tw/LawArticle.aspx?LawID=A040080010010700-1010203

[9] 國家圖書館編（2007）。國家圖書館館藏發展政策。臺北市：國家圖書館。頁 1。

[10] 國家圖書館編（2017）。國家圖書館館藏發展政策：館藏發展政策。頁 32-35。檢自：
http://nclfile.ncl.edu.tw/files/201701/02c13919-590f-479c-8db3-8eae9a97151d.pdf

[11] Association of Research Libraries. (2010). Statements, principles and reports of ARL special collections working groups.
Retrieved from http://www.arl.org/focus-areas/research-collections/special-collections/2482-statements-principles-and-reports-of-arl-special-collections-working-groups#.Vl7JTnYrLV0

國國家圖書館特色館藏起源、歷史發展及作業現況為何？與落實國家圖書館功能關係為何？特色館藏的資料類型與主題形式是呈現何種面貌？均值得瞭解與探討。

數位時代先進國家運用科學管理技術於特色館藏發展，例如：加強相關政策規劃、館際互動與合作計畫。各國陸續積極推動相關計畫與策略，包括 1.特色館藏發展的相關政策：配合國家圖書館職掌必須制訂特色館藏發展的相關政策，包含推動圖書館特色館藏徵集的「特色館藏的徵集計畫」、特色館藏資源整理與典藏的「特色館藏典藏政策」；2.「特色館藏數位化政策」：將既有特色館藏實體資源加以數位化，而數位化作業需要與相關圖書資訊界與數位出版產業界合作的相關作業規範與指引；3.「特色館藏保存政策」：制訂保存政策，以維護特色館藏可長久使用；4.「特色館藏行銷政策」：針對特色館藏資源進行加值利用與推廣。這些都是重要議題，值得探討。

二、研究目的與設計

本研究首先運用文獻分析法以瞭解特色館藏緣起、內涵與發展管理，分析特色館藏與國家圖書館功能變遷之關係；並探索資訊社會之數位化特色館藏發展管理相關重要議題。其次，探討我國國家圖書館特色館藏歷史發展、各階段的重要歷史發展背景及重要事件。最後，根據我國國家圖書館特色館藏歷史發展及現況，歸納研究結果與建議供國家圖書館特色館藏發展方向參考。簡而言之，五個研究目的為：

一、 探討分析特色館藏之緣起及內涵與發展管理。

二、 探討分析國家圖書館功能變遷與特色館藏發展的關係。

三、 探討我國國家圖書館特色館藏在不同時期之歷史背景，及重要歷史發展與演變。

14

探索精品館藏：國家圖書館特色館藏的歷史發展
Exploring the Fine Collection:
The Historical Development of Special Collections in National Central Library of R.O.C. (Taiwan)

四、 探討分析數位時代我國國家圖書館特色館藏之作業現況、發展
與問題。包含特色館藏之館藏描述、特色館藏發展政策、特色
館藏數位化、特色館藏保存與特色館藏行銷之現況與特點。

五、 分析與歸納我國國家圖書館特色館藏歷史發展之成果，及未來
推動計畫與發展方向，並提出建議供我國國家圖書館及圖書資
訊界參考。

依據以上五個研究目的進行五項研究問題之探討，包含：1.特色館
藏的緣起為何？特色館藏的定義為何？特色館藏的內涵為何？特色館藏
的發展與管理要項為何？；2.國家圖書館功能論述及其變遷為何？不同
年代國家圖書館功能與特色館藏發展之間的關係為何？；3.我國國家圖
書館特色館藏發展之源起與歷史發展為何？有那些重要階段？各有何重
要事件？特色館藏歷史發展重要項目為何？；4.我國國家圖書館特色館
藏發展之作業現況？與落實國家圖書館功能與任務關係為何？特色館藏
資料類型與主題形式是呈現何種面貌？特色館藏發展政策、特色館藏數
位化、特色館藏數位保存與特色館藏行銷，有何特點？發展方向與推動
計畫為何？有何問題？；5.數位時代我國國家圖書館特色館藏發展之未
來發展方向與推動計畫為何？可提出那些意見與建議供我國國家圖書館
及圖書資訊界參考？

研究設計部分，1990 年代以來，「質化研究」與「量化研究」在西
方社會科學學術界形成比以往任何時候更強大的對壘。有關「質化研究」
的很多問題與「量化研究」相聯繫而形成，一併進行及同時展開。兩種
研究的指導思想、操作方法、所關注的焦點各有不同。所以，研究者通
常會需要運用不同角度與多元的研究方法來進行研究。

一般而言，「量」的研究方法比較適合在宏觀層面，對事物進行大規
模的實驗、調查與預測；而「質」的研究方法比較適合在微觀層面，對
於個別事物進行細緻、動態的描述與分析。在研究設計上，量的研究走
實驗的路子，而質的研究是強調在自然情境下收集原始資料，與透過研

究者與被研究者之間的互動，以便進行更深入、細緻、與長期的體驗，
然後對於事物的質提出全面性的解釋。進行各種研究時，必須清楚兩種
研究方法的定義、說明、功用與操作方法之差異，從兩者的對比中，可
獲得更清楚答案。所以，「量化研究」是依靠對事物可以量化的部分及其
相關關係進行測量、計算與分析，以達到對於事物「本質」的一定把握。
從研究者自己的假設中去求得驗證。而「質化研究」擅長對於特殊現象
進行探討，以求發現問題、或是提出發現新問題的視角；質化研究也重
視被研究者的心理狀態和意義建構。[12] 因此，這兩種研究方法各自有不
同的優點與弱點，各自有不同合適的研究議題與對象，有時也具有相輔
相成之效果。通常研究以人、機構、組職為中心、重視議題的情境與歷
程性變遷等因素，就合適運用質性研究。

　　本研究運用質性分析方法探討國家圖書館的特色館藏發展相關議
題，首先運用文獻分析法，瞭解國家圖書館功能的時代演變與特色館藏
發展關係、特色館藏歷史發展與先進國家圖書館特色館藏發展趨勢。主
要利用國內外圖書館線上公用目錄（OPAC）、網路搜尋引擎、相關網站、
線上資料庫（例如：圖書資訊學期刊、臺灣期刊論文索引、臺灣碩博士
論文資訊網、Library and Information Science Abstracts(LISA)、
Ebscohost、PQDT 等）、線上百科全書（Encyclopedia of Library and
Information Science）及國內外出版相關研究專書等工具，以進行收集本
研究之研究對象我國國家圖書館的相關資源。

　　其次，運用歷史研究法作為後續之研究設計，以我國國家圖書館特
色館藏歷史發展相關史料之收集與鑑定、史料之詮釋與分析，以便進行
研究。針對我國國家圖書館特色館藏 84 年來的歷史發展進行探討，分為
五個階段及其六個歷史發展要項，包含 1.歷史背景與重要事件；2.組織

---

[12] 陳向明（2002）。社會科學質的研究。臺北市：五南。頁 12-15。

16

探索精品館藏：國家圖書館特色館藏的歷史發展
Exploring the Fine Collection:
The Historical Development of Special Collections in National Central Library of R.O.C. (Taiwan)

結構、人事、預算與館舍；3.特色館藏相關發展，包含（1）重要業務與計畫：例如數位化發展計畫相關議題包含、特色館藏發展政策、特色館藏數位化、特色館藏數位化保存、特色館藏行銷等；（2）經費、來源、與整理利用（3）內容特色與數量；（4）法規；4.出版品；5.服務，包含技術服務、讀者服務、資訊服務系統、行銷等相關發展；6.國際與國內交流合作等議題。

　　最後，輔以深度訪談法，進行更多元型態之資料收集。由於社會科學研究涉及到人的理念、意義建構和語言表達，因此「訪談」便成為社會科學研究中一個十分有用的研究方法。本研究之深度訪談內容大綱的知識基礎與問題設計，包含兩部分：1.第三章文獻探討；與 2.第四至八章國家圖書館特色館藏歷史發展之相關史料及研究文獻的重要議題；也以本書之研究目的為探討指引。詳細說明如下：

　　第三章為特色館藏發展之文獻探討，國內外相關重要研究議題包含1.特色館藏的緣起及內涵與管理；2.國家圖書館功能與特色館藏發展之探討；3.數位時代的特色館藏發展；及 4.名詞解釋。第四至八章為我國國家圖書館特色館藏歷史發展之重要議題的相關史料，包含 1.歷史背景與重要事件；2.組織結構（人事、預算與館舍）；3.特色館藏相關發展，包含（1）重要業務與計畫：例如數位化相關議題；（2）預算、來源、與整理利用；（3）內容特色與數量（4）法規；4.出版品；5.服務，例如：技術服務、讀者服務、資訊服務系統、行銷相關發展；6.國際與國內交流合作等。這些圍繞在國家圖書館特色館藏歷史發展之相關議題，是同步進行及相互影響的重要圖書館業務，也是深度訪談法建立訪談內容大綱的知識基礎之一。先擬定訪談大綱，再以深入的探討方式進行訪談，包含我國國家圖書館特色館藏相關主管、實際作業館員及學者專家經驗、意見與建議。

　　總結，本研究設計運用三種研究方法，文獻分析法、歷史研究法及深度訪談法。請詳見圖 2.1 研究架構圖：

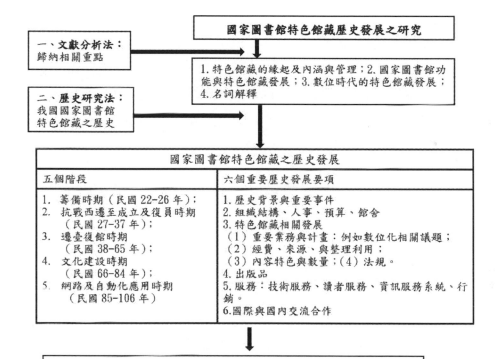

國家圖書館特色館藏歷史發展之研究

一、文獻分析法：
歸納相關重點

1.特色館藏的緣起及內涵與管理；2.國家圖書館功能與特色館藏發展；3.數位時代的特色館藏發展；4.名詞解釋

二、歷史研究法：
我國國家圖書館特色館藏之歷史

國家圖書館特色館藏之歷史發展	
五個階段	六個重要歷史發展要項
1. 籌備時期（民國 22-26 年）； 2. 抗戰西遷至成立及復員時期（民國 27-37 年）； 3. 遷臺復館時期（民國 38-65 年）； 4. 文化建設時期（民國 66-84 年）； 5. 網路及自動化應用時期（民國 85-106 年）	1.歷史背景與重要事件 2.組織結構、人事、預算、館舍 3.特色館藏相關發展 （1）重要業務與計畫：例如數位化相關議題； （2）經費、來源、與整理利用； （3）內容特色與數量；（4）法規。 4.出版品 5.服務：技術服務、讀者服務、資訊服務系統、行銷。 6.國際與國內交流合作

1.彙整國家圖書館功能與特色館藏發展關係；2.分析我國國家圖書館特色館藏發展起源與歷史、現況與特點；3.分析我國國家圖書館有關特色館藏描述、特色館藏發展政策、特色館藏數位化、特色館藏數位保存與特色館藏行銷之現況與問題；4.建議我國國家圖書館特色館藏發展之發展方向與推動計畫與策略及供圖書資訊界參考。

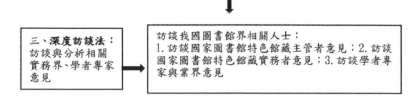

三、深度訪談法：
訪談與分析相關實務界、學者專家意見

訪談我國圖書館界相關人士：
1.訪談國家圖書館特色館藏主管者意見；2.訪談國家圖書館特色館藏實務者意見；3.訪談學者專家與業界意見

圖 2.1：研究架構圖

18

探索精品館藏：國家圖書館特色館藏的歷史發展
Exploring the Fine Collection:
The Historical Development of Special Collections in National Central Library of R.O.C. (Taiwan)

三、研究方法與對象

本研究採取三種研究方法，包含文獻分析法、歷史研究法和深度訪談法。分別說明如下：

(一)「文獻分析法」(document analysis)

「文獻分析法」又稱為「文獻資料分析法」，根據一定的研究目的，透過文獻資料的蒐集、分析、歸納、研究以取得所需要的資料，並對文獻資料做客觀描述的一種研究方法。透過文獻分析可確認研究題目的價值性與正確性，可參考前人研究累積的成果，避免重複研究相同的題目。更可幫助研究者釐清研究的背景事實、理論發展狀況、研究的具體方向、適當的研究設計及研究工具的使用方式。文獻分析法「主要目的，在於了解過去、洞察現在、推測將來」，是一種最常用的研究方法。[13]

文獻分析法所運用之文獻來源，主要利用國內外圖書館所提供的各式電子資料庫查詢系統，包含線上公用目錄（OPAC）、網路搜尋引擎、相關網站、線上資料庫，例如：「臺灣期刊論文索引系統」、「臺灣博碩士論文知識加值系統」、「中文圖書資訊學文獻摘要資料庫」（CLISA）、「EBSCOhost」、「American Doctoral Dissertations」、「Digital Dissertation Consortium, DDC」、PQDT、「Library and Information Science Abstracts, LISA」等；及國內外出版之相關研究報告、年度報告、網頁資訊、專書等工具，以便收集研究對象之相關資源。其分析步驟有四，即閱讀與整理（reading and organizing）、描述（description）、分類（classifying）及

---

[13] 葉至誠、葉立誠（2012）。研究方法與論文寫作。臺北市：商鼎。頁 138-156。

詮釋（interpretation）。所以，文獻分析法所運用之文獻來源是透過逐步完整的查詢收集資源及分析步驟所獲得的研究資源。[14]

因此，本研究運用文獻分析法探討三個理論：1.特色館藏的發展，包含特色館藏的緣起、定義及內涵與特色館藏發展與管理；2.國家圖書館功能與特色館藏發展，包含國家圖書館功能之探討、網路時代國家圖書館新功能及國家圖書館特色館藏發展之探討；3.數位時代特色館藏發展，包含特色館藏發展趨勢之觀察、圖書館與特色館藏發展議題與特色館藏發展政策。

本研究運用文獻分析法收集特色館藏相關主題文獻資源，進行重要文獻分析作為研究之理論依據，也參考我國國家圖書官方網站所提供的研究資料、研究報告與年度工作報告等為主。

(二) 歷史研究法（historical research method）

歷史研究法（historical research method）或稱為歷史法（historical method），是社會科學經常運用的一種研究方法。歷史的定義，依據梁啟超《中國歷史研究法》一書是：「史者何？記述人類社會賡續活動之體相，校其總成績，求得其因果關係，以為現代人活動之資鑑者也」。[15] 姚從吾說：「歷史，簡單說，是指『一件具有影響力的事實』，或者說『一種具有影響力的事變』與這一事實或這一事實的發生與自身演變的經過」。[16] 由此可知，歷史是一件過去具有影響力、有意義的事實、事件或是現象經由記錄，也有按年代順序記載發生的事件，統合人、事、時、地、物之間的關係而作之描述；使得過去與現在之關係得以延續，以作為現

---

[14] Neuman, W. L.著（2000）。社會研究方法：質化與量化取向（朱柔若譯）。臺北市：揚智文化。

[15] 梁啟超（1975）。中國歷史研究法。臺北市：臺灣商務。頁 1。

[16] 姚從吾先生遺著整理委員會（1974）。姚從吾先生全集，第一冊。臺北市：正中。頁 7。

20

探索精品館藏：國家圖書館特色館藏的歷史發展
Exploring the Fine Collection:
The Historical Development of Special Collections in National Central Library of R.O.C. (Taiwan)

在殷鑑與研究的一門學科。[17] 歷史是具有時間性、空間性、變異性、互動性及整合性或統一性；人類歷史發展可比喻為一條浩浩蕩蕩的大河，河身雖有曲直之處，河流雖有緩急之時，但是它本身總是一條完整的河。「歷史法」是研究過去所發生事實的方法，並以科學的態度收集材料，進行檢驗和證實，再透過系統的整理和解釋，以重建過去，推測未來。歷史法具有重建過去、瞭解現狀以及預測未來等三種功能。

歷史研究法實施程序，有六個步驟：1.確定題目；2.搜集史料；3.鑑定史料；4.建立假設；5.解釋史料及 6.提出結論等。[18] 其中以搜集史料、鑑定史料以及解釋史料等三項最重要。史料即歷史材料，是歷史法的研究要件，史料有 2 種分類：1.一手史料：又稱首要史料、直接史料與原始史料；2.二手史料：又稱次要史料、間接史料與經轉手而獲得之史料。歷史法與其他研究方法不同，歷史研究是從歷史資料（historical sources）中，如日記、信函、官方文件和遺物等實物中，去發現有關研究問題的材料，而其他研究方法是透過觀察和測量的方法產生出研究問題的材料。[19]

歷史現象錯綜複雜，需要加以解釋，研究者即是解釋者。著名史學家杜維運認為研究歷史必須同時採用科學方法與藝術方法，歷史研究者在研究歷史現象與解釋研究成果時，須兼顧科學精神與藝術精神。史學家收集事實與史料，確定其價值，其研究材料的性質不像自然科學一般嚴謹；但在研究程序上仍要符合科學方法。最後，必須運用以科學方法所研究出來的成果，用藝術方法表達出來；歷史法是一個兼顧科學方法與藝術方法的研究方法。[20]

---

[17] 同前註。

[18] 黃光雄（1987）。教育研究方法論。臺北市：師大書苑。頁 39。

[19] 郭玉生（1981）。心理與教育研究法。臺北市：大世紀。頁 379。

[20] 賈馥茗、楊深坑編（1988）。教育研究法的探討與應用。臺北市：師大書苑。頁 6。

　　圖書館學與資訊科學應用歷史法進行研究的主題，範圍很廣泛，包括 1.中外圖書館事業史；2.分類、編目、機構管理的歷史發展；3.圖書史、藏書、館藏發展及讀者服務；4.圖書館法的歷史發展；5.自動化發展史；6.圖書館教育史及學術的研究方法史；7.圖書館人物等。[21] 可知，歷史研究法的研究範圍很廣泛，對於圖書資訊學而言，可幫助瞭解過去的事件是何時發生、如何發生及其對於圖書館的重大意義。透過探討歷史事件的起因及結果，並分析影響歷史事件的政治、社會、經濟、科技、文化與教育等背景與發展。

　　木研究採用歷史研究法進行探討我國國家圖書館特色館藏歷史發展，首先收集國家圖書館特色館藏歷史發展相關史料，以建立研究架構。包含自 1933 年國立中央圖書館成立籌備處至今（2017）年，總共 84 年來，透過區分為五個階段的不同時空的相關歷史發展成果，也同時延續與累積國家圖書館特色館藏在不同時間與空間的歷史發展。歷史發展脈絡包含政治、經濟、文化、教育、社會、法規、科技等面向的發展與影響，探討與國家圖書館特色館藏歷史發展的相關要項。包含 1.歷史背景與重要事件；2.組織結構、人事、預算與館舍；3.特色館藏相關發展，例如：（1）重要業務與計畫：例如數位化發展相關議題之探討；（2）預算、來源、與整理利用；（3）內容之特色及數量；（4）法規；4.出版品；5.服務，包含技術服務、讀者服務、資訊服務系統、行銷；6.國際與國內交流合作。

　　有關歷史研究法之文獻來源，依據顧力仁、阮靜玲（2010）的〈國家圖書館古籍蒐購與鄭振鐸〉一文，提到：「本館正在整理館藏史料檔案，並且已將抗戰時期蒐購古籍相關檔案整理完畢，透過目前有關此一蒐購工作已公佈及未公佈的資料，可以進一步描繪出鄭振鐸在整個發展中所

---

[21] 顧力仁（1998）。歷史法及其在圖書館學研究上的應用。書府，18/19，48-62。

扮演的角色，特別是從鄭振鐸的個人書信中可以窺見他的思緒脈絡，……
當時的檔案及書信，包括鄭振鐸為蒐購工作所寫的歷次報告書、鄭振鐸
與中央圖書館蔣復璁館長的信函、鄭振鐸與〈文獻保存同志會〉先進張
壽鏞的信函。這些檔案及書信有幸保存至今，成為吾人瞭解當時工作的
第一手史料」。[22]

　　所以，國家圖書館持續整理該館所收藏的一手史料，包含書信、公
函、檔案等重要史料，已陸續發表於該館正式出版的紙本圖書及期刊。
例如有：館刊、館訊等刊物與整理專書出版。專書包含《國立中央圖書
館五十年》、《國立中央圖書館六十周年大事記要》、《國家圖書館七十年
大事圖輯》、《國家圖書館七十七年大事記》、及最近出版的國家圖書館年
報《國家圖書館年報 2015》等。

　　由此可知，國家圖書館自籌備處成立以來所收藏的一手文獻、直接
史料、間接史料、信函、公函與檔案等，一直持續進行館史資料之系統
化整理；也透過一一整理後，已陸續正式出版成圖書或期刊文獻。今日，
國家圖書館主動分享其典藏之重要成果，也顯示信函、公函與檔案等特
色館藏之一手史料所具有的獨特時代意義、歷史與文化價值。

　　本研究進行相關文獻資料檢索，所得重要一手史料大部分都已經過
整理及正式出版。包含臺灣、大陸與香港等地，都有相關出版品陸續的
一一發表。以下舉例說明：臺灣出版部分，例如有：1.國立中央圖書館
館刊編輯委員會（1983）。〈館史史料選輯〉在《國立中央圖書館館刊》
陸續整理與出版重要史料；2.蘇精、周密（1979）。〈國立中央圖書館大
事記-自民國 22－29 年〉。《國立中央圖書館館刊》；3.鄭肇陞（1983）。〈國
立中央圖書館五十年〉。《國立中央圖書館館刊》；4.黃淵泉（1993）。〈國
立中央圖書館六十週年大事記要〉。《國立中央圖書館館刊》；5.國家圖書

---

[22] 顧力仁、阮靜玲（2010）。國家圖書館古籍蒐購與鄭振鐸。國家圖書館館刊，14，129-130。

館七十年大事圖輯編輯委員會編輯（2003）。《國家圖書館七十年大事圖輯》；6.國家圖書館特藏組（2010）。《國家圖書館七十七年大事記》。

　　大陸出版部分，例如：1.沈津（2001）。〈鄭振鐸致蔣復璁信札（上）〉。《文獻》。；2.沈津（2001）。〈鄭振鐸致蔣復璁信札（中）〉。《文獻》。；3.沈津（2002）。〈鄭振鐸致蔣復璁信札（下）〉。《文獻》。；4.許廷長（1995）。〈民國時期的中央圖書館〉。《中國典籍與文化》。；5.南京圖書館志編寫組編（1996）。《南京圖書館志(1907-1995)》。南京：南京出版社。；6.劉哲民、陳政文編（1992)。《搶救祖國文獻的珍貴記錄：鄭振鐸先生書信集》。上海：學林出版。本書內容為抗戰時期鄭振鐸於上海文獻同志會工作時寫給張壽鏞的 270 封信函，大陸方面將一手史料進行整理，並予以出版。

　　香港出版部分，對口抗戰時期香港是活躍與重要的古籍收藏與交易市場，也有相關出版品。例如：陳君葆著、謝榮滾主編（1999）。《陳君葆日記》2 冊。香港：商務印書館。此書是由香港大學馮平山圖書館主任陳君葆，以香港為中文古籍之中轉站或暫存地點，將「同志會」所蒐集的中文善本古籍加以集中保管，並真實紀錄協助保管工作的相關一手史料，進行整理及出版。

　　因此，本研究所採用的歷史法研究之文獻來源，包含一手史料、檔案、書函、公函等，為已蒐集之史料加以鑑定真偽，確定其真實性與可靠性的資料；是將一手史料經整理及發表的正式出版品，包含各式圖書及期刊等。本研究經檢索與研讀相關文獻後，加以分類及整理並直接運用及引用其精華。

(三)「深度訪談法」（in-deep interviewing）

　　Burgess（1984）提出深度訪談，又稱為質性訪談，屬於一種質性研

24

探索精品館藏：國家圖書館特色館藏的歷史發展
Exploring the Fine Collection:
The Historical Development of Special Collections in National Central Library of R.O.C. (Taiwan)

究方法，進行研究時帶有目的之對話（conversations with a purpose），是一個有效的收集資料之研究方法。[23] 依據陳向明（2002）《社會科學質的研究》一書說明，顧名思義「訪談」就是研究者「尋訪」、「訪問」被研究者，並且與其進行「交談」和「詢問」一種活動。「訪談」是一種研究性交談，是研究者透過口頭談話的方式從被研究者那裡收集（或者說「建構」）第一手資料的一種研究方法。由於社會科學研究涉及到人的理念、意義建構和言語表達，因此「訪談」便成為社會科學研究中一個十分有用的研究方法。[24]

訪談法依照研究者對訪談結構的控制程度，可以分類為三種類型：「結構式」（封閉式）、「半結構式」（半開放式）及「無結構式」（開放式）。訪談法往往沒有預設問題的答案，問題是採用開放式的。半結構式訪談的研究者會訂出訪談大綱；談話的內容沒有嚴格限制，大多根據談話的進度，適時的追問和修正問題。無結構式訪談則是完全去除訪談問題的順序，沒有標準化程序，大多以一種日常生活對話進行訪談。資訊係透過訪談者（研究者）與受訪者之間的互動而獲得。[25]

研究者必須事先設計訪談大綱，可提供受訪者一個提問的基本架構與內涵，能幫助雙方討論內容更接近研究主題，及聚焦研究者所關注的重要議題。訪談大綱是一種訪問與回答均相對自由的收集資料之工具，有助於整體訪談作業的效率與系統性進行收集較完整資料。[26]

本研究以半結構式的深度訪談法進行資料收集，主要作法是先擬定一個半結構式的訪談大綱，邀請三位（見表 2.1 深度訪談者背景一覽表，

---

[23] Burgess, R.G. (1984). *In the field: An introduction to field research*. London UK: Allen and Unwin.102.

[24] 陳向明（2002）。社會科學質的研究。臺北市：五南。頁 221、229-283。

[25] 同前註。頁 229-283。

[26] 同註 19。頁 162。

共有三類型受訪者，由三類型中各挑選出一位受訪者，作為前測代表）
進行前測作業，並根據前測完成之後的意見，進行修改訪談導引。

　　本研究之研究問題、文獻探討及歷史發展三部分，為訪談研究的訪
談大綱問題設計之依據，以便收集我國國家圖書館特色館藏發展管理的
主管、實務工作者及學者專家之意見及建議。訪談研究可輔助收集更多
元深入資料，可補足其他研究方法所收資料之不足。訪談研究之邀請對
象分為三類型：1.我國國家圖書館參與特色館藏發展之主管；2.我國國
家圖書館特色館藏發展之實務工作者，實際參與工作者；3.研究圖書館
特色館藏發展之學者專家。以下先簡述規劃受訪者基本工作背景之條件
與資料，請詳見表 2.1 深度訪談者背景一覽表：

表 2.1：深度訪談者背景一覽表

受訪者類型	受訪者代號	工作背景說明
1. 我國國家圖書館參與特色館藏發展之主管	A1	服務年資達 15 年以上，具有特色館藏發展之工作經驗
	A2	服務年資達 15 年以上，具有特色館藏發展之工作經驗
	A3	服務年資達 10 年以上，具有特色館藏發展之工作經驗
	A4	服務年資達 7 年以上，具有特色館藏發展之工作經驗
	A5	服務年資達 7 年以上，具有特色館藏發展之工作經驗
2. 我國國家圖書館參與特色館藏發展之實務工作者	B1	圖書資訊學相關科系畢業，服務年資達 15 年以上，具有特色館藏數位化之實際工作經驗
	B2	圖書資訊學相關科系畢業，服務年資達 15 年以上，具有特色館藏數位化、管理特藏書庫之實際工作經驗
	B3	圖書資訊學相關科系畢業，服務年資達 10 年以上，具有特色館藏數位化、行銷推廣之實際工作經驗
	B4	圖書資訊學相關科系畢業，服務年資達 10 年以上，具有特色館藏數位化、管理特藏書庫之實際工作經驗
	B5	圖書資訊學相關科系畢業，服務年資達 7 年以上，具有特色館藏數位化、管理特藏書庫之實際工作經驗

3. 研究圖書館 特色館藏之 學者專家	C1	擔任圖書資訊學相關科系教師，服務年資達 15 年以上，具有特色館藏數位化、管理特藏書庫之實際工作經驗
	C2	擔任圖書資訊學相關科系教師，服務年資達 15 年以上，具有特色館藏數位化、管理特藏書庫之實際工作經驗
	C3	擔任圖書資訊學相關科系教師，服務年資達 10 年以上，具有特色館藏數位化之實際工作經驗
	C4	擔任圖書資訊學相關科系教師，服務年資達 10 年以上，具有特色館藏數位化之實際工作經驗
	C5	擔任圖書資訊學相關科系教師，服務年資達 7 年以上，具有特色館藏數位化之實際工作經驗

　　完成前測後，正式邀請我國國家圖書館相關主管、特色館藏實務工作者，與相關學者及專家，經過受訪者同意接受訪問後，一一進行深度訪談。每一位約進行 2 小時，由研究者親自訪談與記錄重要內容。為完整收錄受訪者之談話內容，事先經受訪者同意，以錄音設備全程錄製談話內容，以確保資料的正確性與完整性。訪談結束後，並將受訪內容轉編成文字檔案，以便進行內容分析。本研究深度訪談之進行流程，請詳見圖 2.2 訪談研究流程圖：

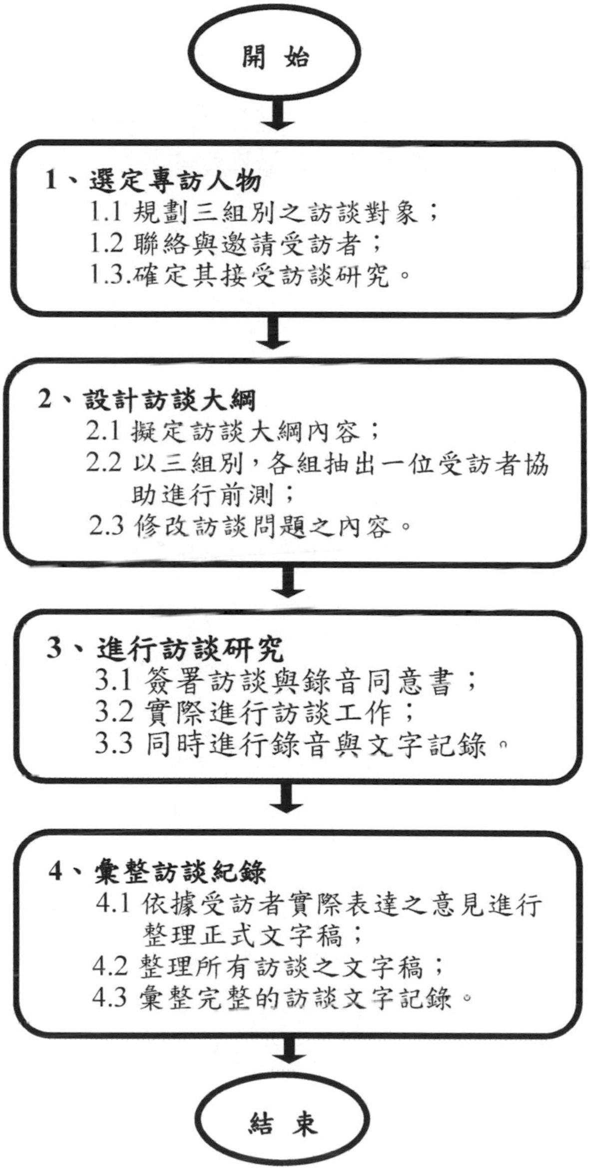

開　始

1、選定專訪人物
　　1.1 規劃三組別之訪談對象；
　　1.2 聯絡與邀請受訪者；
　　1.3.確定其接受訪談研究。

2、設計訪談大綱
　　2.1 擬定訪談大綱內容；
　　2.2 以三組別，各組抽出一位受訪者協
　　　　助進行前測；
　　2.3 修改訪談問題之內容。

3、進行訪談研究
　　3.1 簽署訪談與錄音同意書；
　　3.2 實際進行訪談工作；
　　3.3 同時進行錄音與文字記錄。

4、彙整訪談紀錄
　　4.1 依據受訪者實際表達之意見進行
　　　　整理正式文字稿；
　　4.2 整理所有訪談之文字稿；
　　4.3 彙整完整的訪談文字記錄。

結　束

圖 2.2：訪談研究流程圖

　　總之，本研究運用三種研究方法，文獻分析法、歷史研究法與深度
訪談法。首先透過文獻分析法探討三個理論：1.特色館藏的發展；2.國
家圖書館功能與特色館藏發展；3.數位時代特色館藏發展。再透過歷史
研究法收集我國國家圖書館特色館藏歷史發展之相關史料與文獻。最
後，輔以深度訪談法。透過訪談研究法以收集特色館藏相關歷史發展及
趨勢議題，與我國國家圖書館特色館藏歷史發展、現況與未來發展之意
見及建議。

　　本研究之研究對象是以我國國家圖書館為主，以其特色館藏歷史發
展為主要研究軸心。簡述其背景如下：

　　我國國家圖書館正式成立於 1940 年，原名為國立中央圖書館，1933
（民國 22）年設立籌備處於中國大陸南京。建館初期因連年戰亂，輾轉
播遷，自南京而重慶，自重慶遷回南京，再由南京遷來臺北，流離道途，
倍遭艱辛。民國 43 年開始在臺北市的南海路復館，民國 75 年中山南路
新館落成，民國 85 年易名國家圖書館，到現在已有八十多年歷史。[27]

　　國家圖書館主要服務對象有六類：1.對一般民眾的服務；2.對研究
人士的服務；3.對國內外機關、團體的服務；4.對全國圖書館的服務；
5.對國際學術研究及圖書資訊機構的服務；6.對出版業界的服務。依據
2001 年通過的「圖書館法」執行法定送存任務與領導國家圖書館事業之
發展。

　　國家圖書館自民國 43 年在臺灣復館以來，歷經近 60 年之徵集典藏，
館藏量已達 400 萬冊(件)，包括下列館藏特色： 1.普通書刊：收藏我國
當代出版品最為完備；2.善本圖書：徵集歷代典籍，善本古籍達 13 萬餘
冊，普通本線裝書超過 12 萬冊；3.政府出版品：完整收藏我國各級政府
機構及其所屬機構、學校之出版品；4.學位論文：透過送存制度完整蒐

---

[27] 國家圖書館（2017）。本館簡史。檢自：http://www.ncl.edu.tw/content_267.html

藏國內博碩士論文；5.漢學研究資料：收集有關漢學研究的中外文書刊
資料；6.微縮資料：自民國 63 年起，陸續將館藏善本、普通本線裝書、
部分重要報刊拍攝成微縮影片以供典藏保存；7.電子資源：運用電腦及
通訊科技，建立各種目錄系統、書目索引系統、專題全文影像系統、數
位影音服務系統等。自建之電子資源約 60 餘種。[28]

　　國家圖書館收藏的重要古籍包括漢簡、敦煌經卷、宋、元、明、清
善本以及普通本線裝書，其中宋、元本多屬珍籍，而明人文集尤為豐富
及完整保存。截至 2016 年底善本古籍約 13 萬餘冊，普通本線裝書超過
12 萬冊，其中宋版 174 部，金版 6 部，元版 273 部，明刊本 6 千多部，
名家稿本、批校本 1 千餘部，歷代鈔本近 3 千部，其餘則有敦煌文獻 153
卷及高麗、日本、安南之刻本、活字本，藏品豐富精美。[29] 善本古籍中
有許多珍稀精品，依據〈文化資產保存法〉相關規定認定之館藏珍貴古
籍計有國寶級古物 40 部 303 冊（捲），重要古物級古物 249 部 2,875 冊。
另建置「古籍與特藏文獻資料庫」（http://rbook2.ncl.edu.tw/），收錄逾
725 萬影幅資料，提供各界上網瀏覽。

　　其他重要的特色館藏資料類型尚有 1946 年以前臺灣舊籍文獻之收
藏，古書契約二千四百餘件；臺灣早期風景及原住民生活明信片等約四
千餘張；其他藏品包括舊籍（線裝、石印、鉛印）、拓片、版畫、圖像文
獻等。[30] 手稿收藏 350 位名家，並另建置「當代名人手稿典藏系統」
（http://manu.ncl.edu.tw/）以為推廣，提供研究近現代學術與當代文學、
藝術史之第一手史料。[31]

---

[28] 國家圖書館（2017）。館藏特色。檢自：http://www.ncl.edu.tw/content_53.html

[29] 國家圖書館（2017）。總館各樓層專室簡介/4 樓(善本書室、縮影資料室、網路資源區) / 典
藏特色。檢自：http://www.ncl.edu.tw/information_283_56.html#a

[30] 同前註。

[31] 國家圖書館特藏文獻組（2016）。105 年工作績效報告書。

　　該館於 2004 年與世界著名的家譜蒐藏中心—美國猶他家譜學會(GSU)簽訂合作協議，取得該會在 1970 年代於臺灣民間所蒐藏之臺灣家譜微縮影資料拷貝片，總計該有 800 餘捲，內容包含超過 8,000 種家譜資料。已逐年進行本批資料的數位化轉製與資料整理建檔作業，並建置「臺灣家譜」資料庫，提供使用者透過家譜類別、地區與姓氏瀏覽家譜資料。[32]

　　古籍數位合作部分，鑒於中文善本古籍為世界重要文明遺產，其保存對傳承文化、協助研究、提升文明，甚有助益。自 94 年起，對於海外散佚的中文善本古籍原件，國家圖書館以數位化的經驗與技術，與國外機構進行數位化合作，取得重製品及使用權利，達到資源共建共享的目的。合作的單位包括美國國會圖書館、美國華盛頓大學圖書館、美國柏克萊加州大學圖書館、加拿大多倫多大學圖書館、法國國家圖書館等，總計已完成 4,094 種，近 287 萬影幅之重要善本古籍數位化作業，對於彌補國內研究資源、展臺灣對世界漢學研究影響力，有相當程度的高度效益。[33]

　　共享中文古籍書目部分，該館於 87 年以臺灣古籍書目為基礎建置「臺灣地區善本古籍聯合目錄」，後續擴大古籍書目資源，建置「中文古籍書目資料庫」，102 年 5 月起更將聯合目錄整合至「古籍與特藏文獻資源」資料庫，並且更名為「中文古籍聯合目錄」（http://rbook2.ncl.edu.tw/Search/Index/2），積極拓展全球合作單位。101 年迄今，共計爭取 24 所合作機構，包括德國巴伐利亞邦立圖書館、加拿大多倫多大學圖書館、法國國圖及法蘭西學院、美國耶魯大學圖書館、德國萊比錫大學圖書館、

---

[32] 臺灣記憶（2017）。關於本站：內容特色。

檢自：http://memory.ncl.edu.tw/tm_cgi/hypage.cgi?HYPAGE=about_tm.hpg

[33] 國家圖書館特藏文獻組（2016）。「古籍聯合目錄資料庫合作建置研討會」會議簡介。

檢自：http://rbook2.ncl.edu.tw/Search/Meeting/2

日本京都大學人文科學研究所、德國慕尼黑大館、慕尼黑大學漢學研究
所、捷克科學院東方研究所魯迅圖書館、梵諦岡圖書館、馬來西亞大學
圖書館、澳洲國立大學圖書館、英國牛津大學、法國里昂市立圖書館、
大英圖書館、法國里昂第三大學、比利時魯汶大學、波蘭華沙大學東方
學院、比利時皇家圖書館等，目前已有 70 個合作館齊力建置中文古籍聯
合目錄，累積收錄逾 66 萬筆中文古籍書目。[34]

　　行銷與分享傳播珍貴古籍部分，該館積極推動珍貴古籍國際分享計
畫，參與「世界數位圖書館」（World Digital Library, WDL）計畫，陸續
將館藏善本古籍文獻摘要及詮釋資料編製後，匯入世界數位圖書館。此
外，更與大英圖書館簽署合作協議參與「國際敦煌計畫」（International
Dunhuang Project, IDP），將典藏之 141 種、152 卷敦煌卷子影像檔、詮
釋資料及摘要上傳，除供全世界該領域研究者參考利用外，同時亦展現
該館古籍文獻館藏特色資源於國際平臺。透過網路傳播，不僅於國際間
突顯中華文化的重要性，更有助於臺灣圖書館界瞭解國際新觀念、新做
法。[35]

四、研究範圍與限制

　　本研究藉由五個研究目的為整體研究之標竿指引，然而，有關特色
館藏發展議題牽涉範圍很廣泛，限於語言能力與研究時間之限制，所能
處理的文獻資料是有範圍與限制的。為便利研究進行，以下說明本研究
的研究範圍與限制：

　　（一）語言部分之範圍與限制：限於研究者之語言能力，本研究所收

---

[34] 同前註。

[35] 國家圖書館特藏文獻組（2016）。105 年工作績效報告書。

32

探索精品館藏：國家圖書館特色館藏的歷史發展
Exploring the Fine Collection:
The Historical Development of Special Collections in National Central Library of R.O.C. (Taiwan)

集之研究文獻資料，國外語文部分以英文語系國家所發表文獻
為主；國內中文部分以收集臺灣所出版之資料為主。大陸所出
版的主題相關文獻，收錄部分重要文獻，以資輔助說明。

（二）國別部分之範圍：以中華民國位於臺北的國家圖書館為研究對
象，自 1933 年位於南京的籌備期迄今（2017）年位於臺北市，
84 年來特色館藏相關歷史發展為主，進行相關文獻與史料之蒐
集、鑑定、整理、描述與分析。

（三）文獻收集的時間範圍：特色館藏發展的文獻可追溯自早期的善
本 古籍、檔案文書之發展，相關議題牽涉的時間較長，其研
究時間可以回顧自 1940 年代之啟蒙時期。囿於研究期限之限
制，本研究所收集與處理的文獻資料包含數位資訊科技開始發
展的 1980 年代後的研究議題：1.特色館藏發展政策；2.特色館
藏數位化計畫；3.特色館藏數位保存；4.特色館藏行銷等，都
是探討重點。研究資料之收集時間，截至 2016 年底為主。

（四）研究議題文獻性質之限制：特色館藏發展之文獻偏重理論探討
性質的很多，本研究運用部分重要理論性探討文獻與國家圖書
館功能時代變遷，並以我國國家圖書館負責特色館藏發展管理
業務的特藏文獻組作業現況與發展計畫，與臺灣珍稀文獻部分
的特色館藏發展為探討重點。研究資料來源是我國家圖書館的
網站所提供的介紹、年度報告、研究報告及年度計畫等。

（五）訪談對象之限制：特色館藏發展之研究尚處於進行中，本研究
對象是以我國國家圖書館為主，採取小樣本與立意抽樣方式與
多元的研究對象進行訪談以便直接獲得受訪者觀點。深度訪談
的邀請對象為具有經驗的國家圖書館特色館藏發展與管理相
關的主管、實務工作者與相關學者專家。受訪者具有實務經驗
與學理基礎，有助於提出最真實的特色館藏之緣起定義內涵、
國家圖書館功能與特色館藏發展管理、歷史發展與現況發展及

數位化時代的發展議題之意見、說明、分析與最佳建議方案。

五、研究步驟與流程

研究步驟與流程共分為三個階段，包含 1.研究設計階段；2.研究執行階段；3.研究彙整階段。分述如下：

(一) 研究設計階段

本研究之研究設計階段有三個研究步驟與項目：1.訂定主題與研究目的；2.文獻蒐集及探討與分析；3.選定研究對象與範圍。訂定特色館藏發展管理相關議題為研究主題與研究目的，以文獻蒐集及探討與分析特色館藏發展管理之歷史、現況與趨勢為重點。以我國國家圖書館特色館藏歷史發展之政治、社會、經濟、教育、文化、法規與科技等息息相關之重要事件發展歷史脈絡，再與現況發展及未來發展策略之相關史料及文獻資料為研究重點。收集國內外相關的研究文獻，包含圖書、期刊、網站資源、歷史史料與研究報告等進行相關的文獻探討。

(二) 研究執行階段

研究執行階段有四個研究步驟：1.擬定大綱；2.史料蒐集與鑑定；3.史料詮釋與分析；4.規劃與進行深度訪談；5.文獻整理及訪談資料整理與分析。規劃整體研究大綱，並收集與鑑定特色館藏發展相關議題之史料進行詮釋與分析。同時規劃深度訪談之訪談大綱與聯繫訪談研究之相關工作，將訪談資料做詳細紀錄與整理與分析。

(三) 研究彙整階段

研究彙整階段有二個研究步驟：1.綜合分析歷史發展文獻史料與訪

探索精品館藏：國家圖書館特色館藏的歷史發展
Exploring the Fine Collection:
The Historical Development of Special Collections in National Central Library of R.O.C. (Taiwan)

談資料之彙整；2.撰寫研究論文。收集與彙整所有的研究數據與結果，
將歷史發展史料及文獻進行整理與訪談資料之彙整。分析研究結果與彙
整所有資料，根據所得出之研究結果，進行撰寫結論與建議。請見圖 2.3
研究流程圖：

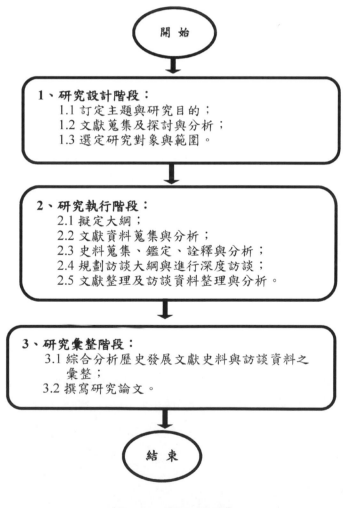

圖 2.3：研究流程圖

六、資料處理與分析

　　本研究所運用的研究方法有三種：文獻分析法、歷史研究法與深度訪談法，進行研究資料之整理與分析。首先以文獻分析法收集特色館藏的發展相關重要文獻；接下來，瀏覽相關文獻，進行蒐集、整理、分析、歸納、分類並以所得資訊進行研究與評論，包含三個議題：1.特色館藏的緣起及內涵與管理；2.國家圖書館功能與特色館藏發展；3.數位時代的特色館藏發展。其次，運用歷史研究法以收集相關史料，以研究對象我國國家圖書館特色館藏的五個歷史發展階段的重要議題作為研究架構之研究項目，深入研讀、整理與描述各項相關史料之歷史發展意義與內涵。五個階段包含 1.籌備時期（民國 22 年-26 年）；2.抗戰西遷至正式成立及復員期（民國 27 年-37 年）；3.遷臺復館時期（民國 38 年-65 年）；4.文化建設時期（民國 66 年-84 年）；5.網路及自動化應用時期（民國 85 年-106 年）。

　　最後，訪談部分的資料處理，由研究者先設計訪談大綱（請詳見附錄三），以本研究之研究問題為訪談問題設計的依據，以便收集特色館藏主管、實務工作者及學者專家之個人參與經驗、意見與建議，並先做好訪談的前測作業。依照前測受測者之意見，再次調整及修改訪談大綱內容。事先必須經由受訪者同意，簽好願意接受錄音之授權書，以便進行全程錄音。研究者也同步進行現場的文字記錄，以便將訪談內容繕寫成逐字稿，以便後續的登錄與分析。基於研究倫理，採匿名處理，以不公開受訪者之姓名為原則。本研究以英文字母（A1、A2、A3、A4、A5；B1、B2、B3、B4、B5；C1、C2、C3、C4、C5），代表每一位受訪者。每一份訪談資料，包含受訪者之代碼、訪談時間、訪談地點及其訪談內容之記錄，均加以保存與進行內容分析。

36

探索精品館藏：國家圖書館特色館藏的歷史發展
Exploring the Fine Collection:
The Historical Development of Special Collections in National Central Library of R.O.C. (Taiwan)

　　所有訪談部分文字稿之資料處理，依據所有訪談資料之概念進行資料分析、分類（category）與編碼（coding）。透過編碼的過程將相同的概念進行集合與交集，也可以將整體訪談資料進行分析與整合，運用文書軟體將相同概念整理出結果。

　　總結說明，本研究之資料處理的最後階段，是彙整三種研究方法之實際結果，包含文獻分析法、歷史研究法與訪談法所得之實際資料；再依據本研究之五個研究目的而歸納出具體的研究結果與建議。

第三章

文獻探討

　　本章內容為國內外相關研究文獻探討，針對特色館藏發展相關議題之重要文獻作扼要整理，共分為四節加以說明。第一節探討特色館藏緣起及內涵與管理；第二節為國家圖書館功能與特色館藏發展之探討；第三節為數位時代的特色館藏發展之探討；及第四節為名詞解釋。

一、特色館藏緣起及內涵與管理

　　本節內容共分為三小節加以探討，第一小節探討特色館藏緣起；第二小節為特色館藏之定義與內涵；第三小節為特色館藏發展與管理。茲分述如下：

38

探索精品館藏：國家圖書館特色館藏的歷史發展
Exploring the Fine Collection:
The Historical Development of Special Collections in National Central Library of R.O.C. (Taiwan)

(一) 特色館藏緣起

　　特色館藏具有長久的起源歷史，它是必須與一般館藏分開處理的資源，自古代的亞歷山大圖書館以來就開始存在的作法。但是特色館藏這一名詞真正開始有研究文獻可回顧是 1940 年代，當時圖書館傾向於建置一個獨立部門，以管理其館藏發展業務與提供讀者服務，稱為善本書室（rare book rooms），將手稿、機構檔案與一般圖書分開處理與保存。[1] 那時代的美國圖書館學會也開始有特色館藏發展相關議題的會議與討論，並在其年會中陸續進行正式討論與推動發展的相關研究計畫。[2]

　　其實，早在 1940 年前的半世紀，美國圖書館界就已逐漸將善本圖書事業（rare book librarianship）視為一個專業，也有很多嚴謹批判與討論存在；並逐漸引起更多人對於善本書發展與管理的興趣，同時導引出更多的聚焦與持續討論。[3] 美國圖書館學會於 1941 年有特色館藏發展的相關會議與討論，並在其舉辦的年會中，進行正式討論與推動相關發展。[4] 因此，1940 年以前特色館藏專業化發展的推動過程是逐步的、也在緩慢發展中持續前進。

　　二次世界大戰後，1950-60 年代起，美國圖書館學會開始陸續推動與制訂館藏發展的相關標準與政策。其中包含特色館藏之發展是同時受

---

[1] Thomas, Lynne M. (2009). Special collections and manuscripts. In *Encyclopedia of Library and Information Sciences* (3rd ed.). New York, NY : Taylor and Francis. 4951. （http://dx.doi.org/10.1081/E-ELIS3-120044336）

[2] American Library Association. (1941). Library Specialization. In Proceedings of an Informal Conference Called by the A.L.A. Board on Resources of American Libraries, May 13-14, 1941; Downs, R.B., Ed.; Chicago, IL: American Library Association.

[3] Berger, S. E. (1987). What is so rare...: Issues in rare book librarianship. Library Trends, 36(1), 9-22.

[4] 同註 2。

到關注的，以有效率的管理、組織與建立不同類型的館藏資源特色為目標。本時期的特色館藏工作聚焦在如何有效率的管理、組織與建立館藏，以便區別不同機構特色館藏之特點。1970-90 年代特色館藏發展探討的重點以圖書館特色資源的自動化作業、保存容易受毀壞的實體圖書資源、預防失竊與典藏空間之安全守護相關議題為主。[5] 透過以上文獻回顧，可知特色館藏的建立、發展、管理與維護的相關議題是持續被討論，及一直都受到重視的議題。

依據 Scham（1987）研究，他收集與分析 1950 年後的特色館藏相關研究文獻，結論是發現特色館藏一詞被普遍運用是在 1980 年代。因為特色館藏一詞具有較為廣闊的義涵，可以充分反應 30 年來（1950-1980）很多圖書館部門處理非一般圖書資源的實際發展情形，包含資源成長、機構合併及組織擴大等議題。他說明以「特色館藏（special collections）」一詞取代「善本書（rare books）」，這一個改變無論對於圖書館的發展、管理或對於服務使用者的需求，都是具有重大意義的改變。[6] 特色館藏一詞所包含範圍廣泛，包括傳統紙本館藏、具有價值的善本書，珍本書、稀有書及罕有書等，一如國家寶藏（national treasures）可獲得「特別」的維護與保存空間；也可包含新興印刷的紙本資源與數位資源，兩者都可作為永久典藏及給未來世代一起享用的珍貴資源。

然而，真正促成特色館藏一詞有系統的發展，與推動建立編碼管理制度，是美國圖書館學會的善本書與手稿組（Rare Books and Manuscripts Section, RBMS）。善本書與手稿組隸屬於美國圖書館學會之大學與研究圖書館學會（Association of College and Research Libraries, ACRL）的一個部門，成立目標是推動保存珍貴書籍、手稿之相關議題的研究與討論，關注特色館藏發展管理館員的權益，及專業能力的培訓、維護與促進為

---

[5] 同註 3。

[6] Scham, A. M. (1987). *Managing special collections*. New York: Neal Schuman. ix.

40

探索精品館藏：國家圖書館特色館藏的歷史發展
Exploring the Fine Collection:
The Historical Development of Special Collections in National Central Library of R.O.C. (Taiwan)

主。

　　善本書與手稿組成立於 1959 年，自 1961 年起開始定期舉辦年會討論相關發展議題，有效的結合同業力量與發展專業精神，並持續與長期致力於制訂特色館藏發展的相關規範與作業標準。2010 年舉辦第 50 屆慶祝年會，2016 年之年會主題是《57 屆手稿檔案組年會：開啟合作大門，擴大延伸服務範圍與多元性合作》（*The 57th Annual RBMS Conference, Opening Doors to Collaboration, Outreach and Diversity*），以金字塔模型探索與解釋特色館藏單位與檔案管理單位，如何參與不同性質的多元機構互動及合作，擴大其服務範圍與增加特色館藏之曝光率與影響力。其 2017 年之年會主題為《2017 年美國大學與研究圖書館學會，掌舵：引領轉型》（*ACRL 2017, At the Helm: Leading Transformation*），此次年會有 300 個以上的特色館藏發展轉型計畫發表，目的是引領特色館藏發展之專業學習與成長。[7]

　　善本書與手稿組將特色館藏一詞正式擴大其意義，包含善本書、手稿、檔案等資源。1987 年制訂「善本書、手稿與特色館藏工作館員之工作倫理標準」（Standards for Ethical Conduct for Rare Book, Manuscript, and Special Collections Librarians），是屬於美國圖書館學會的工作倫理守則（ALA Code of Ethics）之下的。第二版內容經過美國大學與研究圖書館學會之認可，並於 1993 年公布。之後，再經過修改與簡化為「特色館藏館員之工作倫理守則與指導方針」（Code of Ethics for Special Collections Librarians），並於 2003 年公告。這些持續努力修訂的相關工作倫理守則，對於特色館藏工作人員的實際作業具有很大的指導力量。[8] 可知，特色館藏是圖書館所擁有館藏的一部份組成，也是館藏發展的一

---

[7] Rare Books and Manuscripts Section. (2016). ACRL code of ethics for special collections librarians. Retrieved from http://rbms.info/standards/code_of_ethics/

[8] 同前註。

種重要資料主題與資料類型，特色館藏發展與管理是備受關注的。

1960 年代後期「館藏發展」(collection development）成為圖書館界廣泛使用的名詞，之前稱為「圖書選擇與採訪」。到了 1980 年代，「館藏管理」(collection management）一詞開始受到注意，成為比「館藏發展」包容性更廣的名詞。館藏發展是館藏管理的一部分，主要活動是與資料採購的決定有關。館藏管理則是有系統、有效率及符合經濟學原理，管理圖書館館藏及相關資源。之後，兩個名詞「館藏發展」與「館藏管理」持續演變與交互運用，進而合併為「館藏發展與管理」(collection development and management)，形成更廣闊義涵的名詞，意指「徵集圖書資料與資訊以提供利用，整合實體館藏與虛擬館藏加以管理，以維護館藏成長並促進使用者利用的過程」。[9] 所以，特色館藏既為圖書館整體館藏的一部分，故其發展與管理相關議題，是逐漸演變，也是一直受到圖書館重視。

(二) 特色館藏的定義與內涵

特色館藏建置與發展目標是圖書館為強化其館藏資源的獨特性與特色，是各類型圖書館為其資訊服務建立館藏特色的一種有效方法。國內外文獻對於特色館藏的定義很多元，茲歸納重點說明如下：

依據 Scham（1987）在《特色館藏管理》（*Managing Special Collections*）一書中說明，特色館藏一詞的定義與內涵廣泛，不只包括古代傳統善本書與具有價值的紙本館藏，例如：需要特別維護與保存的古籍；也包含當代印刷的書籍、紙本資源、單一作家的手稿，例如：Washington D.C.的英國文豪沙士比亞圖書館（Folger Shakespeare Library）、Yale University 收藏劇作家索爾頓·懷爾德（Thornton Wilder

---

[9] Johnson, Peggy. (2014). *Fundamentals of collection development and management.* (3rd ed.). Chicago, IL: American Library Association. 1-3, 7-8.

42

探索精品館藏：國家圖書館特色館藏的歷史發展
Exploring the Fine Collection:
The Historical Development of Special Collections in National Central Library of R.O.C. (Taiwan)

Collection)之個人作家特藏。還有一些著名圖書館也收藏不同文類之特藏，例如：加州大學洛杉磯分校（University of California, Los Angeles, UCLA），收藏維多利亞時期（Victorian novels）小說家作品、University of Pittsburgh 收藏美國歷史發展相關的古典書籍。[10] 因此，無論古代與當代出版品，都有具價值與特殊意義的特色館藏，可作為永久典藏與給未來世代一起享用的珍貴資源。

依據 Thomas (2009)在《圖書館與資訊科學百科全書》之定義：一般人對於特色館藏首先傾向以為就是善本書（rare books）、手稿（manuscripts）、與檔案（archives）。其實，特色館藏是一個廣義的集合名詞，有別於一般流通性質的館藏，需要特別加以徵集、組織與典藏的圖書館資源。其義涵更廣，是由於該項資源的年代、珍貴稀少性、市場價值、特殊主題、特殊狀況或特殊的資料形式而制訂的專門收藏。其中有七個認定標準，包括 1.年代（age）；2.市場價值（market value）；3.起源出處（provenance）；4.資料格式（format）；5.主題因素（subject matter）；6.稀少性（scarcity）；7.狀態（condition）。特色館藏的資料格式很多元，包含地圖、遊戲、非書資源（例如：傢具、武器、髮夾等）、紡織品、視聽資料、數位資源等。[11]

2003 年美國研究圖書館學會在其官方網站的定義：特色館藏的狹義解釋是專指善本書、手稿與檔案。其版本罕見或具有特殊版式，可作為藝術品的圖書其在歷史、文化、政治、科學等領域具有獨特性或是代表性的重要人物、機關資源。因為年份久遠或是數量稀有而產生歷史、文化甚至是金錢上的價值。資料型態可能包括圖片、手稿、檔案、非文字資料和數位化資源等圖書與非書籍形式的出版品。換言之，特色館藏是在資料內容或是資料型態上具有獨特性的館藏。而非歐洲語系的特色館

---

[10] 同註 6。

[11] 同註 1，4949-4951.

藏資源則較常被廣義地解釋，如擴及範圍到特定主題相關的獨特蒐藏或是可代表世界上某些特定出版社的出版物。出版年代可追溯至 19 世紀初歐洲印刷業盛行，或更早期與較晚期的具有特色之出版品都可以列入特色館藏的範圍。較廣義特色館藏資料型態格式是超越紙本出版品範圍，還包括具有特殊歷史文化意義的照片、電影、建築圖、數位檔案等。[12]

　　國內相關研究文獻包含呂燕燕（1995）在《圖書館學與資訊科學大辭典》中定義〈特藏〉（special collection）：「特藏是特殊收藏或專藏，指某圖書館於普通收藏外，另依其性質與需要，蒐集某一形式、時期、地區、作家、主題的資料，成為圖書館特殊的蒐藏。較諸其他圖書館在同一方面的蒐藏更為豐富與專精，例如：名人手稿、善本圖書等屬之。為方便此類特殊資料之管理，通常設有專責單位，將其採編、閱覽典藏集中處理」。特色館藏之流通閱覽管理，為妥善保存特殊資源之完整性與維護其珍貴價值，亦制訂專門閱覽政策或閱覽規則，比起一般圖書是有較多的使用限制。[13]

　　賴雅柔（2013）在〈臺灣地區大學圖書館特色館藏資源發展之研究〉一文中定義：特色館藏是大學圖書館依本身學校性質或是服務對象的需要，所蒐集建立具特色的資源。可能係因為既存數量稀少、存在歷史久遠或特殊資料形式，例如：珍善本書、手稿、檔案等而產生歷史文化、金錢價值的珍藏。該研究有六種特色館藏之資料主題與類型，包含 1.研究主題：例如東亞研究；2.資料形式：例如珍善本圖書、手稿檔案與微縮資料；3.紀念性質：例如魯迅研究資料；4.歷史時期：例如日治時期出版品；5.地方文獻：例如地方研究相關文獻；6.機關組織：例如與團

[12] Association of Research Libraries. (2003). The Unique role of special collections. Retrieved from http://www.arl.org/storage/documents/publications/special-collections-statement-of-principles-2003.pdf

[13] 呂燕燕（1995）。特藏（Special Collection）。在胡述兆編，圖書館學與資訊科學大辭典。檢自：http://terms.naer.edu.tw/detail/1681597/

44

探索精品館藏：國家圖書館特色館藏的歷史發展
Exploring the Fine Collection:
The Historical Development of Special Collections in National Central Library of R.O.C. (Taiwan)

體、機關、組織有關之資料或是檔案。所以，特色館藏資源不論入館管
道或屬於一手、二手文獻，只要能展現出「人無我有、人有我優、人優
我特」特性之資源，都可涵蓋在特色館藏之內。[14]

　　大陸學者閻麗慶（2011）在〈國內外大學圖書館特色館藏建設概況
及比較〉一文，分析中國與美國的大學圖書館特色館藏建設概況，指出
美國的特色館藏是著眼於蒐集全世界其他國家著名人士的珍貴文本、古
籍、善本、手稿等稀有資源，以特殊資料形式為特色館藏蒐集目標。而
中國大陸則以文本特色館藏、地方特色相關的資源，與學校優勢學科發
展為主要方向，並且多是為滿足學生和老師的教學研究需求而建立。大
學圖書館特色館藏建設的資源類型與其發展原因有關連，例如：是以促
進和支持學校教學、科技研究為考量，將館內資源和學校的學科優勢相
互結合，以滿足師生需求。或是為保存、提供學校的歷史資料，配合學
校性質、讀者需求和典藏機構檔案等目的而建立特色館藏；有的大學圖
書館則是因為地緣環境產生利多，收藏與大學所在地相關的特色資源為
館藏。[15]

　　依據我國國家圖書館（2017）編著《國家圖書館館藏發展政策》一
書，其內容包含三章，前言、任務與服務對象及館藏發展政策。第三章
為館藏發展政策之下細分為通則及九種資料主題與資料類型，包含 1.通
則；2.普通圖書；3.政府出版品；4.學位論文；5.特藏文獻；6.漢學研究
資料；7.期刊報紙；8.地圖、海報資料；9.多媒體資料；10.電子資源。
其第三章館藏發展政策之第五節為特藏文獻，說明國家圖書館所藏「特
藏文獻」內容有 15 種，包括 1.善本古籍；2.普通本線裝書；3.歷代名家
手稿；4.館史檔案；5.金石拓片；6.晚清百年期刊；7.古書契；8.古地圖；

---

[14] 賴雅柔（2013）。臺灣地區大學圖書館特色館藏發展之研究（未出版之碩士論文）。國立
師範大學圖書資訊學研究所，臺北市。頁 22。

[15] 閻麗慶（2011）。國內外大學圖書館特色館藏建設概況及比較。新世紀圖書館，1，26-29。

9.版畫；10.19 世紀以來之攝影圖像以及外國以中國和臺灣為主題之相關畫冊報導；11.各式版畫；12.石印；13.清末民初日治時期老明信片；14.印刷史文物；及 15.臺灣珍稀文獻等資料。[16]

其中 15 種「特藏文獻」的第一種是善本古籍，係指凡是經過精刻、精鈔、精校、精注，且流傳稀少或清乾隆 60 年（1795）以前創作或刊行年代久遠之書本，或有名人批點，或是稿本，皆可稱之為善本。至於珍貴性未達前述善本之古籍者，則列為普通本線裝書。[17] 這 15 種「特藏文獻」，無論在資料內容或資料型態上為具有獨特性館藏；這些館藏與一般圖書不同，需要特殊的保存、維護、流通及行銷管理。因此，我國國家圖書館所定義的「特藏文獻」與國外對於特色館藏的定義及內涵，具有相同定義及一致性的意涵。

綜合以上，Scham 處於 1987 年是特色館藏發展稍早期，是數位資源與數位出版品尚未普及與盛行的年代，因此他對於特色館藏的定義與內涵是關注在具有價值的古籍與現代紙本出版品。但逐漸邁入數位時代後，各類型圖書館，包含國家圖書館、學術圖書館與大學圖書館，對於特色館藏、特藏、專藏等名詞，都逐漸具有共同意涵。特色館藏建設是依據各圖書館成立的歷史背景、歷史沿革、歷史發展、成立宗旨及服務對象為主要考量，而進行規劃與建設的。再透過收集不同的資料類型、主題呈現不同的特色館藏，以具體管理國家圖書館、學術圖書館與大學圖書館的特色館藏，並以展現其獨特性館藏特色為目標。大陸的學術圖書館與大學圖書館之特色館藏是以具有各地方特色相關資源、學校優勢學科發展、與收藏與大學所在地之特色資源為主要發展方向，並且多為滿足學生和老師的需求而建設。

---

[16] 國家圖書館編（2017）。國家圖書館館藏發展政策：館藏發展政策。
檢自：http://nclfile.ncl.edu.tw/files/201701/46836e97-8fb3-4065-9480-cc2144effd2d.pdf

[17] 同前註，頁 32。

46

探索精品館藏：國家圖書館特色館藏的歷史發展
Exploring the Fine Collection:
The Historical Development of Special Collections in National Central Library of R.O.C. (Taiwan)

今日，我國國家圖書館順應其不同時代的功能變遷，而逐步調整特色館藏發展重點與策略，對於特色館藏的定義與內涵，亦隨時代變遷而日趨多元化。總之，早期特色館藏發展是以善本古籍圖書蒐藏為主，順應現今數位時代變遷擴大收錄內涵與類型，增加收錄更多不同型態載體的歷史文化資源，以順利達成國家圖書館的功能、使命與任務。

(三) 特色館藏發展與管理

Scham（1987）在《管理特色館藏》（*Managing Special Collections*）一書，列出特色館藏發展管理九項議題，包含採訪政策、預算管理、分類編目與自動化、保存與典藏、公共關係、評鑑保險及安全維護、贈送及禮品與交換、年度報告與組織結構等重要發展管理議題。[18] Berger（2014）新出版的《善本書與特色館藏》（*Rare Books and Special Collections*）一書，提出特色館藏發展管理相關議題，該書計有 14 章：一些實務界的事實觀察、管理善本書部門、檔案管理、實體館藏、如何陳列、募款、安全、法律議題、建立書目、圖書收集與處理、延伸服務、保存復原與防災計畫、今日特色館藏部門管理、與其他相關議題等。[19] 可知，特色館藏發展至今，因應數位科技的衝擊擴大發展管理的相關議題，而議題也因網路與數位化科技的應用，產生更多元的變革。

Evans（2005）說明「館藏管理」與「館藏發展」之關係，他認為「館藏管理」是涵蓋「館藏發展」相關的活動，擴大融入管理概念於預算控制、人員任用、實體設備等，其目標是為及時提供符合經濟效益的資訊給讀者。[20] 其他圖書資訊相關學會、協會與團體，例如：美國研究圖書

---

[18] 同註 6。

[19] Berger, Sidney E. (2014). *Rare books and special collections*. Chicago, IL: Neal-Schuman. vii-viii.

[20] Evans, Edward G. (2005). *Developing library and information center collections*. (5th ed.). Littleton, CO: Libraries Unlimited. 18.

館學會、國際圖書館學會聯盟（International Federation of Library Associations, IFLA）、英國的圖書館與資訊專業學會（Chartered Institute of Library and Information Professionals, CILIP）等，陸續推動及發表特色館藏發展管理相關議題研究。

　　此外，特色館藏評鑑與價值論述的相關研究，自 1960 年代起即由美國檔案人學會（The Society of American Archivists, SAA）倡議，建立檔案統一統計的委員會（Committee on Uniform Archival Statistics）負責規劃，目標是收集與分析現有檔案資源，以數字與量化方式去具體描述與定義檔案資源特色，減少使用讓人混淆的特殊專有名詞，開發國家檔案統計標準，並鼓勵更多相關機構一起採用這個共通標準。[21] 遺憾的是，1960 年代是特色館藏發展的早期階段，並無後續之持續推動配合計畫而停止。之後，特色館藏相關發展是由美國圖書館學會之大學與研究圖書館學會的善本書與手稿組（ACRL Rare Books and Manuscripts Section, RBMS）接續做下去。例如：2009 年善本書與手稿組就展開「公共服務與開發隱密館藏計畫」（Public Services and 'Un-Hidden' Collections），為特色館藏發展管理的相關規劃與展覽作業，目的是透過行銷以推廣特色館藏的應用價值。[22]

　　再且，各國學會針對特色館藏發展管理都有相關的推動、協調、規劃與執行計畫，包含美國圖書館學會之大學與研究圖書館學會下設置的善本書與手稿組、國際圖書館學會聯盟成立善本書與特色館藏組（Rare Books and Special Collections Section）、英國的圖書與資訊專業學會設立善本書與特色館藏專業集團（Rare Books and Special Collections

---

[21] Campbell, E. G. (1967). [Letter to Philip P. Mason]. University of Wisconsin Milwaukee, Archives and special collections (Collection RG 200/01/06, Box 1, Folder 56: Society of American Archivists Records, President, Herbert E. Angel, Uniform Archival Statistics, 1966-67).

[22] 同註 7。

48

探索精品館藏：國家圖書館特色館藏的歷史發展
Exploring the Fine Collection:
The Historical Development of Special Collections in National Central Library of R.O.C. (Taiwan)

Group）及加拿大與澳洲圖書資訊學會有推動特色館藏發展相關研究。
中華民國圖書館學會設有兩個特色館藏相關的委員會，檔案與手稿委員
會及圖書文獻保存與修護委員會，皆於民國 103 年 2 月 14 日成立，以協
助推動特色館藏發展、合作及相關議題之討論、推廣與研究為主。[23]

　　1912 年中華民國政府正式成立，臨時政府設於南京，當時教育部長
蔡元培已有籌辦國立中央圖書館之構想，同時積極在政府公報中刊登採
訪古籍訊息，惜無實質成效。[24] 之後，1928 年 5 月 15 日大學院第一次
全國教育會議通過籌備中央圖書館案，其中提及「一切公有之古本圖書，
於可能範圍內，收集之於中央圖書館」。可見，中華民國政府自建國初期
即對古籍文獻蒐藏相當重視。

　　我國國家圖書館以保管歷代珍貴圖書文獻為其主要職責之一，善本
古籍之館藏豐富，獲國內外學術界重視。依據盧錦堂（1996）在〈從糖
廠倉庫到網際網路：國家圖書館古籍整理之回顧與前瞻〉一文說明，善
本古籍之蒐集與保存皆不易：網羅散佚，蒐購古籍誠非易事，然而典藏
維護的重要不但不在前者之下，甚至過之。今日安善存護在本館庫房內
的珍罕文獻，很難想像它們曾歷經百劫。例如：1937 年中日戰起，本館
攜重要圖書溯江入四川，一時未及移運的版片數千塊，不幸全燬於戰火；
1940 年，在上海搶購到的部份善本古籍陸續空運到重慶，惟在香港所購
以及部份由上海郵寄到港擬轉運到後方的善本被劫運到日本等。

　　之後，陸續安全運送至臺灣復館保存，在 1986 年中山南路新館落
成，國之重寶悉數遷入當代設備完善、安全設計的善本書庫。至於古籍
在入藏前或已破損，或遭蟲蛀，則有專人進行修復。因此，古籍入藏善
本書庫前，固要經過燻蒸殺蟲，入庫後，則置於材料具防蛀功能的木櫃

---

[23] 中華民國圖書館學會（2016）。委員會。檢自 http://www.lac.org.tw/intro/5。

[24] 國立中央圖書館（1983）。上海文獻保存同志會第二號工作報告書。國立中央圖書館館刊，
　　新 16（1），76。

內，裡面且放置天然樟腦。館藏舊籍原先或外附函套，但後來顧及臺灣氣候潮濕，函套容易霉爛，便逐步改採護書木夾板。善本書庫中全日保持恆溫恆濕，防盜、防火等安全設施亦相當完善。[25]

所以，不易獲得的善本古籍必須再透過標準化的保存設備、與完善的管理作業規定，才能將珍貴的資料持續及長期的完好保存，並提供後代之加值利用，這是一項很重要的特色館藏管理業務。

依據張圍東（2014）在〈國家圖書館古籍文獻保存、整理與利用〉一文，說明我國國家圖書館特色館藏發展管理，有三大議題，包含 1.善本古籍之蒐藏過程；2.古籍文獻之保存；3.古籍文獻之整理與利用。說明如下：

1.善本古籍之蒐藏過程：善本文獻資源之蒐購、採訪徵集與典藏比起一般圖書困難很多，更是無法掌控其數量、來源與品質。自 1933 年籌備處時期即開始進行蒐購與典藏、之後經歷抗戰時期上海蒐購古書、1949 精選珍貴善本古籍裝箱遷臺、陸續以採購、交換、贈送、捐贈等方式入藏國家圖書館。

2.古籍文獻之保存：重要的維護措施與設備包含（1）具防蛀功能的善本書櫃；（2）護書夾板；（3）燻蒸作業；（4）庫藏品保存相關措施，包含，恆溫恆濕空調設備、防紫外線燈管、防塵、防火、防盜、保全設備、24 小時中央系統 24 小時監控、定期換天然樟腦防蛀、消防自動警報系統；（5）查點：館藏古籍的出納、異動都做成紀錄，書庫管理人員平日即主動抽查，而館長則可視情況，親自或指派專人抽查。

此外，對於損傷嚴重的古籍文獻進行修復工作，不管是在保存、保護或是利用上都是十分重要的事，修復的目的顯然不應該只是提供利用，還必須考慮到儘量不破壞原件才行。講究原件的維護原因，在於原

---

[25] 盧錦堂（1996）。從糖廠倉庫到網際網路：國家圖書館古籍整理之回顧與前瞻。國家圖書館館訊，1996（2），18。

50

探索精品館藏：國家圖書館特色館藏的歷史發展
Exploring the Fine Collection:
The Historical Development of Special Collections in National Central Library of R.O.C. (Taiwan)

件在研究上具有無可計量的價值。在「保存」與「利用」上，可以運用
微縮捲片、微縮單片、出版複製影印本等方法。古籍文獻的整理有其繁
瑣與困難的一面，不僅要與時間賽跑，還要跟社會環境的主流價值競爭。
許多古籍文獻因為自然與人為的因素，而遺失或湮滅；有些幸運地被留
下來的，又經常成為個人的私藏至寶，不輕易公開示人。

　　3.古籍文獻之整理與利用：為兼顧典藏保存與研究利用，對於重要
古籍的整理與傳布，亦極為重視，不遺餘力。我國國家圖書館成立 84
年來重要發展包含，1933 年籌備處成立之初，教育部即訓令籌劃影印四
庫全書計畫，1935 年，《四庫全書珍本初集》231 種，先後分四期陸續出
版。（國立中央圖書館，1983）。遷臺後，國家圖書館透過 1968-1988 年，
20 年間古籍重印出版、1989 年行政院核定本館辦理「古籍整編計畫」，
1990 年初陸續開展，工作要項之一即為選印具有學術與參考價值的古
籍、2001 年國家科學委員會策劃推動「數位典藏國家型科技計畫」，十
年來陸續完成 7,729 種善本古籍數位化典藏。2005 年起合作善本古籍數
位化計畫，2011 年除紙本重印外，亦積極設計製作多款古籍電子書。[26]

　　目前我國國家圖書館特色館藏之資料類型是以善本古籍為主，數位
化內容也是以善本古籍為主要內容。特色館藏內容具有以下五點特色：
1.網羅昔日著名藏書家精品，既可探知傳統文化的究竟，更為研究中國
古代書籍史提供許多佐證；2.同一名家著述，往往蒐集若干不同版本，
足資學者校勘；3.複本多，一書相同版本常藏有數部，經過對照，凡書
賈作偽，即易確定；4.明代文集和史料最為豐富，《千頃堂書目》、《四庫
全書總目》所未著錄的，不在少數；5.金石拓片以及董其昌、傅青主、
戴震、俞樾、王國維諸名賢墨蹟、手札，不但具備史料價值，亦表現出
書法藝術；再加上善本書中精刻、精鈔的著述，美倫美奐的藏書印記，

---

[26] 張圍東（2014）。國家圖書館古籍文獻保存、整理與利用。全國新書資訊月刊，103，4、
　　7、8。

無疑有助於讀者對我國書法、刻印的欣賞與認識。[27]

　　綜合上述，本節探討特色館藏緣起及內涵與管理，1940 年代特色館藏（special collections）一詞真正開始有研究文獻。之後美國圖書館學會持續推動；二次大戰後 1950-60 年代開始注重特色館藏收藏、管理與組織；1970-90 年代以特色館藏資源的自動化作業、保存、預防失竊與典藏空間之安全維護為主。所以，自 1980 年代後以特色館藏（special collections）一詞取代善本書（rare books）一詞，取其較能具有廣義定義與內涵，便利蒐集更豐富的特色館藏資料類型；對於圖書館的整體管理與發展，更具有重大意義與演變。國家圖書館自 1933 年籌備處成立後即開始收藏歷代珍貴文獻，內容以著名藏書家精品為主，其中以明代文集史料最為豐富。除收藏外，也重視保存、修復、整編、管理與利用等重要議題。邁入數位時代，特色館藏關注議題更為擴大，以數位化所帶來的相關發展為主要趨勢。

二、國家圖書館功能與特色館藏發展

　　本節共分為三小節加以探討，第一小節探討國家圖書館功能；第二小節為網路時代國家圖書館之新功能；第三小節為國家圖書館功能與特色館藏。茲分述如下：

(一) 國家圖書館功能之探討

　　國家圖書館的定義與功能，因各國的國家體制與政治結構有異，社會、經濟、文化發展不同，導致各國有不同看法。在 20 世紀中葉以前，

----

[27] 同前註。

52

探索精品館藏：國家圖書館特色館藏的歷史發展
Exploring the Fine Collection:
The Historical Development of Special Collections in National Central Library of R.O.C. (Taiwan)

世界各國對於國家圖書館的定義與功能並無一致性的內涵，是不證自明及不言而喻的。[28]直到 1945 年，聯合國教育科學文化組織成立後，針對國家圖書館相關發展議題，召開一系列研討會積極進行討論、凝聚共識與提出結論。因此，1950 年至 1960 年代對於國家圖書館的基本定義是：「是國立的圖書館，以領導與規劃一國的所有圖書館事業及圖書館相關服務的總部」。

依據 Humphreys(1966)發表〈國家圖書館的功能〉(National Library Functions)一文，指出國家圖書館是全國圖書館事業的推動者，必須發揮領導作用。將應負擔的任務，依其業務性質的輕重緩急，分為三大類 15 項：第一類：基本任務，包括集中典藏本國文獻、執行出版品呈繳、合理收集世界經典文獻、編印全國書目、成立全國書目資訊中心、出版各種目錄及閱覽工作等七項；第二類：重要任務，包括辦理館際互借、蒐藏珍善本、研究圖書館技術等三項；第三類：其他任務，包括辦理圖書國際交換、複本分配、為盲人讀者服務、訓練圖書館專業人員與提供圖書館技術的協助等五項。[29]

1973 年國際圖書館學會聯盟提出國家圖書館的具體任務有九項：1.蒐集、保存國家圖書文獻與珍善本古籍；2.蒐集國外研究論著；3.提供書目資訊並編製國家書目；4.編製聯合目錄；5.辦理全國性閱覽服務；6.培訓圖書館工作人員；7.協調全國採訪工作及全國自動化作業；8.推展國際合作；9.對其他圖書館提供顧問性服務等。[30] 2016 年國際圖書館學會聯盟官方網站上，所提倡的國家圖書館功能，除新增參與國際合作、

---

[28] McGowan, Ian. (2010). National libraries. In *Encyclopedia of libraries and information sciences* (3rd ed.), 3850. Doi: 10.1081/E-ELIS3-120044742.

[29] Humphreys, K. W. (1966). National library functions. UNESCO Bulletin for Libraries, 20(4), 158-159.

[30] 王振鵠（1995）。國家圖書館（National Library）。在胡述兆編，圖書館學與資訊科學大辭典。檢自：http://terms.naer.edu.tw/detail/1681184/

提倡資訊素養與推動終身教育之功能與任務外，還強調要持續保留其保
存與提升國家文化資產的功能。[31]

　　依據 Sylvestre（1978）說明，聯合國教育科學文化組織終於獲得共
識，於 1978 年提出《國家圖書館指引》(*Guidelines for National Library*)
對於國家圖書館的簡要定義與功能是：「國家圖書館的基本任務是以收
集、保存一國所出版的所有文獻與提供全民利用為主要工作；而運用法
定寄存法規是收集全國所有出版品最有效，也是最能夠完整典藏全國文
獻的方法」。他特別強調收集國家重要手稿、公文書，安全維護以留傳未
來世代的任務，要列為最高的優先次序。國家圖書館在公共服務部分，
必須永久與定期舉辦各種特色館藏的展覽，以彰顯其國家文化之精神與
特色。聯合國教育科學文化組織也注重早期作家與其作品之收集與保
存，強調要運用最新的數位化科技去處理善本古籍，以滿足當代研究者
之使用需求及兼顧為未來世代完好保存善本古籍，並提供全國性服務與
推動國際交換與合作。[32]

　　Young(1983)在《美國圖書館學會圖書館與資訊科學術語辭典》(*The
ALA Glossary of Library and Information Science*) 一書，說明美國圖書館
學會對於國家圖書館的定義與功能為：「係由一國政府所設置與補助經費
的國立性質圖書館，其功能包括 1.廣泛徵集全國出版品（通常也作為出
版品之呈繳圖書館）；2.編輯與維護國家書目；3.徵集與組織重要的國際
學術出版品；4.編製全國書目檢索工具；5.協調全國圖書館網路；6.對政
府機構提供圖書館服務，以及對政府機構職權之工作的諮詢與提供相關
服務」。其中的第一項廣泛徵集全國出版品，也包含善本古籍、手稿與檔

[31] International Federation of Library Associations. (2016). About the national libraries section. Retrieved from http://www.ifla.org/about-the-national-libraries-section

[32] Sylvestre, G. (1978). *Guidelines for national library*. UNESCO: Pairs. Retrieved from: http://unesdoc.unesco.org/images/0007/000761/076173eb.pdf

54

探索精品館藏：國家圖書館特色館藏的歷史發展
Exploring the Fine Collection:
The Historical Development of Special Collections in National Central Library of R.O.C. (Taiwan)

案的收集與保存。本書 2013 年重新印刷，對於國家圖書館的定義與功能，新舊兩版本之內容為大同小異。[33]

此外，Burston（1979）提出一個有關國家圖書館分類的說法，值得一併討論，以便更瞭解國家圖書館的定義與功能。他分析因為不同的國情與歷史發展的結果，各國的國家圖書館是具有雙重目標的圖書館（dual-purpose libraries），他歸納為三種角色與功能：1.國家學術圖書館（national-academic libraries）；2.國家公共圖書館（national-public libraries）；3.國家議會圖書館（national-parliamentary libraries）。例如：美國國會圖書館（Library of Congress）與日本的國會圖書館（National Diet Library），不只是服務議會議員也兼具國家圖書館的功能。[34]

綜上所述，可見國家圖書館是一國立機構，因不同國情而有不同的功能設計，領導與規劃全國圖書館事業發展及圖書館相關服務的總部。運用法定寄存法規完整收集、典藏與保存國家圖書、珍善本古籍與編輯維護國家書目的圖書館。無論聯合國教育科學文化組織、國際圖書館學會聯盟與美國圖書館學會等，對於國家圖書館基本功能與任務的共同認可之一是國家珍善本古籍的收集與保存，是本研究國家圖書館特色館藏建置資料的來源之一。

(二) 網路時代國家圖書館之新功能

隨著網路時代來臨，世界各國持續討論國家圖書館的功能，除維持傳統功能之外，因應網路與數位科技普遍運用之衝擊，其功能也在持續

---

[33] Young, Heartsill. (Ed.). (1983). National libraries. *The ALA glossary of library and information science*. Chicago, IL: American Library Association, 151.；Levine-Clark, Michael & Carter, Toni M. (Eds.). (2013). ALA glossary of library and information science. (4th ed.), Chicago, IL: American Library Association. 173.

[34] Burston, G. (1979). National libraries: An analysis. In Line, Maurice B. (Eds.), National libraries. London, U.K.: Aslib. 87-98.

改變與擴大中，重要討論說明如下：

Line（1998）在〈網路時代國家圖書館之任務？〉(What Do National Library Can do in the Age of Internet?) 一文，提出國家圖書館處於網路時代，面對全球化的挑戰所帶來的相關威脅與機會，必須事先積極進行各種周詳準備與規劃。不只是保留傳統典藏角色，還要持續轉型為資訊儲存與資訊提供者，成為積極促進資訊互動與資訊交換者的角色。今日，網路時代的國家圖書館的一項新挑戰與任務，就是要處理館藏數位化的相關議題。其論述有四項重點：1.應有效利用科技於收集、典藏與利用數位資源，並進行數位出版；2.改變圖書館組織結構並成立新的數位資源管理部門；3.發展數位資源管理相關技術與資源服務結盟；4.建立新工作伙伴與協力合作數位計畫。[35] 他強調國家圖書館的獨特角色與功能是無法被取代、或是消失的，例如在協助與推動圖書資訊單位的合作部分，是其他層級圖書館所無法取代的角色與功能。同時要持續重視與維護代表一個國家歷史文化的重要資產之館藏，特色館藏之象徵意義與實際價值是重要的。因此可知，Line 相當重視國家圖書館在維護國家歷史及文化資產之獨特使命，也關注網路時代發展議題。

Baker（2011）在〈重新思考國家圖書館網路時代的角色與關連性：館藏發展、記錄資料、保存資料、提供使用與知識傳播〉(Rethinking the Relevance and Role of National Libraries in the Collection, Recording, Preservation, Provision of Access to and Transmission of Knowledge in the Age of the Internet)一文，說明國家圖書館在網路時代的傳統角色，面臨必須改變與轉型，並要保持一定重要的關連性角色，他提出四項發展策略：

1.積極參與科技發展：必須繼往開來透過關懷當代之需求，也積極

---

[35] Line, Maurice B. (1998). What do national libraries do in the age of the Internet? Ariadne, 13, 6-7.

56

探索精品館藏：國家圖書館特色館藏的歷史發展
Exploring the Fine Collection:
The Historical Development of Special Collections in National Central Library of R.O.C. (Taiwan)

參與未來科技研發的各種便利與優勢。國家圖書館要積極與網路時代之資訊環境接軌，例如：瞭解雲端運算、擴增實境等新科技之技術運用，並主動加入及參與最新科技的演變。

2.主動與社群互動：必須先瞭解新世代的資訊需求，並連結最新的資訊科技應用於其需求中。掌握科技發展與將最新科技運用於國家圖書館，以服務網路世代與新生代的使用者；讓國家圖書館功能與角色主動切入，與服務新世代的資訊需求。

3.重視國家歷史文化資產典藏：代表國家文化資產的歷史館藏國家圖書館必須加強館藏的建置作業、與進行數位化資源的合作計畫。積極與相關的文化資產機構建立數位伙伴合作關係，合作進行國家歷史與文化資產之數位化計畫，及提升更進階的數位資訊服務，以造福未來世代的讀者。

4.重視資訊素養與終身教育：國家圖書館要擔任一個橋樑角色與功能，降低資訊落差、提升全民的資訊素養與提倡終身學習技術。尤其開發中國家，其國家圖書館扮演一個架起知識橋樑的關鍵性角色，幫助資訊弱勢者有機會用到價格昂貴的電子資料庫，與提供關鍵性重要的資訊素養訓練及基本終身學習所需要學習技術。

Baker 期許國家圖書館在網路時代的功能與角色不單只是求生存，更要生氣勃勃。不能像恐龍一樣消失，而是要像一部新發電機，必須具有新動力、新功能與新生命。國家圖書館在網路時代需要積極應對，要有預測力、適應力與參預持續變動中世界的能力。[36]

2016 年國際圖書館學會聯盟在其國家圖書館委員會（IFLA, National

---

[36] Baker, Tim. (2011). Rethinking the relevance and role of national libraries in the collection, recording, preservation, provision of access to and transmission of knowledge in the age of the internet. University of Cape Town: Sociology of Information.
Retrieved from https://kimbakercapetown.files.wordpress.com/2012/04/baker-k-rethinking-the-relevance-and-role-of-national-libraries-in-the-age-of-the-internet1.pdf

Libraries Section）的官方網站說明，國家圖書館是法律所規範的國立圖
書館與資訊系統，具有特殊職責，其功能因國情不同而異，並統合成七
項共同核心功能，包括 1.藉由全國出版品送存制度，包含印刷與電子出
版品，透過編目與典藏制度以建立國家館藏，及提供國家書目編製與典
藏服務；2.直接對個人使用者或透過與其他圖書館及資訊中心，提供參
考服務、書目服務、圖書文獻流通、出借與館際合作等服務；3.保存與
提升國家文化資產之價值；4.收集與典藏國外具代表性的出版品；5.提
升國家文化政策之制訂；6.領導國家資訊素養計畫；7.領導國家參加國
際組織的論壇。此外，國家圖書館必須與政府機構有緊密合作，積極參
與及關心國家資訊政策之制訂，提供專業發展政策制訂之協助，例如直
接參與及服務立法機構的資訊需求，協助其進行立法工作。[37]可見，國
際圖書館學會聯盟的國家圖書館委員會關注更多新議題的發展趨勢，包
含保存與提升國家文化資產的特色館藏相關議題。

　　依據教育部 2012 年公布〈國家圖書館組織法〉說明我國國家圖書館
成立的目的與功能及其掌理十大事項，第一條說明「國家珍貴圖書文獻
保存政策與作業之規劃、協調、督導及推動執行」。[38] 該組織法開宗名
義說明國家珍貴圖書文獻之重要性，及實務工作執行之優先性，必須制
訂相關的保存政策、審慎規劃、協調、督導及推動執行。

　　綜合以上，國家圖書館傳統角色是重視國家歷史與文化資產之收集
與保存，網路時代增加新功能及面臨新挑戰；需積極處理特色館藏數位
化相關議題，及調整發展管理方向。此外，參與國際論壇及進行各相關
合作計畫，提升國家文化政策、領導國家資訊素養計畫及推動終身學習
教育等，都是重要的網路時代新功能與新發展趨勢。

---

[37] 同註 31。

[38] 教育部（2012）。國家圖書館組織法。檢自 http://www.rootlaw.com.tw/LawArticle.aspx?L
awID=A040080010010700-1010203

58

探索精品館藏：國家圖書館特色館藏的歷史發展
Exploring the Fine Collection:
The Historical Development of Special Collections in National Central Library of R.O.C. (Taiwan)

(三) 國家圖書館功能與特色館藏

　　依據前兩節重要學者與機構對於國家圖書館功能之研究，本小節整理與特色館藏相關論述，以便瞭解兩者關係。學者部分以 Humphreys、Line 與 Baker 三位之論述為主；重要機構部分包含聯合國教育科學文化組職、美國圖書館學會、國際圖書館學會聯盟三個機構定義之功能內涵，以利進行討論。茲說明如下：

　　國家圖書館的重要功能，以 Humphreys（1966）的說明是最直接與最簡潔，與特色館藏相關部分就是「蒐藏珍善本」。聯合國教育科學文化組職（1978）整理為：「收集國家重要手稿、公文書之安全維護文獻留傳未來世代」。美國圖書館學會（1983、2013）為「廣泛徵集全國出版品（包含善本古籍、手稿與檔案的收集與保存）」。Line(1998)所提：要持續注重與維護代表一個國家文化的重要資產之象徵意義與實際價值，及國際圖書館學會聯盟（2016）與特色館藏相關部分為「保存與提升國家文化資產、國家圖書館領導國家參加國際組織的論壇、指引特色館藏的發展，必須有協力合作的數位計畫與推動資訊素養與終身學習教育」。整理如表3.1 國家圖書館功能與特色館藏發展一覽表：

表 3.1：國家圖書館功能與特色館藏發展一覽表

年代	重要學者與專業機構之國家圖書館功能論述與特色館藏發展 ●代表：國家圖書館功能與特色館藏相關說明
1966	Humphreys：「蒐藏珍善本」。● 「蒐藏珍善本」
1978	**聯合國教育科學文化組職：** 國家圖書館的基本任務是以收集、保存一國所出版的所有文獻與提供全民利用為主要工作；而運用法定典藏法是收集全國所有出版品的最有效，也是一個最完整典藏全國文獻的方法，收集國家重要手稿、公文書…安全維護文獻留傳未來世代。 ● 「收集國家重要手稿、公文書……安全維護文獻留傳未來世代」。

年代	重要學者與專業機構之國家圖書館功能論述與特色館藏發展 ●代表：國家圖書館功能與特色館藏相關說明
1983 、 2013	**美國圖書館學會**重點有六： 1.廣泛徵集全國出版品（通常做為出版品之呈繳圖書館），包含善本古籍、手稿與檔案的收集；2.編輯與維護國家書目；3.徵集與組織國際學術出版品；4.編製書目工具書；5.協調全國圖書館網路；6.對政府機構提供圖書館服務，以及對政府提供其他相關服務。 ●第一項廣泛徵集全國出版品，包含善本古籍、手稿與檔案的收集與保存。
1998	**Line** 重點有四：「數位時代國家圖書館一項新挑戰與任務，就是處理館藏數位化的相關議題」。 四項重點：1.須有效利用科技收集、典藏與利用數位資源，並進行數位出版；2.改變圖書館組織結構並成立新的數位資源管理部門；3.發展數位資源管理相關技術與資源服務結盟；4.建立新工作伙伴與協力合作數位計畫。 ●「要持續注重與維護代表一個國家歷史文化的重要資產之象徵意義與實際價值」
2011	**Baker** 重點有二： 1.積極參與科技發展：繼往開來，善用科技之便利與優勢；2.重視國家文化資產的歷史典藏：加強保存作業與數位化資源的資訊服務；3.重視資訊素養與終身教育：國家圖書館要擔任一個橋樑角色與功能。 ●「重視國家文化資產的歷史典藏：加強保存作業、與數位化資源的資訊服務」
1973 2016	**國際圖書館學會聯盟**有七項共同核心功能： 1.藉由全國出版品送存制度，包含印刷與電子出版品，透過編目與典藏制度以建立國家館藏，及提供國家書目編製與典藏服務；2.直接對個人使用者或透過與其他圖書館及資訊中心，提供參考服務、書目服務、圖書文獻流通、出借與館際合作等服務；3.保存與提升國家文化資產之價值；4.收集與典藏國外具代表性的出版品；5.提升國家文化政策之制訂；6.領導國家資訊素養計畫；7.領導國家參加國際組織的論壇。 ●保存與提升國家文化資產、國家圖書館領導國家參加國際組織的論壇、直接指 引特色館藏的發展，必須有協力合作的數位計畫、推動資訊素養與終身學習教育。

資料來源：本研究整理。

60

探索精品館藏：國家圖書館特色館藏的歷史發展

Exploring the Fine Collection:
The Historical Development of Special Collections in National Central Library of R.O.C. (Taiwan)

　　總結以上論述，國家圖書館功能與特色館藏發展關係，以傳統紙本時代與網路數位時代功能，分別說明如下：一、傳統紙本時代：特色館藏發展是依據國家圖書館的功能，收集與完整保存國家重要珍貴文獻、手稿、公文書與珍貴善本古籍為主；特色館藏是國家圖書館功能的落實與實踐；二、網路數位時代增加七項新任務，計有：1.徵集全國出版品與維護國家書目：包含傳統紙本、數位出版品與珍善本古籍、手稿、檔案；2.處理館藏數位化相關議題：為國家圖書館數位時代的新挑戰與任務，此挑戰直接引導特色館藏的數位化與保存；3.運用科技：必須有效利用科技去對重要的數位資源與數位出版，進行有效的收集、典藏與利用，對於特色館藏的館藏發展有直接關係；4.發展數位資源管理相關技術與資源服務結盟：結盟有對於特色館藏發展有直接關係；5.建立新工作伙伴與協力合作的數位計畫：特色館藏發展必須協力合作數位計畫；6.國家圖書館領導國家參加國際組織的論壇：國際組織論壇活動指引特色館藏的發展；7.推動資訊素養與終身學習教育：為國家圖書館數位時代的新興功能及任務。

三、數位時代的特色館藏發展

　　本節內容共分為三小節加以探討，第一小節探討特色館藏發展趨勢觀察；第二小節為特色館藏與圖書館發展議題；第三小節為特色館藏發展政策。茲分述如下：

(一) 特色館藏發展趨勢觀察

　　特色館藏發展趨勢的觀察，因面臨網路數位時代之挑戰，學術界與實務界有正面與負面的兩極看法，提供多元角度的趨勢觀察。有關負面的論點，整理如下：Young(1997)在《2015 年特色館藏發展：一個疊慧

法研究》（*Special Collections in the Year 2015: A Delphi Study*）的博士論文中，他以 20 位專家為一研究小組，請專家們預測與想像 20 年後（即 2015 年）學術圖書館的特色館藏發展趨勢。結論是有 75%（即 16 位）專家達成四個趨勢議題之共識：1.資金募款來源；2.服務費收取之議題；3.工作人員短缺；4.使用者查檢特色館藏之資訊素養不足。同時，專家也預測學術圖書館原始資源（primary sources）的使用率與重要性都會降低；所以，必需加強使用者的利用教育與館員的管理技術。[39]

依據澳大利亞學者 Burrows(2000)發表〈維護過去與概念化未來：研究圖書館與數位保存〉（Preserving the Past, Conceptualising the Future: Research Libraries and Digital Preservation.）一文的說法：他提出同年代的部分學者，有人憂心因為數位資源快速成長，會威脅未來研究圖書館的特色館藏發展，各地的特色館藏之重要性正在快速衰退中。該時代部分學者對未來發展抱悲觀看法，認為特色館藏未來發展是無望及荒涼的。[40]

隔年 Cullen（2001）在〈網路時代的特色館藏圖書館：學術界的觀點〉（Special Collections Libraries in the Digital Age: A Scholarly Perspective）一文，發表他與一位館長的對話，他懷疑無論特色館藏的管理與維護都必須支付高昂的費用，只為滿足及服務其地方的學術性社群使用者，因此他認為特色館藏的價值是有限的。[41] Graham（1998）在〈網路時代特色館藏的新角色〉（New Roles for Special Collections on the Network）一文，他提出一般性圖書資源較少維護費支出，而特色館藏的

---

[39] Young, Virginia Ella. (1997). *Special Collections in the Year 2015: A Delphi Study*. (Unpublished doctor dissertation). University of Alabama, Tuscaloosa, Alabama.

[40] Burrows, T. (2000). Preserving the Past, conceptualising the future: Research libraries and digital preservation. Australian Academic and Research Libraries, 31(4), 144.

[41] Cullen, C.T. (2001). Special collections libraries in the digital age: A scholarly perspective. Journal of Library Administration, 35(3), 79-91.

62

探索精品館藏：國家圖書館特色館藏的歷史發展
Exploring the Fine Collection:
The Historical Development of Special Collections in National Central Library of R.O.C. (Taiwan)

高價位維護費用一直是學術圖書館在編列與分配預算時的重要辯論議題，特色館藏是一項不易管理的議題，也是存在已久的老問題。[42]

美國路易斯安那州立大學學者 Phillips（2002）發表〈管理數位時代的特色館藏部門：合作與創新的個案研究〉(Managing the Special Collections Department in the Digital World: A Case Study of Cooperation and Innovation)一文，提出特色館藏部門一位工作同仁所表達的心聲與看法，他擔憂在數位圖書館興起的時代，使用者偏愛運用網路，並直接使用網路之數位資源與數位閱讀，特色館藏資源的價值會被逐漸縮減。[43]

綜合以上學者觀點，因應網路與數位時代來臨，數位資源的增長、學術社群的使用人數，使用者喜愛上網的資訊行為以及特色館藏高昂維護費用，資金短缺，工作人手不足，使用者利用教育不足，收費問題等，這些都是對未來特色館藏發展前景的負面觀察。

然而，同時代的學者與實務界也有抱持正面觀點，認為特色館藏的價值是逐漸在增長中。正面論述如下：Phillips（2002）在〈管理數位時代的特色館藏部門：合作與創新的個案研究〉一文，雖有提出工作同仁的負面看法，他同時指出其他同仁不同觀點，大部分是對特色館藏未來發展表達持續信心的。Phillips 觀察特色館藏雖已有數位替代品，但是實際進入路易斯安那州立大學特色館藏室使用的人數並未減少。[44]

Sutton（2004）在〈探索航行臨界點：特色館藏數位化的機構意涵〉（Navigating the Point of No Return: Organizational Implications of Digitization in Special Collections.）一文也指出，他相信特色館藏的價值

---

[42] Graham, P. S. (1998). New roles for special collections on the network. College and Research Libraries, 59(3), 232-239.

[43] Phillips, F. (2002). Managing the special collections department in the digital world: A case study of cooperation and innovation. OCLC Systems and Services, 18(1), 51-58.

[44] 同前註。

會變得愈來愈高，未來特色館藏將會成為定義大學圖書館獨特性之特色認同的一種方式。[45]

Graham（1998）在〈網路時代特色館藏的新角色〉（New Roles for Special Collections on the Network）一文，他也強調未來特色館藏的價值會持續增加，因為手工藝與古器物形式文件的價值持續受到重視。[46] 可見，特色館藏的管理者與使用者，都開始以不同角度在觀察與交流，呈現特色館藏的新價值。Albanese（2005）在〈線上的珍貴性資源〉（Rarities Online）一文，則更深刻與清楚說明，未來愈來愈多大型研究圖書館會以其特色館藏作為被評鑑的憑藉與依據。[47] 特色館藏的學術功能與各種不同價值，都逐漸開始受到重視與肯定，也列為評鑑的項目。

綜合以上學者的正向論述，特色館藏是未來學術圖書館被認同、被評鑑的依據，及重視手工藝與古器物價值之憑藉。以上學者的正面意見，特色館藏的發展趨勢是一直持續受到討論與重視，是各學術圖書館必須積極進行的重要館藏發展計畫內涵之一。

網路時代特色館藏的發展趨勢，學術界與實務界同時有正負面的觀察及論述；透過兩種不同觀點論述，不停地互相交流、互動及衝擊的力量，將特色館藏的整體發展趨勢，持續與時俱進一直向前推動與進展。

(二) 特色館藏與圖書館發展議題

特色館藏相關研究議題，因各類型圖書館，包含大學圖書館、公共圖書館與國家圖書館各自依據不同的成立目標、功能、服務對象與讀者

---

[45] Sutton, S. (2004). Navigating the point of no return: Organizational implications of digitization in special collections. Libraries and the Academy, 4(2), 233-243.

[46] Graham, P. S. (1998). New roles for special collections on the network. College and Research Libraries, 59(3), 232-239.

[47] Albanese, A.R. (2005). Rarities online. Library Journal, 130 (Supplement), 40-43.

64

探索精品館藏：國家圖書館特色館藏的歷史發展
Exploring the Fine Collection:
The Historical Development of Special Collections in National Central Library of R.O.C. (Taiwan)

需求，在其館藏發展政策中，建立各自特色館藏與合作館藏發展策略。
針對特色館藏數位化、教學與研究、展覽與出版的行銷，活化運用特色
館藏資源等事項加以積極推廣。[48] 所以，國內與國外都有相關的重要研
究報告，可資探討。

　　大陸學者閻麗慶（2011）在〈國內外大學圖書館特色館藏建設概況
及比較〉一文，提到大學圖書館特色館藏的發展主因，以促進及支持學
校教學、科技研究為首要考量，將館內資源和學校的學科優勢相互結合，
滿足學生和老師的需求；或是為了保存、提供屬於學校的歷史資料，配
合學校性質、讀者需求和典藏機構檔案等目的而建立特色館藏；有的大
學圖書館則是因為地緣環境產生的利多，收藏與大學所在地特色相關的
資源，透過建立特色館藏以增加學校的特色資源。[49]

　　劉小紅（2003）在〈圖書館特色化與館藏建設〉一文，提到大陸大
學圖書館特色館藏的發展主因，受到上級政策或是專案經費輔助等因素
所影響，是大學圖書館特色館藏發展的助力。也是大學當局善於運用資
金建設圖書館的特色館藏資源，以便有效凸顯各大學特色館藏的亮點。
例如：復旦大學圖書館在 1995 年時獲中國教育部補助，設立復旦大學文
科外文圖書引進中心書庫，在 2000 年時文科專款一項就獲得了教育部
15.4 萬美元的經費核撥。[50]

　　Smith（2006）對特色館藏發展議題進行文獻整理與回顧，並指出網
路時代特色館藏發展管理的巨大轉變，就是特色館藏數位化發展，包含
數位化之策略、衝擊及發展議題等。說明如下：數位化策略：1.保存策
略；2.促銷策略；3.取用策略。數位化衝擊有三項：1.對特色館藏組織作

---

[48] Panitch, J. M. (2001). Special collections in ARL libraries: Results of the 1998 survey.
Washington, D C: Association of Research Libraries.

[49] 閻麗慶（2011）。國內外大學圖書館特色館藏建設概況及比較。新世紀圖書館，1，26-29。

[50] 劉小紅（2003）。圖書館特色化與學科建設。湛江師範學院學報，24（4），110-112。

業員工與作業流程的相關衝擊；2.對使用者、讀者群的衝擊；3.對未來
特色館藏發展的衝擊。數位化議題有二項：1.建立標準化管理作業規範，
以維護特色館藏之品質；2.特色館藏編目的相關議題。透過此文之文獻
整理與回顧探討，可知特色館藏數位化相關議題是網路時代圖書館所共
同面臨的最大衝擊，是特色館藏發展管理的重要趨勢。[51]

　　2013 年美國圖書館學會的研究圖書館學會提出一份研究《永續性探
索：八個特色館藏數位化機構的策略》（ *Searching for Sustainability:
Strategies for Eight Digitized Special Collections* ），其包含八個學術圖書
館與相關的文化機構，計有博物館、檔案館與相關歷史文化性學會。該
研究針對自 1990 年起，在他們的特色館藏獨特資源中創造數位化版本的
共同議題，進行探討。數位化有兩個目的：1.保存數位化的特色館藏資
源給未來世代享用；2.提供數位化特色館藏資源於網路使用者。而他們
數位化特色館藏的資金來源，多數是由公部門與私人支助的。當時支助
計畫的資金都有面臨縮減現象與危機，各單位都必須積極檢討與探索長
久與永續的特色館藏發展策略。該研究之結果如下：永續性的行動策略
包含 1.積極發展強壯的合作夥伴關係：包含各單位之間的各種合作關係
之建立，持續推動資源共建與共享等相關重要議題之進行；2.擴大使用
者的支持與贊助：透過訂購、捐款、會員制度、與許可證、執照授權使
用等方式來完成。[52]

　　Corrado、Moulaison (2014)在《圖書館、檔案館與博物館的數位保

---

[51] Smith, Carol. (2006). Digitization of special collections: Impact and issues a literature review. Info 663 – tech processes in libraries.
Retrieved from http://www.carolsmith.us/downloads/663digofspecialcoll.pdf
special collections libraries. Library trends, 51(1), 87-103.

[52] Maron, Nancy L., Pickle, Sarah, & Marcum, Deanna. (2013). Searching for sustainability: Strategies for eight digitized special collections.
Retrieved from http://www.arl.org/storage/documents/publications/searching-for-sustainability-report-nov2013.pdf

66

探索精品館藏：國家圖書館特色館藏的歷史發展
Exploring the Fine Collection:
The Historical Development of Special Collections in National Central Library of R.O.C. (Taiwan)

存》（*Digital Preservation for Libraries, Archives, and Museums*）一書，提供圖書館與文化資產專業組織（例如：檔案館與博物館等）與各級行政主管進行數位保存創新策略的啟動指引。本書說明「數位保存不是一個問題，而是一個機會」，重點是要利用數位保存技術去進行創新。保存（preservation）一直是圖書資訊專業的核心價值，而數位保存是數位時代的新興議題。[53] 依據美國圖書館學會的圖書館館藏與技術服務學會（Association for Library Collections & Technical Services, ALCTS）定義，數位保存是指透過政策、策略和行動，來確保數位內容的使用可突破時間的限制。必須制訂書面政策及組織承諾，以便準確地進行數位內容的轉譯工作以供未來使用。在實務上也應指明保存的檔案格式、保存層級、並建立標準的數位資訊保存管理工作流程。[54] 數位保存聯盟（Digital Preservation Coalition, DPC）的定義，「數位保存是一個確保數位資源可長期運用的一系列必要的管理性質的活動」。[55]

　　而英國的資訊系統聯合委員會(Joint Information Systems Committee, JISC) 針對數位保護(Digital Curation)研究工作，成立了數位保存中心(Digital Curation Centre，DCC) 。DCC 對於數位保護(Digital Curation)的定義，是在數位資料的生命週期中進行包括維護、保存和加值的動作。也提出五個重要概念的關鍵字，包含 1.管理（managed）；2.相關活動（activities）；3.必要性（necessary）；4.持續的取用權（continued access）；5.數位物件（digital materials）。數位保存作業是由三個有互相關連的活動所組成，三部曲包含 1.管理面（management）；2.技術面（technology）；

---

[53] Corrado, E. M., & Moulaison, H. L. (2014). *Digital preservation for libraries, archives, and museums*. Plymouth, UK: Rowman & Littlefield. 6-10.

[54] Association for Library Collections & Technical Services. (2007). Definitions of Digital Preservation. Retrieved from http://www.ala.org/alcts/resources/preserv/defdigpres0408

[55] Digital Preservation Coalition. (2016). About the Digital Preservation Coalition. Retrieved from http://www.dpconline.org/

3.內容面（content）之活動。[56] 本研究強調必須制訂數位保存政策與推動相關計畫，透過政策制訂與計畫推動是數位保存的首部曲，即管理面之重要活動。政策是一個高階的書面文件，正是反映機構或是組織的任務與使命，必須謹慎進行制訂之相關工作。

　　Primary Research Group (2014)出版的《善本書與公文書特色館藏管理趨勢》（*Trends in Rare Books and Documents Special Collections Management*）一書，以七所美國與英國著名大學為主要研究對象，訪談特色館藏與公文書館藏部門的資深主管，再詳細整理所有的訪談資料出版成書。其重要訪談議題，包含特色館藏的安全管理、採訪政策、捐款管理策略、館藏數位化、行銷議題、如何推廣給學生學習、教職員與組織外部的使用者、展覽與預算管理等。依據本書整理特色館藏發展議題有 12 項：1.館藏特色描述；2.館藏採訪發展；3.防盜與保全；4.數位化；5.數位資源保存；6.推廣宣傳與延伸服務；7.記錄重大事件與舉辦展覽；8.合作計畫；9.出借與保存；10.對同儕專業之建議；11.參加合作聯盟；12.未來展望及如何吸引更多使用者之造訪。[57] 可知，特色館藏發展的議題逐漸增加中，尤其是圍繞特色館藏的數位化發展，引起更多的新議題。本書也強調必須增強特色館藏的行銷能力，以便吸引更多使用者，直接發揮特色館藏的文化與歷史價值。

　　Traister（2003 年）發表〈善本書，手稿與特色館藏圖書館的公共服務與延伸服務〉（Public Services and Outreach in Rare Book, Manuscript, and Special Collections Libraries）一文，提出有關特色館藏的公共服務與延伸服務的議題。有鑑於數位時代的善本書，手稿與特色館藏的使用方

---

[56] Digital Curation Centre. (2017). About the DCC. Retrieved from http://www.dcc.ac.uk/about-us

[57] Primary Research Group. (2014). *Trends in rare books and documents special collections management*, 2014-15 Ed.. New York, NY: Primary Research Group.

68

探索精品館藏：國家圖書館特色館藏的歷史發展
Exploring the Fine Collection:
The Historical Development of Special Collections in National Central Library of R.O.C. (Taiwan)

式，比起其他一般圖書資源的使用情形仍然是比較困難與較多限制的。
本文從當時重視採訪、編目與保存之議題的時代風氣中，轉進探討另一
個新興議題「行銷」。本文整理的重要行銷方法包含舉辦各式相關主題展
覽、開授相關課程、利用網路行銷、舉辦工作坊及研討會、建立討論群、
與傑出作家合作開創寫作班、建立圖書館之友及旅遊團隊、與提供特色
館藏相關的諮詢服務等。[58]

　　美國圖書資訊相關學會與研究團體對於特色館藏的調查與研究是一
直持續進行的，最接近的三次分別是 1979 年、1998 年與 2010 年的調查
與研究。所面臨的共同背景是節節上升的財政壓力、預算刪減與館藏品
愈來愈多元與複雜化。第一次研究是 1979 年進行 66 個圖書館的調查研
究，探討議題有四：1.書目控制（bibliographic control）；2.維護與保存
（conservation/preservation）；3.特色館藏資源典藏安全（housing of
materials）；4.使用者服務研究（user services）等，都是大挑戰。第二次
1998 年進行，共有 99 個會員參與此次全國性的特色館藏調查研究。探
討議題包含 1.館藏收錄與範圍(collections ,sizes and scope)；2.組織結構
與行政(organization and administration)；3.設備(facilities)；4.提供使用與
使用者研究(use and user)；5.保存與維護(preservation and conservation)；
6.電子化相關活動(electronic activities)。此次調查的主要發現與結論是：
1.美國研究圖書館學會會員館的特色館藏地位是受到肯定與重要的；2.
大小會員圖書館持續推廣的特色館藏計畫各有不一樣的形式；3.美國與
加拿大的私立與州立特色館藏圖書館存在明顯的差異性；4.一般來說目

---

[58] Traister, Daniel. (2003). Public services and outreach in rare book, manuscript, and special
collections libraries. *Library Trends* 52(1), 87–108.
Retrieved from http://repository.upenn.edu/cgi/viewcontent.cgi?article=1024&context=librar
y_papers

前特色館藏發展是在健全狀況，但是有一些發展仍是令人擔心與不安。[59] 美國研究圖書館學會的研究館藏委員會（ARL Research Collections Committee）持續推動特色館藏之調查與研究，並對其會員圖書館實際運作上的管理與發展，做出工作指引與貢獻。

　　第三次是 2010 年 10 月由 OCLC 進行《為我們的時代把脈：OCLC 特色館藏與檔案調查研究》，此次擴大研究範圍，總共進行 275 所美國與加拿大地區的學術與研究圖書館，針對其特色館藏發展現況的調查研究。面臨 21 世記網路數位時代的發展趨勢，提出調查研究三個面向：1. 資源面：關注收集資源之價格、倫理與法律議題，包含使用權限之限制、透明化的資料來源管道與聲音記錄資料之管理與實務；2.檢索面：確保資源之長期使用。包含，資源描述之標準化、使用者之貢獻、跨機構合作與跨系統資源查詢、展覽、數位化、大規模數位化、建立 Metadata；3.數位原生資源之挑戰。此次調查有二項結論：1.處於資訊社會之新時代挑戰，各個學術與研究圖書館皆面臨網路與數位科技的衝擊，必須積極建設其數位化館藏資源；2.也同時必須積極規劃其「特色館藏」發展的相關合作計畫與行銷策略。[60] 可知，先進國家的學術及研究圖書館都重視特色館藏的發展，其調查及研究工作都是持續進行的，目前也正開始展開 2017 年新一波的研究調查工作中。

　　國內研究部分，大學圖書館的特色館藏發展有賴雅柔（2012）在〈臺灣地區大學圖書館特色館藏資源發展之研究〉一文，其研究結果發現：大學圖書館因為學校性質繼承具特色的資源，是重要的特色館藏發展緣起。特色館藏發展方式多數涵蓋在館藏發展政策中，學科主題為最常見

---

[59] Panitch, J. M. (2001). *Special collections in ARL libraries: Results of the 1998 survey.* Washington, D C: Association of Research Libraries.

[60] Dooley, Jackie M., & Luce, Katherine. (2010). *Taking our pulse: The OCLC research survey of special collections and archives.* Dublin, OH: OCLC Research.
　Retrieved from http://www.oclc.org/research/publications/library/2010/2010-11.pdf

70

探索精品館藏：國家圖書館特色館藏的歷史發展
Exploring the Fine Collection:
The Historical Development of Special Collections in National Central Library of R.O.C. (Taiwan)

的特色館藏類別，館舍空間是影響圖書館發展特色館藏的重要因素。建立特色館藏的優點是提升館藏的質量，但可能忽略一般館藏發展。同一所圖書館可能會以數種方式管理特色館藏，且多數會限制僅在館內利用，但使用權利不因身分別而有所差異。大學圖書館最常透過自身網站來推廣與行銷其特色館藏。[61]

我國國家圖書館特色館藏的相關研究，張圍東（2009）在〈國家圖書館古籍文獻國際合作數位典藏計畫：以美國國會圖書館為例〉（NCL International Chinese Rare Book Digitalization Cooperation Project: A Case Study of the United States Library of Congress）一文，提出有鑑於中文古籍是世界重要文明遺產，其保存對傳承文化、協助研究、提升文明，甚有幫助。美國國會圖書館與我國國家圖書館商議合作，藉重國家圖書館數位化的經驗與技術，將美國國會圖書館典藏之善本古籍分期進行數位化掃描作業，達到合作發展、資源分享的目的。其合作成果是自 2005-2008 年度完成 1,215 部數與 583,166 影幅數之特色館藏資源之數位化作業。[62]

依據上述張圍東研究結論，國家圖書館古籍文獻數位化合作有四大效益：1.學術研究：建立「古籍影像檢索系統」，將流失海外的古籍文獻，雖無法徵集實體的紙本文獻資料，能藉由合作模式，增加古籍文獻之數位資源。加強與國外收藏單位之傳遞交流，達到資源共享的目的；透過國際合作，調查散佚海外中文古籍文獻，充實「中文古籍聯合目錄資料庫」，上網提供服務，有便於產官學研究及社會大眾運用；2.經濟價值：採購古籍價格很昂貴，透過合作能以最少的價錢，可得到珍貴古籍影像。因此本合作計畫不僅可以增加館藏特色，更可以提升國際上的地位與形

---

[61] 賴雅柔（2013）。臺灣地區大學圖書館特色館藏發展之研究（未出版之碩士論文）。國立師範大學圖書資訊學研究所，臺北市。頁 22。

[62] 張圍東（2009）。國家圖書館古籍文獻國際合作數位典藏計畫：以美國國會圖書館為例(NCL International Chinese rare book digitalization cooperation project: A case study of the United States Library of Congress)。臺灣圖書館管理季刊，5（4），103-105。

象；3.技術應用：臺灣數位典藏的詮釋資料整合、影像處理及系統分析技術，於國際間具有首屈一指的領導地位。也將數位化掃描 SOP 作業技術及經驗傳布至海外，使國外機構人員體認到國內技術及經驗的優勢；4.推廣傳布：數位化後的影像檔案，不僅可以永久保存與使用，更可以廣為傳布；藉由與美國國會圖書館合作古籍數位化，提高我國圖書資訊服務能見度，有助文化交流及國際地位的提升。之後，再與美國普林斯頓大學東亞圖書館及荷蘭萊登大學漢學研究院等機構，共同合作數位化作業。[63]

此外，俞小明（2014）在〈國家圖書館中文古籍文獻數位化的國際合作：模式與成果〉（International Collaboration on Digitalization of Rare Chinese Books at National Central Library: Models and Outcomes）一文，提出自 2005 年起至 2012 年美國國會圖書館的亞洲部門邀請我國國家圖書館一起參與合作計畫，兩館一起合作共同建置數位化古籍 2,025 部。2010 年至 2011 年有美國華盛頓大學與柏克萊大學加入簽訂合作計畫，不但將中文善本古籍數位化計畫的豐盛成果分享，也將合作範圍與應用範圍擴大，讓特色館藏發展透過國際上的積極合作而更具價值。[64]

綜上所述，特色館藏與圖書館發展重要議題包含，大學圖書館特色館藏發展是以支持學校教學、科技研究為考量，將館內資源和學校學科優勢相互結合。邁入網路時代，特色館藏數位保存、特色館藏調查研究是持續進行的、特色館藏之國際合作計畫與特色館藏之行銷（例如：教學與研究、展覽與出版、活化運用特色館藏資源）等，都是必須持續關注的發展議題。

---

[63] 同前註。

[64] Yu, Hsiao-ming. (2014). International collaboration on digitalization of rare Chinese books at National Central Library: models and outcomes. *International Journal of Humanities and arts computing*, 8, 124-151.

72

探索精品館藏：國家圖書館特色館藏的歷史發展
Exploring the Fine Collection:
The Historical Development of Special Collections in National Central Library of R.O.C. (Taiwan)

(三) 特色館藏發展政策

　　特色館藏發展政策之制訂，是直接有助於特色館藏之發展與實際作業執行，其制訂原則、方式及項目與「館藏發展政策」一致。各圖書館制訂其特色館藏發展政策方式不一，有集中式併入整體的館藏發展政策；也有獨立書寫，依據資料主題一一制訂，說明資料徵集範圍與徵集方式等。今日，全球邁向數位發展趨勢下，數位出版與數位閱讀快速成長，使用者需求一直改變中；因應各種快速變動狀況，提供合適使用者需求的資源，為各圖書館經營目標。為達到此經營目標，必須與時俱進制訂「館藏發展政策」作為強化館藏發展的一份規劃性與指導性文件，有效率溝通館內與館外的工作手則。

　　館藏發展政策是以書面文字明確敘述館藏的目的、選擇與淘汰原則、館藏的範圍與深度、確定選書工作的職責等。館藏發展政策的內涵很廣泛，一般的要件包含 1.館藏發展政策的目的；2.背景說明；3.館藏發展管理的負責單位；4.圖書館的目的與任務；5.母機構與社區描述；6.預算與經費；7.選書標準與工作；8.館藏學科範圍與收藏層級描述；9.各種資料類型的館藏描述；10.選書工具；11.尊重知識自由；12.書刊採訪政策；13.館藏淘汰；14.館藏評鑑；15.贈書原則；16.非書資料與特色館藏資料之館藏發展政策；17.數位資源之館藏發展政策；18.資源分享與館際合作；19.其他的館藏管理政策；20.館藏發展政策之修訂。[65]

　　2001 年國際圖書館學會聯盟提出，為何需要制訂館藏發展政策的四個原因，包含 1.選擇（selection）；2.規劃（planning）；3.公共關係（public relations）；4.可協助處理不同情境問題（the wider context）。館藏發展政

---

[65] Gregory, Vicki L. (2011b). Collection development policies. In *Collection development and management for 21ˢᵗ century library collections: An introduction* (chap. 3, pp.31-54). New York: Neal-Schuman Publishers.

策有八個組成要素：1.前言簡介 introduction）；2.一般描述 （general statements）；3.館藏概況（narrative statements）；4.主題描述（subject profiles）；5.館藏評鑑方法（collection evaluation methods）；6.館藏深度指標（collection depth indicators）；7.語言代碼（language codes）；8.館藏政策啟用與修改時程表（policy implementation and revision timetables）。66 由此可知,制訂館藏發展政策的重要性是全球性的國際圖書館學會聯盟所肯定與關注的重要議題。

　　Berger（2014）在《善本書與特色館藏》（*Rare Books and Special Collections*）一書,強調面臨數位時代的各種衝擊,制訂周詳的特色館藏發展政策是特色館藏發展的一個很重要作業流程,可作為選擇、計畫、建立公共關係與合作館藏發展的指導文件。本書詳細說明有關特色館藏發展政策中各種主題之收集,必須建立：「館藏深度指標」（collection depth indicators）的分類作業依據標準。其他的著名館藏發展管理學者,例如 Gregory・Johnson 等,都提供詳細的說明與分類。67

　　因此,進一步觀察與分析先進國家圖書館館藏發展政策之作法,包含探討特色館藏資源政策之收錄主題、數量及類型,探析政策書寫方式與作法。以下以先進的美國國會圖書館、大英圖書館及澳洲國家圖書館之館藏發展政策為例,扼要說明如下：

(四) 美國國會圖書館

　　1800 年美國國會圖書館成立以來,開始建置館藏。其館藏發展政策

66 International Federation of Library Associations. (2001). Guidelines for a collection development policy using the conspectus model.
Retrieved from http://www.ifla.org/files/assets/acquisition-collection-development/publications/gcdp-en.pdf

67 Berger, Sidney E. (2014). *Rare books and special collections*. Chicago, IL: Neal-Schuman. vii-viii, 30-31.

74

探索精品館藏：國家圖書館特色館藏的歷史發展
Exploring the Fine Collection:
The Historical Development of Special Collections in National Central Library of R.O.C. (Taiwan)

（collection development and policies）採取分散式的書寫方式，依據資料主題與資料類型一一描述，未集中成一份書面文件；其中，並無制訂特色館藏發展政策，以細分更多種類型特色館藏資料類型各自進行較為深入描述。說明如下：

美國國會圖書館館藏發展政策，以學科主題與資料類型做分類。依據 1993 年制訂的館藏發展政策，包含七大學科領域與細分為 71 個學科主題與資料類型，針對各類館藏一一進行館藏政策聲明（Collections Policy Statements）。七大學科領域，包含 1.美國研究(American studies)；2.區域研究(area studies)；3.人文(humanities)；4.法律與國際組織(law and international organization)；5.科學與技術(science and technology)；6.社會科學(social science)；7.特色資源與格式(specials materials/formats)。71 個學科主題與資料類型，分別一一進行館藏政策聲明（collections policy statements），分別描述館藏收錄範圍、館藏規模與館藏強弱。至 2008 年陸續完成各主題的館藏政策聲明的內容評論與更新，國會圖書館說明定期進行評論與更新內容。

國會圖書館的 71 個館藏政策聲明中，包含兩種類型：44 個學科主題（農業、考古學、化學、烹飪營養學、舞蹈、地球科學、教育、生命科學、法律、文學與語言、軍事等）與 27 個資料類型（手稿、地圖、影片、照片、錄音機與收音機、微縮資源、電子資源、博碩士資源等）。各政策聲明之下再分別描述：館藏收錄範圍(scope)、研究優勢(research strengths)、收集政策(collecting policy)、收集資源之時間(acquisition sources: current and future)、收集層級(collecting levels)等。[68] 總之，國會圖書館館藏具有豐富內容與多元主題的特色，館藏發展政策採取分散式書寫方式，依據資料主題與資料類型分別制訂與描述。

---

[68] Library of Congress. (2016). Collections. Retrieved from http://www.loc.gov/about/general-information/#2010_at_a_glance

　　美國國會圖書館為實踐圖書館功能與任務，在其館藏政策中首先說明三種主要服務對象：國會以及美國政府機構、學術團體以及一般社會大眾。國會圖書館由三個主要館所組成，還包含國立農業圖書館(the National Agricultural Library)、國立醫學圖書館(the National Library of Medicine)二館是以農業與醫學為重點收藏。國會圖書館所有的館藏選擇必須奠基於三個基本原則(canons of selection)而挑選，館藏政策聲明之撰寫也必須遵循此原則。館藏發展重點，說明如下：1.國會圖書館必須擁有國會議員與州政府服務官員所需要的圖書與相關資源，以便協助他們完成職責；2.國會圖書館必須擁有記錄美國人民的生活與成就的圖書與資源；3.國會圖書館必須擁有與持續累積從過去到現在的其他社會資源，是美國人民所關懷與有用的圖書與資源。[69]

　　依據 2015 年國會圖書館財政年度報告目前的館藏範圍與數量很廣，擁有超過 1 億 6 千萬實體館藏，包含 2 千 4 百萬冊已經在國會圖書館的編目系統的圖書、1 千 4 百萬冊未在國會圖書館的編目系統的圖書（包含為盲人設計的點字體圖書、論文、期刊、報紙、技術報告等）、1 億 2 千萬冊未分類的特殊館藏（nonclassified special collections），包含：7 千萬件手稿、500 萬件地圖、1 千 7 百萬件微縮資料、7 百萬件音樂片、以及 1 千 4 百萬張圖像資料（照片、海報、圖片）等。館藏的語文分布情形 50%為英文，其餘包含德文、法文與俄文；由美國出版的館藏佔 43%，其餘為英國、法國與德國佔多數。[70]

(五) 大英圖書館

　　大英圖書館是由大英博物館獨立出來的機構，1753 年大英博物館

---

[69] 同前註。

[70] Library of Congress. (2015). Year 2015 at a glance. Retrieved from http://www.loc.gov/about/general-information/#2010_at_a_glance

76

探索精品館藏：國家圖書館特色館藏的歷史發展
Exploring the Fine Collection:
The Historical Development of Special Collections in National Central Library of R.O.C. (Taiwan)

(British Museum)成立以來，開始建置與累積館藏量，1973 年大英圖書館成立並承繼大英博物館圖書館的館藏基礎。自海權時代以來，英國在全球的殖民地眾多，其館藏之語言類型豐富，擁抱世界各種語言之圖書資訊。大英圖書館館藏發展政策（Collection Development and Policies）採取集中成一份書面文件，統一描述不同主題與資料類型的徵集原則與管理原則。之下，再依據三個館藏分類，出版國家（地區）語文、資料主題與資料類型，再細分 20 個各自獨立的個別資源館藏政策說明，各自說明其政策重點。[71]

　　大英圖書館館藏發展政策包含 11 項內容，前言、館藏目標、法定送存、採購原則、捐贈與永久寄存、未來採購倫理、公共展覽的出借原則、複本政策、維護與淘汰、與他館合作原則及特定館藏發展政策等。說明如下：

　　1.前言：說明館藏發展政策的目的，清楚說明現有館藏的收集策略，目標是幫助使用者瞭解與找尋大英圖書館的館藏。透過更多與他館的合作計畫，幫助研究者更容易查詢到與獲得其所需之研究資源。因此，館藏發展政策是一份隨時進行修正，是一種有機與活動式的文件。大英圖書館聚焦於透過建立更多的雙方合作協議，作為其未來館藏發展工作的策略。

　　2.館藏目標(purpose of the British Library Collection)：大英圖書館館藏範圍逐漸擴大與累積，其館藏層級的運作是參考英國國內其他圖書館系統的狀況而調整。因法定寄存法(legal deposit)規定，大英圖書館的館藏必須是國家的核心象徵，典藏國家的集體記憶（collective memory）與保留英國的智慧產出（intellectual output）給後世子孫。館藏政策目的為說明館藏發展範圍與方向，幫助內部工作人員的作業指引與外部的使

---

[71] The British Library. (2016). Collections Management Policy. Retrieved from http://www.bl.uk/aboutus/stratpolprog/coldevpol/

用者瞭解其館藏特性;也有助於與他館的館際合作發展館藏計畫之進行。

　　3.法定送存(legal deposit)：英國有六個法定送存圖書館，大英圖書館其中之一。其他五個送存圖書館，包含：蘇格蘭國立圖書館、威爾斯國立圖書館、牛津大學圖書館、劍橋大學圖書館。館藏有三個來源：法定送存、採購與捐贈。法定送存是大英圖書館最大與主要的館藏來源。數位時代，其館藏目標是希望成為世界數位文本的主要典藏中心以服務研究者與學術界。過度時期的安排是 2000 年制訂《非印刷品自動送存實作規範》(*Code of practice for the voluntary deposit of no-print publications*)，2003 通過「圖書館送存法」真正行諸於正式的法令規範。

　　4.採購原則(purchased material)：除了法定送存的館藏來源外，大英圖書館也會進行採購作業以彌補不足。在其每一年作出的年度報告中會詳列當年度的採購經費與預算。透過法定送存、採購、不足的就進行捐贈。採購有三原則：1.海外出版的英文或是其他語文，具有研究等級價值的資源；2.可以填補歷史文獻年代斷層之不足的重要文獻，包含各種主題、格式與年代的資源；3.為協助借閱與文獻傳遞所需，複印法定送存的文獻資源之複本。因為法定送存的一份文獻，是不夠借閱與文獻傳遞之用。

　　5.捐贈與永久寄存(donations and permanent loan)：大英圖書館運用捐贈，或是偶而運用長期借貸文獻的方式以彌補其館藏之不足。捐贈文獻是一項有重大意義與貢獻的事，透過捐贈可增強館藏價值與減少採購預算不足的壓力。接受捐贈作業的文獻資源，必須配合整體館藏發展政策原則，符合優先次序與圖書館偏愛而進行作業，對於副本的文獻資源不受理捐贈。

　　6.未來採購倫理政策(ethical future acquisitions policy)：大英圖書館建立一套英文的公開聲明文件，以倫理與道德的角度為基準的採購作業規定。目的是為符合未來圖書館作業的採購倫理，保護文化與世襲價值給未來世代。

78

探索精品館藏：國家圖書館特色館藏的歷史發展
Exploring the Fine Collection:
The Historical Development of Special Collections in National Central Library of R.O.C. (Taiwan)

7.公共展覽的出借原則(borrowing items for public exhibition)： 依據
1972 年大英圖書館法，其董事會之職權可以：依照出借的公共展覽活動
用途之性質而定，以教育、文藝、文化的性質為主要的出借原則。借展
的單位也必須善加維護與保障展品之安全。

8.複本政策(duplication)：大英圖書館為確保其典藏空間之有效運
用，原則上是不收錄複本的。但是，為協助借閱與文獻傳遞所需的文獻
資源，可以收錄複本；不收當代出版品複本。

9.維護與淘汰(retention and disposal)：大英圖書館職司國家圖書館的
功能，必需完整典藏國家文獻與出版品。所以，正常情況下不會淘汰其
館藏，特別是依據法定送存法作業，大英圖書館必須善加保存與承諾永
久典藏，所以不會輕易淘汰或丟棄。大英圖書館法的淘汰原則有三項：
（1）館藏複本；（2）出版年代在 1850 年以後；（3）經過館藏評估已無
使用者。[72]

10.與他館的合作原則(working in collaboration)：大英圖書館與他館
持續在探索與討論如何透過雙方合作原則之制訂，創造更多價值與財
富，試圖定義更清楚與提出更好的合作政策。大英圖書館與他館的合作
方式是支持「研究支持圖書館團體」（Research support Library Group,
RSLG），目的是為英國所有的研究者提供全球有價值與優質的資訊服
務。大英圖書館參加支持其他主題的研究團體，包含：（1）東方與非洲
學校組織（The School of Oriental and African Studies, SOAS）；（2）自然
歷史博物館（The Natural History Museum）；（3）法律研究組織（The
Institute of Advanced Legal Studies, School of Advanced Studies）；（4）倫
敦經濟與政治學校組織（London School of Economics and Political
Science）等團體。

---

[72] The British Library. (2016). Early printed collection: collection development policy. Retrieved
from http://www.bl.uk/reshelp/bldept/epc/earlycdp/earlycdp.html

11.特定館藏發展政策(specific collection development policies)：
大英圖書館的館藏依據：出版國家（地區）語文、資料主題與資料類型，
共有 20 個館藏政策說明，包含：英國與愛爾蘭資料(British and Irish)、
亞洲與非洲語文資料(Asian and African Studies)、荷蘭語文資料(Dutch)、
法國語文資料 French)、德國語文資料(German)、現代希臘語文資料
(Greek: modern)、西班牙語文資料(Hispanic)、義大利語文資料(Italian)、
斯堪地那維亞語文資料(Scandinavian)、東歐語文資料(East European)、
手稿(Manuscripts)、音樂 (Music)、專利(Patents)、集郵(Philatelic)、科學
科技與商業(Science, Technology & Business)、早期印刷資料(Early
Printed)、地圖(Maps)、報紙(Newspapers)、聲音檔案(Sound Archive)及網
站典藏(Web Archiving)等。各類之下說明：館藏狀況、收錄層級、館藏
範圍、收錄優先次序等。

大英圖書館以完整收藏英國境內之出版品，也收集其他國家有價值
的館藏為重點。服務對象有五大族群，包含 1.研究人員：學術界、企業
界及一般社會大眾有研究需求的人；2.企業人士：個人、中小企業或是
跨國企業的投資者；3.在學人士：正式學程教育，或終身教育需求的學
習者；4. 般社會人眾：社會的各階層人士具有一般閱讀的需求者；5.
圖書資訊相關機構：支援其他的圖書資訊相關的教育機構與組織。

2006 年制訂一份大英圖書館館藏重點的聲明文件《大英圖書館館藏
內容策略：接軌國民的知識需求》(*The British Library's Content
Strategy-Meeting the Knowledge Needs of the Nation*)，說明該館應收集與
連結所有國民需要的知識，必須進行完整的館藏發展規劃，以符合現代
與未來國民之需求。[73] 之後陸續更新其內容，依據最新版 2013-2015 年

---

[73] The British Library. (2006). *The British Library's Content Strategy-Meeting the
Knowledge Needs of the Nation.*
Retrieved from http://www.bl.uk/aboutus/stratpolprog/contstrat/contentstrategy[1].pdf

80

探索精品館藏：國家圖書館特色館藏的歷史發展
Exploring the Fine Collection:
The Historical Development of Special Collections in National Central Library of R.O.C. (Taiwan)

策略，館藏發展重點是從儲存知識轉型為智慧型之知識管理中心（From stored knowledge to smart knowledge.），注重學科與學門知識之管理，並以數位化資源為重點。目前以三個學門內容做為館藏重點，包含（1）藝術與人文資源（arts & humanities）；（2）社會科學與科學資源（social sciences and science）；（3）科技與醫學資源（technology & medicine），每一個學門之下都有書面的內容策略。

大英圖書館接收 200 多年歷史的大英博物館豐富館藏，目前館藏現況包含，超過一億五千萬件館藏，年增 300 萬件新資源。館藏包括世上幾乎所有語文作品，有其他形式的紙本與數位出版品，包括手稿、期刊、報紙、雜誌、劇本、專利、資料庫、地圖、郵票、圖畫、樂譜、錄影和錄音。為全國出版物呈繳機構，國家文獻典藏中心，引領全國圖書館事業規劃。[74]

(六) 澳洲國家圖書館

1901 年建立聯邦議會圖書館（The Commonwealth Parliamentary）開始奠基發展館藏，1960 通過的澳大利亞聯邦《國立圖書館法》開始完整典藏全國文獻，館藏逐漸成長。澳洲國家圖書館館藏發展政策採集中式之書寫，在館藏發展政策中，獨立一章節說明珍善本古集的收藏政策與原則。依據 2013 年《澳洲國家圖書館館藏發展政策》（*Collection Development Policy-Australian Collecting*）其大綱總共有 19 章節與附錄，內容總分為四部分，說明如下：[75]

1.第一章前言：前言說明館藏發展政策之整體目標、館藏蒐藏範圍、

---

[74] The British Library. (2016). Facts and figures. Retrieved from http://www.bl.uk/aboutus/quickinfo/facts/index.html

[75] National Library of Australia. (2016). Collections. Retrieved from http://www.nla.gov.au/collections.；林巧敏（2008）。國家圖書館電子資源館藏發展之研究（未出版之博士論文）。國立臺灣大學文學院圖書資訊學系，臺北市。頁 63-65。

館藏檢索、館藏資訊指引、館藏的保存與淘汰等內容。之後，依照資料
類型分別描述各類型資料之定義、蒐藏原則、及與其他機構的關係。館
藏政策之目的有四：（1）提供 1960 通過的澳大利亞聯邦《國立圖書館
法》之工作指引，以具體執行完整典藏澳大利亞聯邦全國之文獻；（2）
提供澳大利亞聯邦當代出版品收藏政策之公開說明；（3）提供圖書館工
作人員選擇館藏之作業指引；（4）提供澳大利亞聯邦之圖書館與其他收
藏機構合作發展國家館藏與選擇館藏之作業指引。

　　其館藏的蒐藏範圍分為三類：印刷形式出版品（Australian printed
materials）、原始資料（Australian）及電子資源（Australian electronic
resources）。印刷形式出版品包含：圖書、期刊、報紙、微縮品、海報、
樂譜及單張音樂資料、地圖及地圖集。原始資料包含：手稿、私人檔案、
照片、口述歷史及民俗錄音資料。電子資源包含：任何圖書資訊的數位
化再製形式資訊、或是原生性的數位資源，例如網頁、電子期刊、電子
書等。對於資料徵集必須考量主題、地理區域、價格、媒體性質與既有
館藏之關係。有關館藏檢索服務部分，必須將所有的館藏資源管理完備，
均可在國家館藏目錄與澳洲國家書目中被使用者完整與正確的檢索到。

　　澳洲國家圖書館為永久典藏國家文獻，制訂《館藏維護政策》
（*Preservation Policy*），說明館藏的保存與維護之重要性與方法，有四
種方法，包含：（1）簡單修復（minor repair）：對於輕微破壞的資料所
採取的修復，可延長其保存期限；（2）保存維護（conservation）：依據
個別資料的狀況提供適當的典藏環境管理；（3）修復還原（restoration）：
將資料透過專業修復過程，盡可能恢復其原始狀態；（4）複製替代
（substitution）：將文獻加以複製成其他狀態，以利有效保存。[76]

　　澳洲國家圖書館為有效使用館藏之典藏空間，也盡力維護其空間之

---

[76] National Library of Australia. (2008). Collection development policy- Australian collecting. Retrieved from https://www.nla.gov.au/book/export/html/4825

82

探索精品館藏：國家圖書館特色館藏的歷史發展
Exploring the Fine Collection:
The Historical Development of Special Collections in National Central Library of R.O.C. (Taiwan)

最佳使用，所以制訂《館藏淘汰作業指引》(*Guidelines for the Discard and Retention of Library Material*)。因國家圖書館為寄存圖書館，職司典藏國家文獻，所以不輕易進行館藏淘汰作業。但當館藏有複本時、或資料破損不堪，也同時有替代品時，才會進行淘汰。對於海外出版品，當研究資源已經不具有研究價值時，可運用本作業指引以進行淘汰，以利有效運用館藏空間。[77]

2.第二章至第十章：描述澳洲國內文獻之收藏範圍、性質與程度，包含：館藏一般描述、澳洲印刷型式出版品、澳洲電子資源 (Australian electronic resources)、手稿、口述歷史、民間傳奇故事記錄、圖像資料、地圖資料、音樂資料及特別重點收藏舞蹈(special focus collecting: dance)。

3.第 11 章至第 18 章：對於國外文獻資料之描述，依據地區與主題說明館藏重點與範圍，其文獻類型分為，國外館藏一般描述、亞洲館藏、太平洋館藏、紐西蘭館藏、社會科學資料、人文藝術資料、科學資料、國外政府出版品與國際組織、國外報紙。

4. 第 19 章及附錄：最後的章節是第 19 章，描述珍善本古籍的蒐集管理與書後附錄，附錄是各種館藏蒐藏層級的綱要（conspectus）。

澳洲國家圖書館的服務對象包含全國國內人民、及國外的網路使用者。提供全國讀者服務，並盡量提供便利線上取得館藏之服務；國外使用者可透過網路服務與資訊，造訪圖書館網站 nla.gov.au.，取得數位資訊。圖書館盡力確保網站內容的正確性、良好的編排品質、及提供全方位服務，給當地與外國的使用者。收藏重點以澳大利亞主題藏品（"Australiana"），此類收藏已成為全國最重要的記錄澳大利亞文化遺產

---

[77] National Library of Australia. (2008). Guidelines for the discard and retention of library material.
Retrieved from https://www.nla.gov.au/policy-and-planning/discard-retention-library-material

資源。[78]

　　目前館藏現況有一億多件藏品，包括實體和電子參考資料，為澳大利亞的**法定送存**圖書館。積極收集國內和國外出版的澳大利亞作家、編輯和插圖畫家的作品，此類作品在藏品中佔有相當比重。圖書館收藏包括各種形式資料，既包括書、期刊、網站和手抄本，也包括圖畫、照片、地圖、音樂、口述歷史錄音、手稿及實物資料。[79]

　　綜合上述，本節探討數位時代的特色館藏發展，包含特色館藏發展趨勢觀察、發展前景的正反面論述、特色館藏發展政策制訂、特色館藏數位化、特色館藏國際合作、保存及行銷。最後探析先進國家圖書館館藏發展政策及特色館藏發展政策重要內涵與書寫方式之特點。

四、名詞解釋

　　本研究的重要名詞解釋如下：

(一) 國家圖書館（national library）

　　國家圖書館的定義，因世界各國的國家體制、政治結構、社會、經濟及文化等而不同，以致於各有不同之看法及作法，20 世紀中葉以前各國並無共同認可的一致性定義。[80] 之後，直到 1945 年聯合國教育科學文化組織(United Nations Educational, Scientific and Cultural Organization,

---

[78] 同註 75。

[79] National Library of Australia. (2016). Collection statistics. Retrieved from http://www.nl a.gov.au/collections/statistics

[80] McGowan, Ian. (2010). National libraries. In *Encyclopedia of libraries and information sciences* (3rd ed.), 3850. Doi: 10.1081/E-ELIS3-120044742.

84

探索精品館藏：國家圖書館特色館藏的歷史發展
Exploring the Fine Collection:
The Historical Development of Special Collections in National Central Library of R.O.C. (Taiwan)

UNESCO)成立，並提出國家圖書館的正式定義。因此，1950 年至 1960 年代對於國家圖書館的定義是：「是國立的圖書館，以領導與規劃一國的所有圖書館事業及圖書館相關服務的總部」。

美國圖書館學會對於國家圖書館的定義與功能，說明如下：「係由一國政府所設置與補助的國立性質圖書館，其功能包括 1.廣泛徵集全國出版品，通常也作為出版品之呈繳圖書館；2.編輯與維護國家書目；3.徵集與組織國際學術出版品；4.編製書目工具書；5.協調全國圖書館網路；6.對政府機構提供圖書館服務，以及對政府提供其他相關服務」。[81]

網路與數位時代，對於國家圖書館的定義與功能有持續調整與增加，2016 年國際圖書館學會聯盟在其國家圖書館委員會（IFLA, National Libraries Section）的官方網站說明，國家圖書館是法律所規範的國立圖書館與資訊系統具有特殊職責，其功能因國情不同而異，統合成七項共同核心功能，包括 1.藉由全國出版品送存制度，包含印刷與電子出版品，透過編目與典藏制度以建立國家館藏，及提供國家書目編製與典藏服務；2.直接對個人使用者或透過與其他圖書館及資訊中心，提供參考服務、書目服務、圖書文獻流通、出借與館際合作等服務；3.保存與提升國家文化資產之價值；4.收集與典藏國外具代表性的出版品；5.提升國家文化政策之制訂；6.領導國家資訊素養計畫；7.領導國家參加國際組織的論壇。此外，國家圖書館必須與政府機構有緊密合作，積極參與及關心國家資訊政策之制訂，提供專業發展政策制訂之協助。例如：直接參與及服務立法機構的資訊需求，協助其進行立法工作。[82]

本研究為行文便利，內容所提國家圖書館一詞，有兩種運用狀況，

---

[81] 王振鵠（1995）。國家圖書館（National Library）。在胡述兆編，圖書館學與資訊科學大辭典。檢自：http://terms.naer.edu.tw/detail/1681184/

[82] International Federation of Library Associations. (2016). About the national libraries section. Retrieved from http://www.ifla.org/about-the-national-libraries-section

包含作為一般名詞及作為專有名詞。為一般名詞時,即為世界各國所探討的意涵。為專有名詞時,即指 1912 年正式立國之中華民國,1933 年成立籌備處於中國大陸的南京,今日位於臺北市之國家圖書館。本書以立足中華民國研究者之角度及思維,以客觀、真實、中立、及忠於真實歷史發展之研究精神,進行國內外相關文獻收集及研究撰述。

(二) 特色館藏 (special collection)

依據 2003 年,美國研究圖書館學會在其所屬的官方網站上發表〈特色館藏原則聲明〉(Special Collections: Statement of Principles)一文,這份聲明將特色館藏 (special collections) 定義為:在歷史、文化、政治、科學等領域具有獨特性或是能代表重要人物、機關的資源。因數量稀有或年份久遠而產生歷史文化甚至是金錢上的價值,資料型態可能包括圖片、手稿、檔案、非文字資料和數位化資源。換言之,特色館藏乃是資料主題或資料型態上具有獨特性的館藏。[83]

Thomas(2009)在《圖書館與資訊科學百科全書》(*Encyclopedia of Library and Information Sciences*)提供特色館藏較為深入的說明與解釋,特色館藏乃為一具有資訊時代意涵的新學術名詞。其狹義定義是指善本書、手稿與檔案;廣義定義是指資料內容與資料型態較多元,包括圖片、手稿、檔案、非文字資料和數位化資源等圖書與非書籍形式的出版品。特色館藏的認定標準包括七項:1.年代(age);2.市場價值(market value);3.起源出處(provenance);4.資料格式(format);5.主題因素(subject matter);6.稀少性(scarcity);7.狀態(condition)。在此七項認定標準之下,各有更深入說明,特色館藏是在資料內容或資料型態上具有獨特性的館

---

[83] Association of Research Libraries. (2003). Special collections: Statement of principles. Retrieved from http://www.arl.org/rtl/speccoll/speccollprinciples.shtml

86

探索精品館藏：國家圖書館特色館藏的歷史發展
Exploring the Fine Collection:
The Historical Development of Special Collections in National Central Library of R.O.C. (Taiwan)

藏資源。[84]

依據我國國家圖書館（2012）所編定《國家圖書館館藏發展政策》，說明其所藏「特藏文獻」內容有 12 種，包括 1.善本古籍；2.普通線裝書；3.歷代名家手稿；4.館史檔案；5.金石拓片；6.晚清百年期刊；7.古書契；8.古地圖；9.版畫；10.19 世紀以來之攝影圖像及創作或百年中西文圖書；11.印刷史文物；及 12.臺灣珍稀文獻等資料。[85] 此外，國家圖書館（2017）所新編定《國家圖書館館藏發展政策》，說明其所藏「特藏文獻」內容有 15 種，包括 1.善本古籍；2.普通本線裝書；3.歷代名家手稿；4.館史檔案；5.金石拓片；6.晚清百年期刊；7.古書契；8.古地圖；9.版畫；10.19 世紀以來之攝影圖像以及外國以中國和臺灣為主題之相關畫冊報導；11.各式版畫；12.石印；13.清末民初日治時期老明信片；14.印刷史文物；及 15.臺灣珍稀文獻等資料。其中所謂善本古籍係指凡是經過精刻、精鈔、精校、精注，且流傳稀少或清乾隆 60 年（1795）以前創作或刊行年代久遠之書本，或有名人批點，或是稿本，皆可稱之為善本。至於資源之珍貴性未達前述善本之古籍者，則列為普通本線裝書。[86]

比較此兩版的差異，2017 年版增加三種蒐藏範圍的資料內容，包含 11.各式版畫；12.石印；13.清末民初日治時期老明信片。也針對第十項內容增加更詳細的描述：外國以中國和臺灣為主題之相關畫冊報導，刪除百年中西文圖書。2017 版也取消 2012 版中對於採訪分級之說明文字。

2017 版的 15 項國家圖書館所最新定義的「特藏文獻」無論在資料內容或是資料型態上都是具有獨特價值的館藏，與國外對於「特色館藏」

[84] Thomas, Lynne M. (2009). Special collections and manuscripts. In *Encyclopedia of Library and Information Sciences* (3rd ed.).　New York, NY : Taylor and Francis. 4949-4951 （http://dx.doi.org/10.1081/E-ELIS3-120044336）

[85] 國家圖書館編（2012）。國家圖書館館藏發展政策。臺北市：國家圖書館。

[86] 國家圖書館編（2017）。國家圖書館館藏發展政策。檢自：　http://nclfile.ncl.edu.tw/files/201701/46836e97-8fb3-4065-9480-cc2144effd2d.pdf

的定義及內涵一致。我國國家圖書館稱為「特藏文獻」，或直接稱呼為「特藏」，既是行政業務部門名稱，也是特色館藏資料慣稱。其英文用語皆為 special collection，與國外學術用語一致。因此，「特色館藏」、「特藏文獻」或「特藏」等名詞，國內外無論在意義、內涵與學術用語都是一致與相通的。

本研究為便利進行探討，以「特色館藏」一詞取代我國國家圖書館所使用的「特藏文獻」一詞，以利統一研究國內與國外的名詞之使用與討論。有關特色館藏的資料定義與範圍，包含早期狹義範圍的善本書、手稿與檔案，以及數位時代較為廣義範圍的與資料內容與資料型態，蒐集我國在歷史、文化、政治、科學等領域具有獨特性或是具有代表性的重要人物、或是機關資源。以數量稀有、年份久遠、具有歷史、文化或是金錢上的價值為主，資料型態包括圖書、圖片、手稿、檔案、非文字資料和數位化資源。

(三) 館藏特色

依據我國國家圖書館（2017）官方網站說明其「館藏特色」包含七種類型：「本館自民國 43 年在臺灣復館以來，歷經 60 年之徵集典藏，館藏量已達 400 萬冊(件)，包括下列館藏特色：[87]

1.普通書刊：依據「圖書館法」第十五條的規定，「為完整保存國家圖書文獻，本館為全國出版品的法定送存機關」，國內政府機關(構)、學校、個人、法人、團體或出版機構發行出版品時，應送存本館 1 份；依據「政府出版品管理要點」(民國 102 年 12 月 13 日訂定)第七條，各機關發行之出版品應寄存本館 2 份。本館據此規定，完整收藏我國當代出版品。

---

[87] 國家圖書館（2017）。館藏特色。檢自：http://www.ncl.edu.tw/content_53.html

88

探索精品館藏：國家圖書館特色館藏的歷史發展
Exploring the Fine Collection:
The Historical Development of Special Collections in National Central Library of R.O.C. (Taiwan)

2.善本圖書：本館除典藏我國當代出版文獻外，亦徵集歷代典籍，善本古籍達 13 萬餘冊，普通本線裝書超過 12 萬冊，其中宋版 174 部，金版 6 部，元版 273 部，明刊本 6 千多部，名家稿本、批校本 1 千餘部，歷代鈔本近 3 千部，其餘則有敦煌文獻 153 卷及高麗、日本、安南之刻本、活字本，藏品豐富精美。

3.政府出版品：依據「政府出版品管理要點」、「行政院所屬各機關委託研究計畫管理要點」等相關規定，本館得透過送存途徑完整蒐藏我國各級政府機關及其所屬機構、學校之出版品；至於外國政府出版品的徵集則依各國官書交換協約之規定，透過各國主持之交換機構，蒐集該國的政府出版品；此外各國際組織之出版品亦為本館的重要館藏。

4.學位論文：依據「學位授予法」第八條規定，本館為國內唯一法定之學位論文送存圖書館。本館透過送存完整蒐藏國內博碩士論文；至於國外學位論文，則重點蒐藏各國漢學領域與大陸地區之學位論文。

5.漢學研究資料：本館設有漢學研究中心積極蒐集有關漢學研究的中外文書刊資料、海外佚存古籍與敦煌遺書微縮資料、歐美各國有關漢學研究之博士論文、大陸地區出版之文史哲各類學術性書刊資料等，目前藏書近 20 萬冊/件。

6.微縮資料：本館為妥善保存資料，自民國 63 年起，陸續將館藏善本、普通本線裝書、部分重要報刊拍攝成微縮捲片以供典藏保存。對外採購徵集微縮文獻亦頗有特色，包括（1）聯合國微片；（2）研究遠東和亞洲問題的微片（如英、美等國的政府解密文件等）；（3）其他漢學研究微捲等。

7.電子資源：為方便讀者查檢資料，運用電腦及通訊科技，建立各種目錄系統、書目索引系統、專題全文影像系統、數位影音服務系統等，提供讀者查詢使用。本館規劃自建之電子資源，主要為各項資料庫系統，內容包括本館館藏之中文書刊、期刊論文、學位論文、政府公報、政府出版品、善本圖書、文學作家資料、數位影音資料及網站網頁等，約 60

餘種。本館另徵集引進各種主題之電子資料庫逾 250 種」。[88] 所以，特色館藏與館藏特色為兩個不同名詞，各自具有不同的內涵與意義。

(四) 中文古籍（Chinese rare books）

「古籍」迄今無一個公論的定義，係指抄寫或印刷於古代的圖書，也是一個籠統名詞，因為所指括的時 間下線沒有固定範圍，今日的現代圖書勢必成為明日的古籍。明確的界說，只能以我們所處的時代相對而言。[89] 依據《中國文獻編目規則》定義古籍，係中國古代書籍的簡稱，主要指 1912 年以前在中國書寫或印刷、具有中國古典裝訂形式的書籍。[90] 依據廣州中山大學研究古籍的教授駱偉（2004）所著《簡明古籍整理與版本學》一書，提到古籍的五個重要概念如下：「1.以文獻內容：即文獻內容是古代的，不管是古今中外出版的，都是古籍；2.以著作年代：凡是古人編撰的圖書，不管他什麼時間出版，都是古籍；3.以文字表達語言方式：凡用古漢語文字寫成的書，也是古籍；4.以裝訂形式：凡是線裝書，都是古籍；5.以成書年代：凡在 1840 年（鴉片戰爭）或是 1911 年（辛亥革命）或 1919 年（五四運動）以前寫成的書，都是古籍」。[91]

透過古籍所蘊含的豐富文化遺產，是延續民族文化與傳承民族精神之所在；但因產生時間久遠，且其形制、內容與現代出版品迥異，故形成使用上的隔閡。圖書館也必須制訂特別的管理方法以維護這些古籍資料。至於其他語言及其他的國家圖書館，各自積極收錄該國的重要古籍，並為國家圖書館的重要任務與功能之一。

---

[88] 國家圖書館（2017）。本館簡史。檢自：http://www.ncl.edu.tw/content_267.html

[89] 盧錦堂（2005）。古籍版本鑑賞—古籍‧版本‧善本。全國新書資訊月刊，94（10），21-25。

[90] 中國文獻編目規則編撰小組編（1996）。中國文獻編目規則：主要名詞術語。南海市：廣東人民出版社。頁 309。

[91] 駱 偉（2004）。簡明古籍整理與版本學。澳門：澳門圖書館暨資訊管理協會。頁 2。

90

探索精品館藏：國家圖書館特色館藏的歷史發展
Exploring the Fine Collection:
The Historical Development of Special Collections in National Central Library of R.O.C. (Taiwan)

目前中文古籍散佈全世界，而且多數都集中在各大型的圖書館，例如：大陸北京圖書館(1998 年改稱中國國家圖書館)、上海圖書館、中央圖書館(1997 年改稱國家圖書館)、美國國會圖書館、大英圖書館等都是中國古籍的重要收藏單位。圖書館所藏的古籍具有以下四個特點：1.價值珍貴：古籍多屬圖書館的珍藏品（rare collection）；2.外形脆弱：古籍之年代距今久遠，又歷經遷移，外形多脆弱，不易保存；3.形制複雜：古籍歷經時代變遷，無論在內容結構及外在形式上都產生許多變化，這些變化也構成揭示古籍的項目；4.數量固定：中國古籍有其時代的斷限，故其生產數量不會再有大幅度的增長。[92]

我國文化界自 1912 年民國成立之初即開始重視古籍蒐集，當時教育部長蔡元培就有籌辦中央圖書館之構想，同時積極在公報中刊登採訪古籍訊息，但後來無實質之成效。[93] 1928 年 5 月 15 日大學院第一次全國教育會議通過籌備中央圖書館案，其中提及：「一切公有之古本圖書，於可能範圍內，收集之於中央圖書館」，可知我國國家圖書館自當初籌備時期開始，即相當重視古籍文獻之蒐藏。[94]

其他，與古籍相關的重要概念還有「版本」及「善本」兩個概念，值得注意。因為，不是所有古籍都具珍貴價值，其中或字句錯誤百出，或篇幅任意增刪，諸如此類就牽涉到版本問題。「版本」一詞由「版」、「本」兩字組合而成，本義是指以木板雕刻的圖書。後來隨活字印刷的普及，以及近代西方印刷技術的傳入，「版本」一詞的含義亦豐富起來。最後，除刻本之外，其他如稿本、鈔本、鈐印本、活字本、套印本、石印本、

---

[92] 顧力仁（1999）。數位圖書館與古籍整理之探討＝An Exploration of the Digital Library and the Organization of Ancient Books。圖書資訊學刊，14，116。

[93] 國立中央圖書館（1983）。上海文獻保存同志會第二號工作報告書。；國立中央圖書館館刊，新 16（1），76。

[94] 張圍東（2014）。國家圖書館古籍文獻保存、整理與利用。全國新書資訊月刊，103，4、7、8。

影印本、鉛印本等各種類型都包含在版本範圍內。[95]

　　清末張之洞提出「善本之義有三：一曰足本（無闕卷、未刪削）；二曰精本（精校、精注）；三曰舊本（舊刻、舊抄）」，除注意內容及校勘外，還要考慮到版本產生的年代。與張氏同年代的著名藏書家丁丙在《善本書室藏書志·後序》中將善本解釋為舊刻、精本、舊抄及舊校，則更側重版本的「舊」。現代的版學家以「三性」，即歷史文物性、學術資料性和藝術代表性作為善本劃分的標準。[96]

　　數位時代，由於資訊數位化及網路技術的廣泛應用，直接推動古籍整理與數位化計畫與合作的興起，造成傳統圖書館轉型為數位圖書館，具有資訊保存、組織、展示、利用、教育推廣與研究等功能。也由於社會大眾對文化及歷史資產的重視，圖書館珍藏的歷史文獻遂成為數位化的重要對象，例如：UNESCO Memory of the World、National Digital Library Program 以及國內國科會進行的「國家典藏數位化計畫」，皆為重要圖書館珍藏文獻數位化計畫。隨著資訊科技對圖書館作業型態的影響，對於古籍整理有很大的改變與突破。[97]

(五) 館藏發展 （collection development）

　　「館藏發展」是館藏資源的建置，也是圖書館的基礎工作，過去稱為「圖書選擇與採訪」，直到 1960 年代後期「館藏發展」(collection development)才成為廣泛使用的名詞。依據 Young（1983）在《美國圖書館學會圖書館學與資訊科學術語辭典》（*ALA Glossary of Library and Information Science*）對於館藏發展的定義是「包含決定及協調選書政

---

[95] 盧錦堂（2005）。古籍版本鑑賞─古籍·版本·善本。全國新書資訊月刊，94（10），21-25。

[96] 同上註；姚伯岳（2004）。中國圖書版本學。北京：北京大學出版社。頁 168-169。

[97] 顧力仁（1999）。數位圖書館與古籍整理之探討＝An Exploration of the Digital Library and the Organization of Ancient Books。圖書資訊學刊，14，115-127。

92

探索精品館藏：國家圖書館特色館藏的歷史發展
Exploring the Fine Collection:
The Historical Development of Special Collections in National Central Library of R.O.C. (Taiwan)

策、評估讀者及潛在讀者的需求、館藏使用調查、館藏評鑑、確認館藏
需求、選擇資料、資源共享的規劃、館藏維護，以及館藏淘汰等與館藏
發展有關的活動」。[98] 2013 年版（*ALA Glossary of Library and Information
Science*）中，也有館藏發展定義條文，新舊兩個版本的內容是大同小異。[99]

　　依據吳明德（1991）綜合整理相關文獻，說明館藏發展的定義是指
「圖書館有系統、有計畫地依據既定政策建立館藏，並且評鑑館藏，分
析既有館藏強弱，探討讀者使用情形，以確定能夠利用館內及館外資源
來滿足讀者資訊需求的一種過程」。館藏發展的內容包括社區分析、館藏
發展政策之制訂、選擇、採訪、館藏評鑑、館藏淘汰等活動。[100] 所以，
館藏發展是圖書館提供服務的上游基礎作業，配合各組織的設立目標與
服務對象，進而再制訂「館藏發展政策」以利作為充實館藏、維護館藏
與提升服務品質的依據。

(六) 館藏發展政策（collection development policy）

　　館藏發展是觀念的建立，而制訂「館藏發展政策」是館藏發展的實
踐。館藏發展政策是以書面文字明確敘述館藏的目的、選擇與淘汰原則、
館藏的範圍與深度、確定選書工作的職責等。依據 Evans（2005）認為
館藏發展政策的功用，包含 14 項：1.瞭解館藏之性質和範圍；2.瞭解蒐
藏之優先順序；3.思考館藏是否符合圖書館館藏發展的目標；4.承諾達
成圖書館館藏發展的目標；5.設定館藏蒐藏之標準；6.減少選書者個人
偏好或偏見對館藏的影響；7.作為新進採訪人員之訓練手冊；8.維持館

[98] Young, Heartsill. (Ed.). (1983). National libraries. *The ALA glossary of library and
information science*. Chicago, IL: American Library Association, 151.

[99] Levine-Clark, Michael & Carter, Toni M. (Eds.). (2013). *ALA glossary of library and
information science*. (4th ed.), Chicago, IL: American Library Association. 173.

[100] 吳明德（1991）。館藏發展。臺北市：漢美。頁 1-3。

藏發展前後的一致性；9.協助館員處理讀者書刊薦購的申訴或抱怨；10.有助於評鑑及淘汰館藏；11.作為館藏經費合理分配之依據；12.作為圖書館對外的公共關係文件；13.為評估館藏發展工作整體表現的工具；14.作為公共關係之文件，提供外界瞭解本館之館藏特色及發展方向。[101]

　　全球邁向網路與數位發展趨勢下，數位出版與數位閱讀快速成長，使用者需求也一直改變中。因此，因應這些快速變動的狀況，隨時關注時代趨勢，必須制定與定時修改「館藏發展政策」正是作為與時俱進的有效作法；政策是強化館藏發展的一份規劃性與指導性文件，目的為有效率溝通館內與館外的工作規範與守則。此外，透過「館藏發展政策」也可直接反應出一個圖書館所收集資料的重點、方向與內容特色。

(七) 館藏描述（collection description）

　　圖書館的館藏描述十分重要，可以瞭解圖書館館藏的源起、內涵、特色與歷史。透過館藏描述之編寫與公告，可引領與協助使用者瞭解該圖書館之館藏品的歷史緣起與特色，更能有效率運用其館藏。館藏描述包含館藏的主題、蒐集深度、語言等；可以用文字進行詳細的描述或者使用館藏綱要法（conspectus）陳述，即學科範圍可用分類表來說明。

　　依據美國研究圖書館學會對於館藏的蒐集深度，可分為五級：1.微量級（minimal level):收集該學科最基礎的少量資料；2.基礎級（basic level）:介紹和定義某學科，並說明資訊來源的一般性資料，但深度不足以獨立研究；3.支援教學級（study level）:可以充份支援大學課程和研究所教學，或是獨立研究的館藏；4.研究級（research level）:支援學位論文的研究和獨立研究所的所需的主要出版品，包含所有重要資料的研究參考資料；5.廣泛級（comprehensive level）:收集該學科的所有資料，包

---

[101] Evans, Edward G. (2005). *Developing library and information center collections*. (5th ed.). Littleton, CO: Libraries Unlimited. 18.

94

探索精品館藏：國家圖書館特色館藏的歷史發展
Exploring the Fine Collection:
The Historical Development of Special Collections in National Central Library of R.O.C. (Taiwan)

括不同類型和不同語文的圖書資料。[102]

(八) 館藏數位化 (collection digitalization)

館藏數位化是圖書館運用進步的科技與數位化技術將原有的館藏資
源，利用影像掃描等技術轉換成數位形式的電子資源，並提供方便與迅
速的檢索功能，提升其服務品質達到不受時空限制、無遠弗屆的服務。
將既有館藏轉化為數位化的考量條件包括使用社群的需求、館藏資料本
身的價值、資料類型兼顧的考量、具有主題聚集者及無智慧財產權抵觸
者，是館藏優先數位化的條件。[103]

數位化之優點包含可降低佔用書庫空間、擴大使用群及提供更多網
路使用者等。惟需考量資訊的維護、整合，以及資訊內容變更或消失等
的可能性。數位化資源的壽命較短，容易損壞，會造成無法使用的數位
資料。所以，隨著資訊技術不斷更新，數位資料必須隨新開發的技術做
轉移（migration）或更新（refreshing），將資料轉為另一種新的格式或
標準，以便延長使用年限。

(九) 數位保存 (digitalization preservation)

依據 2007 年美國圖書館學會的分會圖書館館藏與技術服務
（Association for Library Collections & Technical Services, ALCTS）之定
義，是採取廣義的說明，數位保存是指透過數位資源保存整合政策、策

---

[102] 鍾雪珍、王梅玲（2014）。國家圖書館組織結構改變之研究：1933-2013（A Research on
organizational structure changes in National Central Library of ROC: 1933-2013）。在 2014
圖書館量化與質化研究方法研討會（2014 QQML），伊斯坦堡，土耳其。

[103] 黃婉君、黃華明（2001）。參加 2001 國科會數位博物館國際研討會：美國經驗。國立臺
灣大學醫學院圖書館分館館訊，54，1-3。
Doi: http://readopac2.ncl.edu.tw/nclJournal/GetPDF?tid=A01026139&jid=00000402&cid=61
bba8db27d94bae7e7dd00e8082ab9c

略和行動，以確保數位內容（digital content）的使用可以突破時間的限制。[104] 而在這廣義的定義之下，ALCTS 對於數位保存亦進一步提出了一套完整的解釋，除了進一步指出數位保存必須透過政策文件或組織承諾，來保存及準確地進行數位內容的轉譯工作以供未來使用。在實務上也應指明保存的檔案格式、保存層級、並選擇符合標準且可信賴的數位資訊保存管理工作流程。數位資源保存被定義為一套活動，主要目的是確保數位資訊的可利用性（availability）、一致性（identity）、可理解（understandability）、穩定性（fixity）、可信賴性（authenticity）、可行性（viability）、可執行的（render ability）。

　　數位保存相關與類似的名詞包含美國博物館與圖書館服務學會(Institute of Museum and Library Services, IMLS)所提出數位管理(digital stewardship)與 Joyce Ray(2007)在美國國家檔案及文件署(National Archives and Records Administration, NARA)所舉辦的數位保存會議中指出，數位管理(digital stewardship)的定義是在原有的數位保存(preservation)工作上，要再增加使用(use)部分的要素。[105]

(十) 館藏行銷 (collection markcting)

　　依據《商業與財政百科全書》（*Encyclopedia of Business and Finance*）定義行銷（marketing）的意義，行銷的詞彙來自市場(market)，市場是買家與賣家交易的地點。行銷是一個互動的過程，決定價格，促銷商品，

---

[104] Association for Library Collections & Technical Services. (2007). Definitions of Digital Preservation. Retrieved from http://www.ala.org/alcts/resources/preserv/defdigpres0408

[105] 林國勳（2011）。淺談數位保存之定義。中央研究院計算中心通訊，2011 年 5 月。檢自：http://newsletter.ascc.sinica.edu.tw/news/read_news.php?nid=2058

96

探索精品館藏：國家圖書館特色館藏的歷史發展
Exploring the Fine Collection:
The Historical Development of Special Collections in National Central Library of R.O.C. (Taiwan)

與找尋通路，以促成買家與賣家的交易，並且合乎顧客的需要與需求。[106]
而圖書館界學者定義行銷是：「決定使用者的需要與需求，據以發展產品
與服務，並以鼓勵使用者與潛在使用者去使用這些產品與服務」。[107]

　　行銷大師 Kotler 認為行銷是：「了解顧客的需求，並提出符合顧客
需求的解決方案的藝術與科學」。所以，行銷是商業界一個很重要的作業
流程，主動先瞭解顧客需求與需要，將產品與服務做出最好的規劃與設
計以合乎顧客期待。「確定使用者與潛在使用者需求，據以發展提供館藏
與服務，推廣圖書館有那些館藏，鼓勵使用者與潛在使用者去利用館藏
以滿足他們需求的程序」。所以，圖書館必須與使用者進行溝通，成功的
館藏行銷是確認使用者的需求，建立館藏與服務來適應各種使用者的需
求，以創造與提高館藏的使用價值與鼓勵他們的使用者來多利用。[108]

---

[106] Gregory, Vicki L. (2011). Assessing user needs and marketing to those users. In *Collection development and management for 21st century library collections: An introduction* (chap. 2, pp.21-22). New York: Neal-Schuman Publishers.

[107] Johnson, Peggy. (2014). *Fundamentals of collection development and management*. (3rd ed.). Chicago, IL: American Library Association. 1-3, 7-8.

[108] 王梅玲、范豪英、林呈潢、張郁蔚（2016）。館藏發展與管理。新北市：華藝學術。頁 203-205。

第四章

國家圖書館特色館藏歷史發展

籌備時期 1933-1937（民國 22-26 年）

　　本研究探討國家圖書館的特色館藏歷史發展，以其發展相關的時空情境、歷程性發展要項及管理策略為研究之重點。國家圖書館特色館藏之歷史發展，自 1933 年籌設迄今（2017）年已有 84 年歷史，運用歷史研究法以年代順序作為分期研究架構，並以各階段特色館藏發展之歷史脈絡為研究架構內涵。國家圖書館在 84 年歷史洪流中自籌創迄今，其間因連年戰亂，輾轉播遷，由南京西遷重慶，復員後又由南京東渡臺北，三度搬遷，流離道途，備極艱辛。多年來一直以保存民族文化及國家文獻，與建設現代圖書館為職志。

　　本研究依據國家圖書館官方網站館史簡介，其歷史發展年代區分為五期，分別是：1.籌備時期（民國 22-26 年）；2.抗戰西遷至成立及復員期（民國 27-37 年）；3.遷臺復館時期（民國 38-65 年）；4.文化建設時期

98

探索精品館藏：國家圖書館特色館藏的歷史發展
Exploring the Fine Collection:
The Historical Development of Special Collections in National Central Library of R.O.C. (Taiwan)

（民國 66-84 年）；5.網路及自動化應用時期（民國 85-106 年）。[1] 綜觀
80 多年來各時期都有不同重點發展，各有政治、社會、文化、教育、科
技等相關建設的歷史重要事件；透過這些歷史事件的互相接續運作、相
互激盪與加乘作用，逐步推展國家圖書館的業務，及完成國家圖書館的
任務與功能。同時，國家圖書館特色館藏的館藏發展、管理、服務及各
項計畫，84 年來在歷史發展中與其他館務同步規劃、推動及發展，逐步
累積業務發展而有愈來愈豐碩成果。

　　本研究以五個階段，作為研究分期劃分及探討之依據；以各階段的
時間順序，建立本研究的時間架構。再運用 84 年來五個階段之重要政
治、社會、文化、教育、科技等歷史發展背景，及其重要相關文獻史料，
以建立整體研究架構。國家圖書館特色館藏的歷史發展並非獨立發展或
孤立進行的，而是架構在整體國家歷史發展的時間、空間與地理之脈絡
下，以其整體業務發展為母體，並行並列、同步推動、前進及發展。總
之，特色館藏歷史發展是架構及依附在國家圖書館的整體歷史發展背景
及重要事件，一併持續發展，其關係是息息相連、互相激盪及同時推進的。

　　因此，本研究收集各階段影響國家圖書館特色館藏歷史發展的各種
政治、社會、經濟、科技、教育、法規、文化等面向相關史料，以便探
析特色館藏整體歷史發展之脈絡。本研究歸納其歷史發展中有六要項值
得探討，包含 1.歷史背景與重要事件；2.組織結構，包含人事、預算、
館舍等；3.特色館藏相關發展，包含（1）重要業務與計畫，例如：蒐購
古籍、整理古籍、出版古籍、網路時代之數位化發展、行銷等相關議題
探討；（2）預算、來源與整理利用；（3）蒐購與出版之內容、特色與數
量；（4）法規等；4.出版品；5.服務，包含（1）技術服務；（2）讀者服

---

[1] 國家圖書館（2016）。本館簡史：本館簡介。檢自：https://www.ncl.edu.tw/content_267.html；
宋建成（2013）。綜論。在國家圖書館（曾淑賢主編，頁 1-32）（中華民國圖書館事業百
年回顧與展望，1）。臺北市：五南。

務；（3）建置服務系統；（4）展覽；（5）利用教育等；6.國際與國內交流合作等相關議題之探討。

　　本章內容以六項與國家圖書館特色館藏發展相關連的歷史發展要項加以探討，包含第一節說明歷史背景與重要事件；第二節敘述組織結構；第三節整理特色館藏相關發展；第四節說明出版品；第五節敘述相關服務；第六節整理國際與國內交流合作。分別說明如下：

一、歷史背景與重要事件

　　本期自民國 22 年至 26 年約五年，歷史背景是清末民初整體社會的革新思潮與運動，本期是我國新圖書館事業的萌芽期。國家圖書館原名是國立中央圖書館，其籌備之緣起可溯源自清末民初的新圖書館運動、及民國成立之後的新文化運動，透過這兩股力量的集結，一起推動社會與教育的改革進步。依據嚴文郁（1983）在《中國圖書館發展史：自清末至抗戰勝利》一書中的說明：「我國新圖書館運動發軔於遜清而創立於民國。清末，由於維新變法運動而啟發，以及新式圖書館觀念的輸入，逐漸形成了全國圖書館系統的初步觀念。民國成立之後，新教育制度推行，圖書館事業漸受重視，而圖書館的設置亦蔚成風氣。」[2]

　　1912 年中華民國政府成立後，中國社會持續倡議新文化運動與推動社會各種改革與創新，包含全國各地紛紛重視與成立新圖書館協會及創建新式圖書館。依據黃克武（2000）的《蔣復璁口述回憶錄》一書，民國七年北京圖書館協會成立，這是中國第一個成立的圖書館協會，之後全國各地區陸續有上海、湖北、河南、南京、杭州等地，各地區均有圖

---

[2] 嚴文郁（1983）。中國圖書館發展史：自清末至抗戰勝利。臺北市：中國圖書館學會出版。頁 3。

100

探索精品館藏：國家圖書館特色館藏的歷史發展
Exploring the Fine Collection:
The Historical Development of Special Collections in National Central Library of R.O.C. (Taiwan)

書館協會之成立，而以北平成立最早。而全國性的圖書館協會是中華圖書館協會，於民國 14 年在北平正式召開成立大會，梁任公（啟超）任董事長。民國 15 年，國立北平圖書館成立，由梁任公（啟超）擔任館長，此為運用美國退回之庚子賠款所辦理的圖書館。北平圖書館成立的背景是因為民國 14 年美國庚款辦清華大學，尚餘一點錢，之後又醞釀第二次退回庚款，韋棣華女士（Miss Mary Elizabeth Wood）便走訪美國國會，奔走呼籲，宣傳退還第二次庚款，並給予文教界使用，其中發展圖書館事業即為一項重點。此款除協助北平圖書館的創建外，並於每年撥少許經費給文華圖書館專科學校。[3] 所以，本期為我國新圖書館事業的萌芽期。因為自民國成立後至民國八年新文化運動期間，各地都有旅美研習圖書館之專家與學者，紛紛在各地創立圖書館學校與開設圖書館科系。在各校之中，尤以文華及金陵兩所教會學校最為傑出，培植許多圖書館的專業人才。

　　民國 16 年，當時的中華民國政府奠都於南京；同年成立大學院（即教育部），為全國最高學術教育行政機關，管理全國學術及教育行政事宜。依據其「中華民國大學院組織法」之規定，大學院得設圖書館等國立學術機關。[4] 大學院成立後，積極開展各項相關業務，民國 17 年大學院在南京召開第一次「全國教育會議」，其中有關「中央圖書館」的宣言及決議如下：「全國教育會議宣言」載：籌備與創建中央圖書館「為各地方圖書館的示範，並為全國最高學術文化的庫藏；就要有中央圖書館的設立。我們希望於最短期間，首都的中央圖書館得開始籌備」。[5] 民國

3　黃克武（2000）。蔣復璁口述回憶錄。臺北市：中央研究院近代史研究所。頁 43-44。

4　中華民國大學院編（1928）。全國教育會議報告。上海：商務。在近代中國史料叢刊續編（沈雲龍主編，1977）（近代中國史料叢刊續編，43 輯；429）。臺北縣永和：文海。1977 影本。頁 5，603-616。

5　同前註。

17 年 10 月 24 日改大學院為教育部。所以，此次是自民國成立以來，首次由政府單位即教育部，正式提議籌備與創建中央圖書館之重要性與急迫性，也在全國性的教育會議中正式宣言，要在最短時間成立中央圖書館。

有關提議籌建中央圖書館的推力，除正式官方組織的大學院（教育部）積極開會之外，還有當時的民間圖書館相關協會組織加入推動的行列。民國 18 年，由中華圖書館協會在南京召開首次年會，提出一個重要決議是「呈請教育部，從速籌辦中央圖書館」。[6] 依據黃克武（2000）的《蔣復璁口述回憶錄》一書，「中美庚款辦了一個北平圖書館，中英庚款的錢要辦一個中央圖書館（那時還叫南京圖書館）」。[7] 因為當時全國正處於新文化運動的氛圍中，希望全中國一北一南的區域資源能平衡發展，都能擁有一個正式的國立圖書館。

依據嚴文郁（1983）在《中國圖書館發展史：自清末至抗戰勝利》一書的自序說明，清末民初時期，我國圖書館事業之所以迅速發展，有以下六個原因，包含 1.美國模式圖書館觀念的輸入；2.圖書館教育的展開；3.圖書館團體的組成；4.圖書館學研究的蓬勃；5.圖書館法令的頒佈；6.國際關係的增進。[8] 這些歷史發展背景與重要事件，都是從不同角度出發，包含新思潮、新教育、新社會團體、新學術運動、法規頒佈與國際互動等因素，互相的激盪與推動，都是促成國立中央圖書館得以籌備成立的動力。

民國 22 年教育部兼交通部長朱家驊發佈，派蔣復璁為國立中央圖書館籌備委員[9]；同年 4 月 8 日復令蔣復璁為國立中央圖書館籌備處主任，

[6] 中華圖書館協會（1928）。中華圖書館協會年會提案總目。國立中山大學圖書館周刊，6（5/6），17-18；協會第一次年會紀事（1929）。中華圖書館協會會報，4（4），5-14。

[7] 黃克武（2000）。蔣復璁口述回憶錄。臺北市：中央研究院近代史研究所。頁 47。

[8] 同註 2，頁 21-22。

[9] 蔣復璁（1935）。國立中央圖書館。文華圖書館學專科學校季刊，7（3/4），559-560。

102

探索精品館藏：國家圖書館特色館藏的歷史發展
Exploring the Fine Collection:
The Historical Development of Special Collections in National Central Library of R.O.C. (Taiwan)

4 月 21 日租定南京沙塘園 7 號民房辦公，正式開始籌備時期之各項工作。之後即以 4 月 21 日訂為中央圖書館（今日之國家圖書館）館慶日，並沿用至今。[10] 繼而同年 4 月 24 日教育部核定《國立中央圖書館籌備處組織大綱》，有正式組織法規作為依據，國立中央圖書館正式進入籌備時期，開展各項任務與工作。南京為本期館舍，經費不豐裕，由交通部按月撥助籌備費 2,000 元。[11] 本期館舍，請見圖 4.1 籌備期國立中央圖書館南京成賢街大門：

圖 4.1：籌備期國立中央圖書館南京成賢街大門

資料來源：國家圖書館七十年大事圖輯編輯委員會編輯（2003）。國家圖書館七十
年大事圖輯。臺北市：國家圖書館。頁 9。；國家圖書館（2018）。本館
簡史。檢自：https://www.ncl.edu.tw/content_267.html

---

[10] 國家圖書館七十年大事圖輯編輯委員會編輯（2003）。國家圖書館七十年大事圖輯。臺北
市：國家圖書館。頁 6-8、12-13。

[11] 同註 9，頁 559。

　　總結上述，國立中央圖書館之成立緣起於清末民初的新圖書館運動與民國成立之初的新文化運動，二個文化運動與三件重要事件，包含 1. 民國七年北京圖書館協會成立；2.民國 14 年中華圖書館協會成立；3.民國 15 年國立北平圖書館成立。所以，這二項文化運動為背景與三個重要事件是由當時的官方組織大學院（教育部）與一個民間圖書館協會，即中華圖書館協會與北平圖書館成立，不同的社會文化力量互相激盪之下，產生創新改革與前進力量。所以，透過三個單位陸續成立與推動，也逐漸型塑整體的社會氛圍，期待南北地域各自擁有國立圖書館得以獲得平衡發展之資源。透過這三件歷史重要事件，民間圖書館團體提倡、政府單位立法推動與社會思潮以圖書館是社會教育之重要角色與資源；透過社會思潮與政府立法之引領與相互激盪的力量，是促成爾後，即民國 22 年中央圖書館得以正式籌備的歷史推力。

二、組織結構

　　依據教育部核定「國立中央圖書館籌備處暫行組織大綱」第一次籌備時期的組織法，民國 22 年 4 月 24 日由國民政府頒佈「國立中央圖書館籌備處組織大綱」，共有七個條文，是國家圖書館最早的組織法規。其立法目的為教育部為籌備國立中央圖書館（以下簡稱：央圖），設立國立中央圖書館籌備處之依循。此次立法背景為央圖的籌建，其時適逢在民國 17 年至 26 年新圖書館運動發展之際。當時的中國社會受到西方文化傳播的影響，圖書館意識萌芽，加以國民政府提倡社會教育，圖書館逐漸受到朝野人士的重視。民國 16 年大學院頒布「圖書館條例」，規定各省市應設立圖書館，次年五月在南京召開全國教育會議，與會代表建請制定「全國圖書館發展步驟大綱」，以籌建中央圖書館為要務。同時在地方響應和中華圖書館協會提倡下，各地區的圖書館相繼成立。至民國 25

年時，全國共建有各類型圖書館五千餘所，較前十年增加數倍之多。[12]

「國立中央圖書館籌備處組織大綱」七條文如下：第一條：教育部為籌備國立中央圖書館設立國立中央圖書館籌備處；第二條：本處設籌備主任一人綜理籌備事務；第三條：本處設總務、圖書兩組，每組各設事務員、書記員若干人；第四條：總務組掌管文書、會計、庶務、建築等事宜；第五條：圖書組掌採訪、編目、纂輯、庋藏、閱覽等事宜；第六條：本處因進行上之必要得設建築及購書兩委員會。籌備主任延聘專家為委員協助進行上項。委員概為名譽職；第七條：本組織大綱經教育部核准後施行。請參見圖 4.2 國立中央圖書館籌備處組織大綱（民國 22年 4 月 24 日）

圖 4.2：國立中央圖書館籌備處組織大綱（1933）

資料來源：作者整理，依據國家圖書館七十年大事圖輯編輯委員會編輯（2003）。
國家圖書館七十年大事圖輯。臺北市：國家圖書館。頁 7。

---

[12] 王振鵠（2013）。國家圖書館八十年。國家圖書館館刊，102（1），2。

　　人事部分，依據該法條規定，設立籌備主任一人，下設總務、圖書兩組，共有 37 人。設立建築及購書兩委員會，延聘專家為委員（名譽職），協助進行相關工作。[13]　此外，於民國 23 年 7 月 1 日中央圖書館奉教育部令接辦國立中央研究院所屬出版品國際交換處業務，後定名為「教育部出版品國際交換處」，代表國家履行國際交換協定業務。此次之組織圖請見圖 4.3 國立中央圖書館籌備處組織圖（1933）：

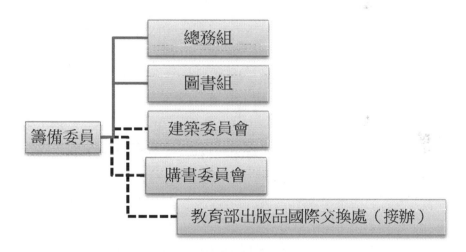

圖 4.3：國立中央圖書館籌備處組織圖（1933）

資料來源：作者整理，依據「國立中央圖書館籌備處組織大綱」1933。

　　此次法規是屬於籌備時期的組織法，其組織結構是一階層式的官僚組織型態，是採取功能部門化之組織結構，為一水平式的分工方式與職位分類。階層式是籌備主任一人，其之下有二個正式組織部門（總務、圖書）各自分工。除運用官僚組織的機械式組織結構外，又加非正式組織的人力運作方式，二個委員會（建築、購書）之有機式的組織結

---

[13] 同註 10，頁 6-7。

106

探索精品館藏：國家圖書館特色館藏的歷史發展
Exploring the Fine Collection:
The Historical Development of Special Collections in National Central Library of R.O.C. (Taiwan)

構，以適應組織實際運作之需求。因奉命接辦國立中央研究院所屬出版品國際交換處業務，後定名為「教育部出版品國際交換處」，為任務編組性質。透過這些有機的組織結構運用人力方式，讓組織的整體目標之任務分工更容易協調、整合與達成國家圖書館之功能目標。

預算部分，民國22年7月起，教育部每月撥給籌備處4,000元，計每年度支付日常費用共4.8萬元。[14] 經費既已確定，事業乃得以推進。

館舍部分，籌備初期民國22年4月21日是租南京沙塘園7號民房辦公，正式展開各項的籌備工作。三年後，民國25年2月籌備處遷入南京市成賢路48號新購館舍辦公。本期以提供一般資源之閱覽室服務為主，無特色館藏之閱覽資源與開闢特藏專室服務。

此外，有關館舍的興建部分，本籌備期重要計畫是提出與進行籌建新館舍計畫，雖然因為七七抗日戰爭國家不安定無法順利興建完成，但是其間的努力過程仍是值得一提。努力過程如下，籌備處雖稍具規模，但仍屬權宜，成賢街館舍原本就不是圖書館建築之設計，不足以發揮圖書館功能。因此乃積極尋覓館址，籌建新館。民國23年5月中英庚款董事會通過，准撥150萬元為中央圖書館的建築費用。[15] 民國26年2月1日教育部公布「國立中央圖書館建築委員會組織規則」（共有九條文），並聘請戴傳賢（兼委員長）、朱家驊、段錫朋、何廉、錢端升、羅家倫、梁思成、袁同禮、雷震、蔣復璁等10人為委員。[16]

民國26年陸續召集兩次委員會會議，討論徵選圖案及建築進行事項，決定館舍在是年秋興工建造，地址勘定在南京國府路（今長江路）46畝土地為建館基地。建築設計計畫由梁思成、袁同禮、蔣復璁會同草

---

[14] 南京圖書館志編寫組編（1996）。南京圖書館志（1907-1995）。南京：南京出版社。頁285。

[15] 同註9，頁563。

[16] 國家圖書館特藏組（2010）。國家圖書館七十七年大事記。臺北市：國家圖書館，頁2。

擬，頗為詳密，可惜徵圖手續尚未完畢，七七事變發生，建館乙事遂告
中止。[17] 然而，整體的籌建新館舍計畫是很周詳規劃與逐步進行的，雖
因戰爭因素干擾，無法在南京順利興建以完成新館舍計畫。但是，興建
新館舍一直是中央圖書館的重大目標，對於圖書館的發展是一件重要的
事。

三、特色館藏相關發展

　　籌備初期國立中央圖書館預算是有限的，依據羅德運（1988）在《蔣
復璁：一個不應被忘卻的名字》一文，說明：「每月經費為 4,000 元。除
了 3,000 元用作分租、辦公和員工薪資，購書經費僅只千元，猶杯水車
薪。」[18] 而林清芬（1996）在《國立中央圖書館之初創與在抗戰期間的
文化貢獻》一文，詳細說明當年之預算與經費分配：「自 1933 年度起，
核定歲入概算數 48,000 元，計分俸給費 25,920 元、辦公費 7,800 元、購
置費 12,720 元、特別費 1,560 元」。[19] 由此可知，籌備時期總購書經費
是不足的，遑論要再編列徵集與採購價格昂貴的特色館藏資源之預算費
用，所以該期特色館藏數量是很稀少的。

　　該期的館藏基本藏書只有民國 22 年 2 月 8 日由「教育部撥給北平檔
案保管處留存的重要圖書 4.6 萬冊，滿文書籍 500 冊，清順治至光緒年
間歷代殿試策 1000 餘本」。[20] 「其中可以稱得上善本的，只有一部明代

---

[17] 宋建成（2011）。國家圖書館歷史沿革之探析。國家圖書館館刊，100（2），5。

[18] 羅德運(1988)。蔣復璁：一個不應被忘卻的名字。湖北師範學院學報：哲學社會科學，18
　　（5），92。

[19] 林清芬（1996）。國立中央圖書館之初創與在抗戰期間的文化貢獻。在國史館編，1996
　　中華民國史專題第三屆討論會論文集（頁 853-855）。臺北市：編者。

[20] 同註 10，頁 6。

108

探索精品館藏：國家圖書館特色館藏的歷史發展
Exploring the Fine Collection:
The Historical Development of Special Collections in National Central Library of R.O.C. (Taiwan)

刻本《仁孝皇后勸善書》，而圖書館購書的經費有限，不可能多所採購」。
[21] 又同（22）年 7 月籌備處以交通部所撥籌備費 2,000 元購下天津孟志
清所藏的舊拓金石拓片 1,500 種，11,139 件，奠定了收藏金石拓片的基
礎。[22]

　　經過多方的徵集與交換，該館到民國 25 年 9 月 1 日，館藏中文書籍
已達 69,864 冊，滿蒙藏文書 500 冊，西文書 4,659 冊，日文書 551 冊，
金石拓片 2,901 幅，地圖 427 冊，雜誌 15,480 冊，其他圖書包括小冊子
共 6,550 冊。到了民國 26 年抗戰發生時，館藏圖書及期刊已遞增到
183,023 冊，期刊報紙 611 種。[23]

　　有關特色館藏相關法規部分，該期尚無制訂特色館藏發展與管理之
法規；但與籌備處進行館藏發展之相關法規有二條，包含 1.「新出圖書
呈繳規程」；2.與「出版法」。首先有關「新出圖書呈繳規程」是因為籌
備初期必須積極充實館藏，於是通函黨政機關學會與世界各國重要學術
團體，徵求出版刊物。並依據教育部「新出圖書呈繳規程」，函送與通告
各出版商呈繳書籍。[24] 透過該法規以便蒐集與充實館藏，並完整典藏國
家文獻。

　　其次，有關民國 26 年 7 月 8 日國民政府公布修正「出版法」54 條，
其中第八條規定出版品於發行時應由發行人呈繳中央圖書館乙份。[25] 透
過這一法規，由發行單位主動呈繳出版品是增加館藏與直接進行館藏發
展的一個好方法。

21　蟫　隱（1966）。蔣慰堂先生與國立中央圖書館。中國圖書館學會會報，18，1。

22　蔣復璁（1935）。國立中央圖書館。文華圖書館學專科學校季刊，7（3/4），559-560。

23　蘇　精、周　密（1979）。國立中央圖書館大事記：自民國 22-29 年。國立中央圖書館館
　　刊，新 12（2），67-69。

24　陳友民、曾瓊葉（2003）。烽火歲月中之出版紀錄（民國 22 年至 38 年）。國家圖書館館
　　訊，2003（1），22。

25　同註 10，頁 8。

　　總之,央圖籌備期沒有特色館藏之重要業務與計畫;亦無編列預算;少特色館藏之來源與徵集;少特色館藏之數量,內容以中國古籍為主。所接收到的舊籍是清順治至光緒年間歷代殿試策 1000 餘本,只有一部善本明代刻本《仁孝皇后勸善書》、及金石拓片 1,500 種、11,139 件。此外,特色館藏發展與管理法規亦未見制訂。

四、出版品

　　依據陳友民、曾瓊葉(2003)在〈烽火歲月中之出版紀錄　國立中央圖書館出版品目錄:民國二十二至三十八年〉一文,提到:「出版品是人類智慧的結晶,但從更深的層面來觀察,出版品是特定時空下人類智慧的結晶。具備如此特質的出版品,必然烙印一時一地特殊時空背景的印記」。[26] 所以,出版品的價值與意義,不但可代表一個機關(包含機構、團體、組織、會社等)成員集體智慧結晶與共同努力耕耘成果,更直接展現機關歷史發展風貌與形象;另一方面,後人也可藉此以瞭解和研究當時機關走過的道路及其留下的印痕。

　　關於機關出版品之功能:「以國立中央圖書館(國家圖書館前身)早期在大陸的 16 年間編印的出版品來說,自外在的文獻名稱以至內在的主題要旨,莫不顯現出時代的脈絡,烙印著時代的特徵,是烽火戰亂、艱苦蹈厲的時代見證者」。[27] 因此,他們認為透過編輯與研究一個機構的出版品,可以由文獻名稱與內容直接顯現出當時的歷史發展,即抗戰時期的時代脈絡與特徵。

　　出版品具有揭示機關過去歷史發展面貌功能,例如中央圖書館在抗

---

[26] 同註 24。

[27] 同前註。

110

探索精品館藏：國家圖書館特色館藏的歷史發展
Exploring the Fine Collection:
The Historical Development of Special Collections in National Central Library of R.O.C. (Taiwan)

戰期間編印之《抗戰以來圖書選目》、《重慶各圖書館所藏西南問題聯合目錄》、《戰時國民知識書目》、《西南文獻聯合書目》等圖書，正是當年戰爭洗禮的寫照；而《四庫珍本初集》、《玄覽堂叢書》等重要典籍的編纂，其動機未嘗不是與「因戰亂而思及保存民族文化」的問題有關。是以，透過出版品的編輯與探討，可以直接反映出一個機關在不同時間與空間歷史發展之重點與所關注主題。

該期正是處於物力維艱的戰爭時期，館務千頭萬緒。中央圖書館在民國 22 年籌備期至 38 年遷臺所經過的 16 年來之努力成果，總計在大陸時期正式出版者圖書凡 17 種，期刊凡 7 種。在 20 餘種文獻中，有數種文獻甚具有時代價值及時代特色，細數之主要有《四庫全書珍本初集》、《玄覽堂叢書》、《抗戰以來圖書選目》、《重慶各圖書館所藏西南問題聯合目錄》、《國立中央圖書館中文圖書編目規則》、《國立中央圖書館籌備處木印部出版目錄》等圖書，以及《書林季刊》、《國立中央圖書館館刊》、《學觚》、《圖書月刊》等期刊，都是中央圖書館珍貴史料之一。

當此籌備時期特色館藏相關出版品少，而能收藏到的數量更少。所以組成「編訂四庫全書未刊珍本目錄委員會」，選定文淵閣版本作為影印，暫先印行最精的未刊秘笈，於 1935 年開始印行《四庫全書珍本初集》231 種，分裝 1960 冊，先後分四期陸續出版。其中，有 100 部做為國際交換用書。其他出版品雖然面臨預算不足，但仍然必須先積極充實館藏，再進行徵集出版業務。於是籌備處通函黨政機關、學會與世界各國重要學術團體等，徵求其出版刊物。此期之重要特色館藏出版品，目前典藏於國家圖書館特藏文獻組，存一二三四卷，為國立中央圖書館籌備處輯，上海商務印書館景印文淵閣本。請見圖 4.3《四庫全書珍本初集》（1935）：

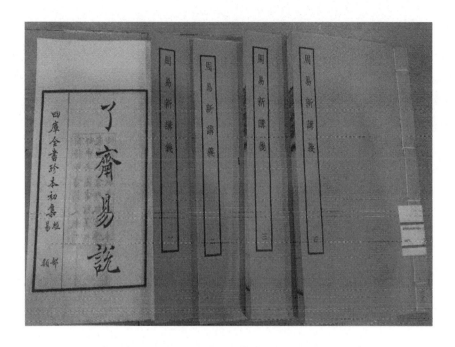

圖 4.4：《四庫全書珍本初集》（1935）

資料來源：國家圖書館特藏文獻組典藏，存一二三四卷，為國立中央圖書館 籌備
處輯，上海商務印書館景印文淵閣本。

　　民國 22 年 11 月 2 日接管國學書局（原名江南官書局），易名為木印
部，原書局雕版存於朝天宮，租用民房設發行部於南京雙井巷 12 號。復
又接收交通部移贈印刷所機器全部，另設工場於金沙井 34 號，「以便印
刷目片及書籍等，兼資便利而裕業務」。[28] 民國 24 年 1 月 10 日教育部
核定「國立中央圖書館籌備處印刷所暫行章程」，設總幹事一人，幹事一
至二人，工務員若干人。印刷所分設木印部、鉛印部、發行部。自印所
編館藏官書目錄、期刊目錄等連續性出版品。[29]

---

[28] 同註 24，頁 562-563。

[29] 同註 25，頁 6。

112

探索精品館藏：國家圖書館特色館藏的歷史發展
Exploring the Fine Collection:
The Historical Development of Special Collections in National Central Library of R.O.C. (Taiwan)

　　依據教育部「新出圖書呈繳規程」，國立中央圖書館函送通告各出版商呈繳書籍。籌備處始於民國 24 年 2 月 15 日編印《國立中央圖書館館藏呈繳書目錄》，至民國 25 年 1 月停刊，共發行 12 期。民國 25 年 2 月起呈繳目錄併入《學觚》（民國 25 年 2 月創刊，民國 26 年 6 月停刊），不另刊行。[30]

五、服務

　　民國 25 年 2 月 5 日籌備處遷入南京市成賢街新購館舍辦公，積極展開各項技術服務業務。同年 5 月 5 日編訂「暫行中文圖書編目規則」，8 月 17 日編印藏書目錄片第一組，印售目錄片以 500 種（每種一張）為一組。

　　籌備期並無特色館藏之閱覽服務資源，亦無開闢特藏專室服務，該期館舍以提供一般資源之閱覽室服務為主。民國 25 年 9 月 6 日開放新購館舍閱覽，共分參考、報章、期刊、普通（一般圖書閱覽）四部分。至民國 26 年 8 月 15 日抗戰軍興，日機空襲南京，被迫停止閱覽服務。自開放至停止適值 1 年，總共來館閱覽者有 70,108 人。圖書出納計中文 51,355 冊，西文 3,083 冊，共計 54,438 冊。[31]

六、國際與國內交流合作

　　依據汪雁秋（1995）說明：「布魯塞爾協定」(Brussel Conventions)

---

[30] 同註 24。

[31] 屈萬里（1967）。國立中央圖書館。教與學，1（1），24。

於 1886 年提出與簽訂，其沿革如下：1877、1880 及 1883 年間，世界各國在比利時首都布魯塞爾連續開了三次會議，討論有關國際間出版品交換事宜。1886 年 3 月 15 日會議正式由比利時、巴西、義大利、瑞士、美國、葡萄牙、敘利亞等 7 國簽訂了一項交換協定，稱「布魯塞爾協定」，並通告各國加入。我國接到通告後，於民國 14 年成立「出版品國際交換局，Bureau of International Exchange of Publications」，民國 15 年申請加入。民國 17 年奉大學院（教育部）令劃歸中央研究院接辦，正式代表我國展開交換業務，易名為「中央研究院出版品國際交換處」。民國 22 年國立中央圖書館籌備處成立，業務移交國立中央圖書館籌備處辦理，在國立中央圖書館組織條例未通過前，暫名「教育部出版品國際交換處」，交換工作由該館籌備處辦理。[32]

2016 年國際圖書館學會聯盟針對國家圖書館的功能加以詳細說明，雖因國情不同各國有差異，但是可以統合成七項共同核心功能，其第七項功能是：領導國家參加國際組織論壇，進行國際交流與互動，包含保存與提升國家文化資產的相關議題。出版品的國際交流正是一個互動方式，也是國家圖書館成立的使命與任務之一。

綜合而論，民國 23 年 7 月 1 日籌備處開始接辦中央研究院出版品國際交換處業務，定名為教育部出版品國際交換處，履行比京國際出版品公約（Brussel Convention），「開始辦理國際交換業務，以謀播通文化」。[33] 籌備處將 100 部《四庫全書珍本初集》備存，提供向國外交換西書之用，不但可透過交換圖書進行國際交流、也可直接充實館藏。[34] 如此一來，一個代表國家的圖書館便初具規模。透過國際交換業務，既可以充

32 汪雁秋（1995）。國立中央圖書館出版品國際交換處。在胡述兆編，圖書館學與資訊科學大辭典。檢自：http://terms.naer.edu.tw/detail/1681269/?index=1597724

33 蘇精（1978）。從換書局到出版品國際交換處。圖書館學與資訊科學，4（2），183。

34 蔣復璁（1935）。國立中央圖書館。文華圖書館學專科學校季刊，7（3/4），560。

114

探索精品館藏：國家圖書館特色館藏的歷史發展
Exploring the Fine Collection:
The Historical Development of Special Collections in National Central Library of R.O.C. (Taiwan)

裕籌備期的外文圖書和外國政府出版品館藏，且可有效進行國際文化與
學術出版品交流。

　　總結本節特色館藏歷史發展要點，適逢清末民初社會革新思潮充
沛，新文化運動與新圖書館運動蓬勃發展，民國 22 年教育部公布〈國立
中央圖書館籌備處組織大綱〉並成立籌備處。整體預算有限，購書經費
不足，無法採購昂貴的特色館藏資源。該期特色館藏出版品少，選定文
淵閣版本作為影印，於 1935 年出版《四庫全書珍本初集》231 種。無特
色館藏之資源服務與特藏專室服務。民國 23 年接辦中央研究院出版品國
際交換處業務，定名為教育部出版品國際交換處，「開始辦理國際交換業
務，以謀播通文化」，也選印文淵閣版本，定名《四庫全書珍本初集》擴
大流通，籌備處將所得 100 部備供向國外交換西書之用。

　　該期特色館藏歷史發展要項，請見表 4.1 國家圖書館特色館藏籌備
時期（民國 22 年-26 年）歷史發展表：

表 4.1：國家圖書館特色館藏籌備時期(1933-1937)歷史發展表

要項\階段	第一階段：籌備時期（民國 22 年-26 年）
一、歷史背景與重要事件	●**歷史背景**：適逢清末民初社會革新思潮與運動，新文化運動與新圖書館運動。 ●**重要事件**：1.民國 7 年北京圖書館協會成立；2.民國 14 年中華圖書館協會成立；3.民國 15 年國立北平圖書館成立。
二、組織結構	●**歷史背景**：民國 22 年公布〈國立中央圖書館籌備處組織大綱〉1933 年，立法背景為清末至民國成立以來的新文化與新圖書館運動蓬勃發展之際，立法目的是教育部為盡快設立國立中央圖書館籌備處。 ●**組織結構**：1.組織結構：依據〈國立中央圖書館籌備處組織大綱 1933〉 (1)設立籌備主任一人，下設總務、圖書兩組。 (2)正式組織：二個部門（總務、圖書）。 (3)非正式組織：二個委員會（建築、購書）。 (4)任務編組：奉命接辦國立中央研究院所屬出版品國際交換處業務，後定名為「教育部出版品國際交換處」。

要項\階段	第一階段：籌備時期（民國 22 年-26 年）
	2.人事：共有 37 人。3.預算：民國 22 年 7 月起，教育部每月撥給籌備處 4,000 元，計每年度支付日常費用共 4.8 萬元。 4.館舍：（1）籌備初期民國 22 年 4 月 21 日租南京沙塘園 7 號民房辦公，到民國 25 年籌備處遷入新購館舍南京市成賢路 48 號辦公；（2）「籌建新館舍計畫」，雖因七七戰爭無法興建，仍值得一提。
三、特色館藏相關發展	●歷史背景：整體預算有限，購書經費不足，無法採購昂貴的特色館藏資源。 ●特色館藏：1.民國 22 年由「教育部撥給北平檔案保管處留存的重要圖書 4.6 萬冊，滿文書籍 500 冊，清順治至光緒年間歷代殿試策 1000 餘本」為該期館藏基本藏書。「其中可以稱得上善本的，只有一部明代刻本《仁孝皇后勸善書》，而圖書館購書經費有限，不可能多所採購」（蟫隱，1966）。2.民國 22 年以 2,000 元購下天津孟志清所藏舊拓金石拓片 1,500 種，11,139 件，奠定了收藏金石拓片的基礎。3.籌備期特色館藏資源有一個起步，但資金不足。 （1）無重要業務與計畫；（2）無編列預算，只有贈送；（3）特色館藏之內容、特色與數量：以中國古籍為主要內容。清順治至光緒年間歷代殿試策 1000 餘本、其中善本只有一部明代刻本《仁孝皇后勸善書》、金石拓片 1,500 種，11,139 件；（4）無特色館藏發展法規相關法規；有 2 條館藏徵集相關法規：「新出圖書呈繳規程」函各出版商呈繳書籍及民國 26 年國民政府公布修正「出版法」54 條，其中第八條規定出版品於發行時應由發行人呈繳中央圖書館乙份。
四、出版品	●歷史背景：1.通函黨政機關學會與世界各國重要學術團體，徵求出版刊物；2.依據教育部「新出圖書呈繳規程」，函送與通告各出版商呈繳書籍；3.民國 22 年籌備處接管國學書局（原名江南官書局），易名為木印部；4.民國 24 年教育部核定「國立中央圖書館籌備處印刷所暫行章程」。 ●出版品：1.籌備期特色館藏出版品少，組成「編訂四庫全書未刊珍本目錄委員會」，選定文淵閣版本作為影印，暫先印行最精刻的未刊秘笈，於 1935 年出版《四庫全書珍本初集》231 種，分四期陸續出版。 2.民國 24 年籌備處編印《國立中央圖書館館藏呈繳書目錄》。

116

探索精品館藏：國家圖書館特色館藏的歷史發展
Exploring the Fine Collection:
The Historical Development of Special Collections in National Central Library of R.O.C. (Taiwan)

要項\階段	第一階段：籌備時期（民國 22 年-26 年）
五、服務	●**技術服務**：民國 25 年 5 月 5 日編訂「暫行中文圖書編目規則」，8 月 17 日編印藏書目錄片第一組出版。 ●**讀者服務**：籌備期無特色館藏之資源服務與開放特藏專室服務，該期以提供一般資源之閱覽服務為主。 1.民國 25 年 2 月 5 日遷入南京市成賢街 48 號新購館舍辦公，9 月 6 日開放閱覽，共分參考、報章、期刊、普通四部分空間；2.自民國 25 年 9 月 6 日至 26 年 8 月 15 日抗戰軍興，日機空襲南京，被迫停止讀者閱覽服務；3.自開放至停止適值 1 年，總共來館閱覽者有 70,108 人。圖書出納計中文 51,355 冊，西文 3,083 冊，共計 54,438 冊。
六、國際交流	●**歷史背景**：民國 23 年接辦中央研究院出版品國際交換處業務，定名為教育部出版品國際交換處，履行比京國際出版品公約（Brussel Convention），「開始辦理國際交換業務，以謀播通文化」。 ●**國際交流**：選印文淵閣版本《四庫全書》與商務印書館合作，精選孤本罕傳書 231 種 1,860 冊，定名《四庫全書珍本初集》，於民國 22 年影印出版，擴大流通；籌備處將所得 100 部備供向國外交換西書之用。

資料來源：本研究整理。

第五章

國家圖書館特色館藏歷史發展

抗戰西遷至成立及復員時期 1938-1948 （民國 27-37 年）

　　本章內容以六項與國家圖書館特色館藏發展相關連的歷史發展要項加以探討，包含第一節說明歷史背景與重要事件；第二節敘述組織結構；第三節整理特色館藏相關發展；第四節說明出版品；第五節敘述服務；第六節整理國際與國內交流合作。分別說明如下：

一、歷史背景與重要事件

　　該期約十年，歷史背景是面臨中日戰爭，自民國 26 年至 34 年的八年對日抗戰是一場破壞全國人民性命、安全與生活，是一場影響時間較久的大規模戰爭，全中國大部分區域都處於戰爭陰影之下，是一段流離

不安與不斷遷徙的戰火歲月。國立中央圖書館籌備處在戰爭的危險及變
動環境中，不斷努力前進，突破各種困難、持續開展各種基礎業務，並
朝向建設新館目標前進。該期歷史發展中，具有影響力的重要事件說明
如下：

　　民國 26 年 7 月 7 日蘆溝橋事變，中日戰爭爆發。8 月 15 日，日本
飛機襲擊南京，國立中央圖書館籌備處奉命停止開放閱覽，並於 11 月
18 日奉命西遷至重慶。籌備處自所置南京朝天宮 262 箱中擇要提取 130
箱重要圖籍，運往下關輪埠，開始離京，溯長江往上游行。12 月 13 日
南京淪陷，所存放南京的財產全部損失。西遷過程一路顛簸，至民國 27
年 2 月抵達重慶。[1] 所以，抗戰期間籌備處是處於戰火危急及威脅圖書
館安全之下，奉命自南京向西遷徙至重慶，以便持續開展各項基礎業務。

　　國立中央圖書館籌備處於民國 29（1940）年 8 月 1 日正式成立，蔣
復璁就任首任館長。自民國 26 年 11 月 18 日奉命西遷至重慶後，積極陸
續開展新業務與開闢新閱覽室，各項準備工作逐步邁上軌道。依據黃克
武（2000）在《蔣復璁口述回憶錄》一書，說明：「民國 28 年日軍轟炸
重慶，中央圖書館籌備處奉命疏散到江津縣白沙鎮。民國 29 年 7 月，我
奉命結束籌備事宜，8 月初政府正式成立，並派我為代理館長，10 月國
民政府任命我為首任中央圖書館館長」。[2] 所以，蔣復璁自擔任籌備處主
任，到正式就任首任館長後，更積極規劃基本業務與拓展各項相關事宜。
請見圖 5.1 簡任狀任命蔣復璁先生為國立中央圖書館第一任館長
（1941）：

---

[1] 黃克武（2000）。蔣復璁口述回憶錄。臺北市：中央研究院近代史研究所。頁 55。
[2] 同前註，頁 55-57。

圖 5.1：簡任狀任命蔣復璁先生為國立中央圖書館第一任館長(1941)

資料來源：國家圖書館七十年大事圖輯編輯委員會編輯（2003）。國家圖書館七十
　　　　　年大事圖輯。臺北市：國家圖書館。頁 13。；國家圖書館（2018）。本
　　　　　館簡史。檢自：https://www.ncl.edu.tw/content_267.html

　　民國 30（1941）年 1 月重慶新館舍落成，成為抗戰時期的「戰時文
化之宮」。籌備處於民國 27 年 2 月 12 日抵達重慶後，陸續商借重慶市川
東師範學校大禮堂為辦公處，租定重慶市上清寺聚興村民房為兼辦的出
版品國際交換處辦事處。另租定江津縣白沙鎮上松林為疏散辦公地點，
及位於該鎮傍的三重堂存放原有裝箱圖書。重慶新館全部遷竣，乃於 5
月 1 日成立參考閱覽室，並特設抗戰文庫，公開閱覽。9 月 4 日分設出
版品國際交換處昆明辦事處。[3]

---

[3] 蘇　精、周　密（1979）。國立中央圖書館大事記：自民國 22-29 年。國立中央圖書館館
　　刊，新 12（2），67-69。

120

探索精品館藏：國家圖書館特色館藏的歷史發展
Exploring the Fine Collection:
The Historical Development of Special Collections in National Central Library of R.O.C. (Taiwan)

　　自民國 27 年 10 月重慶分館工程開工，至民國 30 年 1 月新館舍落成，
是日夜開放閱覽服務，成為西南各省圖書館中心。由於重慶位處抗戰時
期後方，是屬於陪都的性質與功能，積極舉辦各種重要展覽與學術會議，
及文化與教育活動等，而成為「戰時文化之宮」。[4] 本期重慶館舍，戰後
改為國立羅斯福圖書館。本期館舍，請見圖 5.2 重慶時期中央圖書館大
門（1941）：

圖 5.2：重慶時期中央圖書館大門(1941)

資料來源：國家圖書館七十年大事圖輯編輯委員會編輯（2003）。國家圖書館七十
　　　　　年大事圖輯。臺北市：國家圖書館。頁 16.；國家圖書館（2018）。本
　　　　　館簡史。檢自：https://www.ncl.edu.tw/content_267.html

---

[4] 鄭肇陞（1983）。國立中央圖書館五十年。國立中央圖書館館刊，新 16（1），15-16。

　　此外，依據黃文德（2015）在《戰時館藏古籍文獻典藏與播遷之研究(重慶)》短期移地研究心得報告，提出赴重慶考察抗戰前後國立中央圖書館（國家圖書館前身）於重慶設館期間與播遷過程、分支典藏等活動進行調查。他就此一重慶遷徙過程，配合該館的館史文獻與實地勘查，重新審視這段歷史。另一方面是再確認相關辦公廳舍、藏書書庫、閱覽室之位置；同時確認各階段播遷時間，以提供未來館史研究之參考，也藉此次研究澄清國家圖書館館史文獻不足徵之疏漏，同時提供未來研究者考訂論證之引述。

　　黃文德提出四項心得，包含 1.此次移地研究，透過檔案、文獻與歷史場景的比對，對於研究具有相當大的幫助，不僅釐清有關館史記載謬誤的問題，同時經由觀摩展覽，更能感受當 年圖書館前輩與先賢護持國家文獻的苦心與毅力；2.中國大陸地方圖書館對於 1949 以前的圖書文獻與報刊禁忌已逐漸朝向開放與重視的路線前進；3.對於近代文獻大陸已有不少圖書館進行數位化甚至 OCR 全文建置，相較之下，臺灣對於該時期的文獻仍未達到重視程度。大陸圖書館對於民國初年早期文獻處理的政策與做法，部分可供參考與學習；4.目前有關國立中央圖書館之文獻仍以該館典藏最為大宗，本次前往重慶圖書館與檔案館雖有尋覓到部分該館未有之檔案與文獻，但就史料所能呈現的格局、議題與觀點的多樣性，則更顯示該館典藏之獨特性、重要性與無可替代。[5]

　　該案是我國國家圖書館民國 105 年的專案「潘思源先生獎助本館專業人員專題研究案」之「戰時館藏古籍文獻典藏與播遷之研究（南京、重慶）」，本案在分工方面分為兩部分，黃文德負責重慶部分；另外由廖箴編輯負責南京建館時期之探討。[6] 本次雖為一種短期移地研究計畫之

---

[5] 黃文德（2015）。戰時館藏古籍文獻典藏與播遷之研究(重慶) 短期移地研究心得報告。服務機關：國家圖書館。派赴國家：中國大陸重慶。

[6] 廖　箴（2015）。戰時館藏古籍文獻典藏與播遷之研究 短期移地研究心得報告。服務機關：國家圖書館。派赴國家：中國大陸南京。

122

探索精品館藏：國家圖書館特色館藏的歷史發展
Exploring the Fine Collection:
The Historical Development of Special Collections in National Central Library of R.O.C. (Taiwan)

設計模式，但是透過專案研究之經費補助與規劃，可做更深入的實地實物調查研究，收穫是很大的。可知，我國國家圖書館對於館史檔案之相關研究愈來愈重視，也鼓勵同仁進行相關主題研究，是國家圖書館學術研究方面的新跨越與新模式；尤其是針對特色館藏的館史檔案主題研究的貢獻，是值得喝采的。

有關民國 29（1940）初至 30 年底抗戰時期淪陷區搶救珍貴古籍之紀錄，依據張錦郎（2013）在〈抗戰時期搶救陷區古籍諸說述評〉一文，說明本議題在國內與中國大陸，陸續都有學者發表相關研究文獻。國內研究部分，由中央圖書館同人撰述最多，少數由館外人士執筆；國外研究部分，以中國大陸學者居多，香港學者也陸續出版相關的研究文獻與研究專書。[7] 有關記錄抗戰期間在淪陷區搶購古籍的檔案及部份書信等，目前保存在國內的國家圖書館。30 年來這些一手史料已被各方陸續利用，並已正式發表不少介紹文章。大陸學者已將鄭振鐸寫給張壽鏞的 270 封信函予以出版。[8] 因此，本階段研究文獻與一手史料相當豐富，部分文獻已在兩岸三地陸續整理完畢、並已正式出版。

在抗戰時期為何需要搶救陷區古籍，當時搶救古籍的時代背景如何？依據盧錦堂（2001）在〈從抗戰期間搶救珍貴古籍的一段館史說起〉一文，說明蒐購珍貴古書行動之歷史背景，民國 26 年七七事變後不久，日軍進攻上海，除英、美、法等國租界外，上海及其他地方都告淪陷，生命安全受威脅、生計也都出問題。江南一帶素為我國歷史精華與人文資源之淵藪，當地歷史悠久的藏書世家擁有不少善本舊籍，卻燬於戰火。即使僥倖得免，無奈書主為生活所苦，不得不忍痛割愛，這些珍貴文獻於是流入上海古書市場。當時就出現蒐購現象，例如敵偽華北交通公司、梁鴻志、陳群等人，以及美國哈佛燕京學社搶著蒐購，志在必得，連北

---

[7] 張錦郎（2013）。抗戰時期搶救陷區古籍諸說述評。佛教圖書館館刊，57，54。

[8] 顧力仁、阮靜玲（2010）。國家圖書館古籍蒐購與鄭振鐸。國家圖書館館刊，14，130。

方書商也打著如意算盤，紛紛南下。如果政府繼續坐視，兵燹之餘的古
籍很可能全落入外國人手中，將來會有一天，研究我國文史之學者還必
須留學美國或日本才能獲得一手資料。[9]

　　在抗日戰爭的危險環境下，正處於歷史發展之危急存亡時刻，有識
之士具有遠見與醒悟民族文獻招受破壞問題之嚴重性，乃積極採取各項
搶救文物行動。當時有幾位仍留在上海淪陷區的學者專家，是搶購古籍
的重要人物，例如私立光華大學校長張壽鏞、國立暨南大學校長何炳松
及文學院院長鄭振鐸及商務印書館董事長張元濟等。他們聯名函電重慶
教育部及管理中英庚款董事會，建議應由中央蒐購。重慶方面想到當時
國立中央圖書館有一筆興建新館舍建築費用（120 萬）因戰時無法興建
館舍未啟用，尚存在中英庚款董事會，因戰時無法興建館舍。當時的國
幣又正迅速貶值，因此責成國立中央圖書館籌備處主任，後為首任館長
的蔣復璁先生進行蒐購工作。

　　民國 29 年 1 月，蔣復璁化名蔣明叔先赴香港，與中英庚款董事會董
事接洽，隨又潛赴上海，經與有關人士商議，決定組成「文獻保存同志
會」，以避敵偽耳目，聯合同志一起合作與分工，分頭進行對外蒐購善本
古籍的工作。[10]「文獻同志會」在上海所蒐購的善本也是經過很多波折
的，最初先郵寄到香港，再轉運至重慶，因轉運費用過鉅，只運過一次。
餘下的書便都留在香港，後來局勢危急，準備往運美國，寄存於國會圖
書館，不料香港淪陷，盡被日軍劫走。戰後，經我駐日軍事代表團深入
查證，終在東京帝國圖書館地下室及伊勢原鄉下搜獲這批珍貴古籍，值
得慶幸。[11]

---

[9] 盧錦堂（2001）。從抗戰期間搶救珍貴古籍的一段館史說起。國家圖書館館訊，90（3），
6-8。

[10] 同前註。

[11] 同註 8。

　　該期蒐購古籍的重要意義，依據鄭振鐸在〈文獻保存同志會第三號工作報告書〉一文，說明：「民族文獻、國家典籍為子子孫孫元氣之所系，為千百世祖先精靈之所寄。若在我輩之時，目覩其淪失，而不為一援手，後人其將如何怨悵乎？！」[12] 可知當時是有賴同志們齊心戮力一起完成的志業，目的是為保存國家文獻，這一蒐購古籍的工作目標是國家圖書館成立的重要功能與任務之一。保存民族文獻與國家典籍，正是世界各國國家圖書館共同遵循的目標與任務。

　　依據顧力仁、阮靜玲（2010）〈國家圖書館古籍蒐購與鄭振鐸〉一文說明，記錄抗戰期間在淪陷區搶購古籍的檔案及部份書信，目前是保存在國家圖書館。三十年來這些一手史料已經陸續被各方利用，並發表不少介紹文章。大陸方面將鄭振鐸寫給張壽鏞的 270 封信函予以出版，書名是《搶救祖國文獻的珍貴記錄：鄭振鐸先生書信集》。[13] 其實，抗戰當時除上海有積極工作的同志會人士外，香港也有同樣默默奉獻一己心力的有識之士。例如香港大學馮平山圖書館主任陳君葆，將「同志會」所蒐集的善本古籍以香港為中轉站或暫存地，即協助進行珍貴古籍的保管工作。

　　後來香港淪陷，日軍也查封圖書館，陳君葆仍在監視下埋首整理其中藏書。不久，他眼見這些善本古籍運離香港大學，憂心如焚。戰爭結束時，他立刻展開追查，在得知外國友人將隨遠東委員會到日本審查戰爭罪行後，便託請代為留意該批書籍下落。終於皇天不負有心人，外國友人來信，帶給他於東京帝國圖書館發現該批善本書的好消息，於是他隨即寫信給當時的教育部次長杭立武，請加速追尋失書。結果，書總算

---

[12] 鄭振鐸（1941）。文獻保存同志會第三號工作報告書。

[13] 劉哲民、陳政文編（1992）。搶救祖國文獻的珍貴記錄：鄭振鐸先生書信集。1 版。上海：學林出版社。；同註 8。

找回來了。[14] 可知，無論海峽兩岸及香港都重視，及參與抗戰時期一起搶救珍貴古籍的歷史事件。直到民國 30 年 12 月，太平洋戰事爆發，上海局面日益動盪，蒐購古書行動不得不停止。雖然只有短短差不多兩年時間，卻適時購得善本 48,000 多冊，可稱豐碩。

　　總之，抗戰期間在淪陷區蒐購古籍絕非一地一人可以成事，有此豐碩成果端賴眾志卒能成城。影響蒐購有成的因素很多，包括經費籌措適切、購書目標正確、版本審訂精詳、策略運用得宜、團隊合作成功，這些因素是我們從過去的歷史以及先進的風範中應該學習的。[15] 此次搶救古籍是一件對後世具有影響力，也在我國文化史發展與該館館史發展上具有意義的歷史事件，值得後人珍惜。

　　民國 34（1945）年抗戰勝利還都南京。依據黃克武（2000）在《蔣復璁口述回憶錄》一書說明，民國 34 年 8 月抗戰勝利，該館將重慶分館館舍設備及部分中文書籍移交給國立羅斯福圖書館籌備處（現重慶圖書館）。遷回南京後，教育部派蔣復璁為京滬區特派員，專門接收淪陷區教育相關事宜接收與分配工作。蔣復璁採取中央與地方分權處理方式，節省大量作業時間，接收與分配工作僅三個月就順利結束。[16] 同年 9 月 28 日籌備處接收南京成賢街舊有館舍，開展新業務。民國 35 年 8 月 19 日該館前「文獻保存同志會」搶購為日本劫奪的善本古籍歸還，計有 35,000 冊；該年接收敵偽文化機關圖書及陳群的《澤存文庫》。[17]

　　依據張圍東（2014）在〈國家圖書館古籍文獻保存、整理與利用〉一文說明，陳群（1890-1945）為汪偽組織內政部長，他在上海、南京兩

---

[14] 陳君葆（1999）。陳君葆日記。香港：商務印書館。

[15] 同註 8，頁 131。

[16] 黃克武（2000）。蔣復璁口述回憶錄。臺北市：中央研究院近代史研究所。頁 43-44，47，55-57。；國家圖書館七十年大事圖輯編輯委員會編輯（2003）。國家圖書館七十年大事圖輯。臺北市：國家圖書館。頁 6-8、12-13。

[17] 同前註。

126

探索精品館藏：國家圖書館特色館藏的歷史發展
Exploring the Fine Collection:
The Historical Development of Special Collections in National Central Library of R.O.C. (Taiwan)

地各建造書庫，蘇州亦有一些藏書。大部分藏書是戰時私人與公家機構來不及疏運，由各地方偽組織接收後轉送內政部，他一概照收。所接收藏書中，如趙烈文於清咸豐八年（1858）至光緒十五年（1889）《能靜居日記》手稿、宋乾道淳熙間建安王朋甫刊本《尚書》等，都相當珍貴。又如清楊德亨《尚志居集》，具備了著者第一、二、三次刪改底稿本及清光緒九年原刊校樣本，可視為一書從撰稿到出版的最完整呈現，亦屬難得。[18]

復員後對古籍的蒐集更形積極，迅速展開業務與持續累積館藏量。該（民國 35）年 6 月 24 日南京總館閱覽室正式開放，設有普通閱覽室、參考室、期刊室、日報處及出納處。[19] 新闢中區及北城閱覽室，並設出版品國際交換處於南京，分設辦事處於上海。[20] 至民國 37 年冬該館擁有中外書刊 852,745 冊，其中普通圖書 602,942 冊，善本書 153,414 冊，西文圖書 21,867 冊，日文圖書 74,164 冊，金石拓本 358 冊，7,568 幅。[21]

民國 37 年秋季，國共內戰爆發徐蚌會戰後，首都南京感受威脅，該館奉令精選珍藏文物裝箱運臺。由徐鴻寶選定文物，共分三梯次運臺，民國 37 年 12 月 26 日、民國 38 年 1 月 9 日、民國 38 年 2 月 22 日，共計 644 箱。[22] 蔣復璁在《國立中央圖書館的意義與回顧——在朱家驊先生八六誕辰紀念會講演》說明：「故宮博物院、中央博物院籌備處、中央研究院史語所、國立中央圖書館等單位，一起將文物運臺，共計 3,824

---

18 張圍東（2014）。國家圖書館古籍文獻保存、整理與利用。全國新書資訊月刊，103，4、7-8。

19 國家圖書館七十年大事圖輯編輯委員會編輯（2003）。國家圖書館七十年大事圖輯。臺北市：國家圖書館。頁 7。

20 鄭肇陞（1983）。國立中央圖書館五十年。國立中央圖書館館刊，新 16（1），16。

21 許廷長（1995）。民國時期的中央圖書館。中國典籍與文化，1995（3），45。

22 蔣復璁（1978）。國立中央圖書館的意義與回顧-在朱家驊先生八六誕辰紀念會講演。大陸雜誌，56（6），1。

箱」，總共有四個單位的文獻與古物一起裝箱與運臺保存。「此次運臺雖未能如數運出，但善本已全部運出，計有十二萬一千三百餘冊，金石拓片也有 5,600 種，其他尚有甲骨殘片、銅陶瓷器、漢簡、寫本經卷、報紙雜誌等。重要珍藏都已來臺，所缺者為一般圖書及期刊」。[23] 可知，從抗戰淪陷區搶救的珍貴的善本古籍，面臨新戰爭來臨的歷史時刻，該館是細心規劃搬運與維護古籍安全。

安全運臺的善本圖書文物先存臺中糖廠倉庫，民國 38 年 10 月政府成立「國立中央博物圖書院館聯合管理處」，該館縮減為該處的中央圖書館組，民國 39 年 4 月再移藏臺中縣霧峰鄉北溝庫房，該館之重要館藏存放於臺中縣霧峰庫房。[24]

總結上述，國立中央圖書館在抗戰時期的十年當中經歷六個歷史發展重要事件，透過歷史事件的互相接續運作與相互激盪，逐步完成國家圖書館的歷史任務與功能。國家圖書館特色館藏的徵集，也同時在各項歷史重要事件發展中推動而逐步有成果。該期的六個重要事件，包含 1.民國 26 年中日戰爭起籌備處自南京遷徙至重慶；2.民國 29 年 8 月 1 日正式成立國立中央圖書館，蔣復璁就任首任館長；3.民國 30 年 1 月重慶分館館舍落成，被稱為「戰時文化之都」；4.民國 29 年初至 30 年底抗戰時期淪陷區搶救珍貴古籍；5.民國 34 年抗戰勝利還都南京；6.民國 38 年山河變色遷臺並精選珍藏文物運臺。所以，該期以抗日戰爭的政治事件為歷史背景，及六個重要事件的歷史發展進行各種國家圖書館特色館藏業務之開展，呈現不同時間與空間的歷史發展脈絡。

---

[23] 同註 20，15。

[24] 國家圖書館特藏組（2010）。國家圖書館七十七年大事記。臺北市：國家圖書館，頁 2。

128

探索精品館藏：國家圖書館特色館藏的歷史發展
Exploring the Fine Collection:
The Historical Development of Special Collections in National Central Library of R.O.C. (Taiwan)

二、組織結構

　　該期公布二次組織法，第一次組織法是正式成立國立中央圖書館的的組織條例；第二次組織法公布，是一個修訂性質。自籌備處成立以來的，該期的第一次組織法是「國立中央圖書館組織條例」於民國 29 年 10 月 16 日國民政府公布。立法背景是民國 29 年 7 月結束籌備事宜，8 月 1 日正式成立「國立中央圖書館」，蔣復璁就任首任館長，積極進行組織相關工作，共十三條文。[25] 依該條列規定，中央圖書館隸屬於教育部，掌理關於圖書的蒐集、編藏、考訂、展覽及全國圖書館事業的輔導事宜；設館長一人綜理館務，下設總務、採訪、編目、閱覽、特藏五組，各設主任一人。中央圖書館兼辦教育部出版品國際交換事宜；並得設圖書館事業輔導委員會，以研討及實施全國圖書館事業輔導事宜。得聘請中外圖書館及目錄學專家為顧問（無給職）。並視地方需要，得設分館。[26] 此次組織圖請見圖 5.3 國立中央圖書館組織結構圖（1940）

---

[25] 同註 19，頁 6-8、12-13。

[26] 總統府公報（1940）。制訂「國立中央圖書館組織條例」。總統府公報，302，1-2、4。

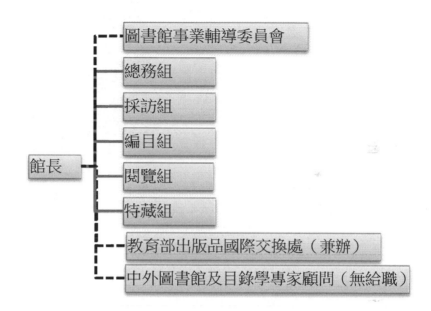

圖 5.3：國立中央圖書館組織結構圖(1940)

資料來源：作者整理，依據「國立中央圖書館組織條例」1940。

　　該法為中央圖書館結束籌備期，1940 年成立後第一次的組織法。其組織結構是一階層式的官僚組織型態，是採取功能部門化之組織結構，為一水平式的分工方式與職位分類。在正式組織五個部門（總務、採訪、編目、閱覽、特藏）之外；又加入非正式組織運用人力的方式，一個專家顧問（中外圖書館及目錄學專家顧問：無給職）之外部人力資源，將接辦「教育部出版品國際交換處」改為兼辦，為一任務編組之性質。透過這些有機的非正式的組織結構之編制組織結構的運用外部人力方式，讓整體組織目標之任務分工更容易協調、整合。也配合達成國家圖書館功能與目標，首次將負責輔導圖書館事業之業務「圖書館事業輔導委員會」列入其組織結構。因此，1940 年國立中央圖書館成立，並在第一次組織法正式設立「特藏組」為特色館藏發展之業務部門，負責收集民族文獻與國家典籍文物之功能，直接持續推動特色館藏業務發展。

130

探索精品館藏：國家圖書館特色館藏的歷史發展
Exploring the Fine Collection:
The Historical Development of Special Collections in National Central Library of R.O.C. (Taiwan)

　　自籌備處成立以來的第三次組織法，也是該期的第二次組織法，是修正「國立中央圖書館組織條例」，為一小修正性質。此次立法背景是於民國 34 年 8 月 15 日日本無條件投降後，同年 10 月 27 日國民政府公佈該法，共十四條文。此次只是修正性質，其立法目的、立法背景與內容改變不大。還是設立五組：總務組、採訪組、編目組、閱覽組、及特藏組。重要的是增加第九條：國立中央圖書館設「出版品國際交換處」辦理出版品國際交換事宜，其辦法由教育部擬訂，呈請行政院核定之。即將「出版品國際交換處」直隸於國立中央圖書館，與世界各國進行的出版品交換作業，正式納入工作執掌。[27]

　　此次組織法有二大改變：1.將「出版品國際交換處」直隸於國立中央圖書館，成為一個正式運作部門，顯示教育部很重視這項國家圖書館功能；2.依據國家圖書館之功能需求，將「圖書館事業輔導委員會」改為「圖書館事業研究委員會」。請見圖 5.4 國立中央圖書館組織結構圖（1945）。

---

[27] 同註 19，頁 17。

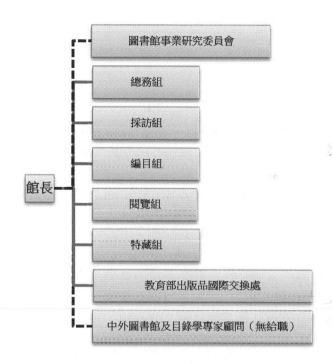

圖 5.4：國立中央圖書館組織結構圖(1945)

資料米源：作者整理，依據「國立中央圖書館組織條例」1945。

　　人事部分，民國 34 年 10 月 27 日國民政府修正公布「國立中央圖書館組織條例」（共十四條），出版品國際交換處直隸於該館。當時「有職員 112 人（包括交換處），工友 21 人」。民國 36 年 12 月考試院行政院聯合公布「國立中央圖書館聘任人員遴聘規則」（共九條），為該館擁有高素質的館員提供了制度保障。[28]

　　館舍部分，民國 30 年在重慶兩浮支路（今長江路）興建國立中央圖書館重慶分館，為中英庚款董事會補助，日夜開放服務。該樓前三層為

---

[28] 南京圖書館志編寫組編（1996）。南京圖書館志（1907-1995）。南京：南京出版社。頁 10-11。

132

探索精品館藏：國家圖書館特色館藏的歷史發展
Exploring the Fine Collection:
The Historical Development of Special Collections in National Central Library of R.O.C. (Taiwan)

閱覽辦公樓，後五層為書庫，以 17 萬元經費完工。當時稱為宏偉建築，
相當合乎現代圖書館的規模，可說是抗戰時期在重慶戰時首都最像樣的
一棟建築。[29]

三、特色館藏相關發展

　　該期以上海秘密蒐購古書行動為最大數量的特色館藏歷史發展，作
業時間約二年，自民國 29 年初開始至 30 年底。因民國 30 年 12 月太平
洋戰事爆發，上海局面日益動盪，蒐購古書行動不得不停止。雖然只有
短短兩年時間，卻適時購得善本古籍 4,864 部，48,000 多冊；普通線裝
書 11,000 多部，可稱豐碩。善本古籍內容包含「江南各大藏書家如吳興
張氏適園、劉氏嘉業堂、江寧鄧氏群碧樓、嘉興沈氏海日樓、廬江劉氏
遠碧樓及順德鄧氏風雨樓、李氏泰華樓等舊藏珍籍，都被購得；其他久
負盛名如常熟瞿氏鐵琴銅劍樓、吳縣潘氏滂嘉齋、聊城楊氏海源閣等所
散出圖書，亦網羅不少」。[30]「文獻保存同志會」所購善本古籍差不多
是國立北平圖書館之數量，「所不及者，惟宋元本及明代方志部分耳。其
他經、子部分，大足並美，史（除方志外）、集二部，尤有過之，無不及」，
量與質同樣驚人，成績可觀。[31] 惜因戰事，被日本掠奪。另購番禺商氏
所藏金文全形拓片 699 幅。所拓器物時代，包括商周至秦漢，可分為食

[29] 同註 16，頁 57。

[30] 蘇　精、周　密（1979）。國立中央圖書館大事記：自民國 22-29 年。國立中央圖書館館
刊，新 12（2），67。

[31] 國立中央圖書館編（1983）。館史史料選輯。國立中央圖書館館刊，新 16（1），88。1941
年 3 月 19 日上海文獻保存同志會致蔣復璁函。

器、酒器、樂器、尋常用器等類。[32]

　　如今，國立中央圖書館收藏上萬部善本古書，其中有超過三分之一是由「文獻保存同志會」蒐購的。而由「文獻保存同志會」蒐購的善本古書資源，是該館今日重要特色館藏之一。至今，善本古書能夠完好保存與開放中外使用，是該館馳名國際的館藏特色。總之，抗戰期間同志會在淪陷區冒險搶購古籍，不僅是古今藏書聚散的佳話，也是國家保存文獻的具體作為，同時更實現了與役諸君當時的期待「為子孫百世留些讀書餘地。」此次蒐購成果分析歸納為四大特色，分別是：明代史料、四庫相關著述、宋元版刻、鈔校本及稿本。[33]

　　民國 34 年抗日戰爭勝利後，自重慶遷回南京，復員後對古籍的蒐集更形積極，迅速進展各相關業務。依據黃克武（2000）的《蔣復璁口述歷史》一書，說明：「中央圖書館復員後亦在南京陸續收購其他善本，如中央圖書館鎮庫之寶南京書棚本《江湖群賢小集》、元代朱墨印本《金剛經》、以及若干敦煌卷子、陳莆齋的全形金石拓本等都是這一時期購獲，並且以一部三朝本經書向國立蘭州圖書館交換到三十枚居延漢簡」。[34]

　　該期購書經費不寬裕，國立中央圖書館以有限預算三百二十萬元完成計畫的。經費來源是一百二十萬元蓋南京新館舍的未動預算之保留款，再加上教育部援助二百萬元，總計三百二十萬元進行收購善本古書之工作。[35]

　　法規部分：該期尚無特色館藏發展相關法規。但是，與國家圖書館發展相關法規，有三條。依據黃克武（2000）在《蔣復璁口述歷史》一

---

[32] 蘇瑩輝（1964）。論國立中央圖書館所藏金文全形拓片的價值。中國圖書館學會會報，16，9。

[33] 同註 8，130。

[34] 同註 16，頁 60。

[35] 同註 16，頁 58。

134

探索精品館藏：國家圖書館特色館藏的歷史發展
Exploring the Fine Collection:
The Historical Development of Special Collections in National Central Library of R.O.C. (Taiwan)

書說明，包含民國 28 年頒佈的 1.「修正圖書館規程」；2.「圖書館工作
大綱」；3.民國 29 年、及 34 年小幅修正的「國立中央圖書館組織條例」。
首任館長蔣復璁說明這些法規陸續頒佈的意義:「這些法令的訂定不但使
中國圖書館事業發展的傳統精神具體化，有其發展之路向；並且明確規
定圖書館在國家政制中的地位，也使各級圖書館互相之間縱的隸屬關
係，橫的輔導關係清楚起來」。[36] 所以，透過法規的制訂與頒佈，推動
圖書館事業發展朝向法治化與制度化進步，是很重要的行政程序。

　　總之，抗戰時期特色館藏資源之相關歷史發展，包含 1.無重要業務
與計畫；2.特色館藏之預算是 320 萬元；特色館藏之來源與徵集是上海
古籍蒐購行動；3.特色館藏之內容特色與數量：以江南各大藏書家之善
本古籍為主。善本古籍 4,864 部，48,000 冊；普通線裝書 11,000 多部；
番禺商氏所藏金文全形拓片 699 幅；4.無制訂特色館藏相關法規。

四、出版品

　　該期歷史背景處於抗日戰爭頻仍、顛沛流離的磨難環境。在此物力
維艱環境下，中央圖書館除展開圖書館基本業務外，也不畏艱辛困苦，
勤於有關圖書館學術之研究、著述和編纂等工作，欲期藉此以普及圖書
館專業知能，發揚圖書館學術研究。總計在大陸 16 年期間，正式出版者
圖書凡 17 種，期刊凡 7 種。在二十餘種文獻中，有數種文獻甚具有時代
價值及時代特色，細數之主要有《四庫珍本初集》、《玄覽堂叢書》、《抗
戰以來圖書選目》、《重慶各圖書館所藏西南問題聯合目錄》、《國立中央
圖書館中文圖書編目規則》、《國立中央圖書館籌備處木印部出版目錄》

---

[36] 同註 19，頁 59。

等圖書，以及《書林季刊》、《國立中央圖書館館刊》、《學觚》、《圖書月刊》等期刊。[37] 其中是《四庫珍本初集》、《玄覽堂叢書》等重典要籍的編纂，其動機未嘗不是與「因戰亂而思及保存民族文化」的問題有關。這兩份圖書是屬於古籍特藏文獻類型之出版品。

　　為因應時代戰爭生活之需求，出版品包含民國 26 年 8 月 3 日所擬定「非常時期內本處服務計畫書綱要」，以因應時局服務國民，並宣傳軍民戰時所需知識，10 月 8 日編印《戰時國民知識書目》第 1 期，至民國 28 年 8 月 17 日停刊，共出 27 期。主要內容為軍事相關知識及其問題，每期以一問題為主題的簡目，目的是協助傳播抗日戰爭時期，國民生存與防衛所需相關知識。[38]

　　此外，香港購得書籍約 341 種，包括順德李文田收藏元明版書、莫氏五十萬卷樓、黃氏碧琅玕館、徐氏南州書樓藏本及其珍善本、敦煌經卷 27 種。[39] 該期的特色館藏相關出版品是民國 30 年 6 月在上海蒐購古籍時，為防止本批辛苦蒐購的圖書在戰亂遭離散遺佚，乃擇 33 種孤本，予攝成影印，由商務印書館出版《玄覽堂叢書》（民國 36 年 5 月出版續集，收書 21 種附 4 種）。因該期是抗戰初起，籌備處西遷重慶，積極從事淪陷區善本書之搜購。唯於淪陷區不便出面蒐求，時徐森玉先生等，於是商議採擷陸機文賦「佇中區以玄覽，頤情志於典墳」之句意，以「中樞玄覽」名義訪求並購得江南著名藏書家，諸如吳興張氏適園、劉氏嘉業堂、江寧鄧氏群碧樓、番禺沈氏風雨樓等珍本圖書。為防止本批圖書在戰亂遭離散遺佚，遂擇若干孤本攝成照片影印，命名為《玄覽堂叢書》。

---

[37] 陳友民、曾瓊葉（2003）。烽火歲月中之出版紀錄（民國 22 年至 38 年）。國家圖書館館訊，2003（1），22。

[38] 同註 30，66-67。

[39] 盧錦堂（2003）。抗戰時期香港暨馮平山圖書館參與搶救淪陷區善本古籍。國家圖書館館刊，2003（2），127-129。

136

探索精品館藏：國家圖書館特色館藏的歷史發展
Exploring the Fine Collection:
The Historical Development of Special Collections in National Central Library of R.O.C. (Taiwan)

本叢書前後印行共三集，初集首冠玄覽居士徐森玉先生序，序題「庚辰夏」，木記題「庚辰夏六月印行」，庚辰為民國 29 年，提前一年者，主因是為了避日方耳目。續集及三集，係抗戰勝利後編印出版者，其中三集選印工作尚未竣事，而赤燄南侵，印事遂告中輟。[40]

　　民國 34 年抗戰勝利復員南京後，開始積極編輯各種學術刊物與圖書。《國立中央圖書館館刊》是本時期開辦出版的重要代表機構的期刊出版品，依據《蔣復璁口述回憶錄》說明該期刊出版的狀況：「在其他館務方面，勝利後，我亦開辦《國立中央圖書館館刊》，請了兩人主編，一位是顧延龍（生於 1903），辦中文館刊，一位是錢鍾書（1910-1998）辦理英文館刊。錢氏中英文俱佳⋯。這兩份刊物在今中央圖書館（國家圖書館）還有收藏」。[41]

　　總之，1940 年至 1941 年抗戰期間，在首任館長蔣復璁先生及「文獻保存同志會」諸位有識先賢的努力下，在上海淪陷區內秘密搜購江南藏家累世珍籍，實為該館最富意義的搜求古籍盛事，也是特色館藏發展的一件大事。而當時考量為免辛苦所購古籍在戰亂轉運中遭破壞而散佚，遂擇較具史料價值者影印出版，由鄭振鐸先生等初擬選印《晚明史料叢書》，最後擬定「善本叢書目錄」，並取陸機文賦：「佇中區以玄覽」句意，名為《玄覽堂叢書》。[42] 1941 年出版初集計收書 33 種（附 1 種）120 冊，包括明刊本 26 種、清刊本 1 種、明清舊鈔本 6 種。1947 年出版《玄覽堂叢書》續集，計收書 21 種（附 4 種）120 冊。1948 年由大陸再出版三集，僅收 12 種，實係未完成的本子。

　　後來，1981 及 1985 年正中書局在臺北重印初集（24 冊）、續集（26

---

[40] 同註 37。

[41] 同註 16，頁 61。

[42] 國立中央圖書館編（1983）。館史史料選輯。國立中央圖書館館刊，新 16（1），76。1941 年 3 月 19 日上海文獻保存同志會致蔣復璁函。

冊），目前皆典藏於國家圖書館書庫。迄今，國家圖書館的特藏文獻組珍
藏 1947 年的續集的二、三、五卷。其他的重要出版是 1947-1948 年間，
編輯《國立中央圖書館善本書目初稿》第一、二輯，此為該館最原始的
善本書目，也是近世善本書目編製範例。[43] 遷臺後，還有屈萬里長期任
職國立中央圖書館時，將該館十幾萬冊善本圖書一一考訂編校而成的善
本書目。其完善、精審的編輯體例，為日後學界編纂中文善本書目的典
範。此期重要特色館藏出版品之一，請見圖 5.5《玄覽堂叢書》續集　國
立中央圖書館影印本 12 冊（1947）：

圖 5.5：《玄覽堂叢書》續集　國立中央圖書館影印本 12 冊(1947)
資料來源：國家圖書館特藏文獻組典藏。

---

[43] 張圍東（2014）。國家圖書館古籍文獻保存、整理與利用。全國新書資訊月刊，103，8。

138

探索精品館藏：國家圖書館特色館藏的歷史發展
Exploring the Fine Collection:
The Historical Development of Special Collections in National Central Library of R.O.C. (Taiwan)

五、服務

　　該期並無特色館藏之相關技術服務。讀者服務部分，因處於抗日戰爭的不安環境，閱覽館舍是以提供一般資源之閱覽室服務為主，無特色館藏之閱覽資源與開闢特藏專室服務。民國 27 年 2 月 12 日抵達重慶後，陸續展開各項工作，乃於 5 月 1 日成立參考閱覽室，並特設抗戰文庫，公開閱覽。9 月 4 日分設出版品國際交換處昆明辦事處。[44]

　　民國 28 年 3 月 1 日因重慶頻遭日機侵襲，籌備處再度奉令疏散至市郊各鄉鎮，參考閱覽室本日起結束。籌備處疏散至白沙鎮上松林辦公，交換處仍留駐於重慶。8 月 17 日籌備處與四川平民教育促進會在白沙鎮合作成立白沙民眾閱覽室（內附兒童閱覽室）啟用。12 月 14 日又於上松林設立西文參考閱覽室。[45] 總之，籌備處自南京遷至重慶後方及至復員南京後，每到一地都積極覓屋辦公與展開工作；也立即設法開闢新的閱覽室，提供對外開放的閱讀空間，直接服務讀者與親近讀者的知識需求，不曾間斷。民國 31 年 12 月 25 日白沙民眾閱覽室舉行圖書展覽會，展出中外圖書、抄本、地圖、拓片等，展期一週。同年 12 月 27 日「同盟國抗戰漫畫展覽會」，共展出中外漫畫 370 餘件，展出 4 天。隔（民國 32）年 4 月 4 日白沙民眾閱覽室舉行「兒童作品展覽會」、「讀物展覽會」與演講比賽。[46]

---

[44] 同註 37，67-69。

[45] 同註 37，70-71。

[46] 同註 10，頁 16-17。

六、國際與國內交流合作

　　該期處於戰爭不安的環境，籌備處還是積極進行國際交流業務。民國 27 年 2 月 13 日起籌備處兼辦出版品國際交換處在重慶辦公，時有交換關係 39 國。因華北及東南沿海盡被敵人佔領，交換書件改由海防與仰光進口，乃分設辦事處於昆明。12 月 6 日籌備處與中央宣傳部、教育部、外交部、管理中英庚款董事會、中華圖書館協會及學術團體代表等組成「戰時徵集圖書委員會」，分向國外徵集圖書以補救各大學被敵軍所毀損者。其中有關徵得書籍的提取及收轉事宜，由籌備處的交換處承辦。[47] 至於書籍分配辦法，是由該委員會規定，以分佈在戰時五大學術中心地，即重慶、昆明、貴陽、成都、城固的各專科以上學校為分配書籍的對象。[48] 籌備處編訂《國立各大學各學院書目》，也函送給英美等國以便徵集圖書，並將所徵得的圖書資源，分配給各院校使用。

　　依據汪雁秋（1995）在《國立中央圖書館出版品國際交換處》一文，說明當時狀況：「民國 26 年，抗戰軍興，國都西遷，交換處隨政府遷到重慶繼續進行交換業務。由於戰爭，運輸困難，海外運輸均假海防與仰光入口。為便於轉運，在仰光設辦事處，度過 8 年抗戰艱辛的歲月，也為我國戰時的五大學術中心地（重慶、昆明、貴陽、成都及城固）專科以上學校向各國徵得圖書儀器，充實因戰爭而遭受損失之館藏、設備的聯絡與作業中心。自民國 25 年至 34 年共收交換書刊約 120 餘箱，交換國家有 50 餘國。」民國 34 年政府公布「國立中央圖書館組織條例」，交換處乃正式隸屬於央圖。1958 年聯合國教科文組織(UNESCO)會議通過

---

[47] 同註 38，頁 67-69。

[48] 韋瑞蘭(1967)。國立中央圖書館的出版品國際交換工作。教育與文化，351/352，32。

140

探索精品館藏：國家圖書館特色館藏的歷史發展
Exploring the Fine Collection:
The Historical Development of Special Collections in National Central Library of R.O.C. (Taiwan)

「出版品國際交換公約」，我國為簽約國之一，交換處代表政府履行此項
協定，辦理出版品國際交換事宜。[49]

　　總之，自民國 22 年籌備處成立以來，到民國 34 年修正組織條例出
版品國際交換正式成為中央圖書館的一個單位，該館都一直承辦與發揮
出版品國際交換的任務與功能。從籌備處成立時運用善本圖書之特色與
價值影印《四庫全書珍本》以作為出版品的國際交換，至該期在抗戰後
方也是持續進行交換業務，可知國家圖書館重視善本古籍特色館藏在國
家文化與歷史發展的意義與價值。

　　總結本節特色館藏歷史發展要點，是處於不斷遷徙環境，民國 26
年中日戰爭起籌備處自南京西遷重慶、民國 34 年抗戰勝利還都南京及民
國 38 年遷臺並精選珍藏文物運臺。組織結構已正式成立特藏組，以提供
一般資源之閱覽室服務為主，無特色館藏閱覽專室。重要特色館藏發展
是「文獻保存同志會」上海古籍蒐購計畫，所購得善本古籍質量兼佳，
佔目前館藏量的 1/3 以上。重要特色館藏出版品為《玄覽堂叢書》及《國
立中央圖書館善本書目初稿》是近世善本書目編製範例。無特色館藏之
技術服務發展及閱覽資源專室諮詢服務。籌備處設有兼辦出版品國際交
換處在重慶辦理國際交流業務，該期交換書刊約 120 餘箱，交換國家有
50 餘國。

　　該期特色館藏歷史發展要項，請詳見表 5.1 國家圖書館特色館藏抗
戰西遷至成立及復員時期（1938-1948）歷史發展表。

---

[49] 汪雁秋（1995）。國立中央圖書館出版品國際交換處。在胡述兆編，圖書館學與資訊科學
大辭典。檢自：http://terms.naer.edu.tw/detail/1681269/?index=1597724

表 5.1：國家圖書館特色館藏抗戰西遷至成立及復員時期(1938-1948) 歷史發展表

要項\階段	第二階段：抗戰西遷至成立及復員時期（民國 27-37 年）
一、歷史背景與重要事件	●**歷史背景：**自民國 26-34 年八年處於中日戰爭不斷遷徙環境。 ●**重要事件：**1.民國 26 年中日戰爭起籌備處自南京西遷重慶；2.民國 29 年 8 月 1 日正式成立國立中央圖書館，蔣復璁就任首任館長；3.民國 30 年 1 月重慶分館館舍落成，被稱為「戰時文化之都」；4.民國 29 年初至 30 年底抗戰時期淪陷區搶救珍貴古籍；5.民國 34 年抗戰勝利還都南京；6.民國 38 年遷臺並精選珍藏文物運臺。
二、組織結構	1.組織結構：該期公布二次組織法： (1)「國立中央圖書館組織條例 1940」及 (2)「國立中央圖書館組織條例 1945」，第二次是修正性質。 　　第一次組織法是民國 29 年國民政府公布「國立中央圖書館組織條例」。設館長一人綜理館務，下設總務、採訪、編目、閱覽、特藏五組。兼辦教育部出版品國際交換；設圖書館事業輔導委員會，聘請中外圖書館及目錄學專家為顧問（無給職）。並視地方需要，得設分館。包含（1）設立館長一人，綜理館務；（2）正式組織：五個部門（總務、採訪、編目、閱覽、特藏）；（3）非正式組織：一個委員會（「圖書館事業輔導委員會」，後改為「圖書館事業研究委員會」）；（4）任務編組：1933 奉命接辦國立中央研究院所屬出版品國際交換處業務，後定名為「教育部出版品國際交換處」。1940 為兼辦，1945 修為直隸，是一個正式組織；2.人事：有「有職員 112 人（包括交換處），工友 21 人」；3.預算：無；4.館舍：民國 30 年重慶興建現代圖書館宏偉建築，是抗戰中戰時首都最具規模的一棟；5.該期以提供一般資源之閱覽室服務為主，無特色館藏閱覽專室。
三、特色館藏相關發展	1.抗戰時期特色館藏發展：（1）重要業務與計畫：上海古籍蒐購；（2）預算、來源與徵集：320 萬元，上海古籍蒐購行動；（3）內容特色與數量：以江南各大藏書家之善本古籍為主要內容。4,864 部，48,000 冊；普通線裝書一萬一千多部；（4）另購番禺商氏所藏金文全形拓片 699 幅。所拓器物時代，包括商周至秦漢，可分為食器、酒器、樂器、尋常用器等類；2.該期在上海所蒐購善本古籍質量兼佳，佔目前館藏量的 1/3 以上，由「文獻保存同志會」所蒐購的館藏是具有特色的，也是馳名國際；3.該期的特色館藏相關出版品是：民國 30 年 6 月在上海蒐購古籍時，為防止本批辛苦蒐購的圖書在戰亂遭離散遺佚，乃擇 33 種孤本，予攝成影印，由商務印書館出版《玄覽堂叢書》；4.無特色館藏相關法規發展。

要項\階段	第二階段：抗戰西遷至成立及復員時期（民國 27-37 年）
四、出版品	1.國家圖書館在大陸時期總共 16 年間（民國 22-38 年）正式出版圖書 17 種，期刊 7 種；2.民國 26 年 8 月擬定「非常時期內本處服務計畫書綱要」，以因應時局服務國民，並宣傳軍民戰時所需知識；10 月編印《戰時國民知識書目》第 1 期（至民國 28 年 8 月 17 日停刊，共出 27 期；3.該期的特色館藏相關出版品是民國 30 年 6 月在上海蒐購古籍時，為防止本批辛苦蒐購的圖書在戰亂遭離散遺佚，乃擇 33 種孤本，予攝成影印，由商務印書館出版《玄覽堂叢書》第一輯 120 冊；4.民國 35 年復員後接收敵偽文化機關陳羣藏書的《澤存文庫》；5.民國 35 年復員後開始編輯《國立中央圖書館館刊》；6.民國 36 至 37 年間編輯《國立中央圖書館善本書目初稿》第一、二輯，此是該館最原始的善本書目，也是近世善本書目編製範例。
五、服務	●無特色館藏之技術服務發展。 ●讀者服務：抗戰時期並無特色館藏閱覽資源專室諮詢服務。 1.民國 27 年 2 月 12 日抵達重慶後，陸續展開各項工作，乃於 5 月 1 日成立參考閱覽室。（民國 28 年 3 月 1 日因重慶頻遭日機侵襲，再度奉令疏散至市郊各鄉鎮，參考閱覽室本日起結束）；2.民國 28 年 8 月 17 日成立白沙民眾閱覽室（內附兒童閱覽室）啟用。12 月 14 日又於上松林設立西文參考閱覽室；3.民國 35 年復員後修建南京館舍，以提供一般資源之閱覽服務為主；並無特色館藏之閱覽資源與特藏專室服務。
六、國際交流	1.民國 27 年 2 月 13 日起籌備處的兼辦出版品國際交換處在重慶辦公，時有交換關係 39 國；2.民國 26-34 年度過 8 年抗戰艱辛歲月，戰時五大學術中心地（重慶、昆明、貴陽、成都及城固）專科以上學校為分配書籍對象，也獲得各國徵得的圖書儀器，充實因戰爭而遭受損失之館藏、設備；3.自民國 25 年至 34 年共收交換書刊約 120 餘箱，交換國家有 50 餘國。

資料來源：本研究整理。

第六章

國家圖書館特色館藏歷史發展

遷臺復館時期 1949-1976(民國 38-65 年)

　　本章內容以六項與國家圖書館特色館藏發展相關連的歷史發展要項加以探討,包含第一節說明歷史背景與重要事件;第二節敘述組織結構;第三節整理特色館藏相關發展;第四節說明出版品;第五節敘述服務;第六節整理國際與國內交流合作。分別說明如下:

一、歷史背景與重要事件

　　該期約 27 年,歷史背景是神州變色,1949 年遷臺復館。國立中央圖書館在結束變動危難的戰爭環境後,遷臺復館。該期必須積極重新規劃與開展各項業務,以達成遷臺後國家圖書館之新使命。該期歷史發展中,具有影響力的重要事件說明如下:

144

探索精品館藏：國家圖書館特色館藏的歷史發展
Exploring the Fine Collection:
The Historical Development of Special Collections in National Central Library of R.O.C. (Taiwan)

　　1949 年遷臺後，面臨復館的新挑戰。民國 38-43 年間運臺文物管理。
依據黃克武（2000）在《蔣復璁口述回憶錄》一書說明，民國 37-38 年
間國共內戰爆發，時局混亂，中央圖書館不知將來之去向，與如何應對
動盪的局勢。因為中央圖書館在重慶有房子，有人主張可以直接搬到重
慶。但是蔣復璁以為不妥，最後召開會議，有中央博物院、故宮博物院、
中央圖書館、中央研究院四個機構代表參加，後來大家一致決議搬到臺
灣。三批共運走中央圖書館珍藏近十四萬冊，絕大多數為善本書、精選
中文平裝書、雜誌、公報、西文書刊。[1] 民國 37 年底至 38 年初，該館
奉命精選珍藏圖書文物，分三批共計 644 箱運來臺灣，計有善本古籍
121,300 餘冊，金石拓片也有 5,600 種，成為該館足以引以為傲的館藏。
其中，就有宋本 201 部、金本 5 部、元本 230 部，其它各朝各代版本，
更不在話下。重要圖書文物都已來臺，所缺者為一般圖書及期刊。[2]

　　民國 43-54 年奉教育部令籌備復館、遷入與整建南海館舍。民國 38
年 10 月遷臺後並將運臺文物成立「中央博物圖書院館聯合管理處」，該
館裁縮為中央圖書館組。運臺善本圖書文物自臺中糖廠移存至郊區臺中
縣霧峰鄉北溝庫房保存。[3] 可知，自民國 38 年遷臺到 43 年復館，5 年
間暫停發展其他館務，是由負責運臺文物「中央博物圖書院館聯合管理
處」的中央圖書館組負責管理運臺中央圖書館文物。民國 43 年 8 月 1
日教育部令原館長蔣復璁籌備復館，9 月正式恢復工作，10 月在教育部
內設辦事處正式辦公。

　　籌備復館的作法是民國 44 年 9 月 18 日該館遷入臺北市南海路與之
後陸續修繕與整建館舍，逐步完成一個圖書館所需要的建築功能。因為

---

[1] 黃克武（2000）。蔣復璁口述回憶錄。臺北市：中央研究院近代史研究所。頁 61-62。

[2] 國家圖書館七十年大事圖輯編輯委員會編輯（2003）。國家圖書館七十年大事圖輯。臺北
　市：國家圖書館。頁 24。

[3] 國家圖書館（2017）。本館簡史：本館簡介。檢自：https://www.ncl.edu.tw/content_267.html

南海路植物園原是臺灣省國語推行委員會舊址。[4] 民國 45 年 2 月開放局部閱覽，雖粗具規模，然而問題不少。首要問題，館舍原是日本時代建功神社舊址，而非圖書館的建築設計。先驅逐白蟻，「舊有的房屋既多殘破，亦過狹隘，不能容納日益遞增的圖書，及配合閱覽交換工作的開展所需要的空間需求。[5]

民國 45 年陸續積極從事三件改善任務，以逐漸展開各項業務和功能。第一項館舍重建工作。因經費籌措不易，初則修葺，繼之以添建，更進而予以改造擴充，迄民國 54 年全部擴建完成。原有神社的房屋，已無遺跡可尋。[6] 爰「將一所破舊，不連貫、不調和的建築，修造成一個實用而有園池之勝的圖書館」。[7] 第二項圖書方面，積極開拓整理與購置之機會。「本館運來善本，足見珍藏之富，但普通書刊僅運來兩萬餘冊。本館開放閱覽，對於普通中文書籍的供應，最感困難，閱者不少，書實無多，如加採購，則既不易，價復奇貴，無法購置」。[8] 第三項人員方面，「本館恢復，僅設置員額 15 人，連同『聯合管理處』撥來本館原有員額 5 人，共為 20 人。然而工作之繁，實非此 20 人可作」。[9] 所以，遷臺復館首要三件事，館舍、館藏與人事之改善為工作重點。

民國 55-65 年，十年間經歷更換四任館長（屈萬里、包遵彭、李志鍾、諸家駿），各自持續引領國家圖書館之專業發展。在結束動盪的戰爭後進入安定發展時期，四位館長因應整體環境變動、社會需求與國家圖書館之使命與功能，各自引領圖書館持續前進，各有不同面向之專業發

[4] 黃淵泉（1994）。中國國際圖書館六十年簡史。國立中央圖書館館訊，16（3）15-19。

[5] 蔣復璁（1956）。國立中央圖書館當前的問題。教育與文化。12（7），2。

[6] 昌彼得（1967）。國立中央圖書館簡史。教育與文化。351/352，6。

[7] 同註 5，頁 3。

[8] 同註 5，頁 2。

[9] 同註 5，頁 3-4。

146

探索精品館藏：國家圖書館特色館藏的歷史發展
Exploring the Fine Collection:
The Historical Development of Special Collections in National Central Library of R.O.C. (Taiwan)

展。民國 54 年 9 月 21 日蔣復璁被任命為故宮博物院院長，教育部於民國 55 年 9 月 21 日派屈萬里繼任第二任館長，本日進行交接典禮。[10] 第二任館長屈萬里時期（民國 55 年 9 月 21 日-民國 57 年 3 月）從事重要建設，說明如下：本時期面臨的困難，「最重要的是購書費不足、書庫不敷及編制的員額太少」。[11] 衡量當時的財力和人力，本時期努力以赴以下三個工作重點：第一是確定館藏發展重點，「大量補充人文科學和社會科學圖書」，「以既有的十四萬多冊善本圖書為基礎，再增購人文科學和社會科學的圖書，期使本館成為全世界研究漢學的中心」。[12]

依據劉兆祐（1983）在〈屈翼鵬先生與國立中央圖書館〉一文的補充說明，當時臺灣學術圖書館館藏發展狀況與背景，因為當時有分析指出，國內高等教育的資源與環境背景是普遍共同面臨經費不足的狀況。所以，國內的學術圖書館必須分散建立不同的館藏特色與館藏發展重點、互相補足。「以本館短絀的經費，要收藏各學科的圖書，誠非易事。鑒於科技方面的圖書，大學多數已有豐富的書刊，該館沒有必要再重複購置，即便購買了，也難以超越國內著名的大學。」。[13] 其次，在「善本書的閱覽和傳佈方面」，邀集國內各大圖書館合作，從事「臺灣地區公藏中文人文社會科學聯合目錄」的編輯工作，包括中文善本書聯合目錄、中文人文社會科學官書聯合目錄、中文人文社會科學期刊聯合目錄、中文普通本線裝書聯合目錄及中華民國出版圖書目錄彙編續輯，以利中外學人查閱。[14] 第三是民國 56 年 5 月《國立中央圖書館館刊》正式在臺

---

[10] 同註 2，頁 33。

[11] 劉兆祐（1983）。屈翼鵬先生與國立中央圖書館。國立中央圖書館館刊，新 16（1），38。

[12] 屈萬里（1967）。國立中央圖書館計劃中的幾件工作。教育與文化，351-352，1-3。

[13] 同註 11，頁 38-39。

[14] 屈萬里（1968）。國立中央圖書館主辦的臺灣公藏中文人文社會科學聯合目錄編輯工作。中國一周，930，3-4。

復刊。民國 56 年 12 月興建木柵區防空疏散倉庫竣工。

　　第三任館長包遵彭時期（民國 57 年 3 月 2 日-民國 59 年 2 月 20 日病逝），任期約 2 年。任內三個工作重點：積極充實館藏，倡導館際合作，全力編纂參考工具書。民國 57 年 12 月 7 日及民國 58 年 12 月 30 日「中華民國公共圖書館館際圖書互借合作辦法」、「中華民國大學圖書館館際圖書互借合作辦法」先後在該館簽約完成。有關「中華民國公共圖書館館際圖書互借合作辦法」有五個圖書館簽約包含，該館、臺灣省立臺北圖書館、臺灣省立臺中圖書館、及臺北市立圖書館。此外，「中華民國大學圖書館館際圖書互借合作辦法」參加簽約儀式的有中央、交通、清華、政治、臺灣師範、中興、成功、東海、東吳、輔仁等大學暨中國文化學院、淡江文理學院等。廣蒐各國目錄索引，民國 58 年元月成立「國家目錄中心」。民國 61 年 7 月 8 日成立「遵彭室」。[15]

　　第四任館長李志鍾時期（民國 59 年 8 月 15 日-民國 61 年 8 月 11 日辭職），任期約 2 年。從事重要建設，說明如下：1.民國 59 年 8 月 15 日李志鍾到任接事，為便利讀者閱覽，先後成立日韓文室、法律室、參考服務部門；2.民國 60 年 5 月 1 日開始編製「國家聯合目錄」，邀集 14 所重要圖書館包含大專院校圖書館與公共圖書館，由各館將新編中文目錄片乙張，彙寄該館排列，供眾使用，該館於聯合目錄上加註藏書處所（至民國 82 年 12 月底停辦）；3.民國 60 年 9 月 1 日與出版社聯絡，推行「新書附印編目片」（至民國 79 年 2 月停止），在新出版的書中刊印，以減少各館編目上的困難；4.民國 61 年 1 月《中華民國政府公報索引》月刊創刊，以利法律法規查檢；5.民國 60 年 10 月 4 日該館設「圖書館學研究班」，歷時九個月，民國 61 年 7 月結業；6.民國 61 年 7 月 15 日配合國際圖書年，舉辦「第一次全國圖書館業務會議」，為期兩天，有一百餘名

---

[15] 同註 2，頁 34、38。

148

探索精品館藏：國家圖書館特色館藏的歷史發展

Exploring the Fine Collection:
The Historical Development of Special Collections in National Central Library of R.O.C. (Taiwan)

各館代表參加。[16]

　　第五任館長諸家駿時期（民國 62 年 4 月 6 日-民國 66 年 3 月），任期約 4 年。從事各項重要建設，說明如下：1.民國 62 年為促進學術研究與發展，加強外文書刊蒐集之時效，該館擬定「國立大學聯合採訪外文書刊實施計畫要點」，以協助與溝通國內之國立大學外文書刊採購事宜；2.民國 62 年 7 月 16 日開始全面攝製館藏善本微縮膠捲五年計畫；3.民國 62 年 10 月 22 日將臺灣省立臺北圖書館改制為國立中央圖書館臺灣分館，隸屬於國立中央圖書館；4.民國 63 年為加強國際聯繫與淡江文理學院合辦「第一次亞洲圖書館合作會議」為期四天；5.同（民國 63）交換處成立年「國外圖書代購中心」，以加強國內外文化聯繫；6.同（民國 63）年舉辦「民國六十三年學術論著展覽」，嚴家淦副總統親臨主持，隔（民國 64）年「民國六十四年學術論著展覽」，嚴家淦副總統亦蒞館巡視與參觀；7.民國 64 年收美國國會圖書館所拍攝國立北平圖書館善本微捲 255 捲；8.民國 65 年行政院新聞局舉行「研討有關與外國交換出版物事宜會議」，決定各政府機關寄往國外圖書館之刊物，統由該館辦理；9.同（民國 65）年為擬訂「公共圖書館標準」做參考，特地訪問臺灣地區各級公共圖書館經營現況與召開各地區公共圖書館館長會議。[17]

　　總結上述，該期歷史背景是神州變色，1949 年遷臺復館，重要事件，包含民國 38-43 年間運臺文物管理、民國 43-54 年奉部令籌備復館、遷入與整建南海館舍及民國 55-65 年，十年間經歷更換四任館長（屈萬里、包遵彭、李志鍾、諸家駿）各自持續引領國家圖書館之專業發展。所以，透過這些歷史重要事件互相接續運作、相互激盪，逐步推展國家圖書館業務與完成國家圖書館任務與功能。國家圖書館特色館藏發展管理、服務與各項計畫，在歷史發展中同步推動而逐步有更豐碩成果。

---

[16] 同註 2，頁 36、38。

[17] 同註 2，頁 40、42。

二、組織結構

　　該期持續運用 1945 年國民政府公佈「國立中央圖書館組織條例」共十四條文，仍循舊制，在組織結構上分設採訪、編目、閱覽、特藏、總務五組及出版品國際交換處。

　　人事部分，民國 34 年 10 月 27 日國民政府修正公布「國立中央圖書館組織條例」，將出版品國際交換處直隸於該館。當時「有職員 112 人（包括交換處），工友 21 人」。民國 36 年 12 月考試院行政院聯合公布「國立中央圖書館聘任人員遴聘規則」（共九條），為該館擁有高素質的館員提供了制度上的保障。[18] 館舍部分，民國 43 年在南海路復館，之後的十年也陸續擴建館舍。本期之館舍，請見圖 6.1 遷臺復館時期中央圖書館南海路館舍（1955）：

---

[18] 南京圖書館志編寫組編（1996）。南京圖書館志（1907-1995）。南京：南京出版社。頁 10-11。

150

探索精品館藏：國家圖書館特色館藏的歷史發展
Exploring the Fine Collection:
The Historical Development of Special Collections in National Central Library of R.O.C. (Taiwan)

圖 6.1：遷臺復館時期中央圖書館南海路館舍(1955)

資料來源：國家圖書館（2018）。本館簡史。
　　　　　檢自：https://www.ncl.edu.tw/content_267.html

三、特色館藏相關發展

　　該期在安定中逐步前進，特色館藏相關發展是：1.民國 38 年 10 月善本書初運來臺存於臺中郊區書庫；2.民國 39 年 4 月將運臺善本圖書文物自臺中糖廠移存臺中縣霧峰鄉北溝庫房；3.民國 45 年 12 月該館善本圖書總目裝箱號編竣；4.民國 50 年善本圖書改用櫥式放置（原用箱放置），計改製 477 箱；5.民國 54 年 11 月 23 日國立北平圖書館寄存美國國會圖書館善本書 102 箱（20,738 冊）運返該館代為保存；6.民國 55 年 3 月 10 日存放臺中縣霧峰鄉北溝庫房之該館善本圖書，於本月悉數運回臺北該館展開進一步的管理與維護計畫；7.民國 56 年 7 月 1 日成立「縮

影室」以便利未來善本書製做微捲之用；8.民國 57 年 1 月 26 日代管之前國立北平圖書館善本圖書 102 箱（20,738 冊），移運至國立故宮博物院寄存；9.民國 61 年花費五個月進行該館館藏善本之清點作業；10.民國 62 年 7 月編列五年計畫，開始進行攝製館藏善本微縮影膠捲。[19]

依據汪雁秋（2000）在〈亦師亦友亦鄉親——憶唐德剛先生〉一文說明：「1973 年教育部將中央圖書館攝製善本書計畫列為年度重要工作之一，經歷屈萬里、包遵彭、李志鐘、諸家駿、王振鵠諸位館長之督導下，於王館長任內完成自南京運來的（1949）十二萬冊善本圖書全部拍攝完成。讀者借閱以縮影片為主，而不出借原書以利保存」。[20] 此次善本微縮五年計畫是具有時代意義的，利用當時最新的微縮技術，從無到有，順利完成善本古籍微縮膠捲計畫。無論是便利服務讀者，或特色館藏文獻之保存與維護，都具有實質與長久幫助。時至今日，微縮技術的耐用性與穩定性仍然在守護圖書館的特色館藏善本古籍典藏、保存與利用及嘉惠使用者便利。

民國 30 年抗戰期間國立北平圖書館將所藏善本書 102 箱運美，洽存在美國國會圖書館，以免戰火損傷及日軍掠奪。之後，國立中央圖書館在臺復館後，民國 54 年 11 月 23 日國立北平圖書館寄存美國國會圖書館善本書 102 箱（20,738 冊）運返由該館代為保存；又於民國 57 年移運國立北平圖書館善本圖書 102 箱（20,738 冊）至國立故宮博物院寄存。民國 75 年中央圖書館新館成立後，擁有標準合格的現代化保存空間有意索回，故宮卻行文行政院，要求永久保管獲准。因為善本書是國家財產，如何安全供學術界使用才是主要問題，假如只是爭所有權，甚難令學術界與公眾心服，經營文化事業要有大公無私的精神，才能以適當的方式服務社會大眾。民國 78 年 7 月 4 日，中央圖書館為了履行典藏維護善本

---

[19] 同註 2，頁 24、26、32、34、38。

[20] 汪雁秋（2000）。亦師亦友亦鄉親-憶唐德剛先生。傳記文學，96（2），92。

152

探索精品館藏：國家圖書館特色館藏的歷史發展
Exploring the Fine Collection:
The Historical Development of Special Collections in National Central Library of R.O.C. (Taiwan)

圖書之職責，再次函請教育部發文給故宮博物院將前北平圖書館善本書
移由中央圖書館保管，仍未有結果。[21] 迄今，歷任國圖館長多次行文故
宮，都未獲同意。目前該館擁有美國國會圖書館與故宮所贈送部分該批
善本圖書微片與微捲，可查詢該館館藏目錄系統及進行讀者閱讀需求服
務。

　　法規部分：該期遷臺因應中央圖書館之定位與社會需求，逐步制訂
特色館藏閱覽服務之相關法規，民國 57 年 2 月擬訂「本館善本圖書申請
影印及攝製管理辦法」，報奉教育部核定施行。該法規目的是提供臺灣各
出版社影印古籍，宣揚中華文化，這是邁開特色館藏專業閱覽服務的一
大步。其他，與國家圖書館發展相關的重要法規有 2 條，包含 1.民國 41
年總統公佈「出版法」。第 14 條、23 條分別規定新聞紙雜誌及書籍與其
他出版品於發行時，寄送國立中央圖書館一份；2.民國 62 年為促進學術
研究與發展，加強外文書刊之蒐集時效，特擬定「國立大學聯合採訪外
文書刊實施計畫要點」等。

　　總之，該期先將中國大陸運來臺灣的善本圖書文物進行倉庫保存與
管理、成立「縮影室」、清點善本、進行攝製善本微縮膠捲計畫，對後來
的服務影響最大。積極制訂各種特色館藏的管理法規，擬訂「本館善本
圖書申請影印及攝製管理辦法」，擴大臺灣各出版社影印古籍，宣揚中華
文化之便利。該期在安定中逐步展開各種相關業務，逐步實施與達成各
項特色館藏管理與發展之職責與功能。

---

[21] 王振鵠（2013）。古籍蒐藏與整理。國家圖書館館訊，102（4），60-63。

四、出版品

　　該期歷史背景是遷臺復館，結束戰爭進入安定環境中逐步發展。該期陸續編印特色館藏出版品，重要的有七種：1.民國 46 年 9 月《善本書目》上冊、隔（民國 47）年 1 月出版中冊；2.民國 56 年 1 月受中央研究院中美人文社會科學合作委員會之委託，編輯《善本書聯合目錄》；3.民國 56 年《國立中央圖書館善本書目》（增訂本）全四冊[22]；4.民國 47（1958）年編印《國立中央圖書館宋本圖錄》；5.民國 50（1961）年編印《國立中央圖書館金元明圖錄》；6.民國 56 年《國立中央圖書館墓誌拓片目錄》[23]；7.民國 60 年出版《臺灣公藏善本書目書名索引》。[24]

　　其他重要出版業務與編印成果說明如下：1.民國 41 年 4 月總統公布「出版法」依該法開始向各出版業徵集出版圖書，並編輯《中華民國出版圖書目錄》；2.民國 56 年 5 月《國立中央圖書館館刊》復刊。自民國 34 年抗戰勝利復員南京後，開始積極編輯各種學術刊物與圖書，《國立中央圖書館館刊》是一本代表本機構的重要期刊出版品；3.民國 57 年 6 月出版「本館中文圖書編目規則」增訂修正版，供圖書館界編目之需；4.為介紹臺灣當時各館之館藏，提倡學術研究，積極編製各種目錄及聯合目錄，以利圖書的利用；5.民國 58 年 3 月 10 日本館與國立編譯館中華叢書編審委員會簽約，編印《國立中央圖書館目錄叢刊》第 1 輯 12 種；6.民國 58 年 3 月 25 日該館英文通訊 *National Central Library Newsletter* 創刊；7.民國 59 年 1 月《中華民國期刊論文索引》創刊為月

---

[22] 同註 2，頁 28、33、38。

[23] 張圍東（2014）。國家圖書館古籍文獻保存、整理與利用。全國新書資訊月刊，103，8。

[24] 同註 2，頁 37。

刊形式，每年編印彙編本；8.《中華民國出版圖書目錄》，按卡片形式排
印為月刊形式，每年編印彙編本。[25]

　　總之，1949 至 1976 遷臺復館的 27 年間，逐漸增加編印重要特色館
藏出版品有七種：《善本書目》上中冊、《善本書聯合目錄》、《國立中央
圖書館善本書目》（增訂本）全四冊、《國立中央圖書館宋本圖錄》、《國
立中央圖書館金元明圖錄》、《國立中央圖書館墓誌拓片目錄》與《臺灣
公藏善本書目書名索引》。其他的一般性出版品，對於國立中央圖書館整
體業務發展相關期刊與圖書也是在逐步增加編印中。此期重要特色館藏
出版品之一，請見圖 6.2 國立中央圖書館善本書目》（增訂本）全四冊
（1967）：

圖 6.2：《國立中央圖書館善本書目》（增訂本）全四冊(1967)

資料來源：國家圖書館七十年大事圖輯編輯委員會編輯（2003）。國家圖書館七十
　　　　年大事圖輯。臺北市：國家圖書館。頁 33。

----

[25] 同註 2，頁 34、36。

五、服務

　　技術服務部分,民國 48（1959）年 7 月出版「國立中央圖書館中文圖書編目規則」增訂修正版,供圖書館界編目之需;1970 年出版增訂版。

　　讀者服務部分,該期遷臺在臺北市南海路復館,館舍也不斷擴建修繕,以提供更完善服務。特色館藏服務部分,包含 1.民國 47 年 1 月「特藏閱覽室」正式開放,是自籌備處成立以來的創舉,首次開始擁有特色館藏之閱覽資源專室,也提供特藏專業諮詢服務[26] ;2.民國 56 年 7 月成立「縮影室」,攝影館藏善本書,以應各研究機構與讀者的需求;3.民國 63 年 9 月開放「微捲閱覽室」以供讀者使用與閱讀善本古書。

　　其他資源閱覽專室也紛紛成立,包含民國 56 年 3 月增闢「聯合國資料閱覽室」、民國 57 年 6 月 18 日期刊閱覽室、國際組織資料室正式開放服務、民國 60 年後,先後成立日韓文室、法律室、參考服務部門、音樂視聽室提供更便捷讀者服務。

六、國際與國內交流合作

　　該期在安定中逐步開展國際與國內交流合作,重要事項包含 1.恢復外國出版品的交換,「美國國會圖書館得知該館復館,乃將 1948 年至 1954 年歷年所積存,應送我國的交換圖書 99 箱陸續運臺」[27] ;2.民國 50 年 3 月 24 日本國會圖書館上野圖書館課長應該館邀請來臺訪問,參觀各

---

[26] 同註 2,頁 28。

[27] 鄭肇陞（1983）。國立中央圖書館五十年。國立中央圖書館館刊,新 16（1）,15。

圖書館及講述日本圖書館事業之發展，建議我國仿日本國會圖書館制度
建立中心圖書館制；3.民國 58 年 8 月 28 日該館正式成為「國際圖書館
學會聯盟」IFLA 之會員；4.民國 59 年 12 月為促進國際合作，協助發展
我國圖書館業務，由美國圖書館界學者專家開斯等發起成立「中華民國
國立中央圖書館之友」；5.經常舉辦專題及運用特藏辦理展覽，並代表國
家參加國際書展[28]。該期國際交流逐漸增加，活動更多元化。

　　總之，該館運用代表國家文化的珍貴古籍圖書進行與世界各國展覽
與交流的媒介，無形中增進國際交流的曝光度與影響力，也同時完成國
家圖書館的功能與使命。透過進行各項古籍整理出版與展覽之計畫，也
是國家圖書館特色館藏價值的主動展現。

　　總結本節特色館藏歷史發展要點，是處於 1949 年神州變色及遷臺復
館，特色館藏相關發展在安定中逐步開展各項業務。陸續將運臺善本書
展開進一步的整理、館藏清點、管理與維護計畫。民國 54 年運回國立北
平圖書館寄存美國國會圖書館善本書 102 箱（20,738 冊）代為保存，民
國 57 年移運至國立故宮博物院。民國 62 年編列五年計畫，開始進行攝
製館藏善本微縮影膠捲。制訂「本館善本圖書申請影印及攝製管理辦
法」，提供臺灣各出版社影印古籍，宣揚中華文化，邁開特色館藏服務的
一大步，善本古籍出版品逐漸增加。正式開放「特藏閱覽室」，是自籌備
處成立以來的創舉，首次擁有特色館藏之閱覽資源專室及專業諮詢服
務。成立「縮影室」，攝影館藏善本書，以應各研究機構與讀者的需
求；開放「微捲閱覽室」以便微捲善本古書之閱讀列印。美國國會圖書
館將積存的交換圖書 99 箱陸續運臺。舉辦專題及運用特藏資源辦理展
覽，並代表國家參加國際書展，增進國際交流的曝光度與影響力。透過
古籍整理、出版與展覽，展現國家圖書館特色館藏的價值。該期特色館

---

[28] 同註 2，頁 30、34、36。

藏歷史發展的重要項目，請見表 6.1 國家圖書館特色館藏遷臺復館期
（1949-1976）歷史發展表。

表 6.1：國家圖書館特色館藏遷臺復館期(1949-1976)歷史發展表

要項\階段	第三階段：遷臺復館期(民國 38 年-65 年)
一、歷史背景 與 重 要 事件	●**歷史背景：** 神州變色，1949 年遷臺復館。 ●**重要事件：**1.民國 38-43 年間運臺文物管理；2.民國 43-54 年奉部令籌備復館、遷入與整建南海館舍；3.民國 55-65 年，十年間更換四任館長（屈萬里、包遵彭、李志鍾、諸家駿）各自持續引領圖書館之專業發展。
二、組織結構	依循舊制「國立中央圖書館組織條例 1945」十四條文。
三、特色館藏相關發展	●**歷史背景：** 在安定中逐步開展業務。 ●**特色館藏** 1.民國 38 年 10 月善本書初運來臺存於臺中郊區書庫；2.民國 39 年 4 月將運臺善本圖書文物自臺中糖廠移存臺中縣霧峰鄉北溝庫房；3.民國 45 年 12 月該館善本圖書總目裝箱號編峻；4.民國 50 年善本圖書改用欄式放置（原用箱放置），計改製 477 箱；5.民國 54 年 11 月 23 日國立北平圖書館寄存美國國會圖書館善本書 102 箱（20,738 冊）運返該館代為保存；6.民國 55 年 3 月 10 日存放臺中縣霧峰鄉北溝庫房之該館善本圖書，於本月悉數運回臺北該館展開進一步的管理與維護計畫；7.民國 56 年 7 月 1 日成立「縮影室」以便利未來善本書製做微捲之用；8.民國 57 年 1 月 26 日代管之前國立北平圖書館善本圖書 102 箱（20,738 冊），移運至國立故宮博物院寄存；9.民國 61 年花費五個月進行該館館藏善本之清點作業；10.民國 62 年 7 月編列五年計畫，開始進行攝製館藏善本微縮影膠捲（國家圖書館七十年大事圖輯，2003，頁 24，26，32，34，38）。 ●特色館藏發展相關法規：民國 57 年 2 月擬訂「本館善本圖書申請影印及攝製管理辦法」，報奉教育部核定施行。該法規目的是提供臺灣各出版社影印古籍，宣揚中華文化，邁開特色館藏服務的一大步。
四、出版品	●善本古籍出版品逐漸增加： 1.民國 46 年 9 月《善本書目》上冊、47 年 1 月出版中冊； 2.民國 56 年 1 月受中央研究院中美人文社會科學合作委員會委託，編輯《善本書聯合目錄》；

158

探索精品館藏：國家圖書館特色館藏的歷史發展
Exploring the Fine Collection:
The Historical Development of Special Collections in National Central Library of R.O.C. (Taiwan)

		3.民國 56 年 12 月《國立中央圖書館善本書目》（增訂本）全四冊； 4.1958 年編印《國立中央圖書館宋本圖錄》； 5.1961 編印《國立中央圖書館金元明圖錄》； 6.1972 年《國立中央圖書館墓誌拓片目錄》； 7.民國 60 年 6 月出版《臺灣公藏善本書目書名索引》。
五、服務		●**技術服務**：民國 48（1959）年 7 月出版「國立中央圖書館中文圖書編目規則」增訂修正版，供圖書館界編目之需；1970 年增訂版問世。 ●**讀者服務**：1949 年遷臺復館後首次開辦特色館藏之專業服務，包含：1.民國 47 年 1 月「特藏閱覽室」正式開放，是自籌備處成立以來的創舉，首次開始擁有特色館藏之閱覽資源專室，也提供特藏專業諮詢服務；2.民國 56 年 7 月成立「縮影室」，攝影館藏善本書，以應各研究機構與讀者的需求；3.民國 63 年 9 月開放「微捲閱覽室」，提供各式新型閱讀機器以便微捲善本古書之閱讀與列印。
六、國際交流		1.恢復外國出版品的交換業務，「美國國會圖書館得知本館復館，乃將 1948 年至 1954 年歷年所積存，應送我國的交換圖書 99 箱陸續運臺」；2.民國 50 年 3 月 24 日日本國會圖書館上野圖書館課長應該館邀請來臺訪問，參觀各圖書館及講述日本圖書館事業之發展，建議我國仿日本國會圖書館制度建立中心圖書館制；3.民國 58 年 8 月 28 日該館正式成為「國際圖書館學會聯盟」IFLA 之會員；4.民國 59 年 12 月為促進國際合作，協助發展我國圖書館業務，由美國圖書館界學者專家開斯等發起成立「中華民國國立中央圖書館之友」；5.經常舉辦專題及運用特藏辦理展覽，並代表國家參加國際書展。該館運用代表國家文化的珍貴古籍圖書進行與世界各國展覽與交流的媒介，無形中增進國際交流的曝光度與影響力，也同時完成國家圖書館的功能與使命。透過古籍之整理出版與展覽，也是國家圖書館特色館藏價值的展現。

資料來源：本研究整理。

第七章

國家圖書館特色館藏歷史發展

文化建設時期 1977-1995(民國 66-84 年)

　　本章內容以六項與國家圖書館特色館藏發展相關連的歷史發展要項加以探討，包含第一節說明歷史背景與重要事件；第二節敘述組織結構；第三節整理特色館藏相關發展；第四節說明出版品；第五節敘述服務；第六節整理國際與國內交流合作。分別說明如下：

一、歷史背景與重要事件

　　該期約 18 年，歷史背景是國家發展進入 1977 年文化建設時期。緣起於民國 62（1973）年 10 月，全球發生第一次石油危機，油價上漲、

160

探索精品館藏：國家圖書館特色館藏的歷史發展
Exploring the Fine Collection:
The Historical Development of Special Collections in National Central Library of R.O.C. (Taiwan)

物資短缺，導致各國通貨膨脹。1 當時因為受到全球經濟不景氣影響，為提升與深化國家總體經濟發展，政府於 1970-1980 年間持續進行十大建設，其中有六項是交通運輸建設，三項是重工業建設，一項為能源建設。政府在完成十大建設後，其成果是成功打造之後臺灣經濟起飛及經濟奇蹟的硬體基礎建設，也啟動文化建設計畫。民國 66 年 9 月行政院長蔣經國宣布啟動文化建設計畫，當年國家處於經濟困難情況下，蔣經國說：「任何事情沒有不困難的，再難也要做」，他同時提出一句名言：「今天不做，明天就會後悔」。在此背景下，該館積極規劃並爭取新館籌建，陸續開展相關新業務。該期歷史發展中，具有影響力的重要事件說明如下：

民國 66 年新館籌建計畫及民國 75 年啟用中山南路新館。對於一個國家級圖書館之營運服務，籌備新館舍計畫是一個很重要建設。民國 66 年 3 月 31 日教育部借調王振鵠擔任第六任館長，民國 71 年 6 月復聘為第一任兼任漢學研究資料及服務中心（民國 76 年 5 月 5 日改稱漢學研究中心）主任。本時期適逢民國 66 年 9 月政府正式宣布推動文化建設，該館乃積極規劃並爭取新館籌建事宜。

依據王振鵠（2013）在〈古籍蒐藏與整理〉一文說明，善本書的典藏是推動籌建新館舍的重要因素之一：「實際上中央圖書館的遷建和善本書的典藏也不無關係，民國 66 年我接任館長不久，當時國語實小附屬幼稚園的廚房鄰近中央圖書館在南海路舊館特藏組書庫，因為不慎而失火，雖經報警緊急處理而沒有波及到圖書館，但是也曝露了館舍和藏品的安全問題。其間，教育部李元簇部長特別到中央圖書館視察，他覺得圖書館空間不夠，而特藏組善本書庫也過於壅塞，雖然保管的非常嚴密，但周遭的環境缺乏安全空間。他建議將中央圖書館的善本書移放到當時

---

1 漆高儒（1991）。蔣經國的一生。臺北市：傳記文學。頁 142-144。

剛落成的政治大學圖書館新館，我曾針對善本書移存政大的利弊加以分析，報告部長，不久後，颱風侵台，政大圖書館淹水，此事自然作罷，但也因此，讓我更確定了圖書館遷建的必要」。[2]

　　王振鵠館長提到圖書館在進行遷建規畫時，善本書保管設計是規劃建築時的重要項目之一：「建築師在設計時，除了將特藏組的閱覽室和善本書庫特別置放在圖書館正門入口處的上方，以顯示重視國家文化的意義；此外，特藏組的閱覽室也以大量的木質傢俱、仿唐式的木格牆飾以挑高來表達對存護歷代典籍的重視。善本書庫內裝置了恆溫恆溼、防盜防火……種種設備，圖書館新館內另有薰蒸室，善本書入庫之前都需要先行薰蒸殺蟲。書庫內訂製具有防蛀功能的本質書櫃數百座，每座都比人高，分為五層，可存古籍約 300 冊，木櫃採用臺灣紅檜，第一批約 500 座是委交榮民工程處，依照特藏組同仁悉心繪製的圖樣精工製成，書櫃內除了門扇是用銅製鉸鍊，其他全由木榫接合，檜木在當時是高級木材，之後由於維護生態而全面禁採。用這樣的環境和設備來存放國家珍貴文獻，可以符合國家圖書館的文化使命」。[3]

　　民國 67 年 3 月 28 日成立該館遷建委員會工作小組，正式開始進行各項籌備遷建事宜。[4] 民國 67 年 10 月行政院通過該館遷建案，其後經過三年的努力，辦理土地徵收、地上物拆遷。王振鵠（1983）館長在〈遷建委員會工作小組報告〉一文說明：「臺北市府原撥用的信義計畫項下土地，因計畫變更，民國 68 年 8 月另撥中山南路西側土地 3,000 坪作為館舍用地。惟地上有建築物百餘所，有關土地之轉撥，地上物之拆遷，現住戶之安置補償，至為複雜。經一年八個月之努力，始於民國 70 年 11

---

[2] 王振鵠（2013）。古籍蒐藏與整理。國家圖書館館訊，102（4），57-64。

[3] 同前註。

[4] 國家圖書館七十年大事圖輯編輯委員會編輯（2003）。國家圖書館七十年大事圖輯。臺北市：國家圖書館。頁 44。

162

探索精品館藏：國家圖書館特色館藏的歷史發展
Exploring the Fine Collection:
The Historical Development of Special Collections in National Central Library of R.O.C. (Taiwan)

月底完成全部地上物拆除」。[5] 所以，遷建工程花費三年辦理土地徵收與
地上物拆遷、徵圖、設計、招標等項工作；新館於民國 71 年 10 月 12
日動土興工，迄民國 75 年 9 月 28 日落成啟用。首任館長蔣復璁（1986）
在〈五十二年的盼望終獲實現〉一文說明，該館自 1922 年籌備處成立以
來，五十餘年來一直企盼有一所自己的館舍，至此終能實現。[6] 所以，
自 1949 遷臺復館後，遷建新館工程計畫奠定了該館未來發展基礎，自此
伊始，一一展開各項專業服務。由此可知，遷建新館計畫一直是首任及
歷屆館長們的願望與長期的努力目標。

　　民國 69 年啟動「圖書館自動化作業計畫」，本計畫緣起為民國 69
年 4 月，該館與中國圖書館學會為改進圖書資料管理作業，提高資訊服
務品質，合作組織「圖書館自動化作業規劃委員會」，研訂「圖書館自動
化作業計畫」，報請教育部轉呈行政院核准實施。該「規劃委員會」的任
務為研究、制定、推展、執行各規劃事項，由圖書館界及電腦專家二十
餘人組成。主要成就有二：1.國家標準技術規範的制訂，包括中文圖書
資料建檔標準規格，如「中國機讀編目格式」（Chinese MARC Format）、
「中國編目規則」、「中文圖書標題總目」、「國立中央圖書館文獻分析機
讀格式」及「中文資訊交換碼」（CCCII）；2.國家書目資料庫建立。[7]

　　為使自動化作業更順利也於民國 71 年 12 月該館成立電腦室，裝置
王安 VS100-16F 型電腦，開始建立書目資料庫，展開書目資訊服務
（NCLAIS）。本項圖書館自動化作業，成功帶領我國圖書館中文圖書作
業，由人工轉換為自動化；且順應時代潮流，利用電腦，進行合作與資
源分享。這是華文世界（包括港澳星及大陸地區在內）第一個圖書資料

5　王振鵠（1983）。遷建委員會工作小組報告。國立中央圖書館館訊，5（4），246。

6　蔣復璁（1986）。五十二年的盼望終獲實現。國立中央圖書館館訊，9（1），2。

7　胡歐蘭（1983）。國立中央圖書館自動化作業之現況與展望。國立中央圖書館館刊，新 16
　　（1），34-36。

自動化作業成功的範例。當時（截止民國 76 年 6 月），該館書目資料庫
已有中西文書刊、期刊論文索引、政府公報索引、善本書總計二十四萬
五千餘筆，奠定期刊論文索引系統及全國圖書資訊系統等索引目錄系統
的基礎，使該館逐漸成為全國出版物最大的書目資料庫。另由於圖書館
自動化作業需要，新編目規範替代傳統的規則，成為大學圖書館系「中
文圖書分類編目」授課核心，使我國圖書館事業與發展向圖書館自動化
的目標推進。[8]

　　民國 69 年籌設「漢學研究資料及服務中心」，先提出「籌設漢學研
究資料及服務中心計畫」，經教育部報奉行政院於民國 69 年 4 月 22 日核
定，其業務遂交該館兼辦。成立後積極開展各項業務，於民國 71 年元月
創刊《漢學研究通訊》；民國 72 年 6 月創刊《漢學研究》及《臺灣地區
漢學論著選目》；民國 77 年 5 月提報「協助海外學人來華研究計畫」，奉
核於民國 78 年開始實施國際漢學訪問學人之漢學研究協助業務。[9] 並出
版各種專書，舉辦各種國際性會議及出版論文集，辦理國際書展，以促
進國內外聯繫，加強學術交流及漢學研究。

　　民國 76 年國家圖書館與出版界聯合舉辦「中華民國臺北第一屆國際
書展」，新館啟用後，為增進國際出版界與我國出版界交流，激起全民讀
書風氣，推展「書香運動」，由該館與行政院新聞局、幼獅公司聯合舉辦
「中華民國臺北第一屆國際書展」假該館舉行。[10] 之後，因「臺北國際
書展」對於國內與國際推動閱讀影響很大，年年持續舉辦國際書展迄今
未輟，是一件具有後續影響力的重要歷史事件。

　　民國 78 年成立「國際標準書號中心」，本中心正式實施國際標準書
號登記作業，為我國出版界提供申請 ISBN 服務，之後再與「出版品預

[8] 宋建成（2011）。國家圖書館歷史沿革之探析。國家圖書館館刊，100（2），5。
[9] 同註 4，頁 46、48、50、64。
[10] 同註 9，頁 62。

164

探索精品館藏：國家圖書館特色館藏的歷史發展
Exploring the Fine Collection:
The Historical Development of Special Collections in National Central Library of R.O.C. (Taiwan)

行編目」（CIP）服務結合。緣起於民國 70 年 8 月，該館前往西德國際
書號中心總部洽商，取得臺灣地區出版品的國別代號 957。民國 77 年 10
月 15 日行政院核定該館承辦「國際標準書號」（ISBN）工作，隔（民國
78）年成立「國際標準書號中心」，正式實施國際標準書號登記作業，為
我國出版界提供申請 ISBN 服務，之後又與「出版品預行編目」（CIP）
結合，而提高了出版界出版品送存率，有助於全國出版物的保存。[11]

　　民國 79 年成立「書目資訊中心」，民國 80 年啟用「全國圖書資訊網
路線上合作編目系統」。自民國 78 年 8 月 1 日楊崇森接掌該館，為第七
任館長之後，有鑒於技術服務，是讀者服務的基礎，該館為加速編目及
建檔之速度與效率，擬訂「待編圖書整編三年計畫」，引進國外書目光碟
片（CDROM），採抄錄編目（copy cataloging），加強電腦容量，提高電
腦反應速率。其他與技術服務相關業務，包含民國 79 年 9 月 1 日成立「書
目資訊中心」，民國 80 年 10 月 30 日啟用「全國圖書書目資訊網」
（NBInet），啟用「全國圖書資訊網路線上合作編目系統」，與 16 所國立
大學連線，互通有無，共同建立書目資料庫，冀能達到「一館編目，多
館分享」的目標。透過「全國圖書資訊網路線上合作編目系統」之建立，
合作館所與建檔的書目資料庫數量逐年增加，國家圖書館也逐步落實建
立國家書目之功能與任務。[12] 之後，該系統也擴大與國際接軌並進行交
換書目資訊，與位居全球圖書館書目資訊與服務領先地位的美國 OCLC
公司合作，將該系統的中文圖書書目，上傳至 OCLC 的 WorldCat 系統，
將該館館藏新進中文圖書書目，成功地匯入該系統。此項新猷有利國外
圖書館對我國出版圖書採購及編目作業，也使我國出版圖書書目朝向國
際化發展。

　　該期後段重要發展包含，民國 81 年曾濟羣接任第八任館長，持續推

---

[11] 同註 9，頁 68。

[12] 同前註，頁 72、76。

動館藏自動化、數位化與推動新組織法之立法運動。因為該館的組織條
例自民國 34 年 10 月修正公布以來，已經有 50 年未予修改。新館落成啟
用以來，業務更形繁複而多元，舊法已經無法適應現代國家圖書館發展
之需要，新任館長積極推動各項立法相關活動。[13] 其他重要館藏相關發
展是，民國 82 年 9 月 23 日在烏拉圭的中國國際圖書館十萬餘冊圖書，
全部運抵國內贈予該館。背景是因民國 22 年 7 月 1 日中國國際圖書館在
日內瓦成立，民國 38 年底因中央政府已遷徙至臺北，該館館藏乃遷至南
美洲烏拉圭，存放於烏拉圭國家圖書館。這批藏書運回臺灣，是國家圖
書館在臺灣復館以來最大一次入藏圖書，也填補該館民國元年至民國 38
年出版中文圖書的館藏。[14]

　　總結上述，該期接續 1949 年遷臺復館後之業務發展基礎，積極開展
文化建設運動的各種經濟與建設資源，持續推動各項業務。國立中央圖
書館在文化建設時期的 18 年，有六件重要事件，包含 1.民國 66 年的新
館籌建計畫與新館啟用；2.民國 69 年「圖書館自動化作業計畫」；3.民
國 69 年成立「漢學研究資料及服務中心」；4.民國 76 年與出版界聯合舉
辦「中華民國臺北第一屆國際書展」；5.民國 78 年成立「國際標準書號
中心」提供出版界 ISBN 與 CIP 申請服務；6.民國 79 年成立「書目資訊
中心」，民國 80 年啟用「全國圖書書目資訊網」。透過這些重要事件之影
響力與引領國家圖書館之專業發展，也同時累積與開展國家圖書館特色
館藏的管理與服務持續併進。

---

[13] 曾濟群（1997）。圖書資訊點滴。臺北市：漢美。頁 101-103。

[14] 黃淵泉（1994）。中國國際圖書館六十年簡史。國立中央圖書館館訊，16（3）15-19。

二、組織結構

　　該期持續運用 1945 年國民政府公佈「國立中央圖書館組織條例」共十四條文，仍循舊制，在組織結構上分設採訪、編目、閱覽、特藏、總務五組及出版品國際交換處。館舍部分，民國 43-75 年南海館舍，民國 75 年啟用中山南路館舍。該期新建館舍，請見圖 7.1 國立中央圖書館臺北市中山南路新館舍模型（1982）；及新館舍正式啟用典禮，圖 7.2 國立中央圖書館中山南路新館啟用典禮（1986）：

圖 7.1：國立中央圖書館臺北市中山南路新館舍模型(1982)

資料來源：國家圖書館七十年大事圖輯編輯委員會編輯（2003）。國家圖書館七十年大事圖輯。臺北市：國家圖書館。頁 50。

圖 7.2：國立中央圖書館中山南路新館舍啟用典禮(1986)

資料來源：國家圖書館（2018）。本館簡史：中山南路新館啟用典禮，恭請行政院
　　　　　俞國華院長致詞並剪綵（1986）。
　　　　　檢自：https://www.ncl.edu.tw/content_267.html

三、特色館藏相關發展

　　該期在安定中逐步前進，特色館藏相關發展是：1.1968-1988 年的
20 年之間國家圖書館古籍編印出版；2.1990 年行政院核定該館辦理「古
籍整編計畫」，為期五年計畫，選印具有學術與參考價值的古籍。包括標
點善本序跋、題跋、編輯古籍提要索引、選印善本古籍；及 3.民國 82
年 9 月 23 日在烏拉圭的中國國際圖書館十萬餘冊圖書，全部運抵國內贈
予該館。

168

探索精品館藏：國家圖書館特色館藏的歷史發展
Exploring the Fine Collection:
The Historical Development of Special Collections in National Central Library of R.O.C. (Taiwan)

　　依據王振鵠（2013）在〈古籍蒐藏與整理〉一文說明國家圖書館古籍編印出版計畫及「古籍整編計畫」之歷史緣起、重要性與意義。因為國家圖書館有促進文化發展的功能，「發揚國學」是履行其文化使命的任務之一，而具體實踐就在於古籍蒐藏與整理。[15] 這項古籍收藏與整理的任務一直為歷任國家圖書館館長們所重視，也是積極延續發展的首要業務。

　　早自 1933 年國立中央圖書館籌備時期，就開始重視古籍蒐藏與整理。首任館長慰堂先生以「發揚國學」是國家圖書館履行其文化使命的任務之一，而具體實踐就在古籍蒐藏與整理。慰堂先生服務中央圖書館近 30 年，館內致力於古籍蒐藏與整理，包括選印文淵閣四庫全書為四庫珍本初集，與國內外重要學術機關 進行交換，充實館藏。利用中英庚款補助建館基金，蒐購淪陷區私藏古籍，奠定善該館藏基礎；撤運善本古籍來臺灣，保存國家文物，並提供學術研究資源，使臺灣成為漢學研究重鎮；又透過駐美大使館，洽取前北平圖書館託存善本圖書，運返臺灣，充實研究資料等。因此，以上各項工作持續運作影響特色館藏之發展與管理是深遠的。之後，歷任館長都持續重視特色館藏之善本古籍之發展管理，第六任王振鵠館長在國立中央圖書館期間，繼續推動古籍蒐集、典藏、維護與整理各項工作，並開始善本古籍的編目建檔，是國際間最早進行中文古籍書目自動化的機構之一。[16]

　　依據黃淵泉（1994）在〈中國國際圖書館六十年簡史〉中提到，民國 82 年 9 月 23 日在烏拉圭的中國國際圖書館十萬餘冊圖書，全部運抵國內贈予該館。背景是民國 22 年 7 月 1 日中國國際圖書館在日內瓦成立，民國 38 年底因中央政府已遷徙至臺北，該館之館藏乃遷至南美洲烏拉圭，存放該國之國家圖書館。這批藏書運回入藏本館，是本館在臺灣

---

[15]　同註 2。

[16]　同前註。

復館以來最大一次入藏圖書，也填補本館民國元年至民國 38 年出版中文圖書的館藏。[17] 依據陳德漢（2015）在〈國家圖書館之「教饗閱」──國圖館藏《烏拉圭中國國際圖書館》精粹〉一文，說明該館的館藏經半世紀後回歸中央圖書館，內容可分為拓本、線裝書、舊平裝書、期刊、公報、西文圖書五類。其中以線裝書近 39,297 冊最多，占全部館藏之 48%，舊平裝書 16,000 餘冊，占全部館藏之 20%，期刊 10,732 冊，公報及統計 1 萬餘冊，西文圖書 6,600 餘冊。[18]

　　總之，該期透過 1.1968-1988 年之間 20 年的國家圖書館古籍重印出版；2.民國 79 年「古籍整編計畫」五年計畫之執行，陸續選印與出版精彩古籍與叢書；與 3.烏拉圭圖書入藏。該期特色館藏的發展是以進行整理、編印與出版更多元與豐富的出版品為主，也有十萬冊烏拉圭圖書入藏。

四、出版品

　　該期業務不斷創新，新創刊及連續性出版物紛紛開辦，除漢學研究中心所出版者《漢學研究通訊》、《漢學研究》及《臺灣地區漢學論著選目》外；還有《國立中央圖書館館訊》、《中華民國圖書館年鑑》、《中華民國行政機關出版品目錄》、《國際標準書號中心通訊》等。民國 82 年 4 月出版《國立中央圖書館同人著作目錄》，收錄同人重要著作並編印成目錄形式出版。

　　此外，早在民國 66 年 7 月王振鵠館長時期為增進同人在職研究，改

---

[17] 黃淵泉（1994）。中國國際圖書館六十年簡史。國立中央圖書館館訊，16（3）15-19。

[18] 陳德漢（2015）。國家圖書館之「教饗閱」──國圖館藏《烏拉圭中國國際圖書館》精粹。國家圖書館館訊，2015（4），27-30。

善各項業務，利用每月一次擴大館務會議，指定相關同人就其業務有關
之專題提出研究報告，分享全體同人。這一制度的建立是推動國家圖書
館工作同人定期研究學習，與定期分享研究資源。其功能除鼓勵專業學
習與團隊分享外，正是一個機構奠定專業研究發展的優良傳統。

首先，該期編印的重要特色館藏出版品於 1968 至 1988 年的 20 年
間，陸續完成印刷圖書作業。說明如下：1.1972 年該館所編《國立中央
圖書館墓誌拓片目錄》由中華叢書編審委員會印行，1982 年增訂二版；
2.1986 年印行《國立中央圖書館善本書目增訂二版》及《國立中央圖書
館特藏選錄》；3.《善本題跋真跡》，由該館自行影印善本；4.選輯及叢
刊較重要者有：《明代藝術家文集彙刊》7 種、《明代藝術家文集彙刊續
集》6 種、《明代版畫選初輯》14 種、《元人珍本文集彙刊》10 種、《藝
術賞鑒選珍》9 種、以及《歷史通俗演義》7 種等；5.單行本方面，有《黃
河圖》、《臺灣古地圖》、《重修臺郡各建築圖說》等；6.出版界借印較著
者則有：《明清未刊稿彙編》（聯經）400 餘種、《中國史學叢書》（學生
書局）65 種、《清代稿本百種彙刊》（文海）180 冊、《南宋群賢小集》（藝
文印書館），其他如：成文、文海、學生書局影印方志，新文豐、廣文、
文史哲、學海等出版社亦陸續申請借印精選古籍。該館應出版界申請借
印出版者甚眾，館藏珍品古籍得以廣為流布，增加善本古籍資源之利用
與影響力。此時期實為古籍重印出版最為蓬勃的時期。[19]

另一個接續發展是 1989 年行政院核定辦理「古籍整編計畫」，1990
年初開展，工作要項之一即為選印具有學術與參考價值之古籍，包含
1.1990 年出版《國立中央圖書館拓片目錄－墓誌部份》。另編印《善本
序跋集錄》、《標點善本題跋集錄》、《四庫經籍提要索引》、《國家圖書館
善本書志初稿》及《梁啟超知交手札》等；2.就典藏珍籍中精選宋刻善

---

[19] 張圍東（2014）。國家圖書館古籍文獻保存、整理與利用。全國新書資訊月刊，103，4、
7-8。

本 6 種、元刻善本 1 種,包括《大易粹言》、《尚書》、《尚書表注》、《東都事略》、《新大成醫方》、《楚辭集注》、《箋註陶洲明集》等分屬經史子集的 7 部善本彙編為《國立中央圖書館善本叢刊》。本叢刊所選各書版式、字體、刀法各具特色,由曾任該館特藏組主任(時任故宮博物院副院長)昌彼得指導並敘錄。[20]

　　總之,1977 至 1995 是國家啟動文化建設時期的 18 年間,逐漸增加編印重要特色館藏出版品,包含 1968 年至 1988 年的 20 年期間,選輯叢刊、單行本與出版界借印等數種出版形式,是古籍重印出版最蓬勃時期。接續發展是 1989 年行政院核定該館辦理五年「古籍整編計畫」,陸續整理與編印更多精選具有學術與參考價值的古籍,其中以《國立中央圖書館善本叢刊》最為研究古籍版本風格者所稱道。此期之重要特色館藏出版品,請見圖 7.3《國立中央圖書館善本書目》(增訂二版)全四冊(1986)及圖 7.4《國家圖書館善本書志初稿》(1996-2000):

---

[20] 俞小明(2012)。古籍復刻、經典再現:國家圖書館善本古籍重印出版。全國新書資訊月刊,162,4-5。

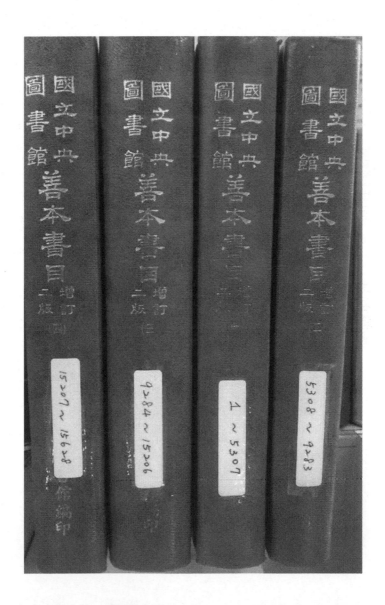

圖 7.3：《國立中央圖書館善本書目》（增訂二版）全四冊(1986)

資料來源：國家圖書館特藏文獻組典藏。

圖 7.4：《國家圖書館善本書志初稿》(1996-2000)

資料來源：國家圖書館特藏文獻組典藏。

五、服務

　　圖書館的技術服務是讀者服務的上游基礎作業，國立中央圖書館為加速編目及建檔之速度與效率，擬訂「待編圖書整編三年計畫」，引進國外書目光碟片（CDROM），採抄錄編目（copy cataloging）作業方式，並加強電腦容量，以提高電腦反應速率。該計畫對於國家圖書館提高編目作業的效率幫助很大，也是技術服務上持續努力推展的重點業務。

　　該期重要的讀者服務業務，包含 1.啟用中山南路新館：該期因民國75 年啟用現代化設計的圖書館新館舍，可提供更多元與更完善的專業服務；2.創設資訊圖書館：民國 77 年 9 月 16 日教育部核定該館於科技大樓創設「資訊圖書館」，對資訊界提供專業服務；3.加強閱覽服務空間設施：例如，新增輿圖室、視聽室等閱覽室；4.革新閱覽證服務：將讀者申辦閱覽證服務櫃臺，移置讀者主要進口處附近，亦採電腦處理，隨到隨辦，可用通訊方式申請。閱覽證改為永久有效，讀者資料若有異動，隨時鍵入電腦修正。實施「一證通行制」新措施，讀者入館時，僅需在入口處出示閱覽證，經光筆掃描該證的條碼，即可通行各閱覽室，手續簡便；5.製作「電腦輔助讀者指引」：讀者可自行查詢使用以瞭解該館閱覽室及館藏分佈等各項服務；6.策劃好書交換活動，造成社會熱烈迴響。由於各種新猷，加強了服務，民國 79 年榮獲教育部為民服務工作優等獎。[21]

　　民國 47 年在南海路館舍的年代，即已成立「特藏閱覽室」之正式開放，是自籌備處成立以來的創舉，該館首次擁有特色館藏之閱覽資源專

---

[21] 楊崇森（1992）。邁向一流的國家圖書館-國立中央圖書館的現況與前瞻。實踐，818，12-16。

室，同時亦提供特色館藏專業諮詢服務。[22] 該期在中山南路新館舍亦劃更完備的「善本書室」，位於館舍四樓，提供更現代化的完善空間、閱讀設備、保存設備、書庫管理與專業諮詢服務臺。

　　民國 83 年 3 月 29 日至 4 月 4 日該館承辦「1994 年大陸圖書展覽」，這是大陸圖書在臺灣首次公開陳列展出，對兩岸的文化交流堪稱是一大突破。展出來自大陸 176 家出版社出版圖書 16,800 種 18,411 冊；並有大陸出版業者 102 人組團來臺，可稱是一次大陸圖書具代表性的展覽。全部展出圖書贈與該館。5 月 19 口該館增設「大陸資料室」，開架陳列大陸地區出版品，以方便民眾掌握大陸資訊，促進學術研究。[23]

六、國際與國內交流合作

　　該期進入文化建設與自動化環境，國際交流愈來愈多元與活躍，重要交流活動或事件包含 1.民國 70 年 2 月 14 日該館協助中美科學合作委員會、中國圖書館學會等主辦「中文圖書資料自動化國際研討會」，發表我國圖書館自動化的成果，頗受各國讚評；2.民國 71 年 8 月澳洲國立大學及香港大學共同舉辦「中文書目自動化國際會議」，力邀該館遴選代表參加會議；3.民國 71 年 10 月為宣揚研究成果，該館特組團參加美國資訊科學學會第四十五屆年會，舉辦「中文資料處理及電腦輔助華文教學」專題研討會，由國內與會代表發表相關成果報告 10 篇，各方反應熱烈；4.民國 72 年 3 月 14 日在臺北舉行「亞太地區第一屆圖書館學研討會」，各國相關人士反應熱烈，紛紛要求出席會議；5.民國 82 年 4 月 21 日慶祝建館六十週年館慶，舉辦「邁向二十一世紀的國家圖書館國際學術研

---

[22] 同註 4，頁 28。

[23] 林培齡（1994）。當彼岸的文字登錄此岸-記 1994 大陸圖書展覽。出版流通，29，7-12。

討會」；6.民國 83 年開啟更多兩岸交流與合作，計有「一九九四大陸圖
書書展」、「兩岸圖書出版合作研討會」、「大陸資料蒐藏與利用研討會」。
[24] 凡此種種，都提升了我國圖書館界的形象。

　　該期國家發展進入 1977 年文化建設與自動化發展環境，國際交流活
動與計畫更是多元與活躍。國家圖書館持續推動各項專業發展，其國內
影響力及國際地位都持續提升。

　　總結本節特色館藏歷史發展要點，國家發展進入 1977 年的文化建設
時期。特色館藏發展為國家圖書館發展的一部份，與國家各階段之歷史
背景與重要事件相互關連與一併前進。組織結構是依循舊制「國立中央
圖書館組織條例 1945」。該期進行二項重要的特色館藏計畫，包含
1.1968-1988 年之間 20 年的國家圖書館古籍編印出版；2.1990 年辦理「古
籍整編計畫」，為期五年；完成整理、編印與出版更多元豐富的特色館藏
出版品。配合新建館舍成立「善本書室」，設有微捲閱覽設備、專業保存
設施與服務管理辦法。國際交流的項目愈來愈多元與活躍，交流國家數
量日增；凡此種種，提升了我國國家圖書館的社會地位與價值。該期特
色館藏相關之歷史發展要項，請見表 7.1 國家圖書館特色館藏文化建設
時期（1977-1995）歷史發展表。

---

[24] 同註 4，頁 48-80。

表 7.1：國家圖書館特色館藏文化建設時期(1977-1995)歷史發展表

要項\階段	第四階段：文化建設時期（民國 66 年-84 年）
一、歷史背景與重要事件	●**歷史背景**：國家發展進入 1977 年的文化建設。 ●**重要事件**：1.民國 66 年新館籌建計畫與 75 年啟用中山南路新館；2.民國 69 年啟動「圖書館自動化作業」；3.民國 69 年籌設「漢學研究資料及服務中心」；4.民國 76 年與出版界合辦「中華民國臺北第一屆國際書展」；5.民國 78 年成立「國際標準書號中心」提供出版界 ISBN 與 CIP 申請服務；6.民國 79 年成立「書目資訊中心」，民國 80 年啟用「全國圖書書目資訊網」。
二、組織結構	依循舊制「國立中央圖書館組織條例 1945」十四條文。
三、特色館藏相關發展	1.1968-1988 年之間 20 年的國家圖書館古籍編印出版； 2.1990 年辦理「古籍整編計畫」，為期五年。1989 年行政院核定後，1990 年初陸續開展本計畫,工作要項之一即為選印具有學術與參考價值的古籍。包括標點善本序跋、題跋、編輯古籍提要索引、選印善本古籍；3 烏拉圭圖書入藏十萬冊。
四、出版品	**1.1968 至 1988 年的 20 年間，陸續編印重要圖書，計有：** (1)1972 年該館所編《國立中央圖書館墓誌拓片目錄》由中華叢書編審委員會印行，1982 年增訂二版；(2)1986 年印行《國立中央圖書館善本書目增訂二版》及《國立中央圖書館特藏選錄》；(3)《善本題跋真跡》，由該館自行影印善本；(4)選輯及叢刊較重要者有：《明代藝術家文集彙刊》7 種、《明代藝術家文集彙刊續集》6 種、《明代版畫選初輯》14 種、《元人珍本文集彙刊》10 種、《藝術賞鑒選珍》9 種、以及《歷史通俗演義》7 種等；(5)單行本方面，有《黃河圖》、《臺灣古地圖》、《重修臺郡各建築圖說》等；(6)出版界借印較著名者有：《明清未刊稿彙編》（聯經）400 餘種、《中國史學叢書》（學生書局）65 種、《清代稿本百種彙刊》（文海）180 冊、《南宋群賢小集》（藝文印書館），其他如：成文、文海、學生書局影印方志，新文豐、廣文、文史哲‧學海等出版社亦陸續申請借印精選古籍。 **2.1989 年五年「古籍整編計畫」，選印具有學術與參考價值的古籍：** (1)1990 年出版《國立中央圖書館拓片目錄－墓誌部份》。另編印出版《善本序跋集錄》、《標點善本題跋集錄》、《四庫經籍提要索引》、《國家圖書館善本書志初稿》及《梁啟超知交手札》等；(2)另就典藏珍籍中精選宋刻善本 6 種、元刻善本 1 種，包括《大易粹言》、《尚書》、《尚書表注》、《東都事略》、《新大成醫方》、《楚辭集注》、《箋註陶洲明集》等分屬經史子集的 7 部善本彙編為《國立中央圖書館善本叢刊》。

178

探索精品館藏：國家圖書館特色館藏的歷史發展
Exploring the Fine Collection:
The Historical Development of Special Collections in National Central Library of R.O.C. (Taiwan)

要項\階段	第四階段：文化建設時期（民國 66 年-84 年）
五、服務	●**技術服務**：1.民國 71 年 12 月該館成立電腦室，使自動化作業更順利，也裝置王安 VS100-16F 型電腦，開始建立書目資料庫，展開書目資訊服務（NCLAIS）；2.技術服務，是讀者服務的基礎，該館為加速編目及建檔之速度與效率，擬訂「待編圖書整編三年計畫」，引進國外書目光碟片（CDROM），採抄錄編目（copy cataloging），加強電腦容量，提高電腦作業之反應速率。 ●**讀者服務**：1.啟用中山南路新館舍；2.新館舍成立「善本書室」，位於該館四樓，設有微捲閱覽設備；3.加強閱覽服務空間設施；4.革新閱覽證服務：實施「一證通行制」新措施；5.製作「電腦輔助讀者指引」：讀者可自行查詢使用以瞭解該館閱覽室及館藏分佈等各項服務；6.策劃好書交換活動；7.創設資訊圖書館。由於各種新猷陸續推出，加強了服務，民國 79 年榮獲教育部為民服務工作優等獎。 ●**展覽活動**：民國 83 年承辦「1994 年大陸圖書展覽」，是大陸圖書在臺灣首次公開陳列展出。展出來自大陸 176 家出版社出版圖書 16,800 種 18,411 冊；並有大陸出版業者 102 人組團來臺，可稱是一次大陸圖書具代表性的展覽。全部展出圖書贈與該館。同年增設「大陸資料室」，開架陳列大陸地區出版品，以方便民眾掌握大陸資訊。
六、國際交流	●該期為文化建設與自動化環境，國際交流愈來愈多元與活躍：1.民國 70 年 2 月 14 日該館協助中美科學合作委員會、中國圖書館學會等主辦「中文圖書資料自動化國際研討會」，發表我國圖書館自動化的成果，頗受各國讚評；2.民國 71 年 8 月澳洲國立大學及香港大學共同舉辦「中文書目自動化國際會議」，力邀該館遴選代表參加會議；3.民國 71 年 10 月為宣揚研究成果，參加美國資訊科學會第四十五屆年會，舉辦「中文資料處理及電腦輔助華文教學」專題研討會，由國內與會代表發表相關成果報告 10 篇，各方反應熱烈；4.民國 72 年 3 月 14 日在臺北舉行「亞太地區第一屆圖書館學研討會」，各國相關人士反應熱烈，紛紛要求出席會議；5.民國 78 年開始實施國際漢學訪問學人業務；6.民國 82 年 4 月 21 日慶祝建館六十週年館慶，舉辦「邁向二十一世紀的國家圖書館國際學術研討會」；7.民國 83 年開啟更多兩岸交流與合作「一九九四大陸圖書書展」、「兩岸圖書出版合作研討會」、「大陸資料蒐藏與利用研討會」。凡此種種，提升了我國圖書館界形象。

資料來源：本研究整理。

第八章

國家圖書館特色館藏歷史發展

網路及自動化應用時期 1996-2017
（民國 85-106 年）

　　本章內容以六項與國家圖書館特色館藏發展有關連的歷史發展要項，包含 1.歷史背景與重要事件；2.組織結構；3.特色館藏相關發展；4.出版品；5.服務；6.國際與國內交流合作。分別說明如下：

一、歷史背景與重要事件

　　自民國 85（1996）年迄今（2017）年為國家圖書館網路及自動化應用時期，約有 21 年。本時期的歷史背景是邁入全球化與及資訊化的新時代。緣起於二次世界大戰後全球化（globalization）趨勢的快速進展，造成全球聯繫與互動不斷的擴張。人類生活在全球規模的基礎上發展，加

180

探索精品館藏：國家圖書館特色館藏的歷史發展
Exploring the Fine Collection:
The Historical Development of Special Collections in National Central Library of R.O.C. (Taiwan)

上全球意識的崛起，國與國之間在政治上、社會、經濟、貿易、文化、教育、科技的整合發展及交流越來越緊密，形成一個互相依存的歷史發展過程。全球化的現象可以解釋為世界的壓縮和定義全球為一整體，是世界邁向互相依存的動態發展。[1]

　　該期歷史發展背景除受全球化影響外，另一方面也受資訊化的衝擊。人類的生活方式經過三次的革命，每次的革命對人類的生活產生巨大的影響，先是農業革命，次為工業革命，現在所面對的則是資訊革命。資訊通訊科技蓬勃發展，網際網路(Internet)隨之興起，基於開放、自由、易於使用等特性，不僅是個人、組織、政府間訊息交換、傳布的主要管道，資訊應用及整備度等更成為國際間衡量國家競爭力的重要指標。由於網際網路的迅速擴張，以及資訊社會對其依賴程度日深，導致生活型態、商業模式及學習模式等都受到衝擊與變革。[2]

　　資訊洪流正以雷霆萬鈞之勢洶湧而至，得利於電腦龐大記憶儲存及網路快速流通，以及知識的急速膨脹；順應資訊社會的本質就是不斷地學習，終身都需不停地學習。資訊化是運用網際網路不斷推陳出新的各項科技來改善與型塑人類的新型態工作與生活模式，在新舊世紀交替的此時，人類正面臨有史以來最大的衝擊。科技發展開創了嶄新的學習型式，新的學習型態也應運而生。[3]

　　面對全球化與資訊化的同步衝擊為背景，促成國家圖書館之歷史發展越走向多元化、國際化與數位化。特色館藏之發展亦隨之多元與豐富。該期歷史發展中具有影響力的重要事件，茲說明如下：

　　一、國立中央圖書館易名為「國家圖書館」。民國85年立法院通過

---

[1] 張逸民（2002）。EMBA 企業經營策略。臺北市：華泰。

[2] 行政院（2007）。建立我國通資訊基礎建設安全機制計畫（民國94年至97年）。行政院國家資通安全會報，民國96年2月15日，頁1。

[3] 溫嘉榮（2001）。資訊化社會的學習變革。屏縣教育季刊，6，9-14。

國立中央圖書館組織條例，易名為「國家圖書館」。因遷臺後該館一直沿用 1945 年的組織法已近 50 年，舊法已無法適應新時代發展需求。早於民國 77 年，行政院為提升該館服務品質及因應未來業務發展，向立法院提出「本館組織條例修正草案」，雖然立法院審查會通過「本館直屬行政院」；但教育部認為仍以隸屬教育部為宜。因此，本草案乃被立法院擱置，以俟他日協商。[4] 經與各方溝通，民國 85 年 1 月 5 日及 9 日進行二、三讀會議時，通過該館組織條例，易名為「國家圖書館」。民國 85 年 4 月 21 日是該館六十三周年館慶，在正門舉行易名典禮，正式肯定該館為國家圖書館的性質，開啟新里程。

　　二、推動「遠距圖書服務」計畫。緣起於民國 90 年行政院通過「建立我國通資訊基礎建設安全機制計畫」，從此開啟政府有計畫的推動「國家資訊及通訊基礎建設」，並責成該館開發「遠距圖書服務」。該館乃繼開創「中華民國期刊論文索引光碟系統」及「當代文學史料影像全文系統」、「中華民國出版圖書目錄光碟系統」，再推出「遠距圖書服務系統」（Remote Electronic Access/Delivery of the National Central Library，簡稱 READncl），除提供索引目錄資料外，並將檢索到的索引目錄資料透過網路可在線上直接閱讀原文，或列印。本系統有九大子系統，計有：（1）期刊資源：中華民國出版期刊指南系統、中華民國期刊論文索引影像系統、國家圖書館新到期刊目次服務系統；（2）政府文獻：中華民國政府出版品目錄系統、行政院所屬各機關因公出國報告書影像系統、中華民國政府公報全文影像查詢系統、國家圖書館新到公報目次服務系統；（3）專題文獻：當代文學史料影像全文系統、當代藝術作家系統等[5]，其中亦

---

[4] 曾濟群（1996）。國家圖書館組織法的立法過程。國立中央圖書館館訊，18（1），1-4。；曾濟群（2003）。回首來時路那燈火闌珊處-記在國家圖書館服務的片段。國家圖書館館刊，2003（1），12-13。

[5] 宋建成（1996）。民國 84 年資訊月-本館遠距圖書服務系統紀實。國立中央圖書館館訊，18（1），10-13。

182

探索精品館藏：國家圖書館特色館藏的歷史發展
Exploring the Fine Collection:
The Historical Development of Special Collections in National Central Library of R.O.C. (Taiwan)

包含特色館藏研究資料之查詢與列印。

三、「圖書館法」之頒佈與施行。民國 88 年 1 月 25 日「出版法」廢止，國家圖書館喪失書刊送繳的法源依據，經多方努力，民國 90 年 1 月 17 日總統公布施行「圖書館法」。[6] 透過「圖書館法」頒佈與施行，國家圖書館再次取得出版物送存該館的法律依據。同時透過大力宣導出版物法定送存的意義及重要性，運用該館國際書號中心自動化作業系統持續整理出版人尚未送存清單，以進行催告與補送出版品工作，送存率遂逐年提升。民國 90 年 10 月 15 日教育部指示該館，研訂公共、大學、專科、高中、職校、國中、國小等七種圖書館的設立及營運基準；至民國 93 年 11 月，已悉數陸續由各主管業務司審核發布，該法達成國家圖書館完整保存國家文獻的功能與任務。

四、民國 89 年成立「中華圖書資訊館際合作組織」。為便利全國圖書館更有效率地辦理各項館際合作事宜，將「中華民國科技合作協會」、「中華人文社會科學圖書館合作組織」、「大陸資料館際合作組織」等三個館際合作組織，加以整合成「中華圖書資訊館際合作組織」。[7] 全國圖書館事業之整合業務，對於各級圖書館的服務是一個重要變革，也是國家圖書館進行輔導全國圖書館事業的合作，促進館際之間資源共享業務更順暢。

五、國家圖書館與大學合辦圖書資訊專業學分班。民國 89 年該館與政治大學合辦「國家圖書館圖書資訊學碩士學分班」（後改名「學校圖書館專業人員進修學士學分班」；並與中山大學合辦「圖書館專業人員在職進修學分班」，分別招收圖書館在職人員。[8] 該類課程是因應圖書館法頒佈後，各級圖書館設立與營運基準對於專業人員之認定標準：「國內外大

---

[6] 總統府公報（2001）。制訂「圖書館法」。總統府公報，6377， 27-29。

[7] 國家圖書館特藏組（2010）。國家圖書館七十七年大事記。臺北市：國家圖書館，頁 42。

[8] 同前註。

學畢業，並曾修習經圖書館各級主管機關核准或委託之圖書館、大學校院、圖書館專業團體辦理之圖書資訊學科目課程二十學分或三百二十小時以上者。」而開設。是以，該學分班之目的是協助各級圖書館從業人員可獲得在職進修機會，取得圖書館專業學分認證，被認可為專業人才。此外，該圖書館人才培育措施，亦可擴大圖書館吸引與招收多元學科背景人才，提供多元機會加入圖書館實際作業。

六、「圖書館輔導要點」之公布。民國 91 年教育部公布「圖書館輔導要點」，作為輔導公共圖書館業務之依據，共訪視 143 所圖書館及辦理臺灣地區公共圖書館營運績效評量。因為基層圖書館員的旅途奔波及出差不易，所以推動「在地研習」方式，民國 91 至民國 92 年共辦理四十多場，培訓約二千五百位來自全省各地圖書館工作人員。民國 93 年又推出「圖書館專業團隊駐點輔導與服務」，邀請圖書資訊系所師生及圖書館界的資深工作者，組成 13 個專業團隊深入偏遠鄉鎮，直接到館與館員及相關人士共同討論該館營運問題並提供諮詢服務，共計輔導 78 個鄉鎮（市）圖書館，深受（84.2%）肯定。[9]

七、參加「國家典藏數位化計畫」及「數位典藏國家型科技計畫」兩個五年計畫。民國 91 年起該館積極爭取各項專案經費補助，如「圖書館事業發展三年計畫：知識資源基礎建設」（民國 91 至民國 93 年）、「國家典藏數位化計畫」及「數位典藏國家型科技計畫」兩個五年計畫。本項計畫對未來發展影響很大，因有固定經費補助，國家圖書館經十年持續努力升級各系統功能，由早年圖書館自動化建置索引目錄資料庫為主，改為運用最新資訊科技之技術，轉型為全文影像資料庫，提供數位圖書館服務之優質服務。

八、成立「藝術及視聽資料中心」。民國 94 年 3 月 21 日國民黨歸還

---

[9] 宋建成（2011）。國家圖書館歷史沿革之探析。國家圖書館館刊，100（2），20。

184

探索精品館藏：國家圖書館特色館藏的歷史發展
Exploring the Fine Collection:
The Historical Development of Special Collections in National Central Library of R.O.C. (Taiwan)

實踐堂（臺北市延平南路），經財政部國有財產局鑑定結果，認為補強之後屬「堪用」，該館予以爭取該建築。民國 97 年 6 月臺北市建管處核發使用執照，10 月 27 日「藝術及視聽資料中心」舉行開幕啟用，推動藝術人文活動。[10] 本中心之啟用，是開啟國家圖書館對於藝術人文活動的專業諮詢與藝術活動的推廣與支持，是該館讀者服務的升級與加值服務。自民國 96 年 3 月至 99 年 12 月，三年間國家圖書三次更易館長，分別是民國 96 年 3 月、民國 96 年 9 月、民國 97 年 8 月，由王文陸、黃寬重、顧敏先後擔任第十任、十一任及十二任館長。

九、國家圖書館南部館籌備服務處圖書室啟用。民國 97 年奉上級指示於 2 月揭牌啟用南部館籌備服務處之圖書室，開始服務南部民眾，惟後因故未啟用。民國 91 年 11 月臺灣南部八縣市首長共同提案，建議國家圖書館於南部設立分館。之後，行政院指示參考國立故宮博物院南部分院方式，規劃南部分館，此後行政院經建會、教育部及該館數度召開南部館籌設會議與積極辦理相關規劃工作。民國 96 年 6 月行政院研考會規劃我國中央政府所設立圖書館的整合工作，將國立中央圖書館臺灣分館及國立臺中圖書館加以整合，成為國家圖書館的北部與中部兩個區域館，而尚未成立的南部分館如能即時設置，則我國國家圖書館的體系，將得以完整成形，使我國國民能夠普遍享有國家級的圖書資訊服務。

所以，民國 96 年 12 月教育部核准國家圖書館南部籌備服務處全年營運經費，其館址暫時借用高雄市國立科學工藝博物館南館圖書室。教育部並指示於民國 97 年 2 月揭牌啟用南部館籌備服務處，開始服務南部民眾，惟因故未果。[11] 這一個事件的立意是良好的，希望平衡全國圖書資源服務全國國民，也籌劃六年的整合國家圖書館之組織體系，可集中規劃與運用全國各項資源，更有效提升各項作業績效，可惜喪失實踐整

---

[10] 同註 7，頁 54、69。

[11] 黃寬重（2008）。國家圖書館南部館籌設緣起與願景。全國新書資訊月刊，109，4。

合時機。

　　十、打造國家圖書圖及全國圖書館事業的黃金十年。民國 99 年 12 月 31 日曾淑賢接任第 13 任館長，持續打造國家圖書圖及全國圖書館事業的黃金十年，讓該館成為國際上具有指標性的國家圖書館。並以圖書館經營的六化：「卓越化」、「專業化」、「數位化」、「國際化」、「多元化」和「人性化」為主軸，進而提出六大願景與十四項策略，轉化具體行動，帶領國家圖書館邁入新的里程碑。[12]

　　總結上述，接續 1977 年國家文化建設之業務發展基礎，積極持續開展與推動各項業務。本時期處於全球化與資訊化的時代，重要事件包含 1.民國 85 年易名為「國家圖書館」；2.民國 85 年推動「遠距圖書服務」計畫；3.民國 90 年頒佈「圖書館法」；4.民國 89 年整合國內圖書館三大館際合作組織，成立「中華圖書資訊館際合作組織」；5.民國 89 年與政治大學及並與中山大學合辦學分班；6.民國 91 年教育部公布「圖書館輔導要點」；7.民國 91 年起參加「國家典藏數位化計畫」及「數位典藏國家型科技計畫」兩個五年計畫；8.民國 97 年啟用「藝術及視聽資料中心」；9.民國 97 年籌備國家圖書館南部館，惟後因故未啟用；10.民國 99 年持續打造國家圖書圖及全國圖書館事業的黃金十年。

　　所以，該期 20 多年來透過全球化及資訊化的衝擊，業務推展更迅速，互動與合作之層面也越廣闊。透過重要歷史事件的接續發展，一直推動國家圖書館開展各項業務及不停躍進與創新；特色館藏的相關發展也是架構在這些重要事件的歷史發展中。特色館藏是館史發展的一個重要部分，各項相關業務都是同步發展與互動前進的。

---

[12] 國家圖書館秘書室（2010）。曾淑賢館長接棒國家圖書館迎向建國百年。
　　檢自：http://www.ncl.edu.tw/information_236_3356.html。

二、組織結構

　　該期有二次組織結構變革，1996 年公布「國家圖書館組織條例」共十四條文，及 2012 年公布「國家圖書館組織法」共六條文。茲分別說明如下：

　　該期第一次是 1996 年通過「國家圖書館組織條例」，也是自 1933 年籌備處成立以來的第四次組織法。鑑於國立中央圖書館於民國 75 年遷至新館後，各項業務日益繁重，已非當時組織條例所能適應；必須因應新資訊社會的來臨，大力推動館藏自動化、數位化及各種時代變遷進行大幅修正。[13] 立法目的是掌理關於圖書資料之蒐集、編藏、考訂、參考、閱覽、出版品國際交換、全國圖書館事業之研究發展與輔導等事宜。本階段國家圖書館有六項重要功能：1.徵集與典藏全國出版品（包含重要的數位資源與數位出版）；2.編輯與維護國家書目；3.領導與輔導全國圖書館事業；4.直接對個人使用者與政府機構提供服務；5.收集與典藏國外具代表性的出版品；6.領導國家參加國際合作與國際組織的論壇。

　　民國 85 年國立中央圖書館易名為「國家圖書館」，依據「國家圖書館組織條例」（1996）新組織法規定，組織部門由五組增為九組，此次增加第十條設立出版品國際交換處；第十一條設立：國際標準書號中心、書目資訊中心；第十二條(顧問或諮詢委員之遴聘)得視需要，遴聘學者、專家為顧問或諮詢委員，均為無給職；其遴聘辦法由該館擬訂，報請教育部核備。[14] 此外，原行政院核定任務編組的國際標準書號中心與書目

---

[13] 曾濟群（1996）。國家圖書館組織法的立法過程。國立中央圖書館館訊，18（1），1-4。

[14] 國家圖書館七十年大事圖輯編輯委員會編輯（2003）。國家圖書館七十年大事圖輯。臺北市：國家圖書館。頁 92、98。

資訊中心亦予以法制化，正式稱為中心。出版品國際交換處納入新組織法，新增四個業務組，即參考、資訊、輔導、研究組。此任務編組之作法，共有二組，分別為全國期刊文獻中心及漢學研究中心。透過這些有機的非正式的組織結構之編制的運用外部人力方式，讓整體組織目標之任務分工更容易協調、整合。也配合達成國家圖書館之功能目標，將第三次組織法的「圖書館事業輔導委員會」功能區分更細，改為二個部門，名稱為研究組與輔導組，正式列入其組織結構。該組織法的通過，也代表該館邁向資訊時代的新紀元。[15] 請參見圖 8.1 國家圖書館組織結構圖（1996）：

---

[15] 同註 13；同註 9。

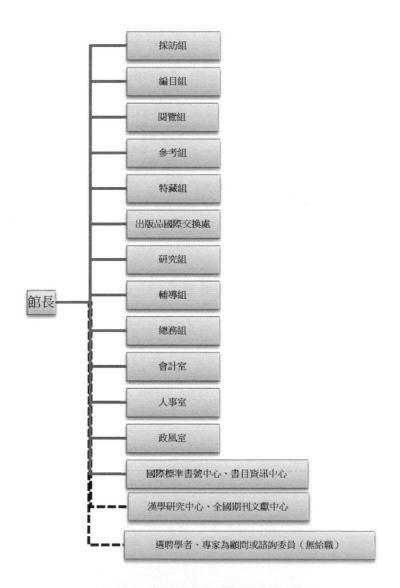

圖 8.1：國家圖書館組織結構圖(1996)

資料來源：作者整理，依據「國家圖書館組織條例」（1996）。

　　該期第二次是 2012 年公布「國家圖書館組織法」，共六條文，是自
1933 年籌備處成立以來頒佈的第五次組織法：立法背景是因應「行政院

組織改造」,進行修法。[16] 立法目的是配合行政院精簡組織政策,運用修正公布「中央行政機關組織法」對於機關組織、職掌及重要職務設置皆有規定與標準,將功能接近之部門加以整併。[17] 該法共有 6 條文,掌理十項業務:1.國家珍貴圖書文獻保存政策與作業之規劃、協調、督導及推動執行;2.全國圖書資訊送存制度與作業之規劃、協調及推動執行;3.各類型媒體國際標準編號之國際交涉與編配管理之規劃、協調及推動執行;4.圖書資訊預行、記述、主題編目、權威紀錄與國家標準書目等規範、作業之規劃、協調及推動執行;5.圖書資訊各類資料庫建置維護與加值服務之規劃、協調、評估及推動執行;6.國際出版品交換與漢學學術研究合作交流之規劃、協調及推動執行;7.圖書館知識服務與館際合作之規劃、協調、督導及推動執行;8.圖書資源數位化典藏、資訊服務政策與作業之規劃、協調、督導及推動執行;9.全國各類圖書館輔導、調查統計之規劃及各項規範標準之訂定;10.其他有關全國圖書資訊事項。[18]

　　此次組織法為一階層式的官僚組織型態,採取功能部門化之組織結構,為一水平式分工與職位分類。此次修法背景是配合行政院精簡組織,要合併部門功能,共設立十組:六組是專業功能性的部門分工:圖書館事業發展組、館藏發展與書目管理組、知識服務組、特藏文獻組、數位知識系統組、國際合作組,是負責圖書館專業工作。其他四組:秘書室、人事室、政風室、主計室,是屬於行政支援部門。而任務編組共二組:全國期刊文獻中心、漢學研究中心。編制「國家圖書館編制表」,說明其職稱、官等、職等與員額。此次組織結構圖,請見圖 8.2 國家圖書館組織結構圖(2012):

---

[16] 行政院研究發展考核委員會(2012)。行政院研究發展考核委員會(2012)。行政院組織改造(Government reform and innovation)。檢自:http://www.rdec.gov.tw/mp14.htm

[17] 王振鵠(2013)。國家圖書館八十年。國家圖書館館刊,102(1),2。

[18] 同前註。

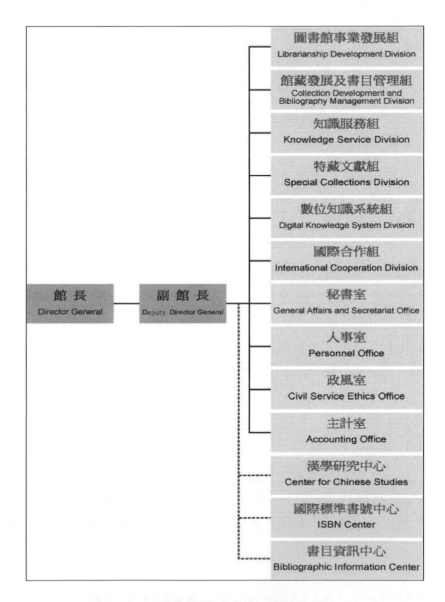

圖 8.2：國家圖書館組織結構圖(2012)

資料來源：國家圖書館（2017）。本館簡介：組織架構。
檢自：網址：https://www.ncl.edu.tw/content_268.html

　　總之，該期有二次組織法規變革，首次是因應 1986（民國 75）年啟
用新館增加業務需求而進行修法，透過增設不同業務部門以便符合與落
實國家圖書館任務與功能之需求。第二次 2012（民國 101）年修法，是
配合政府組織再造之規定而進行改革。

三、特色館藏相關發展

　　由於國家圖書館自動化與數位化成就斐然，獲得國內外肯定，進行
多項國內外合作計畫，其中包括特色館藏相關發展計畫，是與國內外合
作交流同步啟動。重要發展可分為三部分：國外古籍合作、國內古籍發
展及相關法規制訂，茲依序說明如下：

(一) 國外古籍合作

　　國外古籍合作，包含 1.民國 88 年 8 月 30 日至 9 月 1 日該館舉辦「華
文書目資料庫合作發展研討會」，與會者都倡議合作；2.民國 88 年 11 月
4 至 5 日香港召開「兩岸五地華文資料庫合作計畫會議」；3.民國 89 年 6
月 7 日在北京召開「中文文獻資源共建共享合作會議第一次會議」，選定
八個合作項目，其中「古籍聯合目錄資料庫」由該館主持，該合作會議
持續迄今 2017 年[19]；4.民國 93 年 11 月與美國猶他家譜學會（Genealogical
Society of Utah，簡稱 GSU）簽訂合作協議，獲得該會授權，將九千多
種臺灣地區族譜微捲，進行數位化掃描及分析建檔，由該館免費提供民
眾非營利性個人研究使用[20]；5.民國 94 年 3 月與美國國會圖書館簽訂合

[19] 盧錦堂（2000）。赴北京出席「中文文獻資源共建共享合作會議第一次會議」報告。國家
　　圖書館館訊，89（3），11-14。
[20] 俞小明（2005）。國家圖書館與美國猶他家譜學會「臺灣地區族譜數位化」合作紀要兼談
　　其家譜圖書館。國家圖書館館訊，94（4），26-31。

192

探索精品館藏：國家圖書館特色館藏的歷史發展
Exploring the Fine Collection:
The Historical Development of Special Collections in National Central Library of R.O.C. (Taiwan)

作協議，由國家圖書館派人至美國國會圖書館進行其館藏中文善本古籍的數位化工作，國家圖書館可獲得回贈該善本古籍數位檔[21]；6.民國 96 年 7 月 23 日該館辦理「2007 年國家圖書館國際合作座談會」，邀請越南國家圖書館、胡志明市科學圖書館、河內國立大學圖書館、漢喃研究院圖書館等四位館長參與會議；簽署合作共識。民國 97 年越南國家圖書館派二位館員來該館研習古籍修護知識及技巧。[22] 民國 97 年國家圖書館贈書越南國家圖書館；並分別與胡志明市科學圖書館、河內國立大學圖書館及漢喃研究院簽署合作協議書[23]；7.民國 96 年聯合國科教文組織和美國國會圖書館簽訂發展「世界數位圖書館」（World Digital Library）協議備忘錄，並於巴黎共同舉行展示會，會中展示該館提供館藏特色館藏影像檔十幅。這是一個將世界各國文化資產匯集於一個網站，免費開放使用的國際計畫。[24] 之後，該館獲美國國會圖書館邀請，正式簽約加入合作館，於法國巴黎舉辦正式公開啟用儀式暨合作單位會議。也於民國 99 年完成簽署世界數位圖書館章程（charter），在華府舉行合作單位首屆年會，會中該館提供 31 種文獻影像光碟，依例經本計畫美方技術及語文人員後製處理後，即可開放供全世界公眾使用。此次會議有 76 所圖書館或檔案館 99 位代表參加，開展了國際文化交流與合作的新頁，本項合作意義重大。[25]

---

[21] 張圍東（2009）。國家圖書館古籍文獻國際合作數位典藏計畫：以美國國會圖書館為例(NCL International Chinese rare book digitalization cooperation project: A case study of the United States Library of Congress）。臺灣圖書館管理季刊，5（4），103-105。

[22] 同註 14。

[23] 國家圖書館編（2009）。與越南圖書館界簽訂合作協議。中華民國 98 年圖書館年鑑，頁 296。臺北市，國家圖書館。

[24] 蘇桂枝（2008）。參加「世界數位圖書館」展示會紀要。在公務出國報告資訊網。檢自：http://report.nat.gov.tw/ReportFront/report_detail.jspx?sysId=C09602680

[25] 俞小明、廖秀滿（2010）。參加世界數位圖書館合作夥伴年度會議。國家圖書館館訊，99（3），11-12。

　　以上合作案中，具有持續影響力與一直進行作業的是「善本古籍聯合目錄」計畫，參與合作的圖書館由國內擴增到國外，國家圖書館透過國內外一起合作以促進中文善本古籍之館際合作，並達到善本古籍書目資源的共建共享目的。緣起於 1998 年建置「善本古籍聯合目錄」，收錄臺灣地區 8 所圖書館所藏古籍書目資料，提供查詢瀏覽。2002 年更增加邀請中國大陸及海外圖書館，提供測試資料，建置「善本古籍聯合目錄 Metadata 著錄測試系統」，選定若干古籍核心書目欄位，具備查詢、維護及新增等功能。

　　之後，本系統陸續簽定合作備忘錄擴大合作館之參與，自 1999 年香港中文大學舉行「兩岸五地華文資料庫合作計畫會議」，成立「兩岸五地中文文獻資源共建共享協調委員會」，下有三個工作小組，其中「古籍聯合目錄資料庫」工作小組由該館負責召集。為謀兩岸古籍資源的合作與分享，於 2000 年於臺北舉辦第一次「古籍聯合目錄暨相關工作研討會」，邀請臺灣相關合作館及大陸六所著名收藏古籍的單位代表或學者專家，共同交換工作經驗。2000 年在北京召開「中文文獻資源共建共享合作會議第一次會議」，該館所提「古籍聯合目錄資料庫」建置計畫被選定為合作項目之一，該項目旨在配合華文書目資料庫的建置，提供豐富的中文古籍書目資料，開放給一般讀者在網際網路上查詢使用。

　　據此，該館為順利推展本系統之合作建置工作，定期於台北召開「古籍聯合目錄資料庫合作建置研討會」，除了邀請台灣相關合作館及大陸、港澳地區古籍收藏單位代表外，也預計邀約北美、東亞、歐洲地區重要古籍收藏單位出席，共同研討，交流經驗，以推動全球性「中文古籍聯合目錄」。所以，透過持續邀請全球重要中文古籍典藏圖書館加入，聯合建置本系統之資料內容，其資料量與重要性也持續成長與增加中。[26] 該

---

[26] 國家圖書館特藏文獻組（2016）。105 年工作績效報告書。

194

探索精品館藏：國家圖書館特色館藏的歷史發展
Exploring the Fine Collection:
The Historical Development of Special Collections in National Central Library of R.O.C. (Taiwan)

系統之服務網頁，請見圖 8.3「中文古籍聯合目錄」查詢網頁：

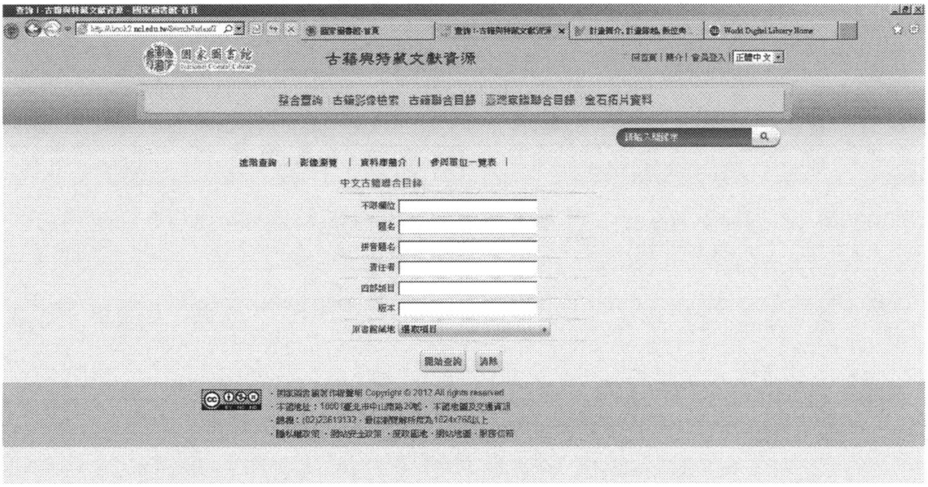

圖 8.3：「中文古籍聯合目錄」查詢網頁

資料來源：國家圖書館（2018）。古籍與特藏文獻資源：中文古籍聯合目錄。
　　　　　檢自：http://rbook2.ncl.edu.tw/Search/Index/2

(二) 國內古籍發展

　　特藏資源之發展與行銷一直是國家圖書館的重要工作，該期發展有
三類：1.執行善本古籍數位典藏計畫；2.應用善本古籍數位典藏成果；
3.行銷善本古籍特色館藏資源。依序說明如下：

　　1.執行善本古籍數位典藏計畫：該期延續 1933 年以來的歷史發展成
果，包含抗戰時期蒐購古籍、古籍重印出版蓬勃之成果、與古籍整編計
畫之成效。該期進入資訊化與全球化時代，運用先進資訊科技進行數位
化計畫。數位化之前的準備工作是於 2000 年進行「中文詮釋資料
（Metadata）」格式的訂定，包括善本古籍詮釋資料在內。2001 年配合館
藏善本古籍的數位影像建置作業，另開發「善本古籍 Metadata 書目資料

庫」，將已建檔的機讀書目記錄，轉為 Metadata，並提供查詢。所以，隔
（2001）年起行政院國家科學委員會策劃推動數位典藏國家型科技計
畫，該館為九個機構計畫之一，10 年來陸續 7,729 種善本古籍數位化典
藏。[27] 此外，2005 年起，該館合作善本古籍數位化之計畫，合作單位包
括美國國會圖書館、美國華盛頓大學圖書館、美國柏克萊加州大學圖書
館、加拿大多倫多大學圖書館、法國國家圖書館等，總計已完成 4,094
種，近 287 萬影幅之重要善本古籍數位化作業，對於彌補國內研究資源、
拓展臺灣對世界漢學研究影響力，有相當程度的高度效益。[28]

　　2.應用數位化善本古籍成果：古籍數位化已是各重要善本古籍典藏
機構的發展主流，完成數位化之後如何應用數位化善本古籍之成果，是
刻不容緩的同步任務，目的是便利古籍數位化成果之傳佈與推廣古籍普
及化。重要成果與有古籍紙本重印與出版電子版圖書，例如：(1)2010
年 6 月依程序報部將國寶級古籍元至正元年(1341 年)朱墨雙色印本《金
剛般若波羅蜜經》，以原樣原貌限量複製出版，以出版品發行的方式便利
於古籍的普及化；(2)2011 年 2 月再經該館與美國國會圖書館授權，將其
館藏《臺灣番社風俗》由小魯公司改編為童書合作出版《臺灣平埔族生
活圖誌》；(3)2011 年積極設計製作多款古籍電子書，以原貌經典版或時
尚新潮版多元地呈現於網路，並結合行動載具，供讀者於手機、iPad 及
個人電腦瀏覽翻閱，大大增進了古籍閱讀的便利性及流通性。[29]

　　3.行銷善本古籍特色館藏資源：有四種方式(1)建置讀者查詢系統；
(2)開闢善本古籍專欄；(3)舉辦定期特藏展覽；(4)建置線上特藏展覽系
統。說明如下：

---

[27] 同前註。

[28] 同前註。

[29] 俞小明（2012）。古籍復刻、經典再現：國家圖書館善本古籍重印出版。全國新書資訊月
　　刊，162，4-5。

　　(1)建置讀者查詢系統：國家圖書館建置「古籍與特藏文獻資源」系統，包含五大資源檢索區：整合查詢、「古籍影像檢索」、「古籍聯合目錄」、「臺灣家譜聯合目錄」、「金石拓片資料等子系統」，在其網站提供完善服務。其中「古籍影像檢索」是運用進步的資訊科技，參與行政院國家科學委員會自民國 90 年起陸續辦理「國家典藏數位計畫」及「數位典藏國家型科技計畫」，成為國家資源數位典藏整體考量的主要項目之一。除了在網路環境上提供使用者利用外，更謀求產業界能將產品予以加值產出；「古籍聯合目錄」是為促進善本古籍之館際合作以及書目資源的共建共享，於 1998 年開始合作建置與提供測試資料，建置「善本古籍聯合目錄 Metadata 著錄測試系統」，選定若干古籍核心書目欄位，具備查詢、維護及新增等功能以與提供服務；「臺灣家譜聯合目錄」是臺灣現藏中國家譜約 28,846 種，藏量在中國家譜總數中佔有相當的比重，該館有鑑於家譜乃記載民族血緣的歷史圖籍，家譜資料有助於人文社會科學的研究，於民國 91 年召開「台灣地區家譜聯合目錄合作編製相關事宜座談會」，決議由與會各收藏單位提供書目資料，並由該館訂定欄位、進行測試，匯集各單位之書目資料，建置「台灣地區家譜聯合目錄」。本資料庫可供相關單位匯入 CMARC、CNMARC 以及 USMARC 等 MARC 格式書目資料，以利查詢、顯示，兼提供著錄及維護功能。將來擬進一步擴充系統，提供符合國際標準的 Metadata 書目資料匯出功能，以利交換；及「金石拓片資料庫」，緣起於國家圖書館（原國立中央圖書館）初創時，即採購天津孟繼壎（字志青）舊藏石刻拓片，奠定了該館金石拓片的基礎。其中留有孟氏題記的近 150 種，尤為精華所在；而最重要的則是抗戰期間於民國 29 至 30 年間對江南淪陷區善本書的大規模搶救行動，中亦蒐購不少金石拓片，嗣復購得商承祚所藏一批金文全形連銘拓片，拓

印極精，允稱極品。逮民國 71 年該館委託國立成功大學歷史系師生，代
揭臺南碑林；近又新購漢代四川畫像磚石拓片一批，均屬罕見之珍貴資
料。[30] 本系統供讀者查詢特色館藏資源，請見圖 8.4「古籍與特藏文獻
資源」網頁：

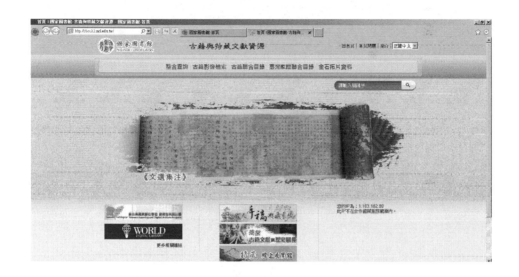

圖 8.4：「古籍與特藏文獻資源」網頁

資料來源：國家圖書館（2018）。古籍與特藏文獻資源。
　　　　　檢自：http://rbook2.ncl.edu.tw/

　　依據國家圖書館特藏文獻組之統計其所藏金石拓片，共 6,462 件，
12,462 幅。其中以墓誌 2,820 件為最夥，次為刻石 2,826 件、吉金（金
文全形）771 件。金文部分，以鐘鼎彝器為大宗，旁及度量衡器、兵器、
鏡鑑等物，製作時代起自殷商、西周、春秋戰國以迄漢世，且什九皆為
金谿周希丁（康元）親手所拓製，偶見有容庚及吳重熹等人題記。石刻

---

[30] 同註 26。

部分，以碑誌為多，兩漢刻石文字，有篆有隸，碑碣、摩崖、題記、殘石，不一而足，於此不惟可窺兩京的豐碑鉅製，並能藉以察見篆隸嬗變的軌跡。再則唐人碑誌已超過千種，其中頗可補《全唐文》所未備。為期這些珍貴資料，能化身千百，廣為學界所使用，該館自 2005（民國 94）年開始即將館藏珍貴之金石拓片進行數位化，置放在網路上，俾供各界使用。[31]

(2)開闢善本古籍專欄：推出新專欄〈古籍今賞〉，運用《全國新書資訊月刊》定期選介該館收藏的珍貴善本古籍特色館藏，並以介紹古籍版本、內容與鑑定相關知識為主。依據盧錦堂（2004）在〈古籍版本鑑賞-從珍惜善本祕笈說起〉一文，說明本專欄之重要性與書寫方式。重要背景是因為代表珍貴國家文化遺產的珍貴善本古籍特色館藏日益受到國際間重視的今日，古籍善本的蒐藏與行銷推廣自亦隨而成為其中一個注目焦點；古籍數位化更是各重要古籍典藏機構的發展主流。從根本上說，珍貴古籍具有文物價值，版本的真偽優劣尤其不容忽視，因此，古籍版本鑑定既屬專門，又是必要，無論公私典藏，抑或推廣利用，都應留意此一基本功夫。[32] 所以，行銷該館善本古籍特色館藏資源是一項重要的任務，可以增加其文化價值與意義。

本專欄每期一個篇題，皆由專家執筆，論述範圍包括古籍版本鑑定的方法、作偽的辨識、各類版本的選介、版本常識中若干問題的解說，並旁涉古籍的現藏情況、編目著錄、修復維護、影印重製、拍賣行情等相關項目。說明時盡量多舉例證，輔以書影，必要時酌增注釋，篇末還附加「延伸閱讀」，列出重要參考書目。總之，期望對公藏機構或個人蒐購古籍，能有所助益；若慣閱現代圖書的讀者又因而引起進一步探究傳統文化的興趣，從了解鑑定的過程中更能懂得如何賞識古籍，則尤為萬

---

[31] 國家圖書館「金石拓片資料庫」。檢自：http://www.cckf.org/zh/sino/00041
[32] 盧錦堂（2004）。古籍版本鑑賞-從珍惜善本祕笈說起。全國新書資訊月刊，93（6），15-19。

幸。[33]

　　(3)舉辦定期特藏展覽：該館歷年辦理珍貴館藏古籍文獻相關主題之展覽，以達到傳布推廣圖書文化的目的，如「清代稿本百種展覽」、「中國歷代圖書展覽」、「明代版畫藝術圖書特展」、「中國傳統年畫藝術特展」等。[34]

　　(4)建置線上特藏展覽系統：「特藏線上展覽館」是將該館最富特色且深具歷史價值的古籍文獻，以線上展覽或電子出版品的形式，呈現給一般社會大眾觀賞。系統內容有六大項：特展館、電子書、出版品、認識中國古書、特藏文獻圖像、世界數位圖書館。其中，特展館：介紹該館典藏精選，以善本書室之專題展覽與歷次展覽內容為主，本年度並納入 QR code 功能，便利讀者迅速連結導覽網頁內容；電子書：將該館特藏古籍轉製電子書，提供讀者閱覽，本年度計完成約 50 種；出版品：介紹該館特藏文獻歷年出版，提供讀者線上閱覽；認識中國古書多媒體系統：介紹該館館藏善本古籍，結合文字、圖片、影像和音樂等多媒體特色。系統共有六單元：探源、集錦、賞鑑、釋名、觀影（館藏選介、善本書庫、古籍修補、古籍整理）、拾芥（釋名索引、珍籍索引）等；特藏文獻圖像：館藏部分古籍所附圖像舉例及清代文書；世界數位圖書館：2013 年〈世界數位圖書館〉將該館於所提供 78 種珍貴古籍影像介紹文字轉譯成英、法、阿、西、葡、俄等 6 國語文上傳〈世界數位圖書館〉之網頁，透過網際網路免費提供全球人士利用。[35] 所以，資訊時代運用網路可以超越時空限制，使用者可以隨時上網學習。

---

[33] 同前註。

[34] 張圍東（2014）。國家圖書館古籍文獻保存、整理與利用。全國新書資訊月刊，103，4-8。

[35] 同前註。

(三) 相關法規制訂

　　該期積極頒佈特色館藏相關法規，內容部分是以收藏、管理（包含特藏品定期抽查及盤點）、服務、合作與行銷相關為主，說明如下：1.「國家圖書館特藏古籍文獻保管要點」民國 78 年訂定、88、90、92 年陸續進行修正；2.「國家圖書館特藏資料借展作業要點」民國 99 年訂定；3.「國家圖書館特藏古籍文獻複製品借印出版管理要點」民國 100 年訂定、101、102 年陸續進行修正；4.「國家圖書館善本室閱覽須知」民國 102 年訂定；5.「國家圖書館手稿資料徵集要點」民國 102 年制訂；6. 民國 105 年 5 月 17 日館務會議修訂通過「國家圖書館特藏文獻管理維護作業要點」；7.民國 105 年 4 月 19 日館務會議修訂通過「國家圖書館特藏文獻盤點作業要點」。依據該要點辦理舊籍清點及整理，每月完成盤點 1,100 部，至 10 月底已完成 11,000 部。11-12 月持續辦理盤點，可達成全年盤點量 13,200 部/件。

　　以上，對於特色館藏品進行定期的抽查及盤點，依據民國 105 年通過的「國家圖書館特藏文獻管理維護作業要點」，該要點第六條，每 3 個月辦理定期季抽查。本（民國 105）年 7 月 6 日辦理第 1 次抽查，及 10 月 7 日辦理第 2 次抽查，由該館人員及邀請館外學者專家會同特藏文獻組主任進行抽查，抽查結果皆符合館藏紀錄。依據民國 105 年通過「國家圖書館特藏文獻盤點作業要點」，辦理舊籍清點及整理，每月完成盤點 1,100 部，每月持續辦理盤點，可達成全年盤點量 13,200 部/件。[36]

　　其他有關特藏文獻典藏的部分還包含：1.落實藏品登錄制度：提報重要臺灣資料登錄國家文化資產，針對館藏臺灣古書契，已整理館藏臺灣古文書計 96 件，依文資法提報重要古物。目前已完成造冊，並送文化

---

[36] 同註 26。

部文化資產局審議中，俟完成指定後，將可成為該館臺灣史料典藏之亮
點；2.辦理館藏書畫作品納入珍貴動產管理：為妥善保存館藏珍貴書畫
作品，於 105 年 7 月 5 日召開「館藏 70 年代書畫作品提報珍貴動產審查
諮詢會議」，審查通過 23 件館藏當代臺灣名家之書畫作品，列入珍貴動
產，總計增加價值為新台幣 2,620,000 元整，並已於 9 月提報教育部備
查；3.特藏文獻庫環境保存維護：每月進行特藏善本書庫、手稿室之保
全及不斷電檢測維護，確保各項功能運作正常；每日記錄書庫環境維護
相關措施，每月進行書庫清潔打掃，注意溫濕度狀況隨時與中控室保持
聯繫，維持溫濕度穩定，溫度維持於 19-21℃，濕度維持 55%-60%；抗
紫外線日光灯管若有損耗則進行更換，以保持理想的典藏環境；4.改善
典藏環境，永續保存國家珍貴資產為改善百年西文圖書及館藏書畫作品
典藏環境，民國 105 年 9 月規劃採購機械式移動櫃，包括移動式掛畫網
櫃、移動式書櫃、可調式層架及抽屜櫃等。[37]

四、出版品

　　該期出版品依隨館務擴展而增加，除接續進行已出版之重要期刊
外，重要出版有兩種如下：1.民國 88 年 1 月創編發行《全國新書資訊月
刊》，以月刊方式通告各級圖書館新書出版相關資訊；2.民國 89 年起，《圖
書館年鑑》改以年刊方式，每年出版一冊，收錄前一年圖書館界重要事
件及活動，採條目體例方式呈現，已成為圖書館界年度重要發展紀錄。
　　此外，該期是善本古籍出版豐盛的年代，重要出版包含 2010 年 6
月，該館依程序報部將國寶級古籍元至正元年（1341 年）朱墨雙色印本

---

[37] 同註 26。

《金剛般若波羅蜜經》，以原樣原貌限量複製出版；2011 年 2 月再經該館與美國國會圖書館授權，將其館藏《臺灣番社風俗》由小魯公司改編為童書合作出版《臺灣平埔族生活圖誌》。2011 年秋，館長親自督導、精心規劃，該館籌辦經典導讀系列講座及館藏古籍原典展覽，展場除原件展出外，現場並提供古籍原樣重印本供參觀者翻閱，獲極大迴響，尤以《東京夢華錄》詢問度最高，經典閱讀已儼然蔚為風氣。同時，2011年，除紙本重印外，該館亦積極設計製作多款古籍電子書，將紙本書及電子書兩種形式一併發展。以原貌經典版或時尚新潮版多元地呈現於網路，並結合行動載具，供讀者於手機、iPad 及個人電腦瀏覽翻閱，增進古籍閱讀的便利性及流通性。[38]

2012 年是善本古籍合作重印出版重要的一年，依據「國家圖書館特藏古籍文獻複製品借印出版管理要點」分別與世界書局、大塊文化出版股份有限公司、臺灣商務印書館、新文豐出版公司等分別簽訂合作或授權出版協議。4 月授權世界書局出版的明版汲古閣精鈔本《梅屋詩餘》、9 月出版《神器譜》及 12 月出版《太古遺音》。10 月授權大塊公司與該館合作出版的另一部國寶級古籍宋嘉定六年（1213）焦尾本《註東坡先生詩》的出版，及 12 月授權與臺灣商務合作出版《四庫全書初次進呈存目》。[39]

2013 年 4 月與世界書局合作出版《希古堂珍藏秘籍》，內容包括有宋李龏編《唐僧弘秀集》、唐歐陽詹撰《歐陽行周文集》、宋歐陽修撰《醉翁琴趣外篇》、宋黃庭堅撰《山谷琴趣外編》、宋洪适撰《盤洲樂章》等五部珍貴古籍。5 月出版《金石昆蟲草本狀》7 月與新文豐出版公司合作出版《臺灣珍藏善本叢刊・古鈔本明代詩文集》第一輯。這次複刻本《古

---

[38] 同註 28，頁 5。

[39] 同註 28。

鈔本明代詩文集》內容包括十七部古鈔本,有(明)許繼撰《觀樂生詩集》、(明)平顯撰《松雨軒集》、(明)謝貞撰《鶴鳴集》、(明)吳訥撰《思菴先生文粹》、(明)張徹撰《退軒集》、(明)祝顥撰《侗軒集》、(明)王磐撰《王西樓先生詩集》、(明)趙統撰《趙驪山先生類稿》、(明)鄺元樂撰《五嶺山人文集》、(明)龔用卿撰《雲岡公文集》、(明)馮大受撰《馮咸甫詩集》、(明)羅萬藻撰《小千園全集》、(明)浦羲升撰《赤霞公詩鈔》、(明)葛如麟撰《葛如麟文集》、(明)包啓禎撰《包飲和詩集》、(明)張于度撰《張逸民南遊草》、(明)顧湄撰《達竽集》等。於2013 年 10 月,該館與臺灣商務印書館合作出版《子海珍本編‧臺灣卷》二十種,12 月 12 日舉辦新書發表會。[40]

五、服務

　　技術服務相關發展,茲說明如下:1.自民國 87 年起將預行編目資訊開放予圖書館暨出版機構免費書目下載服務;2.民國 91 年教育部公布(委託該館研擬)「中國機讀編目格式」、「文獻分析機讀格式」、「詮釋資料格式規範」、「資料數位化與命名原則」、「數位圖書館分散式檢索協定」、「資訊檢索服務與協定」等技術規範[41];3.民國 92 年開辦「公共圖書館共用資料庫」業務,縮短城鄉間數位落差。為多元徵集典藏灰色文獻,蒐購保存臺灣先民舊籍,採訪公私特色專題性收藏,引進國內外重要電子資料庫。也開辦「公共圖書館共用資料庫」相關業務,為各縣市鄉鎮圖書館購置適合民眾一般性需求檢索的優質電子資料庫(全國公共

---

[40] 同註 33。

[41] 同註 7,頁 43、45。

圖書館共用版）共 36 種；也在全省及離島辦理近百場的資訊利用教育訓練課程，以利民眾使用[42]；4.民國 94 年 12 月完成研訂六年的「中文主題詞表」及「中國圖書分類法」增訂九版，賴永祥將該書著作權授予該館；5.民國 96 年成功地將該館所分類編目約三十萬筆新進中文出版圖書書目檔匯入美國 OCLC 的 WorldCat 系統，之前也提供 OCLC 測試「全國圖書書目資訊系統」的書目資料，以求在該公司的系統中，查檢到國內 77 個合作圖書館的中外文藏書資訊；6.民國 96 年在兩年內完成了 CMARC 與 MARC21 對照表及轉換程式。[43] 此次合作有利美國及其他國家各大學東亞圖書館對我國出版圖書的採訪及編目作業，朝向華文書目國際化發展，貢獻很大。

讀者服務相關發展，茲說明如下：1.民國 92 年教育部訂頒「邁向學習社會白皮書」，冀能推展終身教育、建立學習社會，該館乃於民國 88 年 4 月 26 日結合各級圖書館推動讀書會活動，讀書活動頓時成為風潮[44]；2.民國 90 年起辦理「愛鄉！讀鄉！公共圖書館推動閱讀計畫」，藉由閱讀激起民眾探究故鄉源流掌故的興趣，瞭解家鄉的歷史、特色及風土人情。本項活動由各縣市文化局（中心）、圖書館及文史工作室等單位，合作辦理五百多場閱讀活動；3.民國 93 年 9 月 17 日在臺北市立圖書館總館辦理「我家的另一間大書房—蛻變中的公共圖書館」博覽會，活動以圖書館利用與終身學習為主軸，讓公共圖書館成為民眾生活領域的一部分[45]；4.自民國 89 年至民國 91 年先後開辦「終身學習與圖書資源利用研習班」、「e 起來要庫—網路資源運用」等，介紹重要資料庫的使用

---

[42] 彭　慰、蔡佩玲（2004）。豐富全民資訊宴饗-92 及 93 年度公共圖書館共用資料庫採購。國家圖書館館訊，93（2），22-24。

[43] 吳英美（2006）。OCLC 及美國圖書館參訪紀實-兼述書目國際化工作。國家圖書館館訊，95（3），24。

[44] 同註 7，頁 41。

[45] 同註 7，頁 69。

知識；5.陸續發行《全國新書資訊網》、《編目園地》、《遠距圖書服務系統》三種電子報，便利資訊時代國家圖書館主動進行知識服務與行銷；6.啟用「參考服務園地」，提供線上參考諮詢服務。

　　建置服務系統相關發展，茲說明如下：1.民國 86 年「全國圖書資訊網路系統」（National Bibliographic Information Network，簡稱 NBINet）啟用以達成書目共享的理想。鑒於原有 Tandem 系統已不敷需要，成立「新系統功能需求規劃小組」決定，採用「INNOPAC 系統」，正式擔負全國圖書資訊網路營運責任，開啟合作共享書目新紀元。此外，透過該系統持續運作，有效地整合全國圖書館的館藏書目資訊，同時也加強及落實國家圖書館對於建立國家書目資料庫任務；2.民國 89 年建置「遠距學園」非同步網路教學平臺，推展遠距教學，提升民眾資訊利用素養及圖書館員在職訓練。同時在全國巡迴辦理「遠距教學資源網研習會」，讓各地民眾、學校師生及圖書館人員，獲便捷利用本項數位學習資源[46]；3.民國 96 年建置「全國博碩士論文資訊網」；4.民國 96 年建置「About Taiwan 資訊系統」，包含二個以臺灣為主體的資訊系統，紀錄過去的「臺灣記憶系統」（Taiwan Memory），展現今日的「臺灣概覽系統」（Taiwan Info）及「走讀臺灣系統」（Window on Taiwan）；5.陸續由紙本進入影音，先後完成「臺視晚間新聞」、「華視新聞雜誌」等數位轉製，成可在網路傳輸的新聞影音資料等。因此，透過建置這些重要服務系統，國家圖書館服務已提升為資訊時代的數位圖書館服務。

　　總之，國家圖書館透過技術服務之提升制訂各種技術規範、讀者服務之辦理「愛鄉！讀鄉！公共圖書館推動閱讀計畫」，及建置各種不同功能之自動化系統包含「全國圖書資訊網路系統」、建置「遠距學園」、「全國博碩士論文資訊網」等重要服務系統，以提升服務效能。該館與時俱

---

[46] 國家圖書館遠距學園（2016）。國家圖書館遠距學園。檢自：https://cu.ncl.edu.tw/

206

探索精品館藏：國家圖書館特色館藏的歷史發展
Exploring the Fine Collection:
The Historical Development of Special Collections in National Central Library of R.O.C. (Taiwan)

進各種業務同步積極持續發展，以便利有效地執行、完成與落實國家圖
書館使命與任務。

六、國際與國內交流合作

　　該期國內外合作交流很多，國外部分除早已建立互動的國家外，海
峽兩岸圖書館的交流互動，也趨於頻繁。重要計畫說明如下，包含 1.民
國 87 年香港召開「區域合作新紀元：海峽兩岸圖書館與資訊服務研討
會」；其他如大陸地區國家、公共、大學圖書館人員互訪，書刊交換，使
該館與漢學中心的交換業務開拓新方向；2.民國 95 年與蒙古國家圖書館
簽署合作協議[47]；3.民國 95 年與歐洲經貿辦事處簽署「EUi」協議，該
館正式成為歐盟文獻寄存圖書館[48]；4.民國 95 年與「全球記憶網」（Global
Memory Net）（主持人陳劉欽智）簽訂合作協議，將該館之館藏日治時
期明信片影像檔及古籍影像檔，共 500 幅上傳作為該網有關臺灣記憶內
容的一部分；5.2012 年與法國國家圖書館及法國法蘭西學院漢學研究所
簽訂合作備忘錄；6.2014 年與馬來亞大學圖書館(University of Malaya
Library)簽訂合作備忘錄；7.2014 年與梵蒂岡圖書館簽訂合作備忘錄；
8.2014 年與日本京都大學人文科學研究所簽訂合作備忘錄；9.2014 年與
德國慕尼黑大學圖書館及該校漢學研究所簽訂合作備忘錄；10.2014 年
10 月 31 日與捷克科學院東方研究所簽訂合作備忘錄；11.2015 年 5 月
21 日與英國大英圖書館、英國牛津大學圖書館簽合作備忘錄；12.2015
年與比利時魯汶大學圖書館簽訂合作備忘錄；13.2015 年 10 月 21 日與

---

[47] 莊芳榮、俞小明（2006）。國家圖書館與蒙古國家圖書館合作締約紀實-兼述韓蒙兩地圖書
　　館參訪。國家圖書館館訊，95（4），頁 8。

[48] 同註 7，頁 56。

法國里昂第三大學圖書館、法國里昂市立圖書館簽訂合作備忘錄；
14.2016 年是豐收年，分別與匈牙利科學院、波蘭亞捷隆大學、韓國首
爾大學圖書館、美國加州大學洛杉磯分校圖書館(UCLA Library)、比利
時皇家圖書館(Royal Library of Belgium)、波蘭華沙大學館東方研究學院
等簽訂合作備忘錄。[49]

　　國內合作之重要計畫，例如：1.民國 93 年參與李梅樹手繪三峽祖師
廟設計圖稿整理計畫[50]；2.民國 94 年 3 月臺南市立圖書館館藏日據時期
臺灣舊籍數位化計畫[51]；3.該館與臺北市文獻會、澎湖縣政府文化局等
合作，以求地方文獻資料庫的建置；4.行政院研考會及客委會與該館合
作進行地方（縣市）政府公報及客家資源的數位化專案；5.民國 98 年起
陸續啟動「漢學書房」計畫。「漢學書房」之名，為本合作計畫的總稱，
其主要目的是要將國家圖書館的服務觸角向外延伸，即所謂之「outreach
services」。該館針對不同的個案，因地制宜，規劃適當合作主軸，例如
資源分享、閱讀推廣、異地備援、遠距教學、知識服務、參考服務、資
訊利用指導、閱覽空間調整、合辦講座等，努力營造雙贏的合作機制。
所以，布置「漢學書房」，推動「寰宇漢學講座」，搭建合作的橋樑，以
便利達到學術公開與資訊自由。本計畫係該館與國內圖書館界合作，「透
過各項服務方式，建立彼此的合作關係，互惠效益，達成以倡導華文學
術研究並推動人文閱讀服務為宗旨的服務理念，截至民國 99 年底有八個
合作館。[52]；6.民國 99 年 1 月 30 日該館與耶穌會臺北利氏學社（Taipei
RicciInstitute）舉行「共同成立利瑪竇太平洋研究室」簽約儀式，該社將

---

[49] 國家圖書館（2016）。古籍與特藏文獻資源：最新消息。檢自：http://rbook2.ncl.edu.tw/News/

[50] 同註 7，頁 51。

[51] 何培齊（2005）。國家圖書館與臺南市立圖書館「日治時期臺灣舊籍數位化」合作紀實。
國家圖書館館訊，94（2），12-14。

[52] 國家圖書館（2009）。國家圖書館推廣「漢學書房」合作計畫。
檢自：http://www.ncl.edu.tw/information_237_569.html

部分所藏 3 萬冊圖書寄存該館；該館成立「利瑪竇太平洋研究室」。[53]

　　總之，該期處於全球化與數位化時代，國家圖書館與國內及國外的合作交流增多及互動密集。國外部分除早已建立互動的國家外，海峽兩岸圖書館的交流互動，也趨於頻繁，以中文善本古籍的數位化與建立古籍聯合目錄為合作核心。而國內部分也是以文獻數位化為主，有臺南市立圖書館館藏日據時期臺灣舊籍數位化計畫、行政院研考會及客委會進行的地方政府公報及客家資源的數位化專案、及簽約合作館布置「漢學書房」以達成倡導華文學術研究並推動人文閱讀服務理念。

　　總結該期特色館藏的歷史發展要點，面臨全球化與資訊化挑戰，1996易名「國家圖書館」。經歷二次組織結構變革，2013 年由特藏組改名為特藏文獻組。國外與國內特色館藏數位化合作案增加，包含國外古籍合作、國內古籍發展及特色館藏相關法規發展。法規部分，以收藏、管理、服務、合作與行銷面向為制訂法規目的，制訂七條特色館藏相關法規。出版品數量增加，2012 年是該館善本古籍合作重印出版重要的一年。處於全球化與資訊化環境，特色館藏數位化的國內外合作交流快速與活躍。透過這些國內外的交流與互動，不但增加國家圖書館曝光度，也落實國家圖書館典藏民族國家文獻的文化使命功能。該期特色館藏相關歷史發展要項，整理如表 8.1 國家圖書館特色館藏網路及自動化應用時期（1996-2017）歷史發展表：

---

[53] 國家圖書館（2010）。耶穌會士與儒士相遇 400 年-記國圖與利氏學社成立利瑪竇太平洋研究室簽約儀式。國家圖書館館訊，99（1），50。

表 8.1：**國家圖書館特色館藏網路及自動化應用時期**(1996-2017)
歷史發展表

要項\階段	第五階段：網路及自動化應用時期（民國 85 年-106 年）
一、歷史背景與重要事件	●**歷史背景**：全球化與資訊化，1996 易名「國家圖書館」。 ●**重要事件**：1.民國 85 年立法院通過，國立中央圖書館易名為「國家圖書館」；2.民國 85 年啟動「遠距圖書服務」計畫；3.民國 90 年總統公布施行「圖書館法」；4.民國 89 年整合國內圖書館三大館際合作組織，進而成立「中華圖書資訊館際合作組織」；5.民國 89 年與政治大學及並與中山大學合辦學分班；6.民國 91 年教育部公布「圖書館輔導要點」；7.民國 91 年起參加「國家典藏數位化計畫」及「數位典藏國家型科技計畫」兩個五年計畫，包含善本古籍數位化計畫；8.民國 97 年啟用「藝術及視聽資料中心」；9.民國 97 年籌備國家圖書館南部館，惟後因故未啟用；10.民國 99 年新館長上任，持續打造國家圖書圖及全國圖書館事業的黃金十年。
二、組織結構	●該期有二次組織結構變革： **1.第一次 1996 年公布「國家圖書館組織條例」共十四條文** 配合民國 85 年易名為「國家圖書館」，此次新法規定：組織之部門擴大由五組增為九組（新增四個業務組，即參考、資訊、輔導、研究組）；設立出版品國際交換處、國際標準書號中心、書目資訊中心。 **2.第二次 2012 年公布「國家圖書館組織法」，共六條文** 立法背景是因應「行政院組織改造」，進行修法，目的是配合行政院精簡組織政策，運用修正公布「中央行政機關組織法」對於機關組織、職掌及重要職務設置皆有規定與標準，將功能接近之部門加以整併。
三、特色館藏相關發展	國外與國內合作案都一直增加。 ●**國外古籍合作** 1.民國 88 年舉辦「華文書目資料庫合作發展研討會」；2.民國 88 年在香港召開「兩岸五地華文資料庫合作計畫會議」；3.民國 89 年在北京召開「中文文獻資源共建共享合作會議第一次會議」，「古籍聯合目錄資料庫」由該館主持，該合作會議持續迄今；4.民國 93 年與美國猶他家譜學會（GSU）簽訂合作協議，獲得該會授權，將九千多種臺灣地區族譜微捲，進行數位化掃描及分析建檔；5.民國 94 年與美國國會圖書館簽訂合作協議，進行該館館藏中文善本古籍的數位化工作；6.民國 96 年辦理「2007 年國家圖書館國際合作座談會」，邀

210

探索精品館藏：國家圖書館特色館藏的歷史發展

Exploring the Fine Collection:
The Historical Development of Special Collections in National Central Library of R.O.C. (Taiwan)

要項\階段	第五階段：網路及自動化應用時期（民國 85 年-106 年）
	請越南國家圖書館、胡志明市科學圖書館、河內國立大學圖書館、漢喃研究院圖書館等四位館長參與會議，簽署七項合作共識；7.民國 96 年聯合國科教文組織和美國國會圖書館簽訂發展「世界數位圖書館」（World Digital Library）協議備忘錄。 ●**國內古籍發展** 1.執行善本古籍數位典藏計畫：10 年來陸續 7,729 種善本古籍數位化典藏。2005 年起，與美國國會圖書館、美國華盛頓大學圖書館、美國加州柏克萊大學東亞圖書館合作善本古籍數位化之計畫；2.應用善本古籍數位典藏成果：重要成果與有古籍紙本重印與出版電子版圖書，例如：2010 年 6 月依程序報部將國寶級古籍元至正元年（1341 年）朱墨雙色印本《金剛般若波羅蜜經》，以原樣原貌限量複製出版，以出版品發行的方式便利於古籍的普及化；2011 年與美國國會圖書館授權，將其館藏《臺灣番社風俗》由小魯公司改編為童書合作出版《臺灣平埔族生活圖誌》；2011 年積極設計製作多款古籍電子書，以原貌經典版或時尚新潮版多元地呈現於網路。並結合行動載具，供讀者於手機、iPad 及個人電腦瀏覽翻閱，增進古籍閱讀的便利性及流通性； 3.行銷善本古籍特色館藏資源：有建置讀者查詢系統；開闢善本古籍專欄；舉辦定期特藏展覽；建置線上特藏展覽系統。 ●**特色館藏相關法規** 以收藏、管理、服務、合作與行銷面向為制訂法規目的，有七條法規： 1.「國家圖書館特藏古籍文獻保管要點」民國 78 年訂定、88、90、92 年陸續進行修正；2.「國家圖書館特藏資料借展作業要點」民國 99 年訂定；3.「國家圖書館特藏古籍文獻複製品借印出版管理要點」民國 100 年訂定、101、102 年陸續進行修正；4.「國家圖書館善本室閱覽須知」民國 102 年訂定；5.「國家圖書館手稿資料徵集要點」民國 102 年制訂；6.民國 105 年 5 月 17 日館務會議修訂通過「國家圖書館特藏文獻管理維護作業要點」；7.民國 105 年 4 月 19 日館務會議修訂通過「國家圖書館特藏文獻盤點作業要點」。
四、出版品	1.2012 年是該館善本古籍合作重印出版重要的一年，該館依據「國家圖書館特藏古籍文獻複製品借印出版管理要點」分別與世界書局、大塊文化出版公司、臺灣商務印書館、新文豐出版公司等分別簽訂合作或授權出版協議；2.2012 年授權世界書局出版的明版汲古閣精鈔本《梅屋詩餘》、9 月出版《神器譜》及 12 月出版《太古遺音》；3.2012 年 10 月授權大塊公司與該館合作出版的另一部國寶級古籍宋

要項\階段	第五階段：網路及自動化應用時期（民國 85 年-106 年）
	嘉定六年（1213）焦尾本《註東坡先生詩》的出版；4.2012 年 12 月授權與臺灣商務合作出版《四庫全書初次進呈目》；5.2013 年 4 月與世界書局合作出版《希古堂珍藏秘籍》，內容包括有宋李龏編《唐僧弘秀集》、唐歐陽詹撰《歐陽行周文集》、宋歐陽修撰《醉翁琴趣外篇》、宋黃庭堅撰《山谷琴趣外編》、宋洪适撰《盤洲樂章》等五部珍貴古籍；6.2013 年 5 月出版《金石昆蟲草本狀》2013 年 7 月與新文豐出版公司合作出版《臺灣珍藏善本叢刊·古鈔本明代詩文集》第一輯。這次複刻本之內容包括 17 部古鈔本；7.2013 年與臺灣商務印書館合作出版《子海珍本編·臺灣卷》二十種。
五、服務	●技術服務 1.自民國 87 年起將預行編目資訊開放予圖書館暨出版機構免費書目下載服務；2.民國 91 年教育部公布（委託該館研擬）「中國機讀編目格式」、「文獻分析機讀格式」、「詮釋資料格式規範」、「資料數位化與命名原則」、「數位圖書館分散式檢索協定」、「資訊檢索服務與協定」等技術規範；3.民國 92 年開辦「公共圖書館共用資料庫」業務，縮短城鄉間數位落差，也開辦「公共圖書館共用資料庫」36 種；4.民國 94 年完成研訂六年的「中文主題詞表」及「中國圖書分類法」增訂九版，賴永祥將該書著作權授予該館；5.民國 96 年將該館所分類編目約三十萬筆新進中文出版圖書書目檔匯入美國 OCLC 的 WorldCat 系統，可查檢到國內 77 個合作圖書館的中外文藏書資訊；6.民國 96 年在兩年內完成了 CMARC 與 MARC21 對照表及轉換程式。 ●讀者服務 1.民國 92 年教育部訂頒「邁向學習社會白皮書」，冀能推展終身教育、建立學習社會，於民國 88 年 4 月 26 日結合各級圖書館推動讀書會活動，讀書活動頓時成為風潮；2.民國 90 年起辦理「愛鄉！讀鄉！公共圖書館推動閱讀計畫」，藉由閱讀激起民眾探究故鄉源流掌故的興趣，瞭解家鄉的歷史、特色及風土人情；3.民國 93 年在臺北市立圖書館總館辦理「我家的另一間大書房—蛻變中的公共圖書館」博覽會，活動以圖書館利用與終身學習為主軸，讓公共圖書館成為民眾生活領域的一部分；4.自民國 89 年至民國 91 年先後開辦「終身學習與圖書資源利用研習班」、「e 起來耍庫—網路資源運用」等，介紹重要資料庫的使用知識；5.陸續發行《全國新書資訊網》、《編目園地》、《遠距圖書服務系統》三種電子報，便利資訊時代國家圖書館主動進行知識服務與行銷；6.啟用「參考服務園地」，提供線上參考諮詢服務。 ●建置服務系統

212

探索精品館藏：國家圖書館特色館藏的歷史發展

Exploring the Fine Collection:
The Historical Development of Special Collections in National Central Library of R.O.C. (Taiwan)

要項\階段	第五階段：網路及自動化應用時期（民國 85 年-106 年）
	1.民國 86 年「全國圖書資訊網路系統」（National Bibliographic Information Network，簡稱 NBINet）啟用以達成書目共享的理想。鑒於原有 Tandem 系統已不敷需要，經在合作館下所成立「新系統功能需求規劃小組」決定，採用了「INNOPAC 系統」，正式擔負全國圖書資訊網路營運的責任，開啟了合作共享書目的新紀元；2.民國 89 年建置「遠距學園」非同步網路教學平臺，推展遠距教學，提升民眾資訊利用素養及圖書館員在職訓練。同時在全國巡迴辦理「遠距教學資源網研習會」，讓各地民眾、學校師生及圖書館人員，獲便捷利用本項數位學習資源；3.民國 96 年建置「全國博碩士論文資訊網」；4.民國 96 年建置「About Taiwan 資訊系統」，包含三個以臺灣為主體的資訊系統，紀錄過去的「臺灣記憶系統」（Taiwan Memory），展現今日的「臺灣概覽系統」（Taiwan Info）及「走讀臺灣系統」（Window on Taiwan）；5.陸續由紙本進入影音，先後完成「臺視晚間新聞」、「華視新聞雜誌」等數位轉製，成可在網路傳輸的新聞影音資料等。所以，透過建置這些重要服務系統，國家圖書館的服務已提升為資訊時代的數位圖書館服務。
六、國際與國內交流合作	●歷史背景：　全球化與資訊化環境，國內外合作交流快速與活躍。 ●國外合作 1.民國 87 年香港召開「區域合作新紀元：海峽兩岸圖書館與資訊服務研討會」；2.民國 95 年與蒙古國家圖書館簽署合作協議；3.民國 95 年與歐洲經貿辦事處簽署「EUi」協議；4.民國 95 年與「全球記憶網」（Global Memory Net）（主持人陳劉欽智）簽訂合作協議，將該館館藏日治時期明信片影像檔及古籍影像檔，共 500 幅上傳作為該網有關臺灣記憶內容的一部分；5.2012 年與法國國家圖書館及法國法蘭西學院漢學研究所簽訂合作備忘錄；6.2014 年與馬來亞大學圖書館(University of Malaya Library)簽訂合作備忘錄；7.2014 年與梵蒂岡圖書館簽訂合作備忘錄；8.2014 年與日本京都大學人文科學研究所簽訂合作備忘錄；9.2014 年與德國慕尼黑大學圖書館及該校漢學研究所簽訂合作備忘錄；10.2014 年 10 月 31 日與捷克科學院東方研究所簽訂合作備忘錄；11.2015 年 5 月 21 日與英國大英圖書館、英國牛津大學圖書館簽合作備忘錄；12.2015 年與比利時魯汶大學圖書館簽訂合作備忘錄；13.2015 年與法國里昂第三大學圖書館、法國里昂市立圖書館簽訂合作備忘錄；14.2016 年與匈牙利科學院、波蘭亞捷隆大學、韓國首爾大學圖書館、美國加州大學洛杉磯分校圖書館、比利時皇家圖書館、波蘭華沙大學館東方研究學院等簽訂合作備忘錄。 ●國內合作

要項\階段	第五階段：網路及自動化應用時期（民國 85 年-106 年）
	1.民國 93 年參與李梅樹手繪三峽祖師廟設計圖稿整理計畫；2.民國 94 年 3 月臺南市立圖書館館藏日據時期臺灣舊籍數位化計畫；3.該館與臺北市文獻會、澎湖縣政府文化局等合作，以求地方文獻資料庫的建置；4.行政院研考會及客委會也與該館合作進行地方（縣市）政府公報及客家資源的數位化專案；5.民國 98 年起陸續啟動「漢學書房」計畫；6.民國 99 年與耶穌會臺北利氏學社(Taipei Ricci Institute) 舉行「共同成立利瑪竇太平洋研究室」簽約儀式，該社將部分所藏 3 萬冊圖書寄存該館；該館成立「利瑪竇太平洋研究室」。

資料來源：本研究整理。

第九章

綜合討論

　　本章內容是依據前述五章，國家圖書館特色館藏歷史發展的五個時期（第四章至第八章）之研究成果，綜合其研究成果進行彙整與分析各面向之發展。針對五個時期的各種史料及文獻研究成果，進行重點討論及分析其發展之歷史脈絡。包含第一節歷史背景與重要事件；第二節組織結構；第三節特色館藏歷史發展；第四節特色館藏出版品；第五節特色館藏服務；及第六節國際與國內交流合作。茲分別說明如下：

一、歷史發展與重要事件

　　80 多年來特色館藏歷史發展之探討，以五個時期的歷史背景與重要事件角度來進行瞭解。

　　首先，第一期籌備期（民國 22-26 年）約 5 年，處於新舊政治與文

216

探索精品館藏：國家圖書館特色館藏的歷史發展
Exploring the Fine Collection:
The Historical Development of Special Collections in National Central Library of R.O.C. (Taiwan)

化交替時期。中央圖書館之創建與清末整體國家與社會氛圍，期待革新思潮的新文化運動有直接推動力量；民國成立後的新圖書館運動，引導國人對於圖書館功能與價值之肯定，及期望平衡發展國家南北區域之資源分配。可知，社會上的新文化運動與新圖書館運動是成立中央圖書館籌備處的兩大推動力量。

第二期抗戰西遷至成立及復員期（民國 27-37 年）約 11 年，該期以抗日戰爭為歷史背景，其歷史發展經歷六個重要事件，都是受戰爭因素的影響；不停搬遷、創建新館、淪陷區搶救珍貴古籍與創新業務都是圍繞戰爭的影響。國立中央圖書館籌備處必須在戰爭的危險及變動環境中，不斷努力、突破各種困難與持續開展各種基礎業務與朝建館目標前進。透過這些歷史事件的互相接續發展及新業務開展運作之激盪，逐步達成國家圖書館各階段的歷史任務與功能；特色館藏的徵集、蒐購相關業務同時在歷史發展重要事件中推展而有成果。

第三期遷臺復館時期（民國 38-65 年）約 28 年，歷史背景是神州變色，1949 年遷臺復館。經歷三個重要事件，都受戰爭搬遷影響，各有其重要建設與圖書館業務進展。國家圖書館特色館藏的管理、服務與各項計畫同時在各階段的歷史發展中同步推動而逐步獲得成果。所以，該期1949 年遷臺復館後，積極進行運臺文物管理、整建南海館舍與十年間經歷更換四位館長，持續開展各項業務與專業服務。

第四期文化建設時期（民國 66-84 年）約 19 年，歷史背景是接續1949 年遷臺復館後，國家積極開展十二項經濟建設計畫。時逢中國大陸發生文化大革命事件，臺灣則積極展開文化建設運動，推動各項文化建設計畫，積極搶救中華文化。分析該期六件重要事件，是在安定環境中開展，例如籌建新館計畫及成立「漢學研究資料及服務中心」與文化建設運動的推動有直接關連；規劃「圖書館自動化作業計畫」與全球邁入資訊時代的科技發展有關、與出版界聯合舉辦「中華民國臺北第一屆國際書展」、成立「國際標準書號中心」及「書目資訊中心」、進行國內與

國際合作交流，參與國際圖書標準化作業等，這些業務都是國家圖書館功能之實踐與落實，無形中是邁入全球化圖書館合作境界之預備。因此，重要事件引領國家圖書館持續向專業發展邁進，同時規劃及提升國家圖書館特色館藏的發展、管理及服務。

　　第五期網路及自動化應用時期（民國 85-106 年）約 21 年，因應全球化及資訊化時代衝擊，該館業務推動更快速、傳播與互動交流更頻繁。分析該期十件重要歷史事件接續發展的背後推動因素，包含全球化、資訊化、數位化、科技、教育、法規、國際化、本土化等有關。特色館藏是國家圖書館史發展的一個重要部分，各項業務與全館整體規劃及同步發展；而特色館藏的相關發展是同時架構在這些重要事件的歷史發展中與時俱進的。所以，該期國家圖書館的服務持續躍進與創新，其成果豐碩，受到政府與社會肯定。80 多年重要發展成果，整理如表 9.1 我國國家圖書館特色館藏的歷史背景與重要事件分析表（1933-2017）：

表 9.1：國家圖書館特色館藏的歷史背景與重要事件分析表（1933-2017）

階段\要項	1.歷史背景與重要事件	2.重點討論與分析
一、籌備時期（民國 22-26 年）	●**歷史背景**：清末民初革新思潮與運動，包含 1.新文化運動；2.新圖書館運動。 ●**重要事件**：1.民國 7 年北京圖書館協會成立；2.民國 14 年中華圖書館協會成立；3.民國 15 年成立國立北平圖書館。	1.該期約 5 年，中央圖書館之創建與清末整體國家與社會氛圍都期待革新思潮的新文化運動有直接影響； 2.民國成立後的新圖書館運動，引導國人對於圖書館價值的肯定與期望平衡發展國家南北區域資源分配。
二、抗戰西遷至成立及復員期（民國 27-37 年）	●**歷史背景**：處於八年中日戰爭，流離不安與不斷遷徙環境。 ●**重要事件**：1.民國 26 年中日戰爭起籌備處自南京西遷重慶；2.民國 29 年	1.該期約 11 年，國立中央圖書館籌備處必須在戰爭的危險與變動環境中，不斷努力、突破各種困難，

階段\要項	1.歷史背景與重要事件	2.重點討論與分析
	正式成立國立中央圖書館，蔣復璁就任首任館長；3.民國 30 年重慶館舍落成，被稱為「戰時文化之都」；4.民國 29 年初至 30 年底抗戰時期淪陷區搶救珍貴古籍；5.民國 34 年抗戰勝利還都南京；6.民國 38 年遷臺並精選珍藏文物運臺。	持續開展各種基礎業務與朝興建新館目標前進；2.該期經歷六個重要事件，都受戰爭影響。不停搬遷、創建新館舍、淪陷區搶救珍貴古籍、與開創新業務；3.透過歷史事件互相接續、運作業務的激盪，逐步完成圖書館的歷史任務與功能；特色館藏的徵集同時在歷史發展中獲得成果。
三、遷臺復館時期（民國 38-65 年）	●歷史背景：神州變色，1949 年遷臺復館。 ●重要事件：1.民國 38-43 年間運臺文物管理；2.民國 43-54 年奉部令籌備復館、遷入與整建南海館舍；3.民國 55-65 年，十年間更換四任館長（屈萬里、包遵彭、李志鍾、諸家駿）各自持續引領圖書館之專業發展。	1.該期約 28 年，1949 年遷臺復館，以管理運臺文物及整建合適的圖書館舍為主；2.復館後積極重要建設與圖書館業務推展。國家圖書館特色館藏的管理、服務與各項計畫也同步推動，而逐步有成果。
四、文化建設時期（民國 66-84 年）	●歷史背景：國家發展進入 1977 年文化建設 ●重要事件：1.民國 66 年新館籌建計畫與 75 年啟用中山南路新館；2.民國 69 年「圖書館自動化作業計畫」；3.民國 69 年「籌設漢學研究資料及服務中心計畫」；4.民國 76 年與出版界合辦「中華民國臺北第一屆國際書展」；5.民國 78 年成立「國際標準書號中心」提供出版 ISBN 與 CIP 申請服務；6.民國 79 年成立「書目資訊中心」，民國 80 年啟用「全國圖書書目資訊網」。	1.該期約 19 年，籌建新館計畫、及成立「漢學研究資料及服務中心」與文化建設運動的推動有關；2.「圖書館自動化作業計畫」與全球邁入資訊時代的科技發展有關；3.舉辦「中華民國臺北第一屆國際書展」、成立「國際標準書號中心」及「書目資訊中心」是進行國內與國際合作交流。為參與國際圖書標準化作業，是邁入全球化圖書館合作境界

階段\要項	1.歷史背景與重要事件	2.重點討論與分析
		之預備。
五、網路及自動化應用時期（民國85迄106年）	●**歷史背景**：全球化與資訊化，1996易名「國家圖書館」發展新業務。 ●**重要事件**：1.民國85年立法院通過組織條例，易名為「國家圖書館」；2.民國85年開發推動「遠距圖書服務」計畫；3.民國90年總統公布施行「圖書館法」；4.民國89年整合國內圖書館三大館際合作組織，進而成立「中華圖書資訊館際合作組織」；5.民國89年與政治大學及並與中山大學合辦學分班；6.民國91年教育部公布「圖書館輔導要點」；7.民國91年起參加「國家典藏數位化計畫」及「數位典藏國家型科技計畫」兩個五年計畫，包含善本古籍數位化計畫；8.民國97年「藝術及視聽資料中心」舉行開幕啟用；9.民國97年籌備國家圖書館南部館，惟後因故未啟用；10.民國99年12月31日曾淑賢接掌該館第十三任館長，持續打造國家圖書圖及全國圖書館事業的黃金十年。	1.該期約21年，因應全球化及資訊化的時代衝擊，該館各項業務推動更快速、傳播與互動交流更頻繁； 2.分析該期十件重要歷史事件接續發展的影響因素，包含全球化、資訊化、數位化、科技、教育、法規、國際化、本土化等重要因素有關； 3.特色館藏是國家圖書館史發展的一個重要部分，各項相關業務都是全館整體規劃及同步發展的； 4.特色館藏的相關發展也是同時架構在這些重要事件的歷史發展中與時俱進的； 5.該期國家圖書館的服務持續躍進與創新，其成果豐碩，受到政府與社會肯定。

資料來源：本研究整理。

二、組織結構

　　圖書館是一個非營利組織，一個組織要永續經營就必須不斷地進行組織發展、組織變革與組織創新之研究。而「組織結構」就是一個組織進行「組織創新」的過程中的四種重建構組成之一。[1] 所以「組織結構」之研究是很重要的，圖書館持續進行組織發展、組織創新、組織結構調整及改變以達到永續營運目標。本書首先，透過研究「組織結構」改變之歷史發展，證明一個組織的任務與功能是隨時代之需求而調整與運作。其次，透過修正或改變「組織結構」可增加組織的靈活度與彈性，以發揮最大的行政效能。

　　我國國家圖書館自 1933 年籌備創建至今 80 多年來，與時俱進總共經歷五次組織法規的沿革，都是配合各時代大環境的歷史發展變動與對於國家圖書館功能之需求而進行改革與調整的。五次組織法規之使用時間，以第三次組織法的使用時間最久為 51 年。而最新近的第五次組織法於 2013 年 1 月生效啟用。五次組織法規皆是一階層式的官僚組織型態，是採取功能部門化之組織結構，為一水平式分工方式與職位分類。階層式為館長之下設有正式組織，及若干部門各自分工。除運用官僚組織的機械式的正式組織外，又此外加非正式組織的人力運作方式：委員會與任務編組之性質的部門，如全國期刊文獻中心、漢學研究中心，以完成其國家圖書館之功能。透過這些有機的組織結構的運用人力方式，

---

[1] Jantz, Ronald C. (2012). A Framework for studying organizational innovation in research libraries. College & Research Libraries, 73(6) 530.；盧秀菊（1994）。現代圖書館的組織結構：理論與實務。臺北：文華，26-28。；Stueart, R. D.& Moran, Barbara (1987). *Library Management*. 3rd ed. Littleton, CO: Libraries Unlimited, 59.

讓組織的整體目標之任務分工更容易協調、整合與達成國家圖書館之功能目標。而重要的部門如：出版品國際交換業務、全國圖書館事業輔導與研究、技術服務、讀者服務、總務與特藏業務與資訊系統服務，都持續改變與創新。展望未來，期待國圖 80 多年是一個恆久與持續進行與組織創新，將部門功能與名稱配合內外環境之變化，進行調整以順利因應其各時代任務與達成國家圖書館的使命。

　　所以，頒佈組織法規及組織結構之變遷與沿革，都對於國家圖書館之業務推進有直接的幫助與影響，本研究中負責特色館藏之善本古籍管理部門為「特藏組」於 1940 年正式成立時，就被列為一個正式獨立的業務部門，經過四次組織結構變遷，及至 2012 年改名為「特藏文獻組」。由本部門之成立及運作，一直反映出國家圖書館自籌備創館起即開始重視國家重要文化資產的特色館藏文獻業務，包含收集、整理、發展、服務、管理與行銷等議題，也是善盡國家圖書館之任務與維護民族文化珍貴遺產之使命。

　　國家圖書館五次組織法規沿革之說明，包含立法資訊、立法目的、不同年代的國家圖書館功能、立法背景及組織結構之變遷與說明，請見表 9.2 國家圖書館組織法規沿革表（1933-2017）：

表 9.2：**國家圖書館組織法規沿革表**（1933-2017）

	法規資訊	立法目的	國家圖書館功能	立法背景	組織結構 正式部門/非正式部門
第一次	1933 年 /「國立中央圖書館籌備處組織大綱」7 條文 / 運作 7 年	教育部為籌備國立中央圖書館設立「國立中央圖書館籌備處」。	1.國立圖書館；2.領導一國圖書館事業；3.規劃全國圖書館相關服務的總部。	1.新文化運動；2.新圖書館運動；3.為進行籌建新館。	1.籌備主任一人；2.設立 2 組：總務、圖書；3.建築及購書兩委員會；4.辦理「教育部出版品國際交換處」。

222

探索精品館藏：國家圖書館特色館藏的歷史發展

Exploring the Fine Collection:
The Historical Development of Special Collections in National Central Library of R.O.C. (Taiwan)

第二次	1940 年／「國立中央圖書館組織條例」13 條文／運作 5 年。	掌理圖書的蒐集、編藏、考訂、展覽及全國圖書館事業的輔導事宜。		1.民國29年8月1日正式成立「國立中央圖書館」公布組織法。	1.館長一人；2.設立 5 組：總務、採訪、編目、閱覽、特藏；3.兼辦「教育部出版品國際交換處」；4.設「圖書館事業輔導委員會」；5.聘請中外圖書館及目錄學專家為顧問。
第三次	1945 年／修正「國立中央圖書館組織條例」14 條文／運作 51 年	掌理關於圖書之蒐集、編藏、考訂、展覽及全國圖書館事業之研究事宜。		1.民國34年8月15日為日本無條件投降日，同年 10 月 27日國民政府公布修正「國立中央圖書館組織條例」；是修正性質，改變不大。	1.設立館長一人；2.出版品國際交換處直隸於國立中央圖書館；3.設立 5 組：總務、採訪、編目、閱覽、特；4.設「圖書館事業研究委員會」；5.得聘請中外圖書館學及目錄學專家一人至五人為顧問或通訊員。
第四次	1996 年／「國家圖書館組織條例」／更名為「國家圖書館」14 條文／運作 16 年	掌理關於圖書資料之蒐集、編藏、考訂、參考、閱覽、出版品國際交換、全國圖書館事	1.徵集與典藏全國出版品（包含重要的數位資源與數位出版）；2.編輯與維護國家書目；3.領導與輔導全國圖書館事業；4.直接對個人使用者與政府機構提供服務；5.	1.民國75年遷新館，舊法規無法適用；將運作 51 年的舊制，因應新資訊社會來臨及各種	1.正式部門共設立 9 組：採訪組、編目組、閱覽組、參考組、特藏組、資訊組、輔導組、研究組、總務組；2.得視需要，遴聘學者、專家為顧問或諮詢委

	業之研究發展與輔導等事宜。	收集與典藏國外具代表性的出版品；6.領導國家圖書館參加國際合作與國際組織的論壇。		時代變遷進行大幅修改；2.圖書館自動化之運用；3.民國68年政府實施「文化建設計畫」加強圖書館的全面興建。	員，均為無給職；3.非正式部門的任務編組：共4組：國際標準書號中心、書目資訊中心、全國期刊文獻中心、漢學研究中心；4.建立3分館：資訊圖書館；藝術暨視聽資料中心；國際組織資訊中心。
第五次	2012年1月20日/立法院通過「國家圖書館組織法」/2013年1月1日實施/6條文	辦理徵集、整理及典藏全國圖書資訊，弘揚學術，研究、推動及輔導全國各類圖書館發展之業務。		1.因應「行政院組織改造」，進行修法；2.行政院精簡組織，修正公布「中央行政機關組織法」對於機關組織、職掌及重要職務設置皆有規定與標準。	1.正式部門：共設立10組：6組包含，圖書館事業發展組、館藏發展與書目管理組、知識服務組、特藏文獻組、數位知識系統組、國際合作組，是圖書館專業工作；其他4組包含，秘書室、人事室、政風室、主計室，是行政支援部門；2.非正式部門的任務編組：共有4組，國際標準書號中心、書目資訊中心、全國期刊文獻中心、漢學研究中心（兼辦性質）。

資料來源：本研究整理。

224

探索精品館藏：國家圖書館特色館藏的歷史發展
Exploring the Fine Collection:
The Historical Development of Special Collections in National Central Library of R.O.C. (Taiwan)

三、特色館藏歷史發展

　　我國國家圖書館自 1933 年籌備創建迄今，80 多年來一直重視特色館藏發展的相關議題。特色館藏發展以時間區分其發展歷程：1.籌備期與時期以採購中國善本古籍為主，因為早期預算有限，購書經費不足，無法大量採購價格昂貴的特色館藏資源。其中以 1940 年至 1941 年抗戰期間，首任館長蔣復璁先生及「文獻保存同志會」諸位有識先賢的努力下，在上海淪陷區內秘密搜購江南藏家累世珍籍，此段驚險與感人的經歷，是最富意義的搜求古籍盛事；2.古籍重印出版蓬勃時期：1968 年至 1988 年由該館自行影印善本、或應出版界申請借印出版者甚眾，館藏珍品古籍得以廣為流布；3.古籍整編計畫時期：1989 年行政院核定該館辦理「古籍整編計畫」，1990 年初陸續開展五年計畫，工作要項之一即為選印具有學術與參考價值的古籍；4 數位典藏計畫成果應用時期：2001年國家科學委員會策劃推動數位典藏國家型科技計畫，該館為九個機構計畫之一，10 年來陸續完成 7000 餘部善本古籍數位化典藏。近年來，由於古籍數位典藏計畫成果趨近成熟且受到相關部門的重視，加以全球中華文化及漢學研究潮流興盛，主客觀條件均利於再啟館藏重要古籍重印出版計畫。所以，該館再開創善本古籍電子書出版相關計畫。

　　總之，我國國家圖書館自 1933 年籌備創建 80 多年來，特色館藏歷史發展除進行善本古籍整理、編印及數位化服務資源外；建置特色館藏的讀者服務專室「善本書室」，注重保存作業標準化、及提供使用者專業諮詢服務；也陸續制訂特藏文獻專業管理及服務法規，以提供更佳服務。千禧年後，再積極進行數位化、建置查詢服務系統及行銷特色館藏工作，包含設計各種特色館藏展覽、開闢專欄介紹精彩善本古籍之內容及推廣特色館藏線上展覽館。

四、特色館藏出版品

　　出版品不但可代表一個機關成員集體智慧結晶與共同努力耕耘的成果，更直接展現機關歷史發展的風貌及形象；另一方面，後人可藉出版品瞭解和研究當時機關走過的道路，及其留下的印痕。也可透過研究一個機構出版品，由文獻外在名稱與內容主題直接顯現出當時的歷史發展。因此，出版品具有揭示機關過去歷史發展面貌之功能。

　　綜觀國家圖書館 80 多年來，各時期都有不同的歷史發展與業務重點。1933 年籌備期並無特色館藏之出版計畫，之後因為有固定的圖書館館舍，才陸續整理與編輯特色館藏之出版品。依據 80 多年來五個歷史發展階段，包含第一期籌備期、第二期抗戰時期蒐購古籍、第三期古籍重印出版蓬勃時期、第四期古籍整編計畫時期及第五期數位典藏計畫成果應用時期。以其工作重點，及其書名、出版年代、數量及編輯緣起說明、內容重點。整理較具重要代表性特色館藏之出版品，以便直接探索 80 多年來特色館藏出版品之發展趨勢。80 多年各期均以代表國家歷史文化之珍貴文獻典籍管理及服務為工作重點之一，並配合各期大環境發展而與時俱進的進行各項創新發展。

　　第一期籌備期：《四庫全書珍本初集》1935 年，231 種 1,960 冊，分四期出版，為首次印刷古籍；第二期抗戰時期：以《玄覽堂叢書》及《國立中央圖書館善本書目初稿》第一、二輯為主，在戰爭流離環境，仍為保存及選印古籍而努力；第三期遷臺復館時期：是古籍重印出版最為蓬勃的時期，與出版社進行合作出版；第四期文化建設時期：古籍整編計畫期，積極選印具有學術與參考價值的古籍，例如 1990 年《國立中央圖書館拓片目錄－墓誌部份》；陸續有《善本序跋集錄》、《標點善本題跋集錄》、《四庫經籍提要索引》、《國家圖書館善本書志初稿》及《梁啟超知

交手札》等；及第五期網路及自動化應用時期：數位典藏計畫成果應用期，10 年來陸續完成 7000 餘部善本古籍數位化典藏、2010 年將國寶級古籍《金剛般若波羅蜜經》，以原樣原貌限量複製出版等。請見表 9.3 家圖書館特色館藏重要出版品一覽表（1933-2017）：

表 9.3：國家圖書館特色館藏重要出版品一覽表（1933-2017）

時期/出版品	書名、出版年代、數量	編輯緣起說明、內容重點
第一期籌備期	《四庫全書珍本初集》1935 年，231 種 1,960 冊，分四期出版。	1.組成「編訂四庫全書未刊珍本目錄委員會」；2.選定文淵閣本《四庫全書》，暫先印行最精選的孤本罕傳書及未刊秘笈；3.籌備處將所得 100 部備供向國外交換西書。
第二期抗戰時期：古籍蒐購	1.《玄覽堂叢書》1941 年出版初集，計收書 33 種（附 1 種）120 冊，包括明刊本 26 種、清刊本 1 種、明清舊鈔本 6 種；1947 年出版《玄覽堂叢書》續集，計收書 21 種（附 4 種）120 冊；1948 年由大陸再出版三集。2.1947-1948 年間，編輯《國立中央圖書館善本書目初稿》第一、二輯。	1.《玄覽堂叢書》部分： （1）1940 年抗戰期間「文獻保存同志會」在上海淪陷區內秘密搜購江南藏家累世珍籍，為最富意義的搜求古籍盛事； （2）當時考量為免所購古籍在戰亂轉運中遭破壞而散佚，遂擇較具史料價值者影印出版。由鄭振鐸先生等初擬選印《晚明史料叢書》，最後擬定「善本叢書目錄」，並取陸機文賦：「佇中區以玄覽」句意，名為《玄覽堂叢書》； （3）《玄覽堂叢書》續集，內容以史學為主，多係未刊史料，包括雜史傳記、奏議、律例、方志、地理圖表等，亦兼收子集部書，如算法、宮譜之類，所收為研究明史的珍貴資料。 2.《國立中央圖書館善本書目初稿》部分： 是該館最原始的善本書目，也是近世善本書目編製範例。
第三期遷臺復館時期：古籍重印出版蓬勃時期	1.1957 年《善本書目》上冊、1958 年中冊；2.1958 年編印《國立中央圖書館宋本圖錄》；3.1961 編印	1.該館藏書數經戰火播遷，為典藏珍籍免於遺失、嘉惠學林，有整理出版之必要；2.民國 57 年擬訂「本館善本圖書申請影印及攝製管理辦法」，報奉教育部核定施行。該法規目的是提供臺灣各出版社影印古籍，宣揚中華文化，是邁開特色館藏服務的一大步；3.1968 年至 1988 年，20 年間是古籍重印出版最為蓬

時期/ 出版品	書名、出版年代、數量	編輯緣起說明、內容重點
	《國立中央圖書館金元明圖錄》；4.1967《善本書聯合目錄》（受中央研究院中美人文社會科學合作委員會委託編輯）；5.1967《國立中央圖書館善本書目》（增訂本）全四冊；6.1971年6月出版《臺灣公藏善本書目書名索引》；7.1972年《國立中央圖書館墓誌拓片目錄》；8.1982年《善本題跋真跡》四冊。	勃的時期。由本館自行影印善本、或應出版界申請借印出版者甚眾，館藏珍品古籍得以廣為流布。有三種： （1）選輯及叢刊部分較重要者有：《明代藝術家文集彙刊》7種、《明代藝術家文集彙刊續集》6種、《明代版畫選初輯》14種、《元人珍本文集彙刊》10種、《藝術賞鑒選珍》9種，以及《歷史通俗演義》7種等；（2）單行本方面，則有《龍江船廠志》、《景印宋本五臣集注文選》等，為數頗多； （3）出版界借印較著者則有：《明清未刊稿彙編》（聯經）400餘種、《中國史學叢書》（學生書局）65種、《清代稿本百種彙刊》（文海）180冊、《南宋群賢小集》（藝文印書館），其他如：成文、文海、學生書局影印方志，新文豐、廣文、文史哲、學海等出版社亦陸續申請借印精選古籍。
第四期 文化建設時期：古籍整編計畫時期	1990年《國立中央圖書館拓片目錄－墓誌部份》；陸續有《善本序跋集錄》、《標點善本題跋集錄》、《四庫經籍提要索引》、《國家圖書館善本書志初稿》及《梁啟超知交手札》等。	1.1989年行政院核定該館辦理「古籍整編計畫」，1990年初陸續開展，工作要項之一即為選印具有學術與參考價值的古籍； 2.就典藏珍籍中精選宋刻善本61種、元刻善本1種，包括《大易粹言》、《尚書》、《尚書表注》、《東都事略》、《新大成醫方》、《楚辭集注》、《箋註陶洲明集》等分屬經史子集的7部善本彙編為《國立中央圖書館善本叢刊》。
第五期 網路及自動化應用	1.10年來陸續完成7000餘部善本古籍數位化典	1.2001年國家科學委員會策劃推動數位典藏國家型科技計畫，本館為九個機構計畫之一，10年來陸續完成7000餘部善本古籍數位化典藏；

時期/ 出版品	書名、出版年代、 數量	編輯緣起說明、內容重點
時期：數位典藏計畫成果應用時期	藏； 2.2010 年將國寶級古籍元至正元年（1341 年）朱墨雙色印本《金剛般若波羅蜜經》，以原樣原貌限量複製出版； 3.2011 年《臺灣番社風俗》由小魯公司改編為童書合作出版《臺灣平埔族生活圖誌》；4.2011 年《東京夢華錄》；5.2012 年《梅屋詩餘》、國寶級古籍宋嘉定六年（1213）焦尾本《註東坡先生詩》。	2.由於古籍數位典藏計畫成果趨近成熟且受到相關部門的重視，加以全球中華文化及漢學研究潮流興盛，主客觀條件均利於再啟館藏重要古籍重印出版相關計畫； 3.2010 年 6 月，該館依程序報部將國寶級古籍元至正元年（1341 年）朱墨雙色印本《金剛般若波羅蜜經》，以原貌限量複製出版； 4.2012 年更是國家圖書館善本古籍合作重印出版重要的一年，在曾館長的大力支持下，該館依據「國家圖書館特藏古籍文獻複製品借印出版管理要點」分別與各大出版社合作出版。例如：授權與臺灣商務合作出版的《四庫全書初次進呈存目》、《太古遺音》、《金石昆蟲草本狀》、《神器譜》、《程氏墨苑》、《方氏墨譜》等陸續問世。

資料來源：本研究整理。

　　善本古籍為具有獨特性的出版品類型，依據國立臺北大學進行臺灣公藏古籍出版情形調查，臺灣公藏古籍資料曾經影印出版者，達 2 萬 7 千餘種；而未經出版行世者，有約 2 萬 3 千餘種，其中不乏重要版本資料。[2] 80 年來我國國家圖書館持續進行古籍之整理、編輯與數位化典藏計畫，多年來累積成果可觀，古籍出版已邁入一個新興的歷史時期；也透過制訂「特藏古籍文獻複製品借印出版管理要點」與國內出版界合作

---

[2] 俞小明（2012）。古籍復刻、經典再現：國家圖書館善本古籍重印出版。全國新書資訊月刊，162，4-5。

的市場化運作經驗，是值得關注的發展趨勢。

五、特色館藏服務

　　80 年多來我國國家圖書館一直以提供優質服務為目標，無論在技術服務部分、讀者服務部分、建置各項資訊服務系統及行銷等都與時俱進，不停改革與提升服務效能。技術服務部分，民國 48（1959）年 7 月出版「國立中央圖書館中文圖書編目規則」增訂修正版，供圖書館界編目之需，1970 年增訂版，持續推展、成立「電腦室」協助進行整館的自動化作業，也裝置王安 VS100-16F 型電腦，開始建立書目資料庫，展開書目資訊服務（NCLAIS）、民國 86（1997）年「編目園地」全球資訊網成立啟用服務，分享全國編目相關資源等。

　　讀者服務部分，籌備期無特色館藏之閱覽資源與開闢特藏專室服務，以提供一般資源之閱覽室服務為主。1949 遷臺復館後特色館藏相關服務進展快速，包含南海館舍民國 47 年 1 月「特藏閱覽室」正式開放，是自籌備處成立以來的創舉，首次開始擁有特色館藏閱覽資源專室服務。1986 年啟用中山南路新館舍，設計完善的「善本書室」並有微捲閱覽設備、提供特藏專業諮詢服務、成立「縮影室」、進行館藏善本清點、編列五年攝製館藏善本微縮影膠捲計畫、加強閱覽服務空間設施、制訂特色館藏相關服務法規、製作「電腦輔助讀者指引」等，都是重要發展歷程與記錄。該館更運用現代科技、自動化技術及各項書目標準，建置全館各項資訊服務系統。總之，透過不停改革與提升服務，正式邁入資訊時代的電子圖書館服務；特色館藏之相關服務也是一併同時建置，資訊服務系統與定期升級系統功能及服務介面。

　　行銷部分，以該館特色館藏資源中的善本古籍為主要內容，有很多種方式包含 1.建置讀者查詢系統；2.開闢善本古籍專欄；3.舉辦定期特

230

探索精品館藏：國家圖書館特色館藏的歷史發展
Exploring the Fine Collection:
The Historical Development of Special Collections in National Central Library of R.O.C. (Taiwan)

藏展覽；4.建置線上特藏展覽系統；及整編出版、舉辦系統展覽、系統
查詢說明與利用教育等，都具有推廣古籍資源內涵與知識給一般民眾，
同時是行銷善本古籍特色館藏資源功能。

六、國際與國內交流合作

綜觀 80 多年來各階段都有不同重點發展，自籌備期開始即重視國際
交流與國內合作，持續邁入自動化、全球化與資訊化的時代，各項國內
外交流合作快速增加及互動頻繁。重要業務包含，民國 27 年 2 月 13 日
起籌備處的兼辦出版品國際交換處在重慶辦公，當時有交換出版品關係
的國家有 39 國。民國 26-34 年度過八年抗戰艱辛歲月，及戰時五大學術
中心地（重慶、昆明、貴陽、成都及城固）的合作與交流，共收交換書
刊約 120 餘箱，交換出版品的國家有 50 餘國。

1949 年遷臺復館後，1986 年啟用中山南路新館舍及 2000 年邁入千
禧年後，持續進行與各國的國際交流與國內合作。包含正式成為「國際
圖書館學會聯盟」IFLA 之會員、為促進國際合作，協助發展我國圖書館
業務，由美國圖書館界學者專家開斯等發起成立「中華民國國立中央圖
書館之友」，經常舉辦專題及運用特藏辦理展覽，並代表國家參加國際書
展。運用全球化與資訊化之便利，也加速數位化之合作計畫進行，推行
各種中國古籍數位化之合作計畫。除早已建立互動的國家外，海峽兩岸
圖書館的交流互動，也趨於頻繁。

數位時代重要國內外交流合作計畫，茲說明如下：民國 87 年香港召
開「區域合作新紀元：海峽兩岸圖書館與資訊服務研討會」、與蒙古國家
圖書館、歐洲經貿辦事處簽署、「全球記憶網」（Global Memory Net）、
法國國家圖書館及法國法蘭西學院漢學研究所、馬來亞大學圖書館
(University of Malaya Library)簽訂合作備忘錄、梵蒂岡圖書館、日本京

都大學人文科學研究所、德國慕尼黑大學圖書館及該校漢學研究所、捷克科學院東方研究所、英國大英圖書館、英國牛津大學圖書館、比利時魯汶大學圖書館、法國里昂第三大學圖書館、法國里昂市立圖書館、匈牙利科學院、波蘭亞捷隆大學、韓國首爾大學圖書館、美國加州大學洛杉磯分校圖書館、比利時皇家圖書館、波蘭華沙大學館東方研究學院等簽訂合作備忘錄等。所以，近來國家圖書館進行很多國際交流與合作計畫案，該期是特色館藏國際交流發展的一個豐收時期。

　　國內合作部分，陸續進行合作案，推陳出新協助合作伙伴開發及整理資源，該館以自動化及數位化技術支援及協助各單位資源共建共享。重要合作案，包含參與李梅樹手繪三峽祖師廟設計圖稿整理計畫、臺南市立圖書館館藏日據時期臺灣舊籍數位化計畫、與臺北市文獻會、澎湖縣政府文化局等合作，以求地方文獻資料庫的建置、行政院研考會及客委會也與該館合作進行地方（縣市）政府公報及客家資源的數位化專案、陸續啟動「漢學書房」計畫、及與耶穌會臺北利氏學社（Taipei Ricci Institute）舉行「共同成立利瑪竇太平洋研究室」簽約儀式，該社將部分所藏 3 萬冊圖書寄存該館；該館成立「利瑪竇太平洋研究室」等合作計畫。透過國內合作計畫，落實國家圖書館功能與使命，協助全國各資料單位之資源整理及數位化，推動各單位服務創新及資源活化。

　　總結，特色館藏之國際及國內合作交流，是我國國家圖書館自籌備早期即積極開展，並持續推動進行的業務；邁入資訊時代無論國際或國內圖書館與資訊單位合作交流，都是快速結盟與積極合作，合作伙伴增加數量比過去更快速。合作項目也日漸增加，包含合作數位化、合作出版、合作展覽、合作典藏與合作舉辦資訊教育等，是持續發展所累積的成果。

第十章

訪談研究結果與分析

　　特色館藏是圖書館整體館藏的重要組成之一，是一種特殊資料類型。其發展管理所涉及議題是多元的，包含特色館藏名詞的緣起、內涵、定義、特色館藏與國家圖書館功能之探討、特色館藏發展政策擬定、保存、管理、整編、出版、展覽、服務系統、管理法規、行銷及資訊時代的數位化發展相關管理議題等。國家圖書館是一國歷史文化與民族文獻的永久及完整典藏機構，必須細心謹慎管理其館藏，尤其是特色館藏這一重要、珍貴與具有特殊價值的館藏品，更須加強管理，以便永續安全保存。

　　本研究運用三種研究方法，首先以文獻分析法探討特色館藏發展管理相關議題，其次以歷史研究法探討我國國家圖書館特色館藏歷史發展。最後，即本章是透過深度訪談法以收集對於特色館藏發展管理相關議題，包含我國國家圖書館特色館藏歷史發展、現況及對未來發展之看法、意見與建議。

本章內容為訪談我國國家圖書館特色館藏相關主管、實際作業同仁及相關學者專家，共有三組專業人士，總共訪談 15 位；整理、分類及歸納受訪者意見與建議，彙整訪談結果，加以說明及分析。本章共有六小節，第一節是特色館藏的緣起內涵與發展管理意見分析；第二節是國家圖書館功能與特色館藏意見分析；第三節是國家圖書館特色館藏發展個人參與經驗分析；第四節是特色館藏發展政策意見分析；第五節是數位時代的特色館藏發展意見分析；及第六節是綜合討論。

一、特色館藏的緣起內涵與發展管理意見分析

特色館藏的緣起具有悠久發展歷史，西方自古代埃及亞歷山大圖書館一啟始，就將特色館藏資源與一般圖書分開管理。特色館藏是指具有文化、歷史、經濟、社會、政治、科學或是市場價值的圖書文物資源、或是稀有的珍貴古籍及文物。本節整理訪談意見，歸納以下重點，分述如下：

(一) 「特色館藏（special collection）」一詞的緣起

以（一）「特色館藏」與「館藏特色」兩個名詞的差別；及（二）特色館藏的行政部門名稱是「特藏文獻組」簡稱「特藏」，二項重點說明如下：

1. 「特色館藏」與「館藏特色」兩個名詞的差別

「特色館藏」與「館藏特色」兩個名詞，不易分辨，容易被一般人直接聯想在一起。本研究文獻探討之研究結果，在進行訪談工作前，先與受訪者詳細解釋與溝通，就逐漸明白兩個名詞的差異。之後，整體訪談工作，都順利完成。本研究清楚界定「特色館藏」之研究範圍，是以

國家圖書館特藏文獻組所典藏之善本古籍及與臺灣相關珍稀文獻資源為主要研究對象與內涵。以下列舉相關的訪談內容供參考：

> **訪談 A1**：「本研究題目所提之「特色館藏（special collection）」一詞與「館藏特色」兩個名詞很類似，我乍聽之下，以為是一樣的意義。很混淆，容易聯想在一起，有點難分辨！
>
> 譬如，國立中央圖書館的定位是完整收藏國家文獻，及接受各單位贈送的重要圖書文獻。早期，就有很多公家單位主動送來相關資料，包含聯合國檔案、政府出版品、中央、地方公報（民國 75 年新館落成後也陸續成立官書股，負責收藏與管理事宜）、博碩士論文（是各大學主動送來的）、教師升等著作（由教育部的教育資料館轉送來典藏的）等，這些資料都是本館的重要館藏特色，也都有依照資料類型，進行分工，由各相關單位分別加以管理。
>
> 所以，我建議最好能將文獻探討之研究結果，訪問前先詳細解釋與說明，就會逐漸明白兩個名詞的差異。在研究範圍要先說清楚，是以特藏組所收納的善本古籍及與臺灣相關的珍稀文獻資源為主要研究範圍。對吧！」（A1，頁 1）

我國的國立中央圖書館正式成立之初，以收藏古書及珍善本圖書為最主要職責之一。「特色館藏（special collection）」一詞的緣起直接與各個國家的歷史發展之獨特性，與其不同的地理位置、文化背景等，都有直接關連。一般人以為特色館藏就是善本古籍；其實是指狹義解釋的緣起與內涵。因為圖書館陸續有各種類型的特色館藏資源入館，除了早期的善本古籍之外，特色館藏的收錄資料類型一直在增加中。2000 年提出資訊時代「特色館藏」名詞的新定義與新內涵，是配合時代變遷的結果，及配合圖書館資源演進之管理需求而進行調整。

236

探索精品館藏：國家圖書館特色館藏的歷史發展
Exploring the Fine Collection:
The Historical Development of Special Collections in National Central Library of R.O.C. (Taiwan)

訪談 A2：「我認為特色館藏（special collection）的緣起是很重要的，世界各先進國家的國家圖書館都是在創館時，就一定會開始收藏代表國家歷史的特殊意義、或是具有文化價值的古籍、公文書、私文書、手稿、檔案等。之後種類愈進來愈多，數量也會增多，例如：樂譜、地圖、唱片、電影等，不但不好管理，連命名也變困難啦！所以，當資訊時代來臨，還是美國先進與高明，其研究圖書館學會 ARL 於 2003 年就率先推出一個新名詞（special collection），就是今日資訊時代所稱的特色館藏，統一大家的學術用詞，以便利管理與研究。我認為，擴大學術專有名詞之內涵，這是對的作法。

我國國家圖書館也是如此，自 1933 年南京籌備期就開始做特色館藏之蒐購管理，也列入基本業務。印象中，本館早期的特色館藏是以古籍為主，就是指古代印刷的圖書，但是也收到印刷、編排較為精美的善本古籍、線裝書等」。（A2，頁 2）

訪談 C4：「我一開始聽到這兩個名詞，實在無法分辨清楚。「特色館藏」與「館藏特色」兩個名詞，很類似喔！經你說明後，我就知道「特色館藏」是 special collection。印象中本館一直叫「特藏組」，是一個行政業務部門，而讀者使用的專室是「善本書室」。我曾去參觀美國國會圖書館，叫 Rare Book and Special Collections「善本書與特色館藏資料室」，收錄內容比我國國家圖書館更豐富、種類更多，數量與種類是多到沒人搞清楚的。美國是大國嘛！地大物博，實物太多，一旦難管理、難分類，就要想出新辦法解決。我最喜歡地圖方面的資料，一有機會出國就會到處逛書店，收集世界各國的古代地圖。透過研究地圖可以呈現一個國家的歷史發展，最有趣。我有一次去澳洲，參觀公共圖書館，就收集到南半球與北半球倒過來看的地圖，不

同地區的人可以提供看世界的不同觀點，與不同的角度，真有趣！學習地圖也能無形中開拓知識與增廣人的心境。」（C4，頁 2）

訪談 C5：「很抱歉！我一開始分不清楚。我將「特色館藏」與「館藏特色」，兩個名詞當成同一個意義。我以為國家圖書館早期的善本書、線裝書、官書股收藏政府出版品、教師升等著作、博碩士論文等資源都是「特色館藏」。經過你的詳細說明，除了早期的善本古籍收藏之外，原來 2000 年以後，美國圖書館界提出「特色館藏 (special collection)」的新定義與新內涵，還有很多特別的條件限制與說明，版本罕見或具有特殊版式，可作為藝術品的圖書，其在歷史、文化、政治、科學等領域具有獨特性或是代表性的重要人物與機關資源。或是因為年份久遠、數量稀有而產生歷史、文化甚至是金錢上的價值。資料型態就有更多種類，可能包括傳統的圖片、手稿、檔案、也包含非文字資料和數位化資源等圖書與非書籍形式的出版品。所以，提出「特色館藏」這種新定義與新內涵，就變得很寬廣，是配合時代變遷，及演進的須要而自然調整的，是慢慢改變的。現在，我可以瞭解與接受這一個名詞了。」（C5，頁 3）

訪談 B1：「個人認為特色館藏（special collection）一詞緣起，應該直接與各個國家歷史發展之獨特性，與其不同的地理位置、文化背景等，都有直接關連。例如：在我國歷史上各朝代的古籍文獻資源，會承載歷代的不同特點，可直接反應各個時代的文化特色。例如：亞洲的日本、韓國等，西方世界的英國、法國、美國等，差異都很大，各自擁有不同的緣起，收集具有不同特點的館藏品。」（B1，頁 8）

2. 特色館藏的行政部門名稱是「特藏文獻組」簡稱「特藏」

　　國立中央圖書館自 1940 年正式成立以來，陸續頒佈組織法規，及正式設置各種業務之行政部門。其中，負責「特色館藏」業務的行政部門名稱訂為「特藏組(Special Collections)」，至 2012 年的新組織法改名為「特藏文獻組(Special Collections)」。閱覽室名稱為「善本書室(Rare Books Reading Room)」。可知，國立中央圖書館自早期正式創館迄今，都一直重視特色館藏相關業務的發展與管理。

　　國外先進的國家圖書館，例如：美國國會圖書館管理特色館藏的閱覽室訂為「善本書與特色館藏閱讀室(Rare Book and Special Collections Reading Room)」，國會圖書館運用特色館藏（special collection）一詞，放置於讀者服務空間的名稱中，是回應資訊時代的館藏演變實況與重視特色館藏的一種作法。英國的大英圖書館是「善本書與音樂閱讀室(Rare Book and Music Reading Room)」，有的國家還因其特色館藏資料更豐富，也靈活管理再成立手稿部門及輿圖部門等。

> **訪談 A3**：「對於特色館藏的管理部門國圖稱為「特藏組」，是負責善本古籍的行政業務部門名稱。因為自 1940 年正式成立時就開始設置，之後陸續再經歷 1945 年、1996 年、及 2012 年的三次修正組織法規。尤其是 2012 年最新的組織法，將原來的「特藏組」名稱改為「特藏文獻組」，英文名稱還是沿用 1940 年國立中央圖書館正式成立時就是叫 "Special Collections Division"。80 多年來一直持續執行業務，算是一個正式組織結構的改變，加上「文獻」兩個字，是微調一下。特藏業務一直就是在保存國家的珍貴及稀有文獻，一直是國家圖書館的傳統功能，是一項值得光榮與值得欣慰的任務。
>
> 特色館藏業務發展目標是與世界各先進國家相同理念、及同步

進展，以保存國家珍貴的歷史文化圖書與相關的文物資產為主。國家圖書館之任務有別於大學的學術圖書館、公共圖書館、及專門圖書館。這一保存國家珍貴文獻的任務與功能，須要特別的加以注意與管理。」（A3，頁 3-4）

訪談 B1：「我知道本館的「特色館藏」業務是很早就有的，早自國立中央圖書館 1940 年正式成立後，其組織結構中就有一個正式編組單位，一直稱為「特藏組」，而 2012 年組織法改為「特藏文獻組」。

今日，數位時代，就收藏品內容之意涵而言，是與 2003 年 ARL 所稱的「特色館藏（special collections）」是很類似、很接近的。因為在較早期的出版品，大都是以紙本印刷的圖書為主，愈接近現代才有其他更多類型的資料載體與更多資料主題出現。所以，當資料量愈來愈大，就已經超越早期所收錄的古籍善本圖書的類型，而資料類型也愈來愈多，就很難進行統一歸類，不好管理了。只好再定義與再發明一個新名詞稱為「特色館藏（special collections）」吧，人類是很聰明的。」（B1，頁 4）

　　特色館藏實務界，在實際的工作中親身體驗到「特色館藏」資源的演變歷程，早期是以收藏古書、線裝本圖書、手稿為主的任務。近來，因為入藏的資料量愈來愈大，種類也愈多，面臨管理上之困難。資訊時代必須謀求改變，提出「特色館藏」學術名詞之新定義及新內涵，進行轉型與創新發展模式，才能適應新時代需求。而我國國家圖書館慣用「特藏」一詞，其意涵及其資料類型與資料主題與美國研究圖書館所定義的「特色館藏（special collection）」一詞，是大同小異，英文名稱是一致的用語。

240

探索精品館藏：國家圖書館特色館藏的歷史發展

Exploring the Fine Collection:
The Historical Development of Special Collections in National Central Library of R.O.C. (Taiwan)

訪談 B3：「我認為，檢視特色館藏（special collection）一詞的緣起，必須先瞭解，早期是紙本時代，各大圖書館都是以收集古書、善本書、手稿為主要的資料類型。到近代，圖書館的入藏品數量愈收愈多，類型與主題也愈漸多元與豐富，就面臨難管理的問題啦。所以，要先瞭解這一個館藏品的歷史發展背景與發展過程，就知道，改變的時刻來了。」（B3，頁 5）

　　1980 年代美國圖書館界就發現這個改變，慢慢在發生中；到 2003 年研究圖書館學會發現要做改變了，就在年會及網站上主動提出要以特色館藏（special collection）一詞，取代包含善本圖書（rare book），以及其他更多類型的資料。這種名詞的調整與改變是館藏歷史發展不得以的作法，也是正確作法。我國國家圖書館慣用「特藏」一詞，其意涵與美國研究圖書館所定義的「特色館藏」（special collection）是接近的。」（B3，頁 5）

訪談 C2：「關於「特色館藏」一詞在臺灣圖書館界自早期就一直習慣直接稱為「特藏」，例如：我在國立臺灣圖書館服務十幾年，我們有一個業務部門稱為「特藏參考組」。「特藏」一直是我們的慣稱，我還要仔細核對國外所定義的「特色館藏」所收錄的資料內容與資料類型，才會比較瞭解與接受特色館藏這一個名稱的新定義與新內涵。」（C2，頁 6）

　　國家圖書館特色館藏的行政部門名稱由 1940 年正式創館的「特藏組」，及 2012 年組織法改名為「特藏文獻組」，一直是負責特色館藏發展相關業務。1986 年新館舍精心設計「善本書室」，是開放特色館藏服務讀者之專業閱覽空間，其區位規劃與空間設計是精緻及用心的。

訪談 C3：「我是 1961 年到館服務，當時就聽到一個收藏古書的特殊單位「特藏組」。民國 75 年搬到中山南路的新館後，又設計出一個很像貴賓室的漂亮空間，位在正門的四樓「善本書室」。實在很棒！我常帶貴賓去參觀，感覺很有面子啦。

早在國立中央圖書館 1940 年正式成立以來，我們就都一直有正式編組稱為「特藏組」。我發現透過圖書館一直調整及改變名詞，可直接證明我們是很用心在經營與管理國家圖書館。」（C3，頁 6）

訪談 C4：「我是 1990 年到館服務的，當時就知道有一個專門收藏善本古書的單位「特藏組」，裡面的書是很特別、很珍貴的、很脆弱、是不能碰的，只能調閱微片或是微捲。現在，我聽到你的說明，因為我們是身處於資訊時代，所收錄的資料種類愈收愈多，就以「特色館藏」來重新定義與統稱，我需要重新認識一下。其實，這就是一種專業的學術用語隨時代變遷與需求又有新變革。一下子我是聽不懂，現在經過說明後，我慢慢可以瞭解了。」（C4，頁 7）

訪談 C5：「我印象中，中央圖書館的業務部門一直叫「特藏組」，而提供讀者使用的專室是「善本書室」，一個是行政部門名稱，另一個是開放給讀者使用的專業諮詢服務的閱覽空間名稱。「善本書室」一直是以提供古代圖書典籍服務為主，都是收集最好的品質，一如館藏中的極品、精品，好像是珠寶一樣珍貴的特殊館藏。

我們一進入「善本書室」，好像可以超越時空，直接踏入古代文人雅士的大書房，高雅的閱讀場景，充滿了各式寶物。我們就要開始探索，要聽故事與說故事啦，很精彩喔！」（C5，頁 7）

242

探索精品館藏：國家圖書館特色館藏的歷史發展
Exploring the Fine Collection:
The Historical Development of Special Collections in National Central Library of R.O.C. (Taiwan)

(二)「特色館藏」一詞的定義與內涵

　　「特色館藏」一詞的定義與內涵，是依據各個國家不同的歷史背景與不同的時代發展，保存下來珍貴的國家文獻與民族典籍。1980 年代之後，圖書館學界與實務界開始運用較有廣闊意涵的特色館藏一詞。一般學術圖書館也逐漸以「特色館藏（special collections）」一詞，取代與包含善本書、手稿、檔案等館藏，這一改變對於圖書館發展管理及使用都具有資訊時代的新意涵。以下列舉相關的訪談內容供參考：

1. 1980 年代後運用特色館藏一詞取代古書、檔案與文書是自然演進

　　訪談 A1：「我認為運用特色館藏（special collection）一詞，是一個較具彈性的變通，是一個很好的作法。因為所能收錄特色館藏的範圍會較為廣泛，除了可以包含傳統紙本的 rare books 善本書外，其他還有具有價值的珍本書、稀有書、罕有書等，及更多資訊時代之後的數位類型資源。凡是有文化、歷史、經濟、社會、藝術、市場價值的通通可以進館，都不怕，難不倒，通通就都可以叫特色館藏啊。

　　例如：未來再收錄更多其他代表國家文化歷史的資源，包含照片、地圖、家譜、海報、手稿、版畫等。其價值等同國家寶藏（national treasures）可以獲得「特別」的維護與保存空間，也可包含新興印刷的紙本資源與數位資源，都是可作為永久典藏與給未來世代享用的珍貴資源。」（A1，頁 7-8）

　　訪談 C3：「我最早都是聽到「特藏組」及位在四樓的「善本書室」。而資訊時代，現在所入館的數位化資料很多。當資料種類愈來愈多的時候，以「特色館藏」一詞來重新定義與統稱其收

藏之特殊資料；其實，是一種很必要，也是很合理的演變。現
在改叫特色館藏，一下子我是轉不過來，我還要再想一下，是
實際發展的時間變遷。」（C3，頁6）

2. 特色館藏直接反映各國的歷史發展、地理人文與社會文化

　　各國國家圖書館都各自擁有不同特質的特色館藏，隨各國不同的歷
史發展、地理人文、政治變革、與社會文化的脈動變化而異。特色館藏
的資料內涵與形式是隨時代在演變中，特色館藏發展管理也是與時俱
進，一直在前進與變遷中。各國國家圖書館也透過特色館藏之收集、典
藏、管理與發展，充份對世界展現其國家的歷史文化之精華與特性。

　　訪談 B3：「國立中央圖書館特色館藏的緣起與其組織結構之發
展有關，自 1933 年籌備期，即開始建置一般館藏（collections），
當時是頒佈「國立中央圖書館籌備處組織大綱」共有七條文，
設立籌備主任一人，下設總務、圖書兩組。另設立建築及購書
兩委員會，延聘專家為委員（名譽職），協助進行籌備業務。其
購書委員會就開始收集一般館藏之外的特色館藏資源，當時是
以古籍的珍本、善本收購為主。
因為我國自 1912 年正式建國後，整體的國家氣勢都是很重視文
化建設與革新，有五四新文化運動啊！國家是邁向建設現代化
國家的目標與氛圍。努力在建設國家的文化機構，包含建置各
類型圖書館，大學圖書館、公共圖書館與國立中央圖書館等。
而國立中央圖書館的目標與功能，是積極收集代表國家歷史文
化的珍貴文獻為主，這一項功能是獨特的，是有別於其他類型
圖書館的角色定位。重視善本古籍是為本館一直持續遵循的任
務，是一種傳統精神啊。」（B3，頁8）

特色館藏內涵反映各國的歷史發展，與文化特質，直接有密切關連。各國不同的地理環境、氣候條件都會影響不同的特色館藏發展。大陸型與島嶼型國家的氣候明顯不一樣，對於文獻的典藏與保存有不同的作法；資源類型與資源主題也是各自具有不同發展。例如澳大利亞國家圖書館就有收藏當地原住民毛利人的舞蹈相關舞曲、舞步紀錄資訊，而且列為澳洲國家圖書館的特色館藏的收藏內容之一。此外，大英圖書館收藏披頭四樂譜與歌聲相關資訊，披頭四代表當時英國年輕人對於身處於一個特殊時代的反省與良心，是英國國寶級流行文化收藏，也是大英圖書館的特色館藏之一。

訪談 B4：「有關本研究題目的特色館藏（special collection）一詞，其內涵直接反映各個國家的歷史發展，與各自歷史文化的特質直接有密切的關連。各國不同的地理環境、氣候條件都會有不同的特色館藏發展，例如：我國國家圖書館有收藏三十枚漢代竹簡，這是抗戰時期西遷重慶，與蘭州圖書館交換的。透過本件特色館藏的收藏可以真實呈現歷史文化與地理人文的特色，直接反映 2000 多年前地處西域的邊疆大沙漠，當時的書寫載體之一是竹子。當時的文書傳遞與交換訊息的載體格式，已經透過竹簡直接被記錄與保存下來，這些珍貴文物就是具有高度歷史文化價值的特色館藏。」（B4，頁 9）

訪談 B5：「有關本研究題目特色館藏（special collection）一詞的定義內涵，我的認知是與每一個國家的個別歷史背景與特點、地理人文、與文化發展有直接的關係，也直接反應在圖書文物的創作上。例如：我國歷代的各朝代，選定的首都不一樣，需要去分析當時代的地理戰略位置、資源運輸、交通便利、物資生產等等因素。例如：我們看看歷史上各個王朝要打下天下，

奪江山，各個皇帝都是很聰明絕頂的。要善於運用其優點與強勢及建立不同的特色文化，其古籍文獻資源也會各自具有不同的特點。我們是研究者，對於各國的特色館藏發展是應該要多瞭解其歷史發展的背後關鍵影響因素，例如：歷史文化、政治、經濟、宗教傳統、教育的理念及文化價值觀念的差異等，在在都是影響因子。」（B5，頁 9-10）

(三)「特色館藏」發展與管理

特色館藏發展管理有很多相關議題，包含館藏發展、採訪政策、預算管理、分類編目與自動化、保存與典藏、公共關係、評鑑保險及安全維護、贈送及交換禮品、年度報告與組織結構、募款、法律議題、建立書目、圖書收集與處理、延伸服務、復原與防災計畫、數位化發展相關議題等。

今日，圖書館因應數位科技衝擊，對於特色館藏之館藏發展、管理產生更多變革與新議題。本訪談研究收集到館藏歷史發展部分的意見較多，也有制訂新管理法規及管理作業流程的四步曲：收集、保存、整編與傳佈等。重要的訪談意見整理如下：

1. 特色館藏之館藏歷史發展

我國特色館藏發展以 1940-41 年抗戰時期，有一群積極蒐購上海古籍〈文獻保存同志會〉的重要歷史事件意義最大，收穫最多，也奠定現今我國國家圖書館特色館藏之基礎。本事件是先賢守護國家圖書寶藏的努力與成果，是國家圖書館館藏發展歷史中深受歡迎的一段館史。

訪談 A1：「國家圖書館的館藏基礎是早自民國 22 年（1933）籌備處時期就展開徵集與收藏的業務，鑑於國立中央圖書館籌備

處成立於首都南京時，教育部就將當時北平舊教育部檔案保管處收藏的圖書 4 萬 6 千餘冊，及清順治至光緒間殿試策千餘本，直接撥給當時的籌備處。所以，當時就已經開始奠下本館藏書之基礎，是最早的館藏發展歷史之一。而當時所稱的特藏，是以蒐購古籍圖書為主的資料類型。」（A1，頁 10）

訪談 B1：「國家圖書館有收集到古代的圖書孤本之精品 174 部，還包括有天一閣的最古老藏書版本古籍。我認為這些孤本、精品都是具有歷史與文化代表價值的特色館藏，非常難得。未來，這些稀有的特色館藏品的數量，只會愈來愈少，或是消失，因為歷史無法複製、無法再來，如何安全保存就更重要了。因為得來不易，又是人類的共有文化財產，我們圖書館就須要學習如何細心保存與謹慎管理。」（B1，頁 10-11）

訪談 B2：「我喜歡研究 1940-41 年的抗戰時期歷史中，有一群積極蒐購上海古籍〈文獻保存同志會〉的精彩重要事件，真是一段驚天地、泣鬼神的歷史時刻。雖然只有短短的兩年，但是想一想，當時天空隨時有飛機在轟炸，兩年能做什麼？
但是文獻保存同志會先賢們努力不懈，兩年間所收購到的特色館藏之數量與品質是優良的。這一段歷史太精彩，建議今日我們必須持續研究下去，要持續研究與分析這一批館藏佔今日國家圖書館特色館藏總量的比例？品質與內容為何？是值得持續研究與再探討。」（B2，頁 11）

我國國家圖書館特色館藏的歷史發展，建議應以 1949 年做為研究之分期點。因為之前以 1940-41 年抗戰時期蒐購上海的善本古籍收入藏最多，已奠定我國國家圖書館特色館藏善本古籍基礎。1949 遷臺後，是另

一個新的特色館藏發展環境與挑戰，其發展方向及工作重點都是截然不同的發展面貌。2000 年後的數位化與國際化發展，是啟動另一個特色館藏發展的新里程碑。

訪談 B3：「我認為 1949 年遷臺後，應該可以當成我國國家圖書館特色館藏發展的歷史發展的分野。因為，1949 之前的特色館藏發展是以古籍為主，是上等級的善本，是古籍中的精品。例如：宋元明清各朝代的精品 174 部，還有天一閣最古老之古籍藏書版本。而 1949 之後的特色館藏發展是須要包含古籍之外的新品，無形之間，自然就擴大資料類型與資料主題的入館與保存。

1949-2000 年之間，本館陸續增加特色館藏收藏的各種資料類型與版本。除善本古籍及普通線裝書之外，還增加歷代名家手稿、館史檔案、金石拓片、近百年期刊、古書契、古地圖、版畫、19 世紀以來之攝影圖像及創作或百年中西文圖書、明信片、印刷史文物及 1987 解嚴後積極收集的臺灣珍稀文獻等資料。接續是 2000 年之後的發展，變化更大也更快，善於運用資訊科技的便利性與普及性，開始積極進行古籍數位化。」（B3，頁 11）

訪談 B4：「我認為 1949 遷臺後，特色館藏是一直陸續發展的。然而，自 1980 年至 2000 年是迅速發展期，擁有遠離戰爭威脅的安定環境，可以在安定中逐步擴大特色館藏相關業務範圍，與持續推動。所以，除徵集與收購外，也進行保存維護相關設備與制訂管理法規。陸續增加與擴大特色館藏所能收藏的各種資料類型與版本，除善本古籍及普通線裝書之外，一直增加新型態的館藏，包含歷代名家手稿、館史檔案、金石拓片、近百

年期刊、古書契、古地圖、版畫、19 世紀以來之攝影圖像、明
信片、印刷史文物及收集的臺灣珍稀文獻等資料。」（B4，頁
11-12）

2. 特色館藏之管理

1980 年代後逐漸邁入資訊社會，全球化與數位化之發展趨勢，愈來
愈普遍，特色館藏發展管理也深受衝擊與影響。在特色館藏資料內容與
資料類型部分的館藏發展，必須考慮配合臺灣現今處境與現實發展，有
必要檢討特色館藏收藏輕重緩急及優先次序。

訪談 B5：「我國國家圖書館的館藏發展緣起是自 1933 年籌備期
就開始展開建置一般館藏（collections），當時是處於「國立中
央圖書館籌備處組織大綱」的年代，重視代表國家歷史發展與
文化文獻之收集與典藏。當時都是以古代印刷的珍本、稀有本、
罕有本之收購為主，所以稱為特藏、珍本、善本、珍善本等。
我有特別注意到，1940 年就開始有設立特藏組正式的行政業務
部門，以利直接負責相關業務推動，當時開始是以收購古籍、
珍本、善本為主。而特藏的英文名稱就是 "special collections"，
與國外的英文用語相同。
我擔任特藏組主任一職，一直在思考特藏組到底要收錄何種資
源？何種內容？尤其，我們現今在臺灣，特藏組經費又這麼少，
能真正做到的事為何？因為現在的收藏是以宋元明清善本古書
佔最多，還有一些其他類型資料。未來，特色館藏的資料內容
與類型的館藏發展，必須考慮配合臺灣之現今處境與現實發
展，有必要再檢討其特色館藏收藏輕重緩急及優先次序。」
（B5，頁 5-6）

　　1949 年遷臺後，逐漸開展各項特色館藏的管理業務，開始進行另一階段古籍文獻的蒐集、典藏與整理的相關工作。包含拍攝微縮片計畫的開展，這些是早期對於特色館藏管理的重要工作。

訪談 A1：「我接任中央圖書館期間（民國 66-78 年），仍然遵循著前任館長蔣慰堂先生之理念，致力文化與發揚國學。繼續與同仁推動古籍文獻的相關工作，包含蒐集、典藏與整理的業務。在蒐集典藏方面，由於購書經費一直是有限的，所以必須增闢其他的管道，以接受公私移贈為主。當時收到的贈送不少，包括王撫洲先生遺書、袁孝俊先生藏書、葉惟善先生所藏手稿、齊如山先生遺書、手稿及圖譜繪稿、嚴靈峯先生藏書等，其中不乏元、明兩代所刊印的善本。
此外，為了藏品的安全長久典藏，除積極增加館藏之數量外，也進行古籍文獻的蒐集、典藏與整理的相關工作。印象深刻的是拍攝善本古籍微縮片計畫的開展，作業時間很長。這些都是1949 年以後對於館藏管理的重要工作，是專為特藏善本古籍打基礎的工作項目之一。」（A1，頁 12）

　　因應數位科技的衝擊，國家圖書館開始積極制訂、頒佈與陸續修改各種特色館藏發展管理與服務相關法規，包含如何與出版社合作出版善本圖書的「特藏古籍文獻複製品借印出版管理要點」、保存維護古籍安全的「國家圖書館特藏古籍文獻保管要點」、讀者服務方面的「善本室閱覽須知」、定期維護與管理的「國家圖書館特藏文獻管理維護作業要點」及「國家圖書館特藏文獻盤點作業要點」等法規。透過這些法規之制訂，是該館在逐步擴大業務服務的範圍，也逐漸邁入更完善的管理境界。因此，善於運用資訊科技，也讓特色館藏發展管理相關議題更加擴大與多元，擁有更多創新機會，整體特色館藏管理業務也日臻完善。

250

探索精品館藏：國家圖書館特色館藏的歷史發展
Exploring the Fine Collection:
The Historical Development of Special Collections in National Central Library of R.O.C. (Taiwan)

訪談 B5：「我擔任特藏組主任時，除關注傳統紙本資源外，也特別關注資訊時代的變動方向與發展趨勢。我發現，特色館藏部門的工作內容確實是很特別的，業務很多。資訊科技來臨後，我們是被迫要一直增加與擴大業務的範圍與內容，例如：陸陸續續制訂很多特色館藏管理與服務的法規，如何與出版社合作出版善本圖書、如何定期維護與安全保存古籍等法規。所以，特色館藏發展至今，因應數位科技的來臨，衝擊真的很大喔！至今還在進行中。

資訊科技讓特色館藏發展管理的相關議題更加擴大與多元，擁有更多想像與創新的機會。而今日特色館藏發展管理相關議題，因為網路與數位化科技的應用而產生更多的變革，例如：開發特色館藏的線上展覽館，可讓古文物、古文書，可以超越時空走入每一個使用者手上的電腦，主動找機會去親近使用者，多方便！

還有與幾個機構結盟一起舉辦「線上的合作展覽」，多事又省錢啊！又能大大增加文物的曝光機會。合作舉辦線上展覽，讓文物的價值分享更多人，是經濟實惠，拜先進科技之恩賜。」（B5，頁 12-13）

　　1949 年之後，我國特色館藏發展從一開始進行有系統的整理特色館藏，從徵集、蒐購。再進入另一個管理階段，就是進行盤點、整理館藏與製作微縮計畫。之後，陸續制訂相關服務法規，其管理工作流程是四步曲：收集、保存、整編與傳佈等。

訪談 B2：「回顧我國國家圖書館特色館藏之管理歷史，在 1933 年早期並無制訂管理法規，之後 1943 年在重慶館舍也沒制訂相關的管理或是閱覽規則。但是當時已經開始善本古籍編目作業

及建立善本書志的編寫體例。1949 年遷到臺灣後，在南海路館
舍開始進行有系統的整理特色館藏，從徵集、蒐購進入另一個
管理的階段，就是開展新業務，進行盤點、整理館藏與製作微
縮計畫，這些都是重要的發展管理工作。之後，也有陸續制訂
相關服務法規。

此外，我個人有負責一個特色館藏的中文古籍相關系統「中文
古籍聯合目錄」，我一有空就定時做一些檢查與核對書目的工
作。我也發現這個系統必須要一直改進，要與時代的科技發展
趨勢與讀者的需求而不斷提升，最好能多做一些全文的連結，
價值就會更高。」（B2，頁 13）

訪談 B1：「我個人已經歸納出來！本館在特色館藏的管理作業
流程，簡單說是四步曲：收集、保存、整編與傳佈。相關的重
要服務法規也一併陸續制訂，最新的兩條法規是民國 105 年制
訂，包含「國家圖書館特藏文獻管理維護作業要點」及「國家
圖書館特藏文獻盤點作業要點」，是新作法，以便管理工作更周
全與更上軌道，說明如下：

一、藏品定期抽查及盤點

（一）「國家圖書館特藏文獻管理維護作業要點」於民國 105
年 5 月 17 日館務會議修訂通過，每三個月辦理定期季抽
查，由該館人員及邀請館外學者專家會同特藏文獻組主任
進行抽查是否符合館藏紀錄。

（二）「國家圖書館特藏文獻盤點作業要點」於民國 105 年 4
月 19 日館務會議修訂通過，依據該要點辦理舊籍之清點
及整理作業，每月完成盤點 1,100 部，可達成全年盤點量
13,200 部/件。

二、落實藏品登錄制度

252

探索精品館藏：國家圖書館特色館藏的歷史發展
Exploring the Fine Collection:
The Historical Development of Special Collections in National Central Library of R.O.C. (Taiwan)

特藏文獻組為了提報重要臺灣資料登錄國家文化資產，針對館藏之臺灣特色館藏資源，整理完成古文書計 96 件，依「文化資產保護法」提報文化部文化資產局審議為重要古物。未來，將是本館臺灣史料典藏之亮點。

辦理館藏書畫作品納入珍貴動產管理，為妥善保存館藏珍貴書畫作品，於民國 105 年 7 月 5 日召開「館藏 70 年代書畫作品提報珍貴動產審查諮詢會議」，審查通過 23 件館藏當代臺灣名家之書畫作品，列入珍貴動產，總計增加價值為新台幣 2,620,000 元整，已提報教育部備查。」（B1，頁 14-15）

二、國家圖書館功能與特色館藏意見分析

以國家圖書館功能與任務的角度，思考特色館藏與其之關連，在各年代都有變遷及不同功能需求。其內涵大致可分為兩個時期來探討，傳統紙本時代與網路數位時代。尤其是網路時代國家圖書館，所增加的功能與任務都是超過傳統紙本時代。早期特色館藏是依據國家圖書館功能與任務之規範，以收集與完整保存國家重要珍貴文獻、手稿、公文書與珍貴善本古籍為主；特色館藏之館藏歷史文化價值是國家圖書館功能的實踐與落實。

依據 2016 年國際圖書館學會聯盟在其國家圖書館委員會（IFLA, National Libraries Section）官方網站的說明，數位時代國家圖書館有七項核心任務：1.徵集全國出版品與維護國家書目；2.處理館藏數位化相關議題；3.運用科技；4.發展數位資源管理相關技術與資源服務結盟；5.建立新工作伙伴與協力合作的數位計畫；6.國家圖書館領導國家及參加國際組織的論壇；7.推動資訊素養與終身學習教育等新任務。本節整

理受訪者的重要觀點，彙整說明我國國家圖書館之功能與角色發展狀況
如下：

(一) 國家圖書館特色館藏功能與角色之認定

國立中央圖書館自首任館長蔣復璁開始關注國家圖書館之功能，他
以「發揚國學」為國家圖書館履行其文化使命的任務。至今無論國內外
學者對於國家圖書館功能的意涵，均持有一致性的共識，都是以收藏代
表國家歷史文化的善本古籍列為首要任務之一。尤其在數位時代，國家
圖書館的功能與角色急遽擴大，特色館藏的收藏範圍及工作項目，更是
不斷擴增。

> **訪談 A1**：「我知道，我們國立中央圖書館首任館長慰堂先生，
> 他是以「發揚國學」為國家圖書館履行其文化使命的任務之一，
> 他認為具體的實踐就在於古籍蒐藏與整理。蔣慰堂在本館服務
> 近三十年，早期他致力於古籍蒐藏與整理，大約是啟始自籌備
> 時期，成立四庫全書編輯委員會，包括整理、編輯及選印文淵
> 閣四庫全書為四庫珍本初集，與國內外重要學術機關進行交
> 換，充實館藏，這在當時的年代，是一件文化界的大事。
> 1940-1941 年抗戰期間，他還化名潛入上海戰區工作，利用中
> 英庚款補助興建館舍的一筆基金（因戰爭爆發，沒法蓋新館，
> 錢沒動用）轉而蒐購淪陷區私藏古籍，奠定館藏善本基礎。
> 1949 年國共內戰，他又精心策劃、挑選上品與搬運善本古籍來
> 臺灣，保存國家珍貴文物，避免毀於戰亂。來臺後，細心整理
> 與編輯並提供學術研究資源，使臺灣成為漢學研究重鎮。又透
> 過駐美大使館之協助，取回前北平圖書館託存善本圖書，運返
> 臺灣，充實本館的研究資料，以上各項工作影響深遠，也是奠
> 定我國國家圖書館一直重視維護國家的珍貴古籍的傳統任務。

這些是實際歷史發展的重要事件，都是與近現代國家圖書館的功能與角色等理論，不謀而和。蔣復璁重視代表國家歷史文化的善本圖書之收藏就是符合國家圖書館功能的作法，理念一致。」（A1，頁 16）

訪談 A3：「我是贊成的！我認同家圖書館特色館藏相關功能與角色之價值。無論國內外對於國家圖書館功能與任務的意涵，都是有共同性的，都是以收藏其善本古籍列為重要任務之一。尤其是國家圖書館的功能部分，每每因為該國的政治制度、社會情況與文化教育之不同而互有差別。例如：美國有國會圖書館，日本也有國會圖書館之建立，起初建置目標不一，但是國家圖書館有促進一個國家文化與歷史發展的功能則是舉世皆同的。

我知道我國國家圖書館自 1933 年籌備期就開始積極以收藏國家重要典籍為主要職責，當時是處於一個經費嚴重不足的年代，但是對於國家珍貴古籍文獻之收集與保存，還是列為首要任務在積極執行。籌備處在經費拮据之下，還是徵集與接收各界的珍貴特色館藏文物，以增強館藏的實力與建立獨特的館藏角色與價值。

所謂獨特館藏角色與價值，是國家圖書館才會擁有的古籍、善本古書、特藏文獻資料等之特別收藏。這是其他類型的圖書館，例如：大學圖書館、公共圖書館等，所沒有定義與要求的功能與角色，各種類型圖書館是各自具有不同的成立目標與功能。」（A3，頁 17-18）

各國國家圖書館都有不同的特色館藏發展面貌與現況，各自典藏不同特色館藏文物，透過文物可直接反映各時代不同的歷史文化價值。各

國將特色館藏列為國家重要文物寶庫，頒佈安全保存及典藏維護相關管理法規，是永久留傳後代共享的國家寶藏。

訪談 B1：「雖然，我國國家圖書館成立功能與任務是在國家珍貴古籍文獻之典藏，然而世界各國國家圖書館特色館藏之收集及典藏的年代與館藏品，是因應各國歷史發展的時間長短與文化內涵而不同，各自具有不一樣的特色館藏資源面貌。例如：大英圖書館就擁有 1000 多年的特藏歷史，美國建國歷史是 200 多年，其特色館藏的發展歷史時間就相對的較短，我國國家圖書館的特色館藏收藏品可以早自 2000 多年前的漢簡，我們擁有 30 枚漢簡喔。但是都已經鎖起來保管，一般人不能直接看到原件，有相關管理法規確保安全。

無論如何，我們仔細去研究各先進國家的珍善本典藏及文物資產，就會發現，都是真實反映各國歷史與文化發展軌跡，也是一個國家的重要文物寶庫。大家都很珍惜，並加以特殊的保存，安全的保護，作為留傳後代共享的永久性國家寶藏。」（B1，頁 18）

我國國家圖書館是依循世界各先進國家圖書館功能理論及自己實際運作經驗，精心管理代表我國的國家歷史文化意義功能的善本圖書、經典古籍。該館一直以來細心蒐購、徵集、保存及整編，與先進國家圖書館功能理論是並行與相符的。

訪談 C3：「我圖書館的工作時間有 38 年，我個人熱愛工作，一直做到 65 歲足才退休。因為有比較長的服務時間，所以我有實際個人參與經驗可以分享。國家圖書館保存很多古籍，早期典藏空間的設備與條件不夠好。當時圖書資源不多，很擔心珍貴

256

探索精品館藏：國家圖書館特色館藏的歷史發展
Exploring the Fine Collection:
The Historical Development of Special Collections in National Central Library of R.O.C. (Taiwan)

的圖書紙本原件一直被閱讀使用與重複被影印，會很快被破
壞，就無法典藏了。最早，在南海路館舍的階段，工作內容比
較單純；特藏部分，就是整理大陸搬來的資料、消毒、清潔、
保存空間的規劃與整理、製作與整理圖書目錄、編輯出版等。
後來有聽說國外有新科技研發問世，很好使用，就是拍攝微縮
的技術。當時的中央研究院及政治大學，都有指派人在學做、
也都會做。所以，本館就指派同仁去請教他們，也開始啟動做
善本古籍微縮計畫。當然，先實驗很多次，記得也是一直失敗
很多次，頁數都倒過來。最後一直嘗試各種方法，才成功做出
來，很高興喔。

依照圖書館學的分類，圖書館有五大類型，除了國家圖書館外，
其他的大學圖書館、公共圖書館、專門圖書館及中小學圖書館
等，成立目的與服務對象都不一樣。我國是依循世界各先進國
家圖書館功能的理論與自己的實際運作經驗，都是有很接近、
很類似的功能與價值。代表國家歷史文化意義功能的善本書、
古籍是最須要細心收購、徵集與保存的，這是先進國家圖書館
功能理論的精神重點。」（C3，頁 18-19）

(二) 數位時代國家圖書館功能與任務之擴增

數位時代國家圖書館功能與任務擴增很多，包含建立數位發展伙伴
及結盟、建立國內及國外合作交流、推動資訊素養與終身學習教育等。
數位合作計畫應將相關合作業務一併考量，包含合作數位化、合作出版
與合作展覽，行銷工作應與數位伙伴結盟與合作交流。新興科技一直持
續在衝擊與改變全體人類的工作生活，特色館藏的工作重點與工作項目
亦是不斷在調整與增加。

訪談 C3：「因為，世界一直在前進，新興科技一直在改變人類的工作與生活，包含圖書館的運作與管理都受到深刻影響。各國國家圖書館功能與任務在各個年代的確是不一樣的，本研究所提到傳統紙本時代與新興數位時代是大不同的。數位時代，國家圖書館特色館藏的工作重點與工作項目是一直在調整與增加的！」（C3，頁 19）

訪談 A5：「我國國家圖書館在資訊時代的挑戰是很多元的，競爭對象增加，角色與任務更是不停的擴大中。國人對於國家圖書館的期待與要求，比過去更多啦。關鍵問題是，一般人民分不清楚有五種類型的圖書館，而且五種類型圖書館是各具有不同功能。目前，很多不相干的業務，雖然不是國家圖書館的功能與任務之內涵，都會直接要求國家圖書館執行，壓力是很大的。

所以，我們是一直努力維持住學術圖書館的角色，原先服務學術界的功能是繼續在執行，也在一直擴大業務，並無懈怠問題。本館還是將學術圖書館的角色列為第一工作順位，例如：臺灣歐盟平台論壇的提供演講與對話的平臺，就是對服務學術界所擴大服務的業務。本館一個月舉辦一次論壇，最接近的一次是「2017 年第 1 次臺灣歐盟論壇」，探討美國川普總統就職後之歐美關係，參加的人很多。

另外，社會期待國家圖書館要提供其他更多的服務，例如：開放 16 歲入館與舉辦四季閱讀等創新業務，都是在回應社會對於國家圖書館擴大資源加值運用的期待，是一種新增業務。我們的學術資源豐富，不能只是保存；我們必須靈活作業與冷靜思考，從更多角度去吸引與抓住讀者，如何提供更佳服務？他們真正須要什麼？作為一個圖書館的經營者要能主動想到人們的

258

探索精品館藏：國家圖書館特色館藏的歷史發展
Exploring the Fine Collection:
The Historical Development of Special Collections in National Central Library of R.O.C. (Taiwan)

須要。

例如：本館也積極活化空間資源，改造國際會議廳地下一樓閒
置空間，利用原來設備，只是稍微調整一下，就成立閱報室。
並提供先進的大型電子閱讀報紙螢幕，與當日的新進紙本新聞
報紙並列，就是一項活化空間與充份運用現有設備的貼心服
務。無形中，吸引很多人來閱讀報紙。這是本館與時俱進的創
新，是為高齡化社會的來臨願意主動設計，提供一種閱讀報紙
資源的機會，也是一項突破性與創新性質的服務。」（A5，頁
19-20）

訪談 B1：「各個年代的功能與使命是不同的，紙本時代與數位
時代各有不同的工作重點，是一個接續發展的過程。現今處於
資訊時代，而自 2005 年起已經歷十年的中文古籍數位化作業，
已經累積足夠與可觀的數位化成果，所以發展至今，必須開始
進行各種加值與推廣成果的工作。所謂的數位合作最好能將三
種合作一起考量，包含合作數位化、合作出版與合作展覽。例
如：本館與臺灣師範大學合作古籍數位化、本館與中央研究院
合作古地圖數位化、與韓國國家圖書館之合作展覽等，是近來
積極進行的新業務。

至於推動資訊素養與終身學習教育部分，其實本館一直持續都
在做推廣與行銷，每一年度都有規劃固定的展覽節目，很多啦。
例如：「千古風流人物：蘇東坡」、「古籍文獻展：經典遊記的想
像與建構，旅行方程式」、「文明的印記：圖書的奇幻旅程」。今
（2017）年開春第一炮就是推出最新展覽「瑯嬛福地：國家圖
書館藏天一閣古籍文獻展」，將館藏的善本精品 41 件展出，很
難得喔。天一閣是由明朝官員范欽在寧波所建的私人藏書樓，
迄今已 450 年，是中國大陸現存最古老的私人藏書樓，也是世

界上現存最古老的三個私人藏書樓之一。所以,本館對於展覽
工作一直是很用心在規劃與設計,透過舉辦各種不同主題展覽
與論壇之推廣,效果都是很好。也算是一種廣義的歷史文化素
養與資訊利用教育的一種類型啊!」(B1,頁 20-21)

　　無論傳統紙本時代、或是網路數位時代,國家圖書館功能是一直不
變,是「完整典藏國家文獻」。而特色館藏的發展與管理一直是國家圖書
館首要任務之一,也是獨特任務。這就是國家圖書館與其他類型圖書館
不同的部分,是具有特殊價值、功能與角色的。尤其是,對於特色館藏
珍稀文獻所具備的功能與任務,是恆久不變,只是將工作內容運用新興
科技,進行「轉型」服務而已。

　　訪談 B3:「我認為無論傳統的紙本時代,或是網路時代的數位
化發展,國家圖書館的功能是不變的,只是在進行一種「轉型」
而已,必須時時利用科技進行轉變與創新。因為國家圖書館功
能與任務一直就是「完整典藏國家出版文獻」,包含較難管理的
特色館藏文獻發展,都是主要的職責之一。未來,當然所牽涉
到的新議題與新問題也是愈來愈多的,走一步算一步,與時俱
進啊!」(B3,頁 21-22)

　　訪談 C2:「我個人在實際工作中體驗到,特色館藏的價值是強
化國家圖書館的地位,擁有特色館藏是國家圖書館的強項,更
是一個加分的館藏精品、極品,像鑽石一樣閃亮動人。而特色
館藏發展管理一直是國家圖書館首要的任務之一,也是獨特的
角色。這就是國家圖書館與其他類型圖書館不同的部分,是具
有特殊價值、功能與角色。外界對於國家圖書館的要求與期待
是無限大的,一直增加;一般人不懂五種類型圖書館,他們會

260

探索精品館藏：國家圖書館特色館藏的歷史發展
Exploring the Fine Collection:
The Historical Development of Special Collections in National Central Library of R.O.C. (Taiwan)

直接要求國家圖書館是全功能的，最好是一個巨人與超人，功能愈多愈好。無限量要求啦！」（C2，頁 21-22）

(三) 數位化科技是特色館藏發展之新契機

數位化是國家圖書館面臨資訊社會的新核心任務，包含建立數位發展伙伴及結盟、建立國內及國外合作交流、推動資訊素養與終身學習教育。特色館藏數位化成果，可加值應用於推動資訊素養與終身學習教育之教材。建立數位發展伙伴及結盟之前，對於合作伙伴的瞭解很重要，需細心研究合作對方的強項，要謹慎規劃合作細節與執行步驟，才能達到資源互補及共建共享的合作目標。

訪談 A3：「我認同數位時代的任務是，建立數位發展伙伴及結盟、建立國內及國外合作交流、推動資訊素養與終身學習教育，深覺很重要。尤其是對於合作伙伴的挑選與瞭解是首要工作，很重要。簽約之前，要特別注意，先評估對方具有何種特質與強項？唯有細心規劃，雙方透過合作數位化，才能達到資源互補及共建共享的合作目標。無形中進行結盟的圖書館，透過合作，雙方都可增加特色資源館藏的價值。」（A3，頁 22）

訪談 B3：「我個人覺得數位時代的建立數位發展伙伴及結盟、建立國內及國外合作交流、推動資訊素養與終身學習教育，這些重要任務是本組同仁一致共同體認與努力的目標。自 1933 年籌備處成立以來一直是國家圖書館的工作重點之一，各階段都在認真執行，一直持續在努力做，是我們國家圖書管優良傳統精神之一。」（B3，頁 22）

訪談 C2：「我個人的工作經驗是，國家圖書館的功能與任務是有在一直改變與調整的，隨時代變遷一直在改變。因為，各個年代、各個時期的功能與任務的確是大不同。紙本時代與數位時代也一直在改變與調整工作的重點與工作方式，人類受外界環境影響，是被迫要一直改變的。早年沒有電腦及自動化時代，工作很單純；但是逐漸邁入資訊社會的數位時代之工作模式，確實有很巨大的改變、也是較具有彈性。對啊！現在有聰明的機器人一直被研發出來，不久的未來，應該會有機器人同事，就坐在隔壁啦！哈哈。

例如：我國國家圖書館對於特色館藏發展與管理的目標，是依據國家圖書館成立的目的而設定的，是以永久收藏國家重要珍貴文獻為重要職責之一。今日，數位化帶來很多合作結盟與交流的便利與好處，是一個大好的新機會，也是過去無法想像的。我們就期待美好的事，天天發生罷！」（C2，頁 22-23）

三、我國國家圖書館特色館藏歷史事件個人參與分析

我國國家圖書館特色館藏歷史發展分為五個階段探討，1.籌備時期（民國 22-26 年）；2.抗戰西遷至成立及復員時期（民國 27-37 年）；3.遷臺復館時期（民國 38-65 年）；4.文化建設時期（民國 66-84 年）；及5.網路及自動化應用時期（民國 85-106 年）。本節整理與歸納重要意見，說明如下：

(一) 特色館藏歷史發展重要事件之再現

國立中央圖書館中山南路館舍之興建，與善本古籍須要安全的保存

空間有直接關連。該館重視善本古籍、手稿與古文書特色館藏的文化歷史價值，關心典藏業務，專注空間的安全設計與典藏設備之維護。

> 訪談 A1：「印象很深刻，我們能興建中山南路的新館是與善本古籍的保存有關的。因為民國 66 年，我接任館長不久，當時國語實小附屬幼稚園的廚房因不慎而失火，而且是鄰近本館南海路舊館的特藏組書庫。後來，雖經報警緊急處理，沒有釀出大災，也沒波及到我們圖書館，但是已經曝露了圖書館的館舍和特藏品的安全問題。一旦被火燒掉了，就很難復原啊！
>
> 當時的教育部李元簇部長特別到中央圖書館視察，他覺得圖書館空間不夠，而特藏組的善本書庫也過於壅塞，雖然保管的非常嚴密，但是周遭的環境條件不佳，缺乏整體性的安全典藏空間與設施，是不夠標準化的保存環境。所以，他建議將中央圖書館的善本書，可以移放到當時剛落成的政治大學圖書館新館，我曾經針對善本書移存政大圖書館的利弊加以分析及向部長報告。實在很湊巧，不久颱風侵台，政大圖書館淹水，此事自然作罷。但是問題與困難還是一直存在的，必須要想辦法解決。但也因此，讓我更確定了有必要遷建新圖書館。」（A1，頁 24）

1949 遷臺復館後，陸續展開特色館藏的重要業務，包含民國 67 年完成「攝製重要善本微捲五年計畫」。拍攝微捲計畫之背景是，當時的先進設備都很昂貴，苦無經費可負擔。但是與美國紐約哥倫比亞大學有私人交情，該校研究明史的教授 Goodrich 滿意本館明史特色館藏的研究價值。所以，透過美國哥大出資合作，一起完成計畫。

訪談 C3：「我實際參與的重要計畫是拍攝善本微捲。當時的背

景與需求是，因為善本古籍很脆弱，一直被複印，就容易破損。
圖書館必須在閱覽使用與永久典藏之間取得平衡！須要審慎處
理，可製作微縮捲片，尤以照相版效果是最佳。好處是透過微
縮技術可以保護脆弱的珍貴紙本原件，預防被一再利用與複
製。因為圖書原件之紙質容易遭到破壞，運用當時代最先進的
科技微縮技術（micrographics），是一種保存原件免被使用，透
過再製技術、讀者直接使用微捲。

因為當時外界要求複製紙本古籍的需求量多，所以真正目的為
保護古籍及維護真本原件的安全。最先只是試作微縮技術，是
一種實驗性質，將紙本古籍進行拍攝成微捲，技術上有問題、
要用底片拍清楚文字，也都一再遭遇困難。在當時的青年大樓
4 樓作業，當時算是一種新科技運用於圖書館的館藏複製技
術，是一個先進的作法。例如：當時有國際出版品交換處會幫
忙做資料的接單與寄送，個人讀者可以要求複製；而國外就有
哈佛大學要求複製，或是交換本館的微捲，透過交換處的協助
與國外聯絡，業務進行順利。

我印象最深刻的是協助聯絡「攝製重要善本微捲五年計畫」的
業務，時間是在民國 67 年完成的。拍攝微捲計畫之背景，是因
為先進設備很貴，本館並無預算可用。但是本館與美國紐約哥
倫比亞大學有私人的交情，該校明史教授 Goodrich 滿意本館的
明史館藏，同意合作貸款 3000 元美金給本館買機器（Koda）。
當時的蔣復璁館長很高興，他同意進行合作，只要本館拍攝完
成後的正片（positive）給哥大，依照成本價格計算逐年攤還、
慢慢償清貸款即可。本計畫原先是預估五年可完成，但是同仁
很努力，三年內就完成拍攝美國哥大須要的部分。算是，很圓
滿達成任務。

回想 1967 當時拍攝工作是跨組協力完成的，特藏組負責整理要

264

探索精品館藏：國家圖書館特色館藏的歷史發展
Exploring the Fine Collection:
The Historical Development of Special Collections in National Central Library of R.O.C. (Taiwan)

拍攝的文獻資料、編目組負責文獻資料的機讀格式查核、總務
組負責買機器設備、微縮片子與耗材，進行議價及進行拍製工
作。交換處負責國外的資金貸款聯繫與成品寄出的相關聯絡工
作。我們當時是很注意維護古書的安全喔！很小心作業，善本
圖書的拍攝過程，是不過夜，當日早上借出若干冊，當日傍晚
一定要將古書完好歸還書庫保存，才能收工。」（C3，頁 29-30）

訪談 C1：「我個人印象中的重要事件，拍攝善本微捲是國家圖
書館特色館藏發展的一個重要里程碑。當時運用最新圖書科
技，拍攝微捲，以維護原件之安全典藏。至今，該計畫成果，
仍然在國家圖書館善本室第一線被使用，真實在服務讀者。」
（C1，頁 29）

民國 75 年國家圖書館搬遷至新館舍，新館落成啟用後，業務繁複多
元與日遽增，為因應時代需求，推動新組織法勢在必行。時空背景是民
國 34 年 10 月修正公布的組織法，已有 50 年未予修改，舊法已無法適應
新時代國家圖書館發展之需要，必須積極推動立法。

訪談 A2：「對！推動新組織法，是我個人印象最深刻的任務之
一，因為民國 81 年我接任第八任館長，延續前期的任務，持續
推動館藏自動化、數位化。但是該期我的新任務是，推動新組
織法之立法運動。當時的時空背景是，本館的組織條例自民國
34 年 10 月修正公布以來，已經有 50 年未予修改。新館落成啟
用以來，業務更形繁複而多元，舊法已經無法適應現代國家圖
書館發展之需要。所以，一接新任館長，我就積極推動各項立
法相關活動，細節有很多，可以看我寫的書。也有很多相關的
立法過程的報導，可以參考。新法一通過及正式頒佈後，有一

連串新的行政業務部門的增加與改變。當然，特藏組是自 1940
年創館就有的舊部門。」（A2，頁 24-25）

1994 年的「烏拉圭圖書與中國國際圖書館」事件，是與特色館藏發
展相關的重要歷史事件之一。背景是 1936 年李石曾在瑞士日內瓦國際聯
盟的會址設立「中國國際圖書館」，主要是提供歐洲勤工儉學的留法學生
進修學習之用。該館擁有多元主題及多國語言圖書資源，包含中文線裝
圖書、法文、德文、英文、日文等，還有國際聯盟官方出版品及中文教
科書。1949 年搬至烏拉圭國家圖書館保存；直到 1986 年與烏拉圭斷交，
因搶救得當，1994 年運回臺灣。這一批民國初年的珍貴圖書出版品，完
好保存在烏拉圭國家圖書館 30 多年。該次順利搬運回臺十萬本圖書，大
約是民國元年到 38 年出版的中文圖書，剛好可彌補國家圖書館該時段館
藏的不足與缺失，意義重大。

訪談 A2：「我印象最深刻的事件，是運回寄放在烏拉圭國家圖
書館的中文圖書，本事件與特色館藏發展相關。民國 82 年派一
位優秀的編目組同仁去處理，他做得很好、效率很高。將寄存
在烏拉圭國家圖書館的中國國際圖書館十萬餘冊圖書，全部都
運回國內，並由本館管理。因為民國 22 年 7 月 1 日中國國際圖
書館在日內瓦成立，民國 38 年底因中央政府已遷徙至臺北，該
館館藏乃遷至南美洲烏拉圭暫管。1994 年這批藏書運回臺並入
藏本館，意義真的是很大，是本館在臺灣復館以來最大一次入
藏圖書，也真正填補本館民國元年至民國 38 年出版中文圖書館
藏的不足。」（A2，頁 24）

訪談 C5：「我個人印象最深刻與特色館藏發展相關的事件是「烏
拉圭圖書與中國國際圖書館」，背景說明如下，1993 年是我第

266

探索精品館藏：國家圖書館特色館藏的歷史發展

Exploring the Fine Collection:
The Historical Development of Special Collections in National Central Library of R.O.C. (Taiwan)

二次奉命被派到到烏拉圭辦事。較早是 1983 年，第一次被派去，兩次出國相隔十年，第一次是去整理與編目中文圖書。緣起是 1936 年李石曾在瑞士日內瓦國際聯盟的會址設立「中國國際圖書館」，主要是要給歐洲勤工儉學的學生進修與學習之用。該館擁有多元性質的藏書，不同的語言部分包含很廣，甚至包括中文線裝圖書、法文、德文、英文、日文等書籍，還有一些國際聯盟官方出版品及很多中文教科書。

我要補說明一段故事，李石曾是一個很特別的人，他爸爸是李鴻藻，是清同治皇帝老師，曾任軍機大臣。1902 年，他 21 歲隨清廷駐法使臣以隨員名義（即「使館學生」）赴法國；先入一當地的農校肄業，後入巴斯脫學院(Pastuer College)及巴黎大學(University of Paris)研究。他處新舊時代之交，為倡導新觀念，引進新思想，一生喜好組織學社與團體，辦報及發行期刊雜誌。他曾與吳稚暉、蔡元培、汪精衛等人成立「進德會」；又與唐紹儀、宋教仁等組織「社會改良會」；並曾在北京創辦「留法儉學會」，設立留法預備學校；民國四年(1915)，成立「勤工儉學會」（勤於作工，儉以求學）、「華法教育會」；民國八年，其所創設之「留法勤工儉學會」，於兩年內曾協助二千餘名學生前往法國工讀。

1949 年大陸淪陷後，整個中國都被共產黨政權統治。瑞士政府主動向中華民國政府表示，要我們自己想辦法處理這一批書，否則會被中華人民共和國政府接收。但是，當時臺灣局勢不穩，無力處理。李石曾熱心公益，他利用寬闊的交友關係，向一位當時擔任烏拉圭教育部長的朋友求助，希望運用其行政資源，要求這一批圖書先寄放在烏拉圭。很幸運，這一位部長朋友大方同意，並出錢將書運載到烏拉圭，寄放在其國家圖書館二樓中國廳。

問題就來啦！烏拉圭懂中文的人少，中文的圖書一直放，就沒價值。經過了 30 多年後，1983 年我們和烏拉圭還有邦交，當時的烏拉圭大使夏功權很用心，他知道有這一批圖書放在那裡，可惜沒人去看中文書。他很聰明，先做整理圖書，要求國內中央圖書館派人去幫忙整理。當時是王振鵠館長找我去，我認為去工作一年，時間太長啦，建議不如改派兩人同時去，每人只要去半年，並推薦我臺大一位學長一起同行，他是臺大圖書館學系第二屆，當時他在故宮服務，人很好。我們兩人作伴，就一起同行前往烏拉圭工作。大約花半年時間就將五萬本線裝書編好，速度算很快。我回來時也將這份目錄帶回來，經過一番整理，並申請了一項經費將它印出來，是 1983 年出版的《中國國際圖書館中國舊籍目錄》。

後來，我以為沒事了，但是 1986 年我們和烏拉圭斷交，這批書因為搶救得當，在 1992 年也預計要運回臺灣。因為 1983 年首任烏拉圭代表處的代表已由當年的三等祕書，升級為大使等級的代表，他熱心幫忙協調，這批書陸續接洽，烏拉圭居然答應我們可以運回臺灣。

當時，在接洽協商的過程中，我國教育部答應給烏拉圭 36 萬美金，算是給他們圖書館自動化設備的經費，也是感謝他們完好的保存這一批民國初年的珍貴圖書出版品。而我國駐烏拉圭代表再度透過外交部、教育部向中央圖書館要求派人去整理打包，中央圖書館又派我去。這次時間上，只去一個半月，但是因為十幾萬本書（包括五萬本的線裝書）的裝箱工作很快完成。為何如此快速完工？因為我預估一箱裝 75 本圖書，所以先訂 1000 個紙箱；而我也事先請他們準備好紙箱，我抵達時紙箱都先做好了。我一到烏拉圭沒幾天就開始工作，我先編號碼，核對號碼後裝箱並列出清冊再封箱，大約 984 箱，與我預估一樣，

268

探索精品館藏：國家圖書館特色館藏的歷史發展
Exploring the Fine Collection:
The Historical Development of Special Collections in National Central Library of R.O.C. (Taiwan)

好準確喔！總共裝三大貨櫃，此次預估一個半月工作期限，很順利兩個星期就完了。

我這段時間已經完成公務，沒事做。我主動要求到美國，去參觀先進國家圖書館的經營與管理模式。我先聯絡好臺大圖書館系第一屆學姊碰面，她熱心帶我參觀 LC 美國國會圖書館。她阿公就是《居正與辛亥革命》一書的居正，真是家學淵源、學養深厚，令人羨慕與佩服。之後，運書的貨櫃上船後，約 45 天就到臺灣，就直接搬到國家圖書館。本次能順利完成任務，真是欣慰。現在猛回首，想一想人的一生能作幾件自己滿意也有意義的事？我很開心啊！」（C5，頁 25-27）

1980 年代國家圖書館特色館藏持續進行整理、編目、出版等業務，以及編輯各式聯合目錄，對於善本古書資訊服務的推廣與行銷，直接有幫助及功效最大，是古籍文獻編目考訂的工具性資料。民國 70 年開始推動自動化及開發編目系統，善本古籍的編目建檔也是其中一項；至民國 77 年止，持續進行善本圖書編目紀錄之考訂工作，順利完成機讀目錄作業。之後，展開民國 78-88 年為期十年的「古籍整編計畫」影響很大，陸續出版更大量的善本古籍圖書。

訪談 A2：「我個人參加的特色館藏相關事件，有合作印刷古籍部分：民國 70 年與正中書局合作，將民國 31 年在大陸出版的《玄覽堂叢書》初集重新印行。另外，還有善本古籍自動化部分：中央圖書館自民國 70 年開始推動自動化，開發編目系統，善本古籍的編目建檔也是其中一項，至民國 77 年止，陸續將善本書的編目紀錄，包括考訂部份，完成機讀目錄作業。」（A2，頁 27）

訪談 C1：「我個人對於 1949 遷臺後重要文物保存於臺中縣霧峰鄉北溝的事件很有興趣，也很愛研究本階段歷史。印象深刻的是：建置「聯合目錄」，是民國 70 年特色館藏部分的大事件。當時積極進行編輯與傳播很多，包含出版《臺灣公藏方志聯合目錄》外，在這段期間內，陸續出版《中國歷代藝文總志》、《國立中央圖書館特藏選錄》、《剛代邑齋藏書志》、《明詩人小傳稿》、《善本藏書印章選粹》以及《善本題跋真蹟》等，有關古籍文獻編目考訂的工具性資料。

另外一件大事是嚴靈峯寄存圖書，原先是民國 76 年只是寄存而已，後來看我們做很好，改變心意直接贈送給本館。根據嚴靈峯先生所寄存的子學古籍編印《無求備齋文庫諸子書目》，是出版古籍文獻的書目，有一萬多本，也經過編目入藏，在國圖的 OPAC 館藏目錄系統中就可以查詢。

重要大事還有「國家圖書館善本書志初稿」的出版，是很重要的事件。過去，本館對於善本圖書書志的撰寫無論國內或是大陸學者都是給予肯定與嘉許的。我記得很清楚書志，最早是由故宮服務的昌彼得所撰寫的（他曾任本館特藏組主任，後來調升至故宮當副院長），昌老師對於國圖的藏書很熟悉，他是很擅長描述與書寫，是一位難得人才。」（C1，頁 28-29）

1990 年為期十年的「古籍整編計畫」，分二期執行，一期各五年。十年期間該館投入大量人力與物力，成果豐碩。背景是 1989 年行政院核定本館辦理「古籍整編計畫」，1990 年初陸續開展，工作要項之一即為選印具有學術與參考價值的古籍。值得一提的是《國立中央圖書館善本叢刊》所選各書版式、字體、刀法各具特色，由曾任該館特藏組主任的昌彼得先生指導並敘錄，是為研究古籍版本風格最好範例。

270

探索精品館藏：國家圖書館特色館藏的歷史發展
Exploring the Fine Collection:
The Historical Development of Special Collections in National Central Library of R.O.C. (Taiwan)

訪談 C1：「接下去的大事是民國 78-88 年為期十年的「古籍整編計畫」。其實是分 2 期執行，一期各五年。十年期間本館投入大量的人力與物力，成果豐碩。緣由是 1989 年行政院核定本館辦理「古籍整編計畫」，1990 年初陸續開展，工作要項之一即為選印具有學術與參考價值的古籍。此時編印很多，包含《善本序跋集錄》、《標點善本題跋集錄》、《四庫經籍提要索引》、《善本書志初稿》及《梁啟超知交手札》等。重要的是，精選宋刻善本六種、元刻善本一種，包括《大易粹言》、《尚書》、《尚書表注》、《東都事略》、《新大成醫方》、《楚辭集注》、《箋註陶淵明集》等分屬經史子集的七部善本，加以彙編成《國立中央圖書館善本叢刊》。這本叢刊所精選各書版式、字體、刀法各具特色。最重要與最有趣的是，有高人指導。由曾任本館特藏組主任，當時已轉任故宮博物院副院長，昌彼得先生親自出馬指導並敘錄，為研究中文古籍版本風格的最好範例。」（C1，頁 29）

2000 年數位化時代特色館藏之館藏發展的種類愈來愈多，因應時代的變化，臺灣本土的特色館藏發展也愈來愈受重視。該期，採購與入藏臺灣本土特色館藏的數量日增，也建置臺灣記憶數位化典藏系統，本系統陸續收錄與建置各項特色館藏內容。隨數位化時代的來臨整體特色館藏發展，透過合作發展更形快速與多元。

2000 年邁入資訊時代的數位化發展，合作計畫愈來愈增多。例如合作數位化計畫、合作出版、合作展覽及合作行銷等。經典古籍復刻與合作出版古籍之計畫與其合作館的數量日增中，尤其以建立特色館藏的臺灣珍稀文獻合作部分，2000 年以後是一直在擴增中，也同時建立〈臺灣記憶系統〉，收藏很多代表臺灣本土文化的特色館藏資源。

訪談 A3：「我實際參加的特色館藏相關歷史事件很多，印象深

刻的有：1.民國 100 年之前的臺灣影音資料採購入藏，隨時間遷移前進，目前是放視聽室，而未來是否要移入特藏組管理與保存？是須要有遠見，哪些是有必要先列入考量的條件？已經是須要進一步探討的管理問題；2.烏拉圭圖書十萬冊入藏國圖，也經過簡編與詳細編目的過程，在 OAPC 就可以查詢得到；3.臺視新聞影音數位化，其重要性是一種提供臺灣本土的新聞報導觀點；4.中國廣播電臺之錄音節目；5.數位化時代之後，進行很多合作案，實在太多啦。」（A3，頁 30）

訪談 B1：「我個人參與特色館藏網路及自動化應用時期（民國 85 年至 106 年）的發展，有很多國內與國際的合作案。與特藏善本古籍相關的國際數位化合作計畫實在很多，包含世界數位圖書館的數位化計畫、合作出版與合作行銷等。例如：WDL、IDP 等，現在都還持續做，進行中。」（B1，頁 30-31）

訪談 B4：「我參加的特色館藏計畫是合作出版古籍，2012 年是國家圖書館善本古籍合作重印出版重要的一年。在曾淑賢館長的大力支持下，依據「國家圖書館特藏古籍文獻複製品借印出版管理要點」分別與世界書局、大塊文化出版股份有限公司、臺灣商務印書館、新文豐等一一簽訂合作契約或授權出版協議，收穫很豐盛。

還有，經典古籍復刻，也規劃出版系列經典古籍復刻，或原汁原味，或面目一新，是古籍重印或復刻出版的一番新氣象、新發展。有授權世界書局出版的明版汲古閣精鈔本《梅屋詩餘》為年度第一部重印古籍；也授權大塊公司合作出版另一部國寶級古籍宋嘉定六年（1213）焦尾本《註東坡先生詩》的出版等，成果豐盛。

272

探索精品館藏：國家圖書館特色館藏的歷史發展
Exploring the Fine Collection:
The Historical Development of Special Collections in National Central Library of R.O.C. (Taiwan)

另外，臺灣珍稀文獻資源部分，是與臺灣特色館藏的館藏發展、收集與保存有直接關連。其實本館自 1949 年遷臺後六十多年來，一直都在重視與發展臺灣珍稀文獻的。尤其在莊芳榮館長時期，配合當時國科會十年數位典藏計畫，本館開始收購與典藏大量的特色館藏資源，沒有這個專案，就無法徵集特色館藏與完成數位化計畫。之後，建立臺灣記憶系統，這些計畫的順利開展都與經費的把注有關連。當時是由閱覽組運用數典計畫預算，直接購入，如中廣的黑膠唱片、日據時期的臺灣明信片、音樂家的樂譜，手稿等特色資源都是閱覽組與採訪組跨組合力完成的。當時採訪組還邀請外部的專家協助鑑定，包含早期的創刊號期刊、古照片、古地圖之文物真實價值。整個作業都是很嚴謹，細心在規劃與執行的。

特色館藏之預算如果不足就很難做，必須想辦法獲得其他的管道。例如：捐贈、或是交換的方式就可以免費獲得資源。也與各地方的文史工作室合作。包含與一府二鹿三艋舺的地方文獻機構更多的合作。與台南市的南一中、長老教會；鹿港的文史工作室；艋舺文史工作室及臺灣文獻會等機構合作，進行文獻的數位化典藏與合作展覽等。」（B4，頁 31）

訪談 B5：「我參加的計畫很多，印象最深刻有五項，包含：

1.特藏書目資料盤點與核對：因為我曾在採訪組工作過，後來調到特藏組，我是很認真的工作，我就發現，由採訪組採購的有一組登錄號，但是非經採訪組採購的，就用其他方式登錄號，所以特藏的整體館藏登陸號碼不齊全也不一致。所以就開始做基本功，開始進行特藏之館藏的盤點工作、將登錄號與原件一一核對與補正。也同時將特藏之館藏書目一一核對，以人力外包的方式進行書目核對工作。好處是運用盤點將登錄號

與書目做正確的清點，讓系統中的書目資訊更正確。

　　2.特藏組引進志工協助部分的行銷工作：因為國圖的人力資源不足，所以全館開始引進志工制度。特藏組也同時開始引進與訓練志工，協助做各種展覽的導覽工作。

　　3.招商出版善本古書：因為經費不足，所以透過與外界合作共同出版，善用本館特藏之資源就可以節省支出。有兩種方式：借印出版，是本館寫好 RFP 由出版社主動提案，負責印刷。例如：《歷史人物小傳》；另一種方式是由本館排版完畢，再由合作的出版社負責印刷。例如：《臺灣古書契》。

　　4.微捲轉製：大約是編列入 2000（民國 89）年的國科會第一期計畫之中。算是一種 preventive care，預防性的保護資料。本計畫是微捲轉製；目標：本案擬將 6000 部古籍微捲掃描為黑白影像，影像以光學解析度 300dpi 掃瞄，並以 TIFF 標準格式存檔。規格部分是，影像製作規格為黑白 300dpi 的 TIFF.G4 壓縮檔，掃瞄時，需將微縮片的影像放大與原書尺寸相同，再進行掃瞄。本項業務的執行時期列入第五階段網路及自動化應用時期（民國 85 年至 106 年），有參與當時的國科會計畫（今已改名：科技部）。

　　5.2001 年國家科學委員會策劃推動數位典藏國家型科技計畫，本館為九個計畫機構之一，10 年來陸續完成 7000 餘部善本古籍數位化典藏。」（B5，頁 32-33）

　　2000 年 6 月在北京召開的「中文文獻資源共建共享合作會議的第一次會議」更選定八個合作項目，之後兩岸陸續召開中文善本古籍資源的共建共享會議持續進行合作議題之探討。2000 年當時的國科會主導十年數典計畫，當時大量收購、典藏與數位化與臺灣相關的特色館藏資源，也建立臺灣記憶系統，國家圖書館對於代表臺灣文化特色的館藏資源積

274

探索精品館藏：國家圖書館特色館藏的歷史發展
Exploring the Fine Collection:
The Historical Development of Special Collections in National Central Library of R.O.C. (Taiwan)

極進行發展與管理相關業務。

訪談 A4：「我參加的特色館藏發展相關的重要事件很多：

1.我個人是參與網路及自動化應用時期（民國 85 年至 106 年）：參與特藏古籍的國際數位化合作計畫、合作出版與合作行銷部分計畫。例如：WDL 兩岸中文善本古籍資源的共建共享會議在香港召開會議，我爭取以國家圖書館為領頭羊，由本館主導；

2.與 LC 簽約正式合作編目，我是第一創新開始做。

3.我擔任館長時期開始啟動數位化計畫，也建立臺灣記憶系統，大量收購與典藏很多代表臺灣本土文化的特色館藏資源。這些計畫的開展都與經費的多少有直接關連，只有透過長期經費挹注，才會有好成效。但是，只要計畫寫得好，就會容易獲得補助。」（A4，頁 33）

國家圖書館主動徵集特色館藏資源的名人手稿資源，運用信函或直接訪問的方式，加強與各界名人聯繫。例如：名人手稿、歷史照片、樂譜、海報、地圖等特殊藏品的入藏。在多方努力下，已經收藏到可觀的珍貴特色館藏資源。

訪談 C4：「我是民國 79 年出任中央圖書館館長，任期是兩年八個月。我對圖書館工作是熟悉的，是喜愛的。早年在國外著名多所大學長期留學，有每日浸泡在圖書館的讀書經歷，而且早在民國 73 年也在報上為文呼籲制訂圖書館法與博物館法，我也曾經協助中興大學進行法律圖書的編目規則修訂。所以，我對圖書館服務的感受很敏銳，不是門外漢。我一上任，就進行多項圖書館服務的改革，包含簡化手續及改善服務效率、多與媒

體互動，讓中央圖書館的活動常常見報。增設法律室、輿圖室、視聽室等新的閱覽室，陸續籌設國防室、音樂室、藝術室等，並對於原本閉架保存的外文圖書改變為開架借閱。

我印象最深刻與特色館藏發展相關的館藏發展，是我主動徵集特色館藏資源，運用信函或直接訪問的方式，加強與各界的名人徵集其特色資源。例如：名人手稿、歷史照片、樂譜、海報等特殊藏品的收藏。在多方努力下，收藏到很多珍貴的特色館藏資源，包含作家謝冰瑩的手稿、民國元勳林森的遺物、王國維女兒王東明捐贈他父親遺物、陳香梅女士捐贈她先生陳納德將軍生前檔案（她是有要求建立展覽專室以資長期紀念與傳布。可惜，空間實在不足，暫時無法達成她的願望）、美國舊金山華埠早期華僑照片等珍貴文獻都得以入藏中央圖書館。當時，我也突發奇想成立青年閱覽室，牆壁與柱子都掛很多名人的肖像與故事，目的是激勵當代年輕人，見賢思齊及起而效尤，培育優秀國家人才。這些工作，是我至今仍然很開心、是很滿意的記憶。」（C4，頁 33-34）

訪談 C3：「我有印象喔，因為我是北一女中畢業的，我記得有一次，當時臺北建國中學、北一女中及臺中某商職，都有日本時代的圖書，他們要處理掉日本舊書。幸好被當時的楊崇森館長主動拜訪，他一一勸說各校的校長，及時救回珍貴圖書。」（C3，頁 34）

「輿圖室」是收藏地圖資源之展覽專室，地圖資源是特色館藏之一種資源類型，也是國家圖書館的特色館藏收錄內容之一，很重要，也具有特別的意義與價值。

276

探索精品館藏：國家圖書館特色館藏的歷史發展
Exploring the Fine Collection:
The Historical Development of Special Collections in National Central Library of R.O.C. (Taiwan)

訪談 C4：「我服務時期新設一個「輿圖室」，當時在海峽兩岸圖
書界是一創舉，我印象深刻。地圖的價值是無限的，透過閱讀
歷史地圖的內容，可以解釋各國歷史發展與文化特色的軌跡，
是重要的特色館藏資源之一。本「輿圖室」，展示的內容多元，
極富特色，可惜後來為展示大陸書刊而被取消，雖館舍空間有
逐步擴大，但是都無法恢復，至今我引為憾事一椿。」（C4，
頁 34-35）

(二) 重要事件之歷史意義與後續影響

國立中央圖書館首任館長蔣復璁先生，他擅長運用早年留學德國經
驗，重視建立聯合目錄，整合與集中資源管理方式推展業務，以期發揮
圖書館最大效益。在艱困的重慶後方他聯合各地資源，加以收集與整理
編輯其書目，出版參考性質與研究功能的書目。包含陸續出版抗戰時期
的圖書，是當時特殊時空背景的印記，出版品可做為時代見證。今日回
顧抗戰時期編製目錄，是最真實的歷史發展與該館奮鬥記錄。

訪談 B3：「我認為 1941 年抗戰時期在後方陪都重慶，因為當時
大部分重要典籍並沒有運到，所以由蔣復璁館長擅長運用其德
國留學的個人豐富經驗，採取整合區域合作與集中資源的管理
方式進行業務。例如：將當時重慶附近的大學資源進行整合，
大約有 23 所大學圖書館所典藏的重要圖書與善本古籍圖書,本
館加以收集與整理編輯其書目，出版參考性質與研究功能的書
目包含《重慶各圖書館所藏西南問題聯合目錄》、《國立中央圖
書館中文圖書編目規則》、《重慶各圖書館所藏四川方志聯合書
目》、《西文圖書聯合總目》、《玄覽堂叢書》、《圖書館管理》、《國
立各大學各學院書目》、《館藏中西文化學方面工具書及期刊目

錄》、《白沙兒童小公園》等重要出版。因為出版品是特定時空
下人類智慧的結晶，所以抗戰時期的出版品，必然是一時一地
特殊時空背景的印記，出版品也是可以做為時代的見證。

所以，今日回顧當時，抗戰時期所編制的目錄，就是最真實的
歷史發展與本館的奮鬥記錄。例如：我個人有興趣與實際參與
的是以下兩個時期的發展，說明如下：

1940-41 年〈文獻保存同志會〉的古籍蒐購時期：成果很好、
價值也高，因為將中華文化深厚的文化歷史資源的根留在臺
灣；「根留臺灣」，今日在臺灣本地就可以直接做研究，擁有豐
富的圖書資源。可以參考其相關工作報告書，是很讓人感動的。
例如，嘉業堂之珍貴善本圖書目前是流散四界各地的，有放日
本、美國柏克萊大學圖書館、我國國家圖書館也擁有幾種重要
版本，都是值得珍藏與愛惜的。

網路及自動化應用時期：因為我個人實際參與多項數位化計
畫，感受較為直接與深刻；因為透過數位化的加值運作，所能
影響的層面是較多元與廣泛的。」（B3，頁 35-36）

　　善本圖書的保管問題是促成國立中央圖書館興建新館舍的動力之
一，而新館建築將善本書室的方位設計在圖書館正門入口處的上方，以
顯示重視國家歷史文化的意義很深遠。其室內設計運用大量木質傢俱、
仿唐木格牆飾及挑高天花板，整體設計營造出對存護歷代典籍的重視。
善本書室像是一個高雅的貴賓室，是中山南路新館舍建築的特色之一。

　　訪談 A1：「的保管是促成興建新館舍的動力之一，有關中央圖
書館在進行遷建新館規畫時，善本書的保管是列為規畫的重要
項目。建築師在設計時，除了將特藏組的讀者服務閱覽室和善
本書庫特別置放在圖書館正門入口處的上方，以顯示重視國家

278

探索精品館藏：國家圖書館特色館藏的歷史發展
Exploring the Fine Collection:
The Historical Development of Special Collections in National Central Library of R.O.C. (Taiwan)

文化的意義。另外，善本書室是以木質傢俱、仿唐式的木格牆
飾、以及挑高設計來表達對存護歷代典籍的重視。整體設計像
是一個迎賓的貴賓室，很高雅。」（A1，頁 36）

國立中央圖書館拍攝善本古籍微捲計畫全部完成之後，從此讀者借
閱古籍以縮影片為主，不再出借原書，以利完善保存。以今日典藏的角
度來看，早期的微縮技術（micrographics）比現在的光碟 CD 堅固與耐
用。現在微捲都還在繼續使用，是該館特色館藏發展史上具有影響力事
件。

訪談 C3：「有關「攝製重要善本微捲五年計畫」之進行始末，
最高興的是有後續發展，先是有 1967 年與美國哥大合作成功的
經驗，後又有引出 1973 年教育部就將央圖攝製善本書計畫列為
年度重要工作之一。編列足夠預算，又再歷經五任館長：屈萬
里、包遵彭、李志鐘、諸家駿、王振鵠等館長之督導，在王館
長任內（1978 年）完成自 1949 從南京運來臺灣的十二萬冊善
本圖書全部拍攝完成。計畫名稱是「館藏善本及重要線裝書攝
製微捲計畫」共計 13,105 種、12,213 捲。重要意義與後續發展，
說明如下：
這是一件具有長久影響力的重要事件，當央圖拍攝微捲計畫全
部完成之後，讀者借閱以縮影片為主，央圖不再出借原書，以
利完善保存。其中有當時服務於哥大東亞圖書館的唐德剛先生
協助，他與我是同鄉，有特別幫忙。他從中周旋說明，該校明
史教授 Goodrich 知道央圖有豐富的明史館藏。感謝哥大的貸款
協助，從無至有，以及後來積極發展；接力完成一個配合當時
代的科技運用微縮技術（micrographics）達成當時的重要任務。
以今日典藏的角度來看，微縮技術（micrographics）比現在的

光碟 CD 堅固與耐用多啦！到現在，都還在繼續使用中。

有關特色館藏的重要服務法規也一併頒佈，民國 57 年 2 月擬訂「本館善本圖書申請影印及攝製管理辦法」，報奉教育部核定後開始施行，供臺灣各出版社影印古籍，宣揚中華文化。印象中當時還有總務組成立「縮影室」，一起幫忙攝影館藏的善本書相關業務，以應付各研究機構與讀者的需求。這些都是對於古籍傳佈的重要工作，現在叫行銷，是有擴大古籍的使用價值之功能。」（C3，頁 36-37）

1994 年烏拉圭圖書與中國國際圖書館事件，對國家圖書館的特色館藏發展是具有影響力的。十萬件運回臺灣的圖書資料中，大部分是民國 38 年以前出版的中文圖書，適巧彌補該館民國 38 年以前出版中文圖書館藏不足的缺憾。今日的現代圖書勢必成為明日的古籍，這一批烏拉圭圖書將是未來特色館藏資源的來源之一。

訪談 C5：「1994 年烏拉圭圖書與中國國際圖書館事件，與特色館藏發展相關部分：十萬件運回的資料中，有兩項是經過本館整理後，移贈出去給相關單位。一種是影片資料，轉送給電影資料館保存，因為我們的儲存設備不足；另一種是教課書，轉送給國立編譯館（今：國家教育研究院）統一保管教課書資源。其他各類圖書資源，依照各種資料性質之分類，分由全館各組管理。

總結，烏拉圭中國國際圖書館的中文圖書運回臺灣，是中國國際圖書館自 1933 年在日內瓦成立後，輾轉存放於烏拉圭國家圖書館，1994 年能夠順利運回臺灣。此事件的意義，是客觀見證成立一甲子的中國國際圖書館在成立時的目標，關懷當時留學法國的青年學子之學習資源的歷史任務，亦是特色館藏歷史發

280

探索精品館藏：國家圖書館特色館藏的歷史發展
Exploring the Fine Collection:
The Historical Development of Special Collections in National Central Library of R.O.C. (Taiwan)

展的一件重要事件。」（C5，頁 37-38）

(三) 特色館藏發展的個人研究題目

國家圖書館同仁在進行各式研究主題挑選時，是以盡量利用該館的館藏檔案史料或是館藏文獻資源為主。不但擁有地利之便利，無形中對國家圖書館發展史，或是特色館藏分析與描述，都有貢獻。

訪談 B1：「我個人的研究興趣及研究主題是廣泛的，也盡量直接利用本館資源，包含 1.宋本研究 174 部（經史子集）；2.金石拓片；3.金版本研究；4.國圖館藏嘉業堂版本研究；5.國圖館藏天一閣版本研究等。本館資源很多，主題也很廣，我自己很高興可以一直一直做下去，題目太多，是做不完啦！」（B1，頁38）

訪談 B3：「我個人研究都取材自本館的館藏檔案或是文獻資源，包含抗戰時期的特色館藏之蒐購相關歷史研究。例如：1945年抗戰時期結束後，國立中央圖書館交給羅斯福圖書館，當時是由嚴文郁擔任館長，他們是如何延續與開創新圖書館的使命？

例如：1945 年本館復員南京後，如何發展與管理館藏？有接收汪偽政權「澤存文庫」，也有戰後文物接受清單可參考？這些問題都還是很模糊，沒有足夠史料。館藏歷史的發展須要新資料與新實證研究，都是值得繼續一直做下去的，特色館藏發展相關題目還有很多，有待仔細研究。」（B3，頁 38）

四、我國國家圖書館特色館藏發展政策意見分析

　　國家圖書館館藏發展政策內容可分為分散式與集中式兩種書寫方式，分散式是依照資料主題獨立書寫，集中式則將不同主題集中成一份文件，再分成不同章節說明。先進國外大型國家圖書館，例如：大英圖書館、美國國會圖書館及加拿大檔案館與國家圖書館等，其特色館藏發展政策是採取分散式寫法，將不同主題類型的特色資源，分開成一份一份文件，獨立書寫。澳大利亞國家圖書館則採取集中式書寫方式，我國國家圖書館館藏發展政策亦採集中式書寫，最新 2017 年版將 15 種類型的特色館藏資源集中書寫成一份文件。本節整理與歸納受訪者之重要意見，茲說明如下：

(一) 特色館藏之館藏發展政策書寫方式

　　民國 75 年國家圖書館遷入中山南路新館後，開始規劃與編寫「國家圖書館館藏發展政策」，作為館藏發展實際作業人員之工作指引，亦是圖書館對外與對內溝通之正式說明文件，更是訓練新手上路的工具書。

　　訪談 A1：「國家圖書館自民國 75 年遷入中山南路新館後，業務日漸增加，我就注意到要重視館藏發展這一項業務，才能跟上時代的需求。於是，開始積極規劃與編寫館藏發展政策，是在我任內就開始規劃的業務。召開全館館藏發展的相關單位，一起展開分工與書寫作業。當然也包含負責特色館藏的業務部門，特藏組也有一起參與政策之編寫。」（A1，頁 39）

　　訪談 B3：「我認為館藏發展政策之功效是很重要，可以作為一

282

探索精品館藏：國家圖書館特色館藏的歷史發展
Exploring the Fine Collection:
The Historical Development of Special Collections in National Central Library of R.O.C. (Taiwan)

種代言與溝通的作用。對外部人士方便統一說明與溝通，對內部也可以作為訓練新人之用。

例如：面臨人事輪調時就很須要啦！可以幫助新人接受新工作時，作為工作參考依據，更容易上手。尤其現在各大圖書館流行人力資源的管理與盛行輪調制度，如果能有更詳細館藏發展工作內容之書寫政策，是可以當成新人的工作指引。也可以達成「國家圖書館館藏發展政策」之真正功能，快速就位。」（B3，頁 39）

因為國家圖書館目前所典藏的特色館藏數量與種類較少，贊成目前的書寫方式，採取集中式書寫。在新修訂「國家圖書館館藏發展政策」書面政策中增加一獨立的章節「特藏文獻」。這種增加一獨立的章節與其他館藏資源分開書寫，可更清楚表達，是目前合適的作法。未來，再隨特色館藏資源數量與種類的入藏狀態，而定時修改。

訪談 B1：「本館是一直陸續在修改館藏發展政策的內容，最新的版本是 2012 年與 2017 年版《國家圖書館館藏發展政策》，目前作法是在新修訂的書面政策中增加一獨立的章節「特藏文獻」。這種獨立章節「特藏文獻」與其他館藏資源分開書寫，我個人覺得是一件好事，是一個配合新時代發展需求而更新，是正確作法。

Policy 只是訂出大原則，但是實際運作時，遭遇的狀況還是很多，我們需要靈活應變、要搭配運用一些小原則，才能順利完成任務。例如：今年特藏文獻組採購資源所編列的預算約 50 萬元。這種狀況之下，如何採購到好的館藏品？採購預算真的很少，要做好就要突破很多困難。」（B1，頁 40）

訪談 B2：「對於「國家圖書館館藏發展政策」的「特藏文獻」之制訂是對於特色館藏發展很重要的指導文件，尤其是對於新進工作人員實際作業時，會有很大的幫助，具有指引功能。目前都能配合工作的變遷，實際入館之藏品的種類與作業情形，一直變遷，也一直定時修訂內容。我認為本館的管理工作做得很好，也很用心。我是與有榮焉！」（B2，頁 40-41）

訪談 B5：「政策的書寫方式，要依據館藏的數量與種類多寡而定。目前我國的特色館藏之館藏量相對於全世界大型圖書館而言是較少的。所以，我們採取集中式書寫「國家圖書館館藏發展政策」，「特藏文獻」則獨立一個章節書寫。不如外國的大型國家圖書館，因為他們的館藏資料種類較多與數量較大。他們必須採取分散式，一個一個特色館藏主題分別獨立書寫。分散式是依照各個主題獨立寫法，才較夠他們大國大量需求使用，也較能依照不同資料主題與資料類型去詳細書寫其政策。」（B5，頁 41）

訪談 B3：「我是直覺啦，以本館的館藏規模大小與特色館藏的館藏量而言，採取集中式書寫是夠用的，是合適的。不如西方大國先進國家圖書館因為規模大，資料種類與數量太多，難管理，就必需運用分散式特色館藏發展政策之寫法、才能更詳細與更深入描寫，依照不同資料主題與資料類型書寫其政策。」（B3，頁 42）

訪談 C2：「我認為，目前的「國家圖書館館藏發展政策」是經過參考國外先進國家圖書館之作法，也是配合我國國家圖書館發展現況。是持續編輯與修訂而逐步完成的，算是很完備的作

法，也是館藏發展部分很上軌道的管理。政策當然是重要的正式書面指導文件。而集中式及獨立一章節之書寫方式，是因為國圖特色館藏數量與種類尚屬不多，是一個明智作法。」（C2，頁 42）

(二) 有關 15 種特藏文獻蒐藏範圍的內容之看法

最新 2017 年的《國家圖書館館藏發展政策》說明「特藏文獻」蒐藏範圍的內容有 15 種，包括 1.善本古籍；2.普通本線裝書；3.歷代名家手稿；4.館史檔案；5.金石拓片；6.晚清百年期刊；7.古書契；8.古地圖；9.版畫；10.19 世紀以來之攝影圖像以及外國以中國和臺灣為主題之相關畫冊報導；11.各式版畫；12.石印；13.清末民初日治時期老明信片；14.印刷史文物；及 15.臺灣珍稀文獻等資料。（國家圖書館編，2017，頁 32）。應訂出採購的優先次序，預算有限時，要開發更多的徵集方式，以便增加館藏。

訪談 B3：「館藏發展政策是一個作業原則，但實際運作時，處於不同時間與空間，所遇到的狀況與問題是不同的。實際作業館員，需要靈活應變與彈性處理，才能順利完成任務。例如：在特藏採購資源時，宋版古籍極為稀少，其數量又不可能再增加，一本宋版本的特藏品，有時喊價一億多新臺幣，就可以換購十倍、百倍的明清版本啦！所以，在採購珍善古籍時千萬不要盲從與盲目，應該要多比較與多思考真正的價值在哪裡？尤其是本館特藏採購預算真的很少，需要具有專業判斷能力及多面向思考，才能突破徵集的困難，要開發更多的徵集方式，以便增加館藏。」（B3，頁 42-43）

　　特色館藏之採購，在面臨經費不足時，應該多方考慮館藏之價值。必須先與現有館藏進行比較與分析，瞭解是否真的值得採購，避免追逐天價的善本，盡量開發其他的管道，例如捐贈、寄存或數位化合作。

訪談 B1：「我補充說明一下，2017 年版有關 15 種內容之看法與建議，各種特色資源之收藏入館都有不同的發展時空背景。例如：宋元明清版本的善本書實在太昂貴啦，數量又極其稀少與難獲得徵集的管道。所以，我們未來發展，不要再去追逐天價的善本，盡量開闢其他管道，例如：捐贈、贈送、寄存。現今的特色館藏發展方向應該轉向與收藏臺灣珍稀寶貴文獻，要多軌並重，多管道、多元性的發展。」（B1，頁 43）

訪談 B3：「2012 本版的 12 種內容，可修改的意見：（1）第四項：館史檔案，可以改成館史文獻，範圍會更廣；（2）第 11 項：印刷史文物是一種主題，較不清楚其收藏內容之定位？是否可增加更詳細之說明；（3）第 12 項：臺灣珍稀文獻，是遷臺後的陸續發展出來的類型，較難清楚定位其收藏內容與主題；（4）12 項之後，可以增加一個彈性類型：其他，「其他」是第十三類。而第 3 項歷代名家手稿部分，手稿徵集不易，價值無限。所以，也可以在徵集部分，多做說明，其蒐藏範圍、館藏概況、徵集政策、徵集工具等，可讓政策內涵更充實，更有實質的幫助力量。」（B3，頁 44）

　　特色館藏數量稀少，有些古文書、檔案是世上唯一僅存物件，與當代出版一般圖書不同。隨時間流逝，特色館藏數量會愈來愈少，徵集與採購不易。有時雖有預算，也無法確定可順利獲得；要靠天時地利與人和等條件配合，缺一不可，才能獲得特殊資訊與入藏管道。對於「特藏

文獻」蒐藏範圍的 15 種內容，尤其是新入藏品，均須定期檢討與評鑑其
入藏情形，包含數量、品質、保存、服務等，並列為特色館藏重要管理
業務。

> 訪談 B4：「我清楚記憶，莊芳榮館長時期因有國科會十年數位
> 化計畫，經費補助較多，也是持續一直補助，就好辦事，容易
> 有成效。當時收購很多古書契、古地圖、版畫（是第 7、8、9
> 項特藏文獻的館藏內容），之後，也陸續買到年畫、雕版印刷文
> 物、活字版印刷文物等。
> 特色館藏徵集與採購很不容易，要靠天時地利與人和，缺一不
> 可。特藏！特藏！真的特別難收藏，不容易碰到採購的機會，
> 有錢也是不一定能買得到。
> 第 6 項是晚清百年期刊，與第 9 項的 19 世紀以來之攝影圖像
> 等，都已經移到善本書庫完善的典藏保存。特藏文獻蒐藏範圍
> 的 15 種內容，必須一一訂出收集的優先次序與細節。也必須定
> 期評鑑其入藏情形、數量與品質等。」（B4，頁 44-45）

　　我國國家圖書館特色館藏的收藏現況，以特藏組典藏的善本古書佔
大宗，是善本中的精品。1987 年解嚴後，臺灣本土化意識逐漸增強，國
家圖書館也積極大量收錄以臺灣本地為主的珍稀文獻，進而數位化典
藏，收錄至「臺灣記憶」系統。此外，已進行「館史檔案」文獻掃描，
而整體史料掃描完成率、持續進行新藏品數位化、建置主題典藏與查詢
系統、未來開放讀者使用等，都應列入定期檢討與評鑑的管理業務。

> 訪談 B5：「分析目前我國國家圖書館特色館藏的收藏現況，是
> 以特藏組的古代印刷品善本古書佔最大宗，品質也是最好的精
> 品與特極品。其他特色館藏資源的數量與種類，是陸續再增加

進來的。1987 解嚴後，因為本土化意識抬頭，積極收錄臺灣本地的珍稀文獻，例如：古書契、古地圖、文書檔案、版畫、愛國獎券等，大部分都已經收錄至「臺灣記憶（Taiwan Memory）」的數位化系統中，有完整的數位化典藏。

我記得「館史檔案」部分，因為本館總務組檔案室保存的設備不足夠，不收藏，所以就轉送至特藏組統一管理。重點是，當時有進行館史文獻的掃描史料的工作。至於現在，整體史料已經整理完成多少？是否有持續進行？是否有建置專門主題的典藏系統與查詢系統？未來是否要開放讀者使用？目錄是否要上網？可提供查詢？這些都是須要列入定期檢討與評鑑的管理業務。」（B5，頁 45-46）

(三) 特色館藏之徵集、評鑑及維護之看法

特色館藏徵集與採購不易，有三種可增加特色館藏方式：交換、寄存及數位化合作，都是值得關注的多元徵集特色館藏方法。透過積極與國內外相關單位交流、互動與合作，建立結盟或是合作伙伴關係，可獲取更多交換、贈送與寄存特色館藏資源。

訪談 B2：「目前，「特藏文獻」採訪的優先次序與原則有兩項：1.以沒有的館藏優先採購；2.增補現有館藏之完整性。但是在採購預算不足、經費嚴重不夠用的狀況之下，如何開發更多元的增加館藏方式是值得探討與學習的。除採購外，還有三種可以增加特色館藏的方式：交換、寄存及數位化合作，這些都是值得的多元徵集特色館藏的方式。例如：本館與新加坡圖書館交換微捲形式的特藏資源、與臺灣家譜學會主動交流，寄存其資源等。所以，無論國內與國際的合作，都是增加館藏的最快

與最好方法。」（B2，頁 46）

訪談 B3：「我認為 2012 年版的政策中有六項綱要：1.蒐藏範圍；2.館藏概況；3.徵集政策；4.徵集工具；5.採訪分級與 6.館藏評鑑與維護。其中第 6 項館藏評鑑與維護，是較難在實際運作中具體實踐的項目，困難度較高。未來，還須要更多研究吧。」（B3，頁 46）

特色館藏發展有兩種方式，第一種是自力型，透過圖書館實際作業館員之努力，就可獲得資源，是較容易徵集採購的類型；第二種是外緣型，必須依賴外力與機緣協助，是較難徵集採購的類型。因此，國家圖書館特色館藏實際作業人員，具有專業使命感與榮譽感，仍然必須積極努力去嘗試，爭取更多各種特色館藏採購與入藏機會。透過努力特色館藏會愈來愈多元、豐富及精彩，代表文化變遷與歷史發展之價值也逐漸提升。

訪談 A5：「我認為特色館藏發展有兩種類型，是我個人經驗分享：第一種特色館藏是可以自己努力的類型；第二種特色館藏是必須依賴外力機緣的類型，較難徵集與獲得。舉例說明：第一種努力型，包含手稿的徵集，當經費不足無法採購時，我們可以熱誠的與對方主動多多聯繫，說明我們有專業的儲存設備與典藏空間，就容易獲得免費的捐贈。其他的地方文獻資料，家譜、族譜與地契等，都是可以透過數位化合作的好處，而讓合作的雙方都能雙贏，都可以獲得更多的館藏資源。
第二種特色館藏是必須透過機緣，因為價格往往是天價，較難徵集與獲得的類型。我們根本不敢碰，沒有大筆預算，無法像大陸的圖書館方面進行大手筆的收購啊。但是我們還是不放

棄，還是可以試一試。例如：今年的 2017 年臺北國際書展第一次開辦拍賣會，我鼓勵同仁們勇敢去試一試，有買到兩本古籍。真是開心，收穫很好喔！」（A5，頁 47）

(四) 特色館藏發展政策建議

特色館藏的徵集必須具有遠見，可從未來需求的角度與眼光，來看現在的工作預備。也應該在日常實際作業中從已入藏的特色館藏資源、所遭遇的問題、所提議的解決方案中去思考館藏之價值及意義。國家圖書館的實際作業同仁，要提早做相關準備、訓練與持續學習的工作。

訪談 A3：「有關於新的、未來的特色館藏內容之發展，除 2017 年新版的 15 種內容外，未來應該在日常的業務中去發掘值得升級為特色館藏的新館藏。例如：國圖收藏完整的 1980 年代戒嚴時期黨外期刊版本是最齊全的，因為當時有被查封、被毀損的很多，很難保存；相對而言本館的戒嚴時期黨外期刊收藏就是很具有價值。所以，特色館藏的徵集必須有遠見，要從未來眼光與未來需求的角度，來看現在的工作。現在，這一份館藏未來是否可以列為國圖的特色館藏？這種收藏政策之作法，應該在日常作業中思考館藏價值之保存與意義。要提早做相關的預備與準備工作。」（A3，頁 48）

關於「國家圖書館館藏發展政策」的內容是需要與時俱進的，定期（三年或是五年）進行修訂，包含審查、評鑑政策之書寫內容並與實際作業做同步連結，以便此政策文件具有可用性及發揮實際指導功能。

訪談 B3：「我認為「國家圖書館館藏發展政策」的內容需要與

290

探索精品館藏：國家圖書館特色館藏的歷史發展
Exploring the Fine Collection:
The Historical Development of Special Collections in National Central Library of R.O.C. (Taiwan)

時俱進、需要與館務發展同步。所以，需要定期修訂、審查、評鑑並與實際作業做最好的連結。最好的作法是，平時在實際工作中，要發現問題，並要勤做改進業務的紀錄及整理成改進檔案，定期（三年或是五年）進行修訂。

因此，制訂政策很重要，目的是幫助與便利實際工作的同仁作業之需求，及落實制訂政策功能，定期修訂，也是一種外界瞭解本館館藏發展的重要文件。」（B3，頁 48-49）

我國國家圖書館應重視收集與展覽全球重要地圖資源，再成立輿圖專室，以便提升國家圖書館特色館藏之資源內容與資料類型。唯有積極開發更多類型之特色館藏資源，收錄更完整、更多元與更豐富，逐漸邁向先進大型國家圖書館特色館藏的資源水準。

訪談 C4：「有關於未來特色館藏之發展，我建議除了新版的 15 種內容之外，應該成立以收集與展覽全球重要地圖資源的輿圖專室。因為地圖資源是很重要的，可以透過學習地圖知識，可增強人類的地理與空間知識，也可開闊人類的世界觀與心靈。國外圖書資訊學發展是比我們先進，早就有 map librarianship 之專業發展，他們的圖書資訊學專業化發展是很早開始，是蓬勃發展的，重視輿圖專室之管理。地圖學很早就是圖資專業發展管理的一個重要分支！國內可成立地圖學相關的專業興趣研究團體。」（C4，頁 49）

對於未來國家圖書館特色館藏發展，提出三大運用原則：1.擴大館藏定義：包含實體與虛擬，只要能幫助使用者檢索到的資源，就是館藏，重視虛擬館藏之建置及意義；2.共建共享：不只是重視 input，還要同時重視 output，擴大館藏價值及分享更多人使用；3.建置目錄：主動建置

與提供各種目錄以便利查詢等，這些都是在增強特色館藏被利用之機會
與價值。

　　訪談 A4：「我建議，有關特色館藏發展有三大原則可以運用：
1.擴大館藏定義：包含特色館藏之定義，實體與虛擬並重，只
要能提供給讀者檢索到（access），就是館藏資源，無論實體與
虛擬（例如：透過連結網站、目錄、全文）都是館藏的範圍，
要盡量去開發；2.共建共享：不只是重視 input，還要同時重視
output，要擴大館藏的價值，不只是建置而已，更要能主動輸
出給其他單位應用。共建共享是一種很重要的理念與作法，是
我一直提倡的。館藏的建置是基本功夫，是圖書館的靈魂，也
是圖書館最重要的資產，要一直作下去；3.建置目錄：主動建
置目錄及與提供各種有用的目錄，例如：建置聯合目錄，以便
利查詢。以上三種方法，都是在增強特色館藏的被使用機會及
被使用價值。」（A4，頁 50）

五、數位時代的特色館藏發展意見分析

　　數位時代特色館藏快速發展，其角色與任務也是日漸多元化發展。
Line 提到「數位時代國家圖書館一項新挑戰與任務，就是處理館藏數位
化的相關議題」，計有四項重點：1.須有效利用科技收集、典藏與利用數
位資源，並進行數位出版；2.改變圖書館組織結構並成立新的數位資源
管理部門；3.發展數位資源管理相關技術與資源服務結盟；4.建立新工

292

探索精品館藏：國家圖書館特色館藏的歷史發展
Exploring the Fine Collection:
The Historical Development of Special Collections in National Central Library of R.O.C. (Taiwan)

作伙伴與協力合作數位計畫。[1]

　　Baker 也強調數位時代重點發展，包含 1.積極參與科技發展：繼往開來，善用科技之便利與優勢；2.重視國家文化資產的歷史典藏：加強保存作業、與數位化資源的資訊服務；3.重視資訊素養與終身教育：國家圖書館要擔任一個橋樑角色與功能。[2] 因此，網路時代國家圖書館必須重視國家文化資產的歷史典藏，加強保存作業、與數位化資源的資訊服務。觀察這些重要發展議題，我國國家圖書館的特色館藏發展現況如何，有何問題，未來的發展方向與建議如何，本節整理訪談重點，說明如下：

(一) 數位時代我國國家圖書館特色館藏現況與問題

　　數位時代對於特色館藏發展，帶來無限的新機會。國家圖書館必須積極建立數位發展伙伴及結盟、建立國內及國外合作交流、推動資訊素養與終身學習教育等重要業務。這些都是國家圖書館特色館藏的重點工作，是持續與認真執行各項業務。

　　訪談 B3：「我知道自 1933 年本館籌備成立至今，80 多年以來，無論自傳統紙本時代的中文古籍蒐藏，至今日的數位時代，國家圖書館對於自身的角色與功能是很清楚的。尤其是邁入數位時代，進步的速度與效率更是加倍。所以，我認同必須積極建

---

[1] Line, Maurice B. (1998). What do national libraries do in the age of the Internet? Ariadne, 13, 6-7.

[2] Baker, Tim. (2011). Rethinking the relevance and role of national libraries in the collection, recording, preservation, provision of access to and transmission of knowledge in the age of the internet. University of Cape Town: Sociology of Information.
Retrieved from https://kimbakercapetown.files.wordpress.com/2012/04/baker-k-rethinking-the-relevance-and-role-of-national-libraries-in-the-age-of-the-internet1.pdf

立數位發展伙伴及結盟、建立國內及國外合作交流、推動資訊
素養與終身學習教育。一直以來，這些任務都是國家圖書館的
特色館藏工作重點，都有持續在認真執行。」（B3，頁51）

　　數位化圖書或古籍，帶來新機會、也同時帶來新問題。例如：重製
是一個可以增加館藏的好方法；但是，重製後數位化館藏之著作權問題，
如何開放給使用者利用，數位化的合法授權問題與爭議就產生了，典藏
與開放使用之間是否有問題。因為數位化問題是跨組織的共同議題，包
含徵集、採訪、典藏、組織與開放使用，各環節之執行單位的認知與業
務執掌落差也很大，如何順暢及持續運作是須要重視的新議題。

　　國家圖書館也亟需建立一專職單位，整合全館、及統一管理全館的
單獨或是跨組性質的數位化議題，以專人專職任用，可集中處理全館數
位化相關議題的技術支援與知識支援，包含著作權之議題。

　　訪談 A3：「數位化，雖然帶來新機會，但是也帶來新問題。我
舉一個與特色館藏發展相關的例子說明，本館依據「著作權法」
第四十八條規定，可以向其他圖書館或同性質機構請求重製或
合作重製。重製方法包括掃描、拍攝、印刷、複印或其他方法，
有形之重複製作等。所以，重製是一個可以增加館藏的好方法，
例如是符合本館館藏發展政策但無法以一般採訪途徑獲得的特
藏文獻等，是否也可以考慮。
　　曾經有一個與特色館藏相關案子發生數位化之後的新問題，就
是有人捐贈1970年代鳳飛飛的唱片給本館，為永久典藏這一份
文物，本館依法可以進行重製。但是重製之後的數位化館藏如
何開放給使用者利用？數位化的特色館藏合法授權的問題就產
生，爭議很大喔？因為數位化問題是跨組織、跨業務部門的共
同議題，包含徵集、採訪、典藏、組織與開放使用，各環節之

294

探索精品館藏：國家圖書館特色館藏的歷史發展
Exploring the Fine Collection:
The Historical Development of Special Collections in National Central Library of R.O.C. (Taiwan)

執行單位的認知與業務執掌落差很大，如何順暢運作？典藏與
開放使用之間是否有矛盾存在？法律問題如何處理？

所以，為解決數位化所帶來的所有新問題，本館亟需建立一個
專職單位，其職權可以整合全館與統一全館的單獨或是跨組性
質的數位化議題，以專人專職任用，擁有最先進數位化的技術
與專業知識，統一與集中處理全館數位化相關議題的技術支援
與知識支援。」（A3，頁 51-52）

訪談 B5：「我認為 2000 年之後是特色館藏發展的一個關鍵期，
配合與利用資訊科技的便利與普及化，一一展開古籍數位化相
關的工作。所以，國家圖書館積極與國內外的資料單位簽約與
合作，規劃各種不同的數位化合作計畫，透過共建共享機制之
運作，就可以增加更多特色館藏資源，是一個雙贏策略，更是
一個過去無法想像的新機會。」（B5，頁 52）

特色館藏資源數位化後，就同時必須規劃與進行行銷業務，行銷是
繼數位化之後的一個重要新興業務。特色館藏資源必須透過行銷，才能
貫徹與呈現數位化後之圖書文物價值，讓古籍化身千萬，傳佈國家文化
與歷史菁華，產生更大的影響力。這些新興作業，都須投入更多人力規
劃各項展覽活動、文宣製作、系統管理等業務。目前該館的行銷業務人
力資源較不足，須要補充人力、培育人才與持續進行在職訓練。

訪談 B1：「行銷業務是繼特色館藏資源數位化之後的一個新興
業務，藉由行銷可擴大特色館藏資源的價值，讓古籍化身千萬，
傳佈國家文化與歷史菁華，產生更大的影響力。例如：本館自
2012 年起於海外設立「臺灣漢學資源中心」（Taiwan Resource
Center for Chinese Studies, TRCCS）。是由本館的「國際合作處」

配合漢學研究國際化以及政府向世界推廣「具有臺灣特色的中華文化」之施政方向，選擇國外重點大學或研究機構設置，加強與各國漢學研究單位合作，也包含部分的本館特色館藏資源的加值運用與推廣展覽、教育宣傳。」（B1，頁 53）

訪談 B3：「TRCCS 推動海內外漢學學術交流，傳布臺灣漢學學術成果，共同建置全球漢學研究資源與訊息平臺，促進中西文化交流的廣度與深度。例如：2016 年本館與延世大學合作，設立韓國第一個臺灣漢學資源中心、與京都大學合作設立臺灣漢學資源中心等，都是很好的交流與合作計畫。」（B3，頁 53）

國家圖書館特藏文獻組對於特色館藏資源之行銷作業是持續規劃、定期舉辦各式的重要善本古籍資源相關展覽，透過各式展覽活動之舉辦，允份行銷及活化特色館藏善本古籍資源之歷史意義與文化價值。

訪談 B1：「我認為在特藏資源行銷部分，行銷工作是本組一直在積極進行的固定業務。例如：重要的展覽有「旅行方程式：經典遊記的想像與建構，古籍文獻展」、「文明的印記：圖書的奇幻旅程」（The Imprint of Civilization）、籌備中的系列研討會與講座「玄覽講座」、與出版特藏品都是重要的行銷業務。
總之，唯有透過行銷計畫，才能將特藏資源的價值更擴大分享出去。也是一種特色館藏資源的資訊利用教育、更是特色館藏資源的資訊素養的提升，是國家圖書館的任務與功能的具體落實與實踐。目前就是舉辦各種活動須要投入大量工作人力，例如照顧展覽的會場、輪流值班、辦研討會等，都很欠人力資源。」（B1，頁 54）

訪談 B3：「關於特藏資源行銷工作，是正式列入每一年的年度計畫中，都有先規劃特藏資源的新行銷活動，包含展覽、演講、論壇等。這些新興作業，都須要投入更多的人力去規劃各項展覽活動、文宣製作、系統管理等業務，目前人力資源部分較為不足，辦活動時也人手不足。」（B3，頁 54）

國家圖書館積極與國內外圖資相關單位合作，共同推動各種特色館藏文獻的數位化典藏與合作展覽等業務。尤其國內部分，例如與各地方的文史工作室等單位進行合作，以臺灣相關珍稀文獻之特色館藏的合作數位化發展、合作保存與合作展覽等計畫為主，成果顯著。

訪談 B4：「有關臺灣珍稀文獻之特色館藏的發展與保存情形，是自 1949 年遷臺後六十多年來，一直都有在重視與發展及建立館藏的。但是，2000 年國科會十年的數位化計畫，本館獲得固定經費支持，開始大量收購、典藏與數位化，也建立臺灣記憶系統。這些計畫的開展都與經費的大量、固定及長期的把注多少有關連，預算如果不足就很難做，必須想辦法獲得其他的管道，所以成果算是豐碩啦。

增加館藏的其他管道，例如：透過捐贈、或是交換的方式就可以免費獲得更多資源。與各地方的文史工作室合作，包含本館與一府二鹿三艋舺的地方文獻機構進行更多的合作。與台南市的南一中、長老教會、鹿港的文史工作室、艋舺文史工作室及臺灣文獻會等機構合作，進行文獻的數位化典藏與合作展覽等，都有很重要意義。」（B4，頁 55）

建置「特色館藏數位化政策」具有指引作業功能，是一重要政策，可協助特色館藏資源的保存與傳播更便利與更快速。必須要審慎規劃與

實施下游的相關作業，包含「特色館藏行銷政策」及「特色館藏保存政策」等，都是須要一併考量與規劃的整體業務。

> **訪談 C4**：「數位化技術的運用，是重新在創造特色館藏資源的新機會與新生命，因為透過數位化科技，可以讓特色館藏資源的保存與傳播更便利與更快速。所以，數位化技術讓特色館藏資源代表一個國家文化與歷史的功能，更能獲得確保與維護。數位化更是行銷的上游與前置作業，必須非常審慎規劃與實施「特色館藏數位化政策」。數位化相關政策都是很重要的，必須一一檢討與運用。」（C4，頁 55）

> **訪談 B1、B2**：「有關本館特色館藏之發展與管理，確實是愈做愈好，業務也日漸上軌道；特色館藏之館藏量漸增，影響力也是逐漸擴大中。但是，目前的問題是人手較為不足，須要投入更多人力資源。因為有些業務也是負擔較重與不熟悉，例如：做行銷的技巧、展覽、設計、作宣傳方面的專業技術等，這些專業知識都是須要同仁持續學習與在職訓練的。」（B1、B2，頁 56）

特色館藏發展是一個進行式，其收錄內容與管理方式，必須與時俱進並定期檢討。特色館藏發展必須配合國家歷史文化發展、各時代的需求及與各時代的期待併進，一定要注意靈活調整政策制訂與實際作法。

> **訪談 A3**：「我觀察到變化，有關特色館藏的發展現況部分，國圖一直在進新鮮貨、新鮮的館藏啦！例如：1987 年解嚴後，本土意識逐漸增強，本館就開始大量收藏臺灣相關的歷史文獻與文物，增強本館這一部份的資源。例如：建立臺灣記憶系統的

十年建設中，收錄大量的臺灣各地方志、地圖、古書契、古文
書、愛國獎券、明信片等重要特色館藏資源。所以，特色館藏
發展是一個進行式，其收錄內容與管理方式，都是必須時時刻
刻檢討，要與國家歷史文化發展、各時代的需求、各時代的期
待併進，要靈活調整政策與實際作法。」（A3，頁 56）

(二) 數位時代國家圖書館特色館藏相關發展政策

制訂特色館藏發展相關政策是很重要的，相關政策包含「特色館藏
資源數位化政策」、「特色館藏資源保存政策」、「特色館藏數位化的國際
合作」、與「特色館藏資源行銷」等，都須要制訂標準化作業流程，以便
指導實際作業。因此，唯有透過建立各種數位化的相關政策與標準化作
業流程，特色館藏業務才能永續推動，影響力才能可長可久。

訪談 B1：「有關「特色館藏資源數位化政策」是具有指導本館
與國際、或是國內合作單位，一併進行數位化合作計畫的功能。
目前，合作的國家愈來愈多、數量累積也愈來愈多，所以制度
化管理與進行，首先要制訂相關的所有政策是很重要的。重點
是，要建立標準化作業流程，讓本項業務能永續一直運作下去，
不會因人而廢、因人而興。數位化之後的相關問題與作業調整
也要一併考量與關注，才能可長可久。
特色館藏保存政策有分為紙本資源與數位化資源兩種，必須遵
守其作業的管理要點確實執行。而特色館藏數位化資源部分，
建議與全館的館藏數位資源發展併入一起討論與規劃，由資訊
單位負責協助統籌全館需要，而統合一致執行。
制訂「特色館藏發展相關政策」是很重要的，例如：國際化交
流人才的培育與合作計畫之規劃，都需要持續進行，更要長期

投入，才能見到成效。例如：本館「國際合作處」每兩年會舉辦一次研習班，推廣漢學及善本古籍相關資源的相關議題，這些都是需要制訂相關的發展政策，效果才能持續累積與擴大影響力的。」（B1，頁 56-57）

　　期盼國家圖書館能建立專業行銷部門，編列專職與專人，並長期投入資金、專業團隊與設備，才能有具體成效。尤其透過行銷政策之制訂與實施，針對特色館藏數位化之後的加值運用與推廣、展覽、研討會、教育宣傳工作等，是未來關注的發展議題與趨勢。行銷是重要的專業，必須規劃更多特色館藏的同仁參與設計，長期學習與訓練，才能勝任及做出真正吸引人的傑出成果。

　　訪談 B2：「有關「特色館藏發展行銷政策」，我認為「行銷」是一個很專業的工作，機構必須規劃由專門組別，編列專人與長期投入資金、專業團隊與設備，才可能有具體的成效。本館是一個國家圖書館的角色定位，仍然以服務學術研究之資料查詢與研究資料之提供服務為主。圖書館並非博物館是以專門收集歷史文物的性質，不是以提供參觀為主要業務。例如：舉辦西遊記的展覽，光是要找一張孫悟空的照片，策展人員花費很多時間，只為找出一張精彩的、經典的、最具代表性的孫悟空照片。所以，「行銷」是很專業的，必須規劃由專組與專人協助與負責。
我認為特色館藏資源的行銷政策，也就是加值運用與推廣展覽、教育宣傳工作，是未來的發展趨勢，很重要也很專業，必須規劃更多特色館藏的同人參與設計。總之，唯有透過行銷可以將特藏資源的價值更擴大、可以分享更多人。也是一種資訊利用教育、同時更是資訊素養的提升，正是國家圖書館的任務

300

探索精品館藏：國家圖書館特色館藏的歷史發展
Exploring the Fine Collection:
The Historical Development of Special Collections in National Central Library of R.O.C. (Taiwan)

與功能的具體落實與實踐。」（B2，頁 57-58）

訪談 B3：「制訂特色館藏發展的相關政策是很重要的前置作業，但是最後經過使用後，使用者的意見或是使用的滿意情形很難收集到？較難獲得回饋與改進的意見。所以，須要研究如何運用最新科技進行主動收集用後評鑑與使用回饋機制。目前有開始研發「協作式網頁」以便及時瞭解使用者的操作情形，以及收集使用者的需求與困難。可以透做協作式創作網頁，主動獲得使用者的意見回饋。算是一個最新進的技術，本館已在參與及研發中。」（B3，頁 59）

訪談 B5：「需要定期檢討與評鑑特色館藏發展相關政策之實際實行狀況，結果供未來發展之參考。」（B5，頁 59）

訪談 B3：「有關「特色館藏資源保存政策」全館要有專職單位統一做，一起做規劃。而「特色館藏資源保存政策」部分應該併入全館的數位保存政策中，統一管理與統一執行，才能減少人力與經費的重複與浪費。」（B3，頁 60）

訪談 C2：「我個人對於「特色館藏資源數位化政策」之看法，數位化是一個整合性的大議題，不單是數位化的單一層面。背景說明：在資源（包含經費、人力、設備、數位化原件…）有限的前提之下，無論大小型圖書館、或是機構的規模大小，都應該要整體性的審慎評估與規劃。包含「特色館藏資源數位化政策」、「特色館藏資源保存政策」、「特色館藏數位化的國內與國際合作」、「特色館藏數位化的國內與國際合作」等都應該視為一個整體的作業計畫；要一條龍式整體納入規劃中一併考量。

例如：國立臺灣圖書館在進行古籍數位化後，就發生書庫的古籍原件在掃描後書頁裝訂鬆動、紙質酸化、鐵製書盒子的夾子生鏽等問題。所以特色館藏資源數位化之後，陸續就引發原件之修復問題與數位化資源的保存問題。也再引發更重視「圖書醫院」可以提供古籍圖書之修復技術服務，這些都是與數位化之後所引發的相關新議題與新問題，應該一併仔細規劃。」（C2，頁 60）

訪談 C4：「有關「特色館藏資源行銷」，我認為「行銷」是本館的特色館藏資源無論在傳統的紙本時代或是數位化時代之後，都是一直很重要的下游工作，包含整編、印刷、出版、展覽、資訊教育、研討會等都是啊。「行銷」的類似意涵，過去在紙本時代稱為「推廣與傳布」，資訊世代就叫 marketing，也與商業時代的發展意涵有直接關連。」（C4，頁 61）

(三) 數位時代特色館藏國際與國內交流合作

　　未來特色館藏發展管理一定要走合作的路線與發展策略，以創造雙贏與利多。也必須注意培養國內與國際數位化合作談判人才，合作對象包含國內與國際的圖書資訊單位，都是很值得研究的。合作簽約時更要注意互惠與多贏，更要注意著作權授權的使用範圍與使用期限等議題。

　　訪談 A3：「我個人的實際經驗，未來特色館藏的發展管理在數位時代一定要走合作的路線與發展策略，以創造多贏與大利多。合作對象包含國內與國際的圖書資訊單位，都是很值得做的。例如：敦煌學研究，全世界都在做，日本、英國、美國、俄國、大陸等。有些會偷偷的挖掘敦煌寶藏，偷運出去，有時

是珍品、真品，還是仿冒品？都是很難分辨的。所以我們在規
劃國際與國內交流合作時，規劃過程一定要審慎作業、注意合
作對象其館藏的虛實？強弱？真假？價值？要具有專業眼光。
合作簽約時更要注意互惠與多贏，更要注意著作權授權的使用
範圍與期限。我認為應該考量本圖書館成立的目的，配合時代
演進，多與國內機構相關機構合作，以便收錄更多臺灣本地的
館藏品。例如：可與臺灣文學館如何進行合作，將雙方的優點
透過合作與分工，進行資源整合與運用的最大化，擴大各館之
資源與價值。」（A3，頁 61）

數位時代的特色館藏發展必須充份運用新科技之優勢，更要透過館
際之間的合作方式，互相簽約結盟等，都是很好的發展館藏方法，可增
強雙方的館藏優勢。而後續的數位合作保存、合作數位行銷展覽、合作
出版與合作推廣等項目，都應一併同時考慮及規劃其合作之可能性。

訪談 A4：「資訊時代，數位化科技的運用是一個機會。數位化
帶來很多後續的關鍵性發展與新合作機會。透過合作與結盟，
都是很好的發展館藏方式。而特色館藏必須充份的運用新科技
之優勢，透過館際之間的合作方式增強雙方的館藏優勢。但是，
合作案件一定要先作足功課，要充份瞭解雙方之特點與優勢，
簽約時更要注意雙方都能互惠，更要注意著細節，例如：圖書
館的分館愈來愈多，要特別注意授權的使用範圍、使用期限，
甚至後續的數位合作保存、合作數位行銷展覽、合作出版與合
作推廣等，都是應該一併規劃其可能性。」（A4，頁 61）

訪談 B3：「本館數位化的國際合作部分，近來積極持續的進行，
合作的國家與範圍愈來愈大、數量也愈來愈多。重點是，一定

要制訂相關合作政策與工作策略，以利建立標準化作業流程，讓本項業務，持續一直發展下去，其影響力更擴大。國家圖書館的任務與角色也達成啦。」（B3，頁61）

(四) 國家圖書館特色館藏發展之建議

建議 1：國家圖書館應持續執行與編寫善本書志。「書志」具有導引及推廣閱讀古籍的功能及價值，可與國內外文史科系長期簽約合作以利持續寫出更好的升級版。應規劃全方位加值、及更開闊行銷管道，例如做更多書目連結及全文連結之加值行銷，及紙本、電子書、電子資料庫等多元出版行銷管道，積極發揮「書志」品質與價值。

訪談 B4、B5：「建議：善本書志要繼續執行與持續寫下去，過去，本館謙虛稱為「初稿」，只做基本描寫。現今，如果可以將過去的研究成果累積起來，例如：過去的版本研究、加上更多版本的考訂研究，與相關的文史科系的老師與學生合作，一起合寫，也可以做更多的加值，例如做書目連結、全文連結。我在接任特藏組主任時，前輩們就交代我要傳承業務，要繼續做好這一件事。善本書志，不但要編列計畫、更要持續寫更好。回顧本館過去特藏的發展歷史，善本書志的初稿已經奠下基礎，只要在書寫體例與書寫風格的部分做更大的提升與加值，應該可以發展出「書志」應有的品質與價值。」（B4、B5，頁62）

建議 2：成立「特色館藏數位設計與行銷加值研究團隊」。由專業行政部門及聘請專人專職，統一集中作業、持續研究行銷部分工作。

304

探索精品館藏：國家圖書館特色館藏的歷史發展
Exploring the Fine Collection:
The Historical Development of Special Collections in National Central Library of R.O.C. (Taiwan)

訪談 C3：「特色館藏資源的國際合作與數位化要繼續與持續重視與發展。而特色館藏資源的行銷部分，也是一種普及化，與加值化。可以透過行銷，將特色館藏的歷史與文化內涵充份表現出來。是可以增加特色館藏的價值、也可以透過加值流程，做出全民資訊素養與終身學習所須要的素材與教材。國家圖書館要重視此項文化使命的功能，必須持續重視與永續發展。」（C3，頁 63）

訪談 B4：「我建議：國家圖書館必須重視特色館藏資源的加值部分的研發工作，不只是做複刻出版、電子化出版。應該成立「特色館藏設計與加值研究團隊」由專人專職、持續研究行銷部分的工作。」（B4，頁 64）

建議 3：實務工作同仁，應運用未來的高瞻遠矚眼光，回頭來管理現代的特色館藏圖書文物業務。研究與分析現在的圖書文物中之特色，未來有可納入特色館藏的範圍與資料類型，提早做出各種準備及因應工作。

訪談 A3：「我建議：國家圖書館的館藏發展應該運用未來的高瞻遠矚眼光來管理現代的圖書文物。應該站在歷史的長河，以未來 30 年、50 年、100 年的需求與眼光來觀察現在的作法。國家圖書館應將典藏與閱覽的臺灣出版的圖書分成兩個版本，要蓋新館小心保存典藏本。一份保存典藏，另一份流通。特色館藏之館藏發展也應該以未來時間角度來思考，有哪些現在的圖書文物，也許現在是平常的資源，但是 100 年、200 年後會變成特色館藏？」（A3，頁 63）

建議 4：善用新科技，運用國家力量建立人工智慧 SMART 系統於徵集、典藏、閱覽、服務等。例如運用機器人協助管理特色館藏發展相關業務，引領新時代的到來。運用顧客 3.0 的新概念，是人＋服務流程＋科技應用的綜合，運用科技有效協助特色館藏之管理。[3]

訪談 B3：「我建議：說起來雖然是天馬行空，但是，人類因夢想而偉大！人還是要多作夢。建議國家圖書館的未來長期發展規劃，必須善用新科技，運用國家力量建立人工智慧 SMART 系統於徵集、典藏、閱覽、服務。由機器取代人工，而珍貴的人力再升級做其他的新興業務。」（B3，頁 64）

建議 5：重視基本功夫，重新定義與定位國家圖書館特色館藏之資料收錄範圍，特色館藏之館藏發展政策必須定期更新、緊密配合與時俱進。

訪談 C2、C4：「我建議：國家圖書館應該重新定義與定位其特色館藏之資料收錄範圍，其館藏發展政策必須定期的更新與時俱進。本館應當更精細的定位自己的特色館藏之資料收錄範圍，要有「廣納百川」的心態，建立自己的真正特色館藏，不重複收藏，例如：與臺灣文學館不重複工作，要如何切隔不同的專長領域？建立不同的特色館藏？政策必須定期的更新與時俱進，也不因工作人員更換而中止任務。」（C2、C4，頁 64）

---

[3] 約翰·古德曼（John A. Goodman）(2015)。顧客 3.0：人＋服務流程＋科技應用之綜合。（*Customer experience 3.0 high–profit strategies in the age of techno service*）（池熙璿譯）。臺北市：中國生產力中心。

建議 6：善用網路行銷利器，以傳播特色館藏的文化與歷史價值。應多設計與規劃，賦予善本書更多的新生命與價值，將其承載文化歷史功能開發出來，親近其子民。提升國民文化素養，是藉由特色館藏之價值，落實國家圖書館的任務與功能。

訪談 C5：「我建議：善用網路行銷的便利，以傳播特色館藏資源的文化與歷史價值：資訊時代，網路行銷的力量是很大的，超乎想像的，既可以節省大量的時間、也可以節省金錢，很合適現在預算不足的行政機構去運作。
透過網路行銷運用，可將特藏資源的價值無限擴大、分享給一般人。實在值得多設計與規劃，賦予善本書更多的新生命與價值，將其承載文化歷史功能開發出來，親近子民。特色館藏的行銷也是一種資訊利用教育的好素材、更是全民資訊素養的提升，是國家圖書館的任務與功能的具體落實與實踐。」（C5，頁 65）

建議 7：持續進行研究國家圖書館史。部分受訪者認為館史很重要，應持續進行研究。而研究的主題與方式很多元，今年有外界潘思源基金會的經費獎勵研究是一個很好的創舉，應該繼續運作，並鼓勵各種主題的研究與創作。

訪談 B3：「我補充一個建議：本館這幾年有一個很好的創新研究模式。就是「潘思源先生獎助本館專業人員專題研究案」的「戰時館藏古籍文獻典藏與播遷之研究（南京、重慶）」之重慶部分。本案在分工方面，由廖箴編輯負責南京建館時期之探討，並於民國 104 年 4 月 15 至 22 日赴實地進行田野調查；黃文德編輯負責重慶時期之研究，並於民國 104 年 9 月 15 日至 20 日

赴重慶、白沙(江津區) 進行田野調查。此案提出赴重慶考察係
針對抗戰前後國立中央圖書館（國家圖書館前身）於重慶設館
期間與播遷過程、分支典藏等活動進行調查，希望就此一遷徙
過程，配合本館館史文獻與實地勘查，重新審視這段歷史，一
方面確認相關辦公廳舍、藏書書庫、閱覽室之位置，同時確認
各階段播遷時間，以提供未來館史研究之參考，藉此澄清國家
圖書館館史文獻不足徵之疏漏，同時提供未來研究者考訂論證
之引述。

我此行赴重慶 6 天進行移地研究。經過 4 天調查，確認館史文
獻之內容應以更嚴謹的角度去檢視其記載之正確性與合理性。
此外，透過實地踏查，亦有助於發掘新的研究面向，個人收穫
豐盛。」（B3，頁 66-67）

建議 8：建議組成團隊研究小組，可激發新創意。圖書館是一個工
作團隊，業務的推動都是整體團隊一起合作、齊頭並進，是一個接力賽
跑與逐步推進的努力過程。一如社會運動的開展，從起心動念的規劃、
執行、加深、加廣，到開花結果都是團隊一起努力的成果，非單一個人
可做到。尤其經營與管理部分，必須學習尊重每一個人的不同性格、成
長背景、學養與思考角度，會有不同的領導風格與作事風格。

訪談 A4：「我個人的經營與管理哲學是，注重大方向指引，不
拘小節啦！我深知圖書館是一個團隊，所有的業務推動都是整
體團隊一起合作、齊頭並進的，是一個接力賽跑、是逐步推進
與努力的過程。一如社會運動的開展，從起心動念的規劃、執
行、加深、加廣，到開花結果都是大團隊一起努力的成果，不
是單一個人可以做到。

尤其管理面，與每一個人的性格、成長背景、學養與思考角度

308

探索精品館藏：國家圖書館特色館藏的歷史發展
Exploring the Fine Collection:
The Historical Development of Special Collections in National Central Library of R.O.C. (Taiwan)

之不同，會有不同的領導風格與作事風格。我深深發覺，做人
要謙虛，我們還是要學習尊重與欣賞差異，要包容彼此的不同。
有不同、有差異，才能互補、互助、會有更多樂趣。所以，人
要大器，要合作、一起團結無私完成團隊任務。」（A4，頁 67）

建議 9：善用網路行銷利器，以傳播特色館藏的文化與歷史價值。
應多加設計與規劃，賦予善本書更多新生命與新價值，將其承載文化歷
史功能開發出來，親近其子民。提升全民文化素養，藉由行銷特色館藏
之價值，落實國家圖書館的任務與功能。

訪談 A3：「我認為國圖未來的特色資源之收藏必須重新思考，
有兩種角度：一是站在保護大中華文物的角度；二是立足臺灣
的角度。既保存中華珍貴善本，也積極收藏臺灣本土化珍貴文
物，善加保護給未來的子民兒孫都可以閱讀與流傳。
我認為必須運用未來人的眼光，例如：50 年後、100 年後的角
度來看現在的館藏價值與實際作為，如何進行特色館藏內容之
收集？應該如何做？這樣想像，就會比較容易做事了。」（A3，
頁 67）。

六、綜合討論

本綜合討論內容，是依據本研究訪談研究我國國家圖書館特色館藏
相關主管、實際作業同仁及學者專家，共三組專業人士，總共訪談 15
位。訪談五個重點主題包含第一節是特色館藏的緣起內涵與發展管理意
見分析；第二節是國家圖書館功能與特色館藏意見分析；第三節是國家

圖書館特色館藏發展個人參與經驗分析；第四節是特色館藏發展政策意
見分析；第五節是數位時代的特色館藏發展意見分析。本節綜合前五節
的彙整訪談研究成果，加以綜合說明、討論及分析。茲分述如下：

(一) 特色館藏的緣起內涵與發展管理意見分析

1.「特色館藏（special collection）」一詞的緣起

　　特色館藏緣起具有悠久發展歷史，西方自古代埃及亞歷山大圖書館
啟始，就將特色館藏資源與一般圖書分開管理。特色館藏是指具有文化、
歷史、經濟、社會、政治、科學或是市場價值的圖書文物資源，或是稀
有的珍貴古籍及文物。「特色館藏」與「館藏特色」兩個名詞，不易分辨，
容易被一般人直接聯想在一起。特色館藏的行政部門名稱是「特藏文獻
組」，一般簡稱為「特藏」。

2.「特色館藏」一詞的定義與內涵

　　「特色館藏」一詞的定義與內涵，是依據各個國家不同的歷史背景
與不同的時代發展，保存下來珍貴的國家文獻與民族典籍。1980 年代之
後，圖書館學界與實務界開始運用較有廣闊意涵的特色館藏一詞。一般
學術圖書館也逐漸以「特色館藏（special collections）」一詞，取代與包
含善本書、手稿、檔案等館藏，這一改變對於圖書館發展管理及使用都
具有資訊時代的新意涵。所以，1980 年代後運用特色館藏一詞取代古
書、檔案與文書是自然演進，適應時代發展的需求與變遷；特色館藏直
接反映各國歷史發展、地理人文與社會文化之特點與精華。

3.「特色館藏」發展與管理

　　特色館藏發展管理有很多相關議題，包含館藏發展、採訪政策、預
算管理、分類編目與自動化、保存與典藏、公共關係、評鑑保險及安全
維護、贈送及交換禮品、年度報告與組織結構、募款、法律議題、建立

310

探索精品館藏：國家圖書館特色館藏的歷史發展
Exploring the Fine Collection:
The Historical Development of Special Collections in National Central Library of R.O.C. (Taiwan)

書目、圖書收集與處理、延伸服務、復原與防災計畫及數位化發展相關議題等。

今日，圖書館因應數位科技衝擊，對於特色館藏之館藏發展、管理產生更多變革與新議題。我國國家圖書館特色館藏歷史發展，是一直持續進行的，各階段的發展與管理重點不一。以 1940-41 年抗戰時期，有一群積極蒐購上海古籍〈文獻保存同志會〉的重要歷史事件意義最大，本事件是國家圖書館館藏發展歷史中深受歡迎的一段館史。

關於我國國家圖書館特色館藏的歷史發展，有學者建議以 1949 年做為研究之分期點。因 1940-41 年抗戰時期上海善本古籍蒐購入藏最多，已奠定我國國家圖書館特色館藏善本古籍基礎。1949 遷臺後，中文善本古籍的入藏數量漸少，轉換成另一個新型態特色館藏發展的環境與挑戰，其發展方向及工作重點都是截然不同的面貌。1949 年之後，我國特色館藏發展從一開始進行有系統的整理特色館藏，從徵集、蒐購，再進入另一個管理階段，就是進行盤點、整理館藏與製作善本古籍微縮計畫。之後，陸續制訂相關服務法規，其管理工作流程是四步曲：收集、保存、整編與傳佈。

1980 年代後逐漸邁入資訊社會，全球化與數位化之發展趨勢，特色館藏資料內容與資料類型發展，配合臺灣現今處境與現實發展，調整其收藏輕重緩急及優先次序，增加臺灣本土珍稀文獻之收藏。2000 年後的數位化與國際化發展，啟動另一新里程碑，以國內外特色館藏的數位化合作計畫為主流。因應數位科技衝擊，積極制訂與頒佈特色館藏發展管理相關法規，透過法規之頒佈與執行，逐漸邁入更完善的管理境界。

總之，我國國家圖書館特色館藏發展是自創館就受到重視，循序漸進開展各項業務。善用各項圖資相關新興科技，開創特色館藏發展管理更多創新機會，整體業務得以日臻完善。

(二) 國家圖書館功能與特色館藏意見分析

以國家圖書館功能之角度思考其與特色館藏關連，在各年代都有變遷及有不同功能之需求。早期特色館藏是依據國家圖書館功能與任務之規範，以收集與完整保存國家重要珍貴文獻、手稿、公文書與珍貴善本古籍為主，特色館藏的歷史文化價值是國家圖書館功能的實踐與落實。

國家圖書館的功能在數位時代面臨巨大變遷與挑戰，其任務逐漸增加與擴大。依據 2016 年國際圖書館學會聯盟在其國家圖書館委員會（IFLA, National Libraries Section）說明，數位時代國家圖書館有七項核心任務：1.徵集全國出版品與維護國家書目；2.處理館藏數位化相關議題；3.運用科技；4.發展數位資源管理相關技術與資源服務結盟；5.建立新工作伙伴與協力合作的數位計畫；6.國家圖書館領導國家及參加國際組織的論壇；7.推動資訊素養與終身學習教育等新任務等，與數位化的發展有緊密關連。這些核心業務都是目前國家圖書館止執行中的業務重點與發展方向，茲說明如下：

1. 國家圖書館特色館藏功能與角色之認定

國立中央圖書館自首任館長蔣復璁開始關注國家圖書館之功能，他以「發揚國學」為國家圖書館履行其文化使命的任務。迄今，無論國內外學者對於國家圖書館功能意涵，均持有一致性的共識，都是以收藏代表國家歷史文化的善木古籍列為首要任務之一。各國國家圖書館有不同的特色館藏發展面貌，各國將特色館藏列為重要國家寶藏，也頒佈安全保存及典藏維護相關管理法規，永久留傳後代共享。

我國國家圖書館依循世界各先進國家圖書館功能理論及自己實際運作經驗，精心管理代表我國的國家歷史文化意義功能的善本圖書、經典古籍。該館一直以來細心蒐購、徵集、保存、整編及傳佈，與先進國家圖書館功能理論是並行一致的。

312

探索精品館藏：國家圖書館特色館藏的歷史發展
Exploring the Fine Collection:
The Historical Development of Special Collections in National Central Library of R.O.C. (Taiwan)

2. 數位時代國家圖書館功能與任務之擴增

數位時代國家圖書館功能與任務擴增很多，包含建立數位發展伙伴及結盟、建立國內及國外合作交流、推動資訊素養與終身學習教育等。數位合作計畫應將相關合作業務一併考量，包含合作數位化、合作出版與合作展覽，行銷工作應與數位伙伴結盟與合作交流。新興科技一直持續在衝擊與改變全體人類的工作生活，特色館藏工作重點亦不斷調整與增加。

無論傳統紙本時代、或是網路數位時代，國家圖書館功能是一直不變，是「完整典藏國家文獻」。而特色館藏的發展與管理一直是國家圖書館首要任務之一，也是一項獨特功能與任務。這就是國家圖書館與其他類型圖書館不同的部分，是具有特殊的價值、功能與角色。尤其對於代表國家歷史文化的特色館藏珍稀文獻所具備的典藏任務，是恆久不變，只是將工作內容運用新興科技，進行「轉型」服務而已。

3. 數位化科技是特色館藏發展之新契機

數位化是國家圖書館迎接資訊社會挑戰的新核心任務，包含建立數位發展伙伴及結盟、建立國內及國外合作交流、推動資訊素養與終身學習教育等業務。特色館藏數位化成果，可加值應用於推動資訊素養與終身學習教育之教材。建立數位發展伙伴及結盟之前，必須先充份瞭解合作伙伴，需細心研究合作對方的強項，謹慎規劃合作細節與執行步驟，才能達到資源互補及共建共享的合作目標。

(三) 國家圖書館特色館藏發展個人參與經驗分析

我國國家圖書館特色館藏的歷史發展，因不同時空環境，而有不同的發展重點與成果，茲說明如下：

1. 特色館藏歷史發展重要事件之再現

1949 遷臺復館後，陸續展開特色館藏重要業務，包含民國 67 年完成「攝製重要善本微捲五年計畫」。拍攝微捲計畫是因善本古籍很脆弱，一直被複印、容易破損。拍攝善本微捲是國家圖書館特色館藏發展的一個重要里程碑，運用當時最新圖書科技，以維護原件之安全典藏，是跨組合作協力進行作。至今，該計畫成果，仍然在國家圖書館善本室第一線被使用，真實在服務讀者。

1986 年國立中央圖書館中山南路館舍之興建，與善本古籍須要安全的保存空間有直接關連。該館重視善本古籍、手稿與古文書特色館藏的文化歷史價值，關心典藏空間的安全設計與典藏設備之維護。搬遷新館後，業務與日遞增，因應時代需求啟動新組織法。1994 年的「烏拉圭圖書與中國國際圖書館」事件，是與特色館藏發展相關的重要歷史事件之一。該次順利搬運回臺十萬本圖書，大約是民國元年到 38 年出版的中文圖書，彌補該時段館藏的不足與缺失，意義重大。

1980 年代國家圖書館特色館藏持續進行整理、編目、出版等業務，以及編輯各式聯合目錄，對於善本古書資訊服務的推廣與行銷，直接有幫助及功效最大，是古籍文獻編目考訂的工具性資料。1990 年展開為期十年的「古籍整編計畫」，投入大量人力與物力，選印具有學術與參考價值的古籍，成果豐碩。

2000 年國科會主導十年數典計畫，當時大量收購、典藏與數位化與臺灣本土相關特色館藏資源，以因應時空之變遷。建置臺灣記憶數位化典藏系統，陸續收錄與建置各項臺灣本土特色館藏內容。隨數位化時代的來臨整體特色館藏發展，透過合作發展更形快速與多元。

國家圖書館主動徵集特色館藏的名人手稿資源，運用信函或直接訪問方式，加強與各界名人聯繫。「輿圖室」是收藏地圖資源之展覽專室，地圖資源是特色館藏之一種資源類型，也是國家圖書館的特色館藏收錄

內容之一，具特殊的重要性及價值。

2. 重要事件之歷史意義與後續影響

　　國立中央圖書館首任館長蔣復璁先生，他擅長運用早年留學德國經驗，重視及建立聯合目錄，整合與集中資源管理方式推展業務，以期發揮圖書館最大效益。善本圖書的保管問題是促成國立中央圖書館興建中山南路新館舍的動力之一，而新館建築將善本書室的方位設計在圖書館正門入口處的上方，充份表達重視國家歷史文化的深遠意涵。

　　國立中央圖書館拍攝善本古籍微捲計畫全部完成之後，讀者借閱古籍以縮影片為主，不再出借原書，以利完善保存。以今日典藏的角度來看，早期的微縮技術（micrographics）比現在的光碟 CD 堅固與耐用。現在微捲都還在繼續使用，是特色館藏發展史上具有影響力事件。

3. 特色館藏發展的個人研究題目

　　特色館藏的相關研究主題與題材是豐富與多元的，國家圖書館同仁在進行各式研究主題挑選時，盡量以利用該館的館藏檔案史料或是館藏文獻資源為主。不但能享有地利與人和之便利，無形中對國家圖書館發展史，或是特色館藏描述與分析，都有貢獻。

(四) 特色館藏發展政策意見分析

　　特色館藏發展的徵集工作須具遠見，可從未來需求的角度與眼光，來檢視現今的工作預備，更應在日常實際作業中從已入藏的特色館藏資源、所遭遇的問題、所提議的解決方案中去思考館藏之價值及意義。

　　關於「國家圖書館館藏發展政策」內容需與時俱進，定期（三年或是五年）進行修訂，包含審查、評鑑政策之書寫內容並與實際作業做同步連結，以便此政策文件具有可用性及發揮實際指導功能。應擴大特色館藏之資源內容與資料類型，例如收集與展覽全球重要地圖資源，積極開發更多類型之特色館藏資源，收錄更完整、更多元與更豐富，逐漸邁

向先進大型國家圖書館特色館藏的資源水準。

　　未來國家圖書館特色館藏發展，應增強特色館藏被利用之機會與價值，三大運用原則：1.擴大館藏定義：包含實體與虛擬，只要能幫助使用者檢索到的資源，就是館藏，重視虛擬館藏之建置及意義；2.共建共享：擴大館藏價值及分享更多人使用；3.建置目錄：主動建置各類目錄，提供查詢。

(五) 數位時代的特色館藏發展意見分析

　　數位時代特色館藏快速發展，角色與任務日漸多元。我國國家圖書館的特色館藏發展現況如何，未來的發展方向與建議如何，茲說明如下：

1. 數位時代我國國家圖書館特色館藏現況與問題

　　數位時代對於特色館藏發展，帶來無限的新機會。國家圖書館必須積極建立數位發展伙伴及結盟、建立國內及國外合作交流、推動資訊素養與終身學習教育等重要業務。亟需建立一個專職單位，整合全館的數位化議題，以專人專職任用，集中處理全館數位化相關議題的技術支援與知識支援，包含著作權之議題。

　　特色館藏資源數位化後，就同時必須規劃與進行行銷業務，行銷是繼數位化之後的一個重要新興業務。特色館藏資源必須透過行銷，才能貫徹與呈現數位化後之圖書文物價值，讓古籍化身千萬，傳佈國家文化與歷史菁華，產生更大的影響力。這些新興作業，都需要投入更多的人力去規劃各項展覽活動、文宣製作、系統管理等業務。目前該館的行銷業務人力資源較不足，須要補充人力、培育人才與持續進行在職訓練。國家圖書館積極與國內外圖資相關單位合作，共同推動各種特色館藏文獻的數位化典藏與合作展覽等業務。

　　建置「特色館藏數位化政策」，必須要審慎規劃與實施上下游相關作業，包含「特色館藏行銷政策」及「特色館藏保存政策」等，都是須要

一併考量與規劃的整體業務。特色館藏發展是一個進行式，其收錄內容
與管理方式，必須與時俱進並定期檢討，必須配合國家歷史文化發展、
各時代需求及與各時代期待併進，務必靈活調整政策制訂與實際作法。

2. 數位時代國家圖書館特色館藏相關發展政策

特色館藏發展相關政策是很重要的指導文件，包含「特色館藏資源
數位化政策」、「特色館藏資源保存政策」、「特色館藏數位化的國際合
作」、與「特色館藏資源行銷」等，必須制訂標準化作業流程，以便指導
實際作業。唯有建立各數位化相關政策與標準化作業流程，特色館藏業
務才能永續推動，影響力才能可長可久。

關於「數位保存不是一個問題，而是一個機會」，重點是要利用數位
保存技術去進行創新。保存（preservation）一直是圖書資訊專業的核心
價值，而數位保存是數位時代的新興議題之一。國家圖書館應建立專業
行銷部門，編列專職與專人，長期投入資金、專業團隊與設備，才能有
具體成效。尤其透過行銷政策之制訂與實施，針對特色館藏數位化之後
的加值運用與推廣、展覽、研討會、教育宣傳工作等，是未來關注的發
展趨勢。行銷是專業，應規劃更多特色館藏同仁參與設計，長期學習、
訓練與勝任。

3. 數位時代特色館藏國際與國內交流合作

未來面臨經費刪減，特色館藏發展管理需走合作結盟路線與發展策
略，以創造共建共享的利多。也必須注意培養國內與國際數位化合作談
判人才，合作對象包含國內外圖書資訊單位，都值得研究與挑選。合作
簽約時，需注意互惠與多贏，著作權授權的使用範圍與期限等相關議題
尤需關注。

4. 我國國家圖書館特色館藏發展之建議

建議事項多元，包含「善本書志」具有導引閱讀古籍的價值，要繼

續執行與書寫下去。可與國內外文史科系合作，長期簽約、寫出更好的升級版，應積極發揮「善本書志」的品質與價值。

　　成立「特色館藏數位設計與行銷加值研究團隊」由專業行政部門及聘請專人專職、持續研究行銷部分工作。實務工作同仁應運用未來高瞻遠矚眼光，來管理現代的圖書文物業務。研究與分析現有圖書文物，可納入未來特色館藏的範圍與資料類型，提早各種準備工作。

　　善用新科技，AI 機器人協助管理特色館藏發展相關業務，引領新時代的到來，運用國家力量建立人工智慧 SMART 系統於徵集、典藏、閱覽、服務等。重視館藏之基本功夫，重新定義與定位國家圖書館特色館藏之資料收錄範圍，特色館藏之館藏發展政策必須定期更新、緊密配合與時俱進。善用網路行銷之利器，以傳播特色館藏的文化與歷史價值。多設計與規劃，賦予善本書更多新生命與價值，將其承載文化歷史功能開發出來，親近其子民。提升國民文化素養，是藉由特色館藏之文化歷史價值，落實國家圖書館的功能。

第十一章

研究結論與建議

　　本研究之目的是探討我國國家圖書館特色館藏歷史發展，及面臨資訊時代數位化衝擊之下的作業現況、困難與發展策略。本研究應用三種研究方法，首先是文獻分析法以瞭解特色館藏緣起、內涵與發展管理，並分析特色館藏與國家圖書館功能變遷之關係、及探索資訊社會特色館藏的數位化發展管理相關議題。繼而，以歷史研究法探討我國國家圖書館特色館藏的各階段重要歷史發展。最後，運用深度訪談研究法，訪談我國國家圖書館的特色館藏業務相關主管、實際作業人員及相關學者專家，以收集有關我國國家圖書館特色館藏發展的意見、看法與建議。最終整理我國國家圖書館特色館藏的歷史發展及現況資料，歸納研究結果與建議供我國國家圖書館特色館藏發展及圖書館界參考。

　　根據本研究所採取的三種研究方法所得結果，本章做綜合整理、提出結論、建議及進一步研究建議。本章內容共計三節。第一節是結論部分，以研究目的為指引與研究問題為基礎，總結整體研究之結果；第二

320

探索精品館藏：國家圖書館特色館藏的歷史發展
Exploring the Fine Collection:
The Historical Development of Special Collections in National Central Library of R.O.C. (Taiwan)

節是建議部分，根據研究結果提出相關建議，提供未來我國國家圖書館特色館藏發展、推動計畫及實務作業規劃參考；第三節是進一步研究建議部分，提供本研究主題後續相關研究方向建議。

一、結論

　　特色館藏是圖書館整體館藏中的重要組成之一，也是館藏中的靈魂要素。特色館藏宛如眾多館藏類型中的頂級精品，深具非凡價值。先進國家的學術圖書館與國家圖書館都極為重視特色館藏的徵集、建置與發展管理，尤其關注特色館藏的發展趨勢。邁入資訊社會之後，新興數位化科技已造成特色館藏發展管理極大衝擊，也直接引起特色館藏發展管理的變革與轉型。

　　為瞭解我國國家圖書館特色館藏發展之脈絡，本研究探討五大研究問題，以便獲得研究成果。包含探討分析特色館藏之緣起及內涵與發展管理、國家圖書館功能變遷與特色館藏發展關係、我國國家圖書館特色館藏在不同時期之歷史背景，重要歷史發展與演變、及數位時代我國國家圖書館特色館藏發展。數位時代議題包含：作業現況、發展與問題，計有特色館藏之館藏描述、特色館藏發展政策、特色館藏數位化、特色館藏保存與特色館藏行銷之現況、問題與特色等。本研究綜合前述研究結果與分析，整理歸納五項結論議題，茲說明如下：

(一) 特色館藏之緣起及內涵與發展管理

　　特色館藏為具有資訊時代意涵的新學術名詞，其發展歷史長久，西方自古代的亞歷山大圖書館以來，即開始將特色館藏與一般館藏分開處理。其緣起及內涵與發展管理，根據本研究之文獻分析研究、歷史研究與訪談研究之結果，綜合結論說明如下：

1. 特色館藏（special collection）一詞緣起自 1940 年代，之後持續被重視與討論，至 1980 年代已持續發展為被廣泛接受名詞。普遍使用於學術圖書館館藏發展與管理，是科技時代發展迅速的新學術名詞。

　　1940 年代真正開始有特色館藏一詞的研究文獻，當時傾向於建置一個獨立服務部門，稱為善本書室（rare book rooms），以管理其館藏發展業務與提供讀者服務，同時亦將古籍、手稿及機構檔案與一般圖書分開管理與保存。當時的美國圖書館學會已開始重視特色館藏，年會中亦正式討論與推動相關發展。之後，特色館藏之建立、發展、管理相關議題亦持續討論。

　　二次世界大戰後，1950-60 年代起，美國圖書館學會開始制訂特色館藏發展相關標準與政策，以有效率管理、組織與建立不同類型的特色館藏資源為目標。該期工作重點聚焦在如何有效率管理、組織與建立特色館藏，以區別不同機構特色館藏之特點。1970-90 年代探討重點以圖書館特色館藏資源的自動化作業、保存、預防失竊與典藏空間安全為主。

　　我國國家圖書館自 1933 年籌備處時期即開始收集代表國家歷史文化的珍稀文獻，以占代印刷的圖書、中文古籍、善本古籍、線裝圖書等為主。善本書、手稿與檔案文獻相關資源都是特色館藏之一，「特色館藏（special collection）」與「館藏特色」兩個名詞很類似、不易分辨，很容易被聯想在一起。目前負責特色館藏業務的行政部門名稱是「特藏文獻組」，一般簡稱為「特藏組」，其意涵與美國研究圖書館所定義的「特色館藏」（special collection）接近，英文用語亦一致。

2. 特色館藏內涵包含早期狹義的善本書（含古籍）、手稿與檔案，及近期（含數位時代）廣義的特殊版式及數位資源；具歷史、文化、政治、科學等獨特性或代表性的重要人物及機關資源。

　　二次世界大戰後，世界各國逐漸步入安定環境，各圖書館特色館藏資源類型愈收愈多元，數量持續增加中，逐漸形成難以管理的困境。2003

年美國研究圖書館學會在其官方網站，正式定義特色館藏（special collection）之內涵，狹義解釋是專指善本書、手稿與檔案；廣義解釋則是指版本罕見或具有特殊版式，可作為藝術品的圖書，以及在歷史、文化、政治、科學等領域具有獨特性或是代表性的重要人物與機關資源，因為年代久遠或是數量稀有而產生歷史、文化甚至是金錢上的價值，是承載歷史文化意涵之文獻資源。資訊時代以「特色館藏（special collections）」一詞取代「善本書（rare books）」，這一改變對於圖書館的發展管理、使用者都深具重大意義。我國國家圖書館早期以蒐購中文善本古書為主，遷臺後陸續增加特色館藏的資料範圍與資料類型，尤其數位時代更是大量採購與入藏各種臺灣相關的珍稀特色館藏文獻。

就專業學術用語的變遷而言，2003 年美國研究圖書館學會對於「特色館藏」一詞之新內涵，是配合時代需求、水到渠成而做的合適調整，是一個逐漸改變的過程。尤其今日處於快速變遷的資訊時代，採用特色館藏一詞的新內涵是較富有彈性的作法，方便圖書館收藏與管理較廣泛的館藏品。特色館藏之價值等同國家寶藏，可獲得「特別」的維護與保存空間，並作為永久典藏給未來世代共享的珍貴國家文化資產。

3. 1980 年代特色館藏入藏數量漸增及資料類型漸多，發展管理議題也日趨多元；邁入資訊社會後，因應數位化科技運用，產生更多須要關注的數位化發展管理新議題。

特色館藏一詞在 1980 年代已被普遍運用，因較具廣闊意涵，可充分反應 30 多年來自 1950 至 1980 年特色館藏業務部門的變遷與管理，包含資源成長、機構合併、組織擴大等議題。特色館藏發展管理議題包含採訪政策、預算管理、分類編目與自動化、保存與典藏、公共關係、評鑑保險及安全維護、贈送及禮品與交換、年度報告與組織結構等。2000 年後，邁入資訊社會逐步新增發展管理議題，包含檔案管理、實體館藏、陳列、募款、安全、法律議題、建立書目、圖書收集與處理、延伸服務、

保存復原與防災計畫等。

　　收集、保存、整編與行銷，是我國國家圖書館特色館藏發展管理作業流程四步曲。與其服務相關法規亦一併陸續制訂與修訂，截至民國 105年已制訂七條特色館藏發展管理相關法規，包含「特藏古籍文獻複製品借印出版管理要點」、「國家圖書館特藏古籍文獻保管要點」、「善本室閱覽須知」、「國家圖書館特藏資料借展作業要點」、「國家圖書館特藏文獻管理維護作業要點」、「國家圖書館特藏文獻盤點作業要點」及「國家圖書館手稿資料徵集要點」等。

　　我國國家圖書館特色館藏發展之管理歷史，早在 1933 年籌備時期就啟動徵集業務，1943 年在重慶館舍開始善本古籍編目作業及建立善本書志的編寫。1949 年遷臺後，遠離戰爭威脅並逐漸進入安定環境，開始有系統進行特色館藏相關業務，包含徵集、蒐購、盤點、整理館藏與製作善本古籍微縮計畫等。

　　1980 至 2000 年是特色館藏迅速發展時期，逐步擴大與推動相關業務，除徵集、整編之外，同時進行保存維護、制訂法規及出版相關出版品，以擴大珍善本古籍的歷史文化價值。邁入資訊社會的數位革命時代，特色館藏發展更形快速，2000 年推動數位典藏計畫之後，陸續增加特色館藏各種資料類型與版本，除原有的善本古籍及普通線裝書之外，新增歷代名家手稿、館史檔案、金石拓片、近百年期刊、古書契、古地圖、版畫、19 世紀以來之攝影圖像、明信片、印刷史文物及臺灣珍稀文獻等。之後，陸續開發特色館藏的相關服務系統，也進行數位化相關政策制訂。

　　有關我國國家圖書館自 1933 年至 2017 年，84 年來所累積特色館藏資源之館藏描述，依據 2017 年新版《國家圖書館館藏發展政策》針對其特色館藏的館藏概況描述，及本研究收集相關文獻之彙整結果。請見表11.1 國家圖書館特色館藏之館藏描述（1933-2017）如下：

表 11.1：國家圖書館特色館藏之館藏描述(1933-2017)

資料類型	資料數量及說明
一、善本古籍	1.善本書1萬2千餘部，內容包含古典文學、史學及哲學，其中又以明、清兩代的古籍為最多，占了約一半以上； 2.除漢簡30枚、敦煌寫經153卷、日本卷子6卷外。善本古籍12,922部(135,478冊)，其中刻本近8,000部，宋版174部、金版6部、元版270部、明版6,000多部，嘉興大藏經1部，其餘為活字版，清代以及朝鮮、日本、安南流傳較稀之刻本。
二、普通本線裝書	普通本線裝書 9,768 部、113,883 冊。
三、金石拓片	金石拓片 4,174 種 10,571 幅；墓誌拓片 2,919 種 3,063 幅。版片及印模 57 種、91 件，活字 3,506 顆。
四、當代名人手稿	當代名人手稿366家，相關詩作、散文、劇本、小說、書信、評論等各類文體及素描、水彩、油畫、書法、水墨等美術作品逾3萬件。
五、其他類型	1.年畫1,224種2,063幅、臺灣版畫共106種119幅；2.無求備齋文庫3,057部11,399冊；3.臺灣古文書2,375件；4.舊照片4冊486張；5.明信片：大陸7,824張、臺灣4,126張；6.館史檔案。
六、數位資源及系統	1.善本古籍數位典藏計畫：7,729 種善本古籍數位化資源典藏；2.古籍重印紙本及出版電子書： （1）2010 年《金剛般若波羅蜜經》；（2）2011 年《臺灣平埔族生活圖誌》；（3）2011 年設計多款古籍電子書，多元地呈現於網路；3.特色館藏相關服務系統： （1）古籍及特藏文獻資源系統；（2）2004 年與世界著名的家譜蒐藏中心—美國猶他家譜學會 (GSU)簽訂合作協議，取得該會在 1970 年代於臺灣民間所蒐藏之臺灣家譜微縮影資料拷貝片，總計該有 800 餘捲，內容包含超過 8,000 種家譜資料，並建置「臺灣家譜」資料庫；（3）2006 年將 500 幅日治時期明信片影像檔及古籍影像檔，上傳「全球記憶網」（Global Memory Net）；（4）2007 年建置「About Taiwan 資訊系統」，包含三個以臺灣為主體的資訊系統，紀錄過去的「臺灣記憶系統」（Taiwan Memory），展現今日的「臺灣概覽系統」（Taiwan Info）及「走讀臺灣系統」（Window on Taiwan）；(5)臺灣特色館藏影音資料：「臺視晚間新聞」、「華視新聞雜誌」、「大愛新聞」等數位轉製。

資料來源：本研究整理。

(二) 國家圖書館功能與特色館藏關係

不同年代國家圖書館功能與特色館藏之關係，各有不同變遷。基本上可分為傳統紙本時代與網路數位時代兩個時期加以探討。綜合本研究之文獻分析研究、歷史研究與訪談研究之結果，歸納結論如下：

1. 國家圖書館功能與特色館藏關係，因應年代變遷而產生不同功能論述，雖因各國政治、社會與文化差異而稍有不同，然而各年代均以完整典藏代表國家歷史文化的珍貴特色館藏文獻為首要功能。

   早期，在傳統紙本印刷年代，依據國家圖書館的功能，特色館藏是以收集與完整保存國家重要珍貴善本古籍文獻、手稿、公文書為主。特色館藏是國家圖書館功能的落實與實踐。進入網路數位時代，新增加數位方面的功能要求。但對於代表國家歷史文化意義功能的善本古籍，仍精心地收購、徵集及保存，以作為永傳後世的國家資產，這是國家圖書館功能理論的重點精神。

   典藏代表國家歷史文化意義的珍貴古籍、善本書及特藏文獻資料，是國家圖書館的獨特角色與功能，亦為其他類型圖書館無規範的功能。特色館藏的核心價值為鞏固國家圖書館的獨特地位，擁有特色館藏是國家圖書館之優勢，可增加館藏的特殊性及價值。特色館藏的發展與管理工作，一直是國家圖書館的重要任務之一。

   國內外圖書館，對於國家圖書館功能與特色館藏之歷史文化價值，均予於肯定。各國國家圖書館對於收藏特色館藏之角色極為重視，並將善本古籍列為重要任務之一。國立中央圖書館首任館長蔣復璁早期即以「發揚國學」為國家圖書館履行其文化使命的任務之一，他認為具體的實踐是古籍的蒐藏與整理。1940-1941 年抗戰期間，蔣復璁化名潛入上海淪陷區蒐購私藏古籍，奠定館藏善本基礎。1949 年國共內戰，精心挑選上品善本古籍，搬運來臺，保存國家珍貴文物，避免毀於戰亂。自創

館以來，我國國家圖書館一直重視維護國家珍貴古籍的傳統任務。這些
都與近代及當代國家圖書館功能與角色理論，不謀而合。我國國家圖書
館首任蔣復璁重視代表國家歷史文化的善本圖書收藏，符合國家圖書館
功能的作法，理念一致。

2. 數位時代國家圖書館逐步增加新功能與新業務，包含規劃善本古籍數
   位化計畫、建立數位發展伙伴及結盟、建立國內及國外合作交流及推
   動資訊素養與終身學習教育等業務。

　　進入數位時代，先進國家的國家圖書館功能與任務持續新增，依據
IFLA（2016）的研究有七項新任務：1.徵集全國出版品與維護國家書目：
包含傳統紙本、珍善本古籍、手稿、檔案與數位出版品；2.處理館藏數
位化的相關議題：是國家圖書館數位時代的新挑戰與任務，這個挑戰也
直接引導特色館藏的數位化與保存；3.運用科技：有效利用科技去對重
要的數位資源與數位出版，進行有效的收集、典藏與利用，對於特色館
藏的館藏發展有直接關係；4.發展數位資源管理相關技術與資源服務結
盟：對於特色館藏的發展結盟有直接關係；5.建立新工作伙伴與協力合
作的數位計畫：對於特色館藏發展必須協力合作數位計畫有直接指引；
6.國家圖書館領導國家參加國際組織的論壇：直接指引特色館藏的發
展，必須有協力合作的數位計畫；7.推動資訊素養與終身學習教育等，
都是國家圖書館必須面對的新任務與新挑戰。

　　無論傳統紙本時代，或網路時代的數位化發展，國家圖書館的功能
是不變的，各時代各自進行轉型的服務。因國家圖書館功能與任務一直
是完整典藏國家文獻，包含較難進行管理的特色館藏文獻，都是主要職
責之一；未來如何善用科技進行各種特色館藏創新服務，為國家圖書館
努力方向及進步的動力。

　　我國國家圖書館各年代功能與使命亦是不同的，無論紙本時代或數
位時代，特色館藏發展各有不同工作重點，是一個接續發展過程。現今

資訊時代，自 2001 年國家科學委員會策劃推動「數位典藏國家型科技計畫」，十年來陸續完成 7,729 種善本古籍數位化典藏。2005 年起合作善本古籍數位化計畫、2011 年，除紙本重印外，亦積極設計製作多款古籍電子書當今工作重點是進行各種加值與推廣工作，累積可觀的數位化成果。所謂數位合作應將三種合作計畫一併考量與規劃，包含合作數位化、合作出版與合作展覽。至於推動資訊素養與終身學習教育部分，該館積極持續行銷特色館藏資源，規劃年度展覽、演講與論壇等行銷活動。也透過網路行銷，將特色館藏線上展覽館，實際走入使用者的電腦中。

(三) 我國國家圖書館特色館藏之歷史發展

　　我國國家圖書館特色館藏之歷史發展分為五個階段進行探討，並以六個與特色館藏發展管理相關的業務要項進行討論，國家圖書館 80 多年來各階段都有不同的歷史發展與業務重點。綜合本研究之文獻分析研究、歷史研究與訪談研究之結果，歸納結論如下：

1. 籌備時期（民國 22-26 年）為起步階段，購書經費不足，無法採購昂貴價格的特色館藏資源，以接受各單位贈送為主，選印文淵閣版本《四庫全書珍本初集》做為國際交換西書之用。

　　籌備時期二個正式組織部門為總務組及圖書組，整體預算有限，購書經費不足，無法採購價格昂貴的特色館藏資源。特色館藏來源是接收各單位之贈送為主，包含由教育部撥給北平檔案保管處留存的重要圖書 4.6 冊，滿文書籍 500 冊，清順治至光緒年間歷代殿試策 1000 餘本，為館藏基本藏書。其中可稱得上善本的，只有一部明代刻本《仁孝皇后勸善書》。之後，購買天津孟志清所藏舊拓金石拓片 1,500 種、11,139 件，奠定了收藏金石拓片基礎。籌備時期特色館藏資源已啟動徵集業務，然而資金不足，入藏數量不大。國際交流部分，選印文淵閣版本《四庫全書》定名為《四庫全書珍本初集》，於民國 22 年影印出版，擴大流通，

籌備處儲備 100 部，以供未來向國外進行交換西書之用。

2. 抗戰西遷至正式成立及復員期（民國 27-37 年），以上海古籍蒐購計畫為最重要，奠定該館特色館藏基礎，《國立中央圖書館善本書目初稿》是最原始的善本書目編製範例。

該期在組織結構中開始正式設置主管特色館藏業務之「特藏組」，重要業務是上海古籍蒐購計畫，由「文獻保存同志會」執行。以江南各大藏書家之善本古籍為主，計 4,864 部、48,000 冊及普通線裝書 11,000 多部。該期所蒐購善本古籍質量兼佳，佔目前特色館藏之館藏量三分之一以上，為該館今日重要特色館藏，珍稀性與特色亦馳名國際。

該期特色館藏出版品是民國 30 年上海蒐購古籍時，擇 33 種孤本，出版《玄覽堂叢書》第一輯 120 冊。國家圖書館在大陸時期（民國 22-38 年）總共 16 年間正式出版者圖書 17 種，期刊 7 種。民國 36 至 37 年間編輯《國立中央圖書館善本書目初稿》第一、二輯，為該館最原始的善本書目，也是近世善本書目編製範例。

3. 遷臺復館時期（民國 38-65 年），大步展開特色館藏服務，成立「縮影室」，進行館藏善本清點，跨組合作攝製善本古籍微縮，制訂服務法規及開放「特藏閱覽室」提供專業諮詢服務。

遷臺復館後，特色館藏的服務項目增加包含，成立「縮影室」、進行館藏善本清點作業、進行攝製館藏善本古籍微縮影膠捲。也制訂法規「本館善本圖書申請影印及攝製管理辦法」，目的是提供臺灣各出版社影印古籍及宣揚中華文化，邁開特色館藏服務的一大步。

特色館藏出版品逐漸增多，包含民國 46 年《善本書目》上冊，民國 47 年中冊，民國 56 年編輯《善本書聯合目錄》及《國立中央圖書館善本書目》（增訂本）全四冊，1958 年編印《國立中央圖書館宋本圖錄》，1961 編印《國立中央圖書館金元明圖錄》，1972 年《國立中央圖書館墓誌拓片目錄》及民國 60 年出版《臺灣公藏善本書目書名索引》。

　　1949 年遷臺復館後，首次開辦特色館藏專業諮詢服務，包含民國 47 年「特藏閱覽室」正式開放，是自籌備處成立以來的創舉，提供特藏專業諮詢服務。民國 56 年成立「縮影室」，攝影館藏善本書，以應各研究機構與讀者需求；民國 63 年開放「微捲閱覽室」，提供新型閱讀機器以便微捲善本古書之閱讀與列印。

4. 文化建設時期（民國 66-84 年），以整編與出版古籍為主，進行 20 年（1968-1988）整編古籍圖書及選印具有學術與參考價值的古籍，跨組合作進行臺灣相關珍稀特色館藏採購管理。

　　該期重要發展包含 1968 至 1988 年的 20 年之間，陸續整理與編輯國家圖書館重要古籍圖書與 1990 年辦理「古籍整編計畫」，為期五年。值此時期，規劃建設位於臺北市中山南路的國家圖書館新館與維護善本古籍保存空間有直接關連。該館重視善本書、古籍、檔案及手稿等特色館藏資源的文化價值，精心設計典藏及服務空間的相關便利、安全與保存設備。

　　1987 年解嚴後，臺灣本土意識逐漸增強，擴大特色館藏資料收藏範圍，開始跨組合作進行臺灣相關珍稀文獻之入藏與管理。民國 82 年運回烏拉圭十萬冊中文圖書，意義最大，為遷臺復館以來最大一次入藏中文圖書，填補該館民國元年至民國 38 年出版中文圖書館藏的不足。今日的現代圖書勢必成為明日的古籍，這一批烏拉圭圖書將是未來特色館藏資源的來源之一，這些館藏價值會隨日月自然累積，未來升級為珍貴特色館藏泉源。

5. 網路及自動化應用時期（民國 85-106 年），國內外善本古籍合作數位化計畫持續增加，加強數位合作行銷，特色館藏服務翻轉，賦予古籍新生命與新意義，提升善本古籍歷史文化新價值。惟採購經費與服務人力不足，需制訂改善策略。

　　1996 年「國立中央圖書館」易名為「國家圖書館」，該期因受全球

化與數位化影響，特色館藏發展漸趨多元化與國際化。重要國內外善本
古籍合作案持續增加，包含民國 88 年「華文書目資料庫合作發展研討
會」、民國 88 年「兩岸五地華文資料庫合作計畫會議」、民國 89 年「中
文文獻資源共建共享合作會議第一次會議」，「古籍聯合目錄資料庫」由
該館主持合作事宜，該項合作會議持續迄今。此外，尚有重要合作案，
包含民國 93 年與美國猶他家譜學會（GSU）簽訂合作協議，獲得該會授
權，將九千多種臺灣地區族譜微捲，進行數位化掃描及分析建檔，以及
民國 96 年與聯合國科教文組織和美國國會圖書館簽訂發展「世界數位圖
書館」（World Digital Library）協議備忘錄，對特色館藏持續發展都具有
較大影響力。

　　國內特色館藏善本古籍重要發展包含 1.執行善本古籍數位典藏計
畫：10 年來陸續達成 7,729 種善本古籍數位化典藏；2.應用善本古籍數
位典藏成果，古籍紙本重印與出版電子版圖書普及化；3.行銷善本古籍
特色館藏資源：建置讀者查詢系統、開闢善本古籍專欄、舉辦定期特藏
展覽及建置線上特藏展覽系統等。特色館藏相關法規部分持續制訂與修
改，截至民國 106 年 4 月頒佈七條特色館藏相關重要服務及管理法規。
特色館藏資源之採購經費與服務人力不足是長久以來的問題，需制訂改
善策略。

(四) 我國國家圖書館特色館藏發展政策

　　我國「國家圖書館館藏發展政策」在 2012 及 2017 年版新增「特藏
文獻」一章，其內容要項、書寫方式與實際作業部分，尚有值得研究、
修改與調整之處。綜合本研究之文獻分析研究、歷史研究與訪談研究結
果，歸納結論如下：

1. 「特色館藏發展政策」之功能有助於館藏發展與實際作業執行，國家
   圖書館需善用「特色館藏發展政策」，作為強化特色館藏發展的一份
   規劃性與指導性文件。

  現今處於全球化與數位化發展趨勢下，數位出版與數位閱讀快速成
長，使用者需求持續改變。為因應快速變動時代，及提供適合使用者需
求之資源，必須透過制訂館藏發展政策，以書面文字明確敘述館藏目的、
選擇與淘汰原則、館藏的範圍與深度、確定選書工作的職責等，以順利
達成任務。2001 年國際圖書館學會聯盟也提出制訂館藏發展政策的四個
原因及八個組成要素，國內外皆重視此一議題發展。

2. 國家圖書館特色館藏發展政策採取集中式之書寫方式，統合為一份文
   件，並新增一章節「特藏文獻」，為適合該館現況的作法，未來需視
   新特色館藏入藏量與狀況而定時修改政策之書寫。

  2012 年及 2017 年《國家圖書館館藏發展政策》兩個版本，在政策
中新增「特藏文獻」獨立章節，以清楚說明各項作業要點。因為目前該
館特色館藏資源數量不如歐美先進國家圖書館的數量與種類，故採取集
中成一份文件，將「特藏文獻」一章節獨立書寫，可清楚表達各項重點，
是一種合適作法。未來，應視新特色館藏資料入藏狀態，而定時修改。

3. 特藏文獻因數量稀少、定價高昂，需培養具有專業判斷能力的專才，
   制訂多面向文物價值鑑定知識及採購優先次序，需開發多元徵集管
   道，如捐贈、寄存、交換等，數位化合作帶來新機會與新資源。

  特色館藏之價值往往無法客觀的評鑑與估算，在面臨採購經費不足
時，應該多方考慮及評估其價值，並需先與現有館藏進行比較，是否真
的值得採購。特色館藏之採購，不宜追逐盲目天價善本，盡量開發更多
元管道，包含捐贈、寄存、交換及數位化合作等。2017 年的《國家圖書
館館藏發展政策》說明「特藏文獻」蒐藏範圍的內容有 15 種，應訂出採
購優先次序，預算有限時，需運用更多元徵集方式，以便增加館藏。特

332

探索精品館藏：國家圖書館特色館藏的歷史發展

Exploring the Fine Collection:
The Historical Development of Special Collections in National Central Library of R.O.C. (Taiwan)

色館藏徵集與採購不易，需靠機緣與天時、地利、人和的協力搭配。對於新入藏的特色館藏須定期檢討與評估其入藏後之管理情形，包含數量、品質及特殊性等，都應列入重要管理業務。

(五) 數位時代的國家圖書館特色館藏發展

資訊社會面臨全球化與數位化的發展趨勢，國家圖書館的挑戰是多元的，角色與任務更是不斷的擴增，特色館藏發展亦如此。綜合本研究之文獻分析研究、歷史研究與訪談研究結果，歸納結論如下：

1. 面臨全球化與數位化挑戰，學術界與實務界對於特色館藏未來發展趨勢，有兩極化觀點及多元論述，透過不同觀點不斷地互動及衝擊，將特色館藏發展管理之論述持續向前推動。

Young(1997)在《2015 年特色館藏發展：一個疊慧法研究》（Special Collections in the Year 2015: A Delphi Study）中，以 20 位專家為一組研究小組，請專家們預測與想像 20 年後（即 2015 年）學術圖書館的特色館藏發展趨勢。該研究之結論，包含四個議題：1.資金募款來源；2.服務費收取之議題；3.工作人員短缺；4.使用者查檢特色館藏資源之資訊素養不足。[1] 至今，這些問題確實存在。應網路時代來臨，數位資源與學術社群使用人數快速成長，使用者喜愛上網的資訊行為以及特色館藏高昂維護費用，資金短缺，工作人手缺乏，使用者利用教育不足，收費問題等，都是對未來特色館藏發展的負面觀察意見。

然而，同時代的學者與實務界也有正面觀點，認為特色館藏的價值不但不褪色，還逐漸再增長中。特色館藏是未來學術圖書館的新價值與新熱點，會持續受到重視。特色館藏的手工藝與古器物價值也是一種證

---

[1] Young, Virginia Ella. (1997). Special Collections in the Year 2015: A Delphi Study. (Unpublished doctor dissertation). University of Alabama, Tuscaloosa, Alabama.

據及憑藉，更是學術圖書館被認同及被評鑑的指標之一。

　　面對數位時代的挑戰與衝擊，透過各種不同觀點持續互動及衝擊，無形中形成一股推動力量，促使特色館藏整體發展管理議題與時俱進受到關注與重視，並持續向前邁進。

2. 數位時代學術圖書館建置特色館藏有多元因素，支持教學研究、地緣優勢、建立校史檔案及專案補助等。國家圖書館是以完整典藏國家文獻，承繼國家寶藏，並以保存珍貴獨特的特色館藏為核心功能。

　　學術圖書館建置特色館藏的因素很多元，以促進和支持學校教學及學術研究為主要考量，將館內資源和學校之學科優勢相互結合。並針對特色館藏數位化、教學與研究、展覽與出版的行銷，活化運用特色館藏資源等事項加以積極推廣與行銷。有大學圖書館因地緣環境產生利多，收藏與大學所在地特色相關資源，透過建立其特色館藏以增加館藏資源強項。或提供學校的歷史資料，配合學校性質、讀者需求、典藏機構檔案及特殊專案補助等目的而建立特色館藏。國家圖書館以完整典藏國家歷史文化，承繼各國歷史發展之寶藏，持續建置、保存與典藏其珍貴與獨特的特色館藏資源為核心功能與任務之一。

3. 數位時代特色館藏發展以數位化為最大挑戰與衝擊，包含數位化計畫之推動、數位化技術、數位化保存、合作數位化及合作行銷等多元議題，必須制訂具有整合性及全方位規劃的數位化發展政策。

　　特色館藏數位化發展是網路時代特色館藏發展管理的重要議題，也是一項巨大轉變與挑戰。數位化包含三大策略：1.保存策略；2.促銷策略；3.取用策略。而特色館藏數位化產生的衝擊包含三項：1.對特色館藏組織員工與作業流程的相關衝擊；2.對使用者、讀者群的衝擊；3.對未來特色館藏發展的衝擊。

　　「數位化不是一個問題，而是一個機會」，重點是要如何利用數位化相關技術去進行創新。數位化相關議題包含數位化計畫之推動、數位化

334

探索精品館藏：國家圖書館特色館藏的歷史發展
Exploring the Fine Collection:
The Historical Development of Special Collections in National Central Library of R.O.C. (Taiwan)

技術、數位化保存、合作數位化及合作行銷等。特色館藏應制訂周全與
整合性的數位化相關政策，一併整體規劃與整合實施。政策為一機構的
高階文件，直接反映組織的任務及使命，應謹慎進行特色館藏數位化政
策制訂相關工作，才能順利完成圖書館之任務。

4. 數位時代我國國家圖書館積極進行國內外古籍文獻特色館藏的數位
   化合作計畫，合作雙方互相提供數位化經驗與技術及古籍文獻，進行
   數位化掃描，提高我國國家圖書館特色館藏資訊服務能見度。

　　鑑於中文古籍是世界重要文明遺產，其保存對傳承文化、協助研究
及提升文明，甚有幫助。美國國會圖書館與我國國家圖書館商議合作，
借重我方經驗與技術，將美國國會圖書館典藏之中文善本古籍分期進行
數位化掃描，達到合作發展及資源共享目的。數位化合作有四大效益：
1.學術研究；2.經濟價值；3.技術應用；4.推廣傳布。數位化後的影像檔
案，可永久保存、使用及廣為傳布，數位合作計畫更是增加館藏最快與
最好的一種方法。

二、建議

　　本研究運用文獻分析研究、歷史研究與深度訪談研究三種方法，茲
依據研究成果，提出本研究之建議如下：

(一) 善用相關的新興科技於特色館藏之發展管理

　　1973 年南海館舍時期，國立中央圖書館運用當時最先進的微縮保存
科技，展開館藏善本古籍微縮計畫，十二萬冊善本圖書全部拍攝完成，
此舉不但具有時代意義，其影響力仍在延續中。微縮技術耐用、穩定與
持久，守護古籍之典藏與利用，至今仍在第一線服務讀者。

21 世記的新興數位化科技不但日漸成熟且持續穩定發展中，數位化計畫進行速度與合作館數量，是倍數成長，成為特色館藏發展之新里程碑。展望未來，國家圖書館必須持續善用與圖書資訊相關的新興科技，例如利用機器人協助管理特色館藏發展相關業務，引領新時代的到來；或是運用國家力量建立人工智慧 SMART 系統於徵集、典藏、閱覽、服務等。關心與積極參與新科技之研發，持續重視與提升特色館藏之發展管理。

(二) 成立「特色館藏研究發展」行政部門及「特色館藏合作研究小組」

時代不停在變，內外在環境在變，科技、法律、資源都在變，使用者對於圖書館服務的期待一直在提高、需求與喜好也不停改變。圖書館永續發展之道，必須先重視研究發展並成立正式的「特色館藏研究發展」行政部門，以便挖掘源源不絕的創新能力。持續的研究發展可延續圖書館組織之生命力，增強實際經營之彈性，開發新服務模式及創造更多圖書館服務新價值。

成立「特色館藏合作研究小組」，以整合型的團隊研究模式進行，並針對國家圖書館特色館藏發展的專業需求進行規劃。擴大研究主題之範圍與規模，例如：以館藏檔案為例，可切隔成不同主題，規劃三年、五年、十年之長期團隊進行研究計畫，即可累積顯著的研究成果與研究價值，能提高整體特色館藏研究的品質、數量及影響力。總之，設置研究發展部門及研發團隊，對圖書館永續經營與發展具有正面及積極意義，為一值得認真思考、評估與執行議題。

(三) 規劃國內外數位化合作結盟計畫為特色館藏核心業務

數位化相關議題是今日圖書館所共同面臨的最大挑戰，數位化也同時為圖書館發展帶來新機會與新資源。尤其國內外圖書館都面臨經費與

人力資源不足的年代，必須透過與國內外圖書館進行策略合作聯盟，及
建立新的工作伙伴與協力合作以推動數位化計畫。今日，將特色館藏資
源數位化作業、數位化合作保存及數位化合作行銷等業務一併規劃，是
圖書館特色館藏發展可創造多贏、省時及省力的最好作法。今日，必須
積極整合全部數位化相關工作，創造共建共享的資源行銷分享新模式，
同時亦是未來國家圖書館的發展趨勢及核心業務。

(四) 持續定期制訂及修改特色館藏相關服務管理法規

　　法規功能乃是將組織業務管理之進行，直接導入標準化與一致化，
可協助特色館藏業務穩定及持續發展的管理要項，亦是特色館藏發展管
理必須定期評鑑與稽核的重要業務之一。今日因應資訊化時代，全球化
帶來快速發展，與內外環境快速變動；圖書館業務必須靈活運作與時俱
進，定期制訂與修改各種服務管理相關的法規，以便特色館藏業務順暢
運行。

(五) 培育特色館藏發展管理之專業人才

　　「人」是組織成功與否的關鍵因素，也是組織勝出的基石。一個成
功的組織，是將對的人放在對的位置，同時用對的方式培訓人才。組織
要善用適當的評鑑制度於人才的培訓、招募甄選、訓練發展、績效管理、
薪酬運作等，用以建立長期以專業能力為基礎的人力資源管理及人力發
展制度。今日，「人才」是圖書館組織的最大資產，必須持續與長期培訓
特色館藏發展管理專業人才，激勵與增強其專業能力。將人才培育列為
組織管理的重要工作之一，才能持續激發館員的潛在能力，提升圖書館
的核心競爭力。例如，可培養特色館藏之「保存維護及修護」（設備、實
驗室）、「徵集專業人才」等方面的重要專業人才。

(六) 維護跨組合作協力特色館藏業務發展之歷史傳統

　　國家圖書館籌備時期（1933-1940 年）接受各單位贈書，由總務組與圖書組兩組合作進行，之後上海古籍蒐購計畫、館藏善本古書微捲製作計畫，由總務組、特藏組、出版品國際交換處（改名：國際合作組）等共同執行，是全館協力合作之傳統。2000 年後啟動數位典藏計畫，特色館藏的臺灣珍稀文獻部分資源是由閱覽組、參考組（改名：知識服務組）及採訪組、編目組（改名：館藏發展及書目管理組）、資訊組（改名：數位知識系統組）、漢學中心等多組協力採購資源、整理資源、製作相關服務系統及行銷工作，這些都是由館內許多跨組的單位協力合作完成的任務。因此，該館一直有跨組合作及協力特色館藏業務發展管理之歷史傳統，值得繼續傳承與創新。

　　展望未來，因為特藏文獻組之經費與技術資源有限，必須積極採取跨組織協作(inter-organization coordination, IOC)方式，擴大整合館內外及國內外之技術支援、參與規劃、聯合宣傳、經費補助、資本分攤等合作方式，藉以提高各計畫執行與活動運作之資助能量。無論館內外及國內外之跨組織合作，都是值得學習與推薦的成功模式。

(七) 增加特色館藏發展之預算挹注及申請相關補助案

　　政府預算資源是有限的，各機關為進行各項計畫皆積極以爭取各種預算與補助為目標。國家圖書館特色館藏的預算較少，必須向相關單位爭取補助，例如：文化部、教育部及市政府等機關，申請計畫支持及專案補助，以便獲得業務進行所需經費。此外，亦可向非營利組織、私人文化機構及基金會等申請專案補助，這些都是可增強特色館藏業務推進之作法。例如：2015、2016 年潘思源先生獎助國家圖書館的專題研究案，採取移地研究方式。未來，移地研究亦不失為一種創新的研究模式，值得嘗試與探索。

(八) 定期召開特色館藏發展管理與服務相關的檢討會議

管理學注重定期的檢討（check）與改善（act），透過檢討及改善的管理流程，可提升工作品質、強化工作價值觀、改善自我工作信念及持續維持敏捷的活力與競爭力。今日，處於高度競爭時代，升級為一個成功管理的圖書館組織，必須定期召開各式各樣的檢討會議，藉由館內外相關人士參與，提供不同的意見交流及改善建議，以便凝聚共識。因此，定期召開特色館藏發展管理與服務檢討會議為重要管理作業流程之一，是組織不斷提升與不停成長的一項動能。

(九) 積極宣傳與推動成立特色館藏相關學會或興趣團體組織

學會是由學術機構或是學術界人士所發起與組成的民間專業非營利團體。專業學會的建立與運作，能促進個人及團體專業知識的成長與發展。尤其透過個人共同興趣結合，組成團體的運作力與組織力，可有效促進個人在職學習，協助個人達成終身學習的目標。圖書館透過專業學會運作，可充份凝聚專業人員共識，提升圖書館服務，促進圖書館事業發展，更可以鼓勵會員及組織相互連結，確保各類型圖書館合作及發展。國人對專業學會的功能及重要性之瞭解、認同及參與程度，不如先進的歐美國家，積極推動與宣傳與特色館藏相關之專業學會是一重大議題，有其重要性與必要性。

有關組成特色館藏之專業學會部分，可學習歐美先進國家的運作模式，在規模較大的學會之下，設立特色館藏相關興趣小組，抑或透過現有性質相近的學會組織，合併運作。例如：我國圖書館可考慮與中華文物保護學會等性質相近之學會長期合作，成立特色館藏發展興趣小組，定期舉辦各種特色館藏相關之演講、展覽等活動。透過合作結盟，可共享彼此資源，共同規劃可引起社會關注特色館藏相關熱門議題，激活整體社會重視與珍惜國家歷史文化之氛圍，主動提供高齡化社會終身學習

源源不斷的國寶級資源與知識。未來，期許透過圖書館與合作伙伴的結盟努力，持續合作營造幸福國度。

(十) 重新編寫「善本書志」並善用國內外相關學院科系之人力與資源

　　書志對於善本古籍內容之介紹、瞭解與研究幫助很大，必須善用社會資源，結合國內外相關中文系、歷史系、圖書資訊學系之人力與資源，重新編寫「善本書志」。現今，《國家圖書館善本書志初稿》已於 1996、1997、1998、1999、2000 年陸續完成經、史、子、集、叢書部之初稿書寫與出版。《國家圖書館善本書志初稿》其中初稿是謙虛之詞，只做基本描寫；未來可持續將過去研究成果累積起來，成為升級版。例如：過去的版本研究、加上更多版本的考訂研究；可與文史科系師生合寫。可做更多加值，例如：做書目連結、相關資訊連結及全文連結等。未來，建議可製作成電子資料庫形式，或電子書。數位時代的書志格式、內容及使用方式應有更多變化與創新作法，數位保存與數位行銷特色館藏都可達更上一層樓之境界。

三、進一步研究建議

　　除上述結論與建議之外，本研究圍於研究範圍與研究限制，有關特色館藏發展提出下列建議，供未來後續研究參考：

(一) 國際國家圖書館特色館藏內容之比較研究

　　特色館藏真實地反映一國的歷史與文化發展，也是各國的國家圖書館所典藏的國之重寶，是精品中的菁華，吸引人類的目光。比較研究各國國家圖書館的特色館藏之館藏內容、資源型態及其歷史發展，有助於

340

探索精品館藏：國家圖書館特色館藏的歷史發展
Exploring the Fine Collection:
The Historical Development of Special Collections in National Central Library of R.O.C. (Taiwan)

瞭解各國特色館藏之歷史發展，也可提供我國國家圖書館發展管理之參
考。

(二) 國際國家圖書館特色館藏發展政策之比較研究

　　特色館藏發展政策是各國依據其館藏品之特點，與管理之需求而進
行正式書寫的一份指導文件，對於實際的作業是具有指引功能。各國國
家圖書館均有規定館藏政策啟用與修改時程表，由此可知，研究各國的
特色館藏發展政策是全球圖書館都關注的重要議題，進行比較研究可提
供我國國家圖書館實際作業與發展管理之參考。

(三) 國際特色館藏之募款、收費議題值得進一步研究

　　各國圖書館都面臨預算不足及人力短缺的共同問題，針對不同國家
募款作業、增加財源及收費之相關議題，及其實際作業情況，進行比較
研究，可以瞭解不同國家的作法及其解決問題的策略。例如：將各國特
色館藏之募款、收費成功案例，加以比較研究及分析其成功因素，將有
助於我國國家圖書館實際作業與發展管理之參考，是一深具意義的研究
議題。

(四) 先進國家特色館藏之資訊素養與終身學習議題深具探
索價值

　　國民資訊素養高低關係著國家實力與競爭力，數位時代國家圖書館
的新任務之一，就是提升國民的資訊素養與促進終身學習。尤其是善用
特色館藏資源進行加值與推廣，各先進國家的作法及其成功案例，深具
探索價值，均值得進一步研究。尤其，迎接高齡化時代來臨，各先進國
家積極進行各種終身學習課程資源之規劃與設計，如能善用代表國家歷
史文化的特色館藏資源進行加值推廣，融合於課程中，協助國民經由參
與更多終身學習課程，以提高其身心靈的康健與滿足，達到快樂學習及

健康學習的美好境界。

(五) 數位時代的特色館藏行銷與延伸服務議題值得研究

數位化特色館藏投資大量預算與投入眾多人力的成果，如何進行有效的行銷與延伸服務深具重要性。如何讓國家的歷史與文化寶藏，走出圖書館，進入使用者的生活中，或是進入使用者的電腦中，各國的作法值得學習與借鑑。唯有透過有效的特色館藏行銷與延伸服務，才能發揮特色館藏之價值與完成數位化特色館藏的終極使命。

(六) 特色館藏的保險、保存復原與防災等保存議題值得探討

特色館藏是必須永久典藏的國家歷史與文化重要資產，其保存的相關議題相形迫切。尤其在新科技與新技術不斷開發之際，有關特色館藏方面的保險、保存復原與防災等議題，必須提早做研究與準備，具體落實於實務的管理業務中。例如，如何預防國際的偷竊與犯罪、如何保護原件在閱覽時的安全、預防惡意破壞、損毀文物及如何復原文件的修復技術等，這些都是需要確保特色館藏資源能獲得較高等級的安全典藏之重要議題，目標是為達到國家圖書館特色館藏永世流傳的願望與功能。

(七) 國家圖書館特色館藏之館藏分析議題值得探討

國家圖書館特色館藏之館藏品，有些是孤本、珍本及善本之極品，就其館藏品的分析議題就具備特殊之價值與意義。包含每一歷史發展階段之珍、善本圖書館目錄，加以整理其數量、類型、主題、特色、物理狀態（書狀）、稀有程度，重要內容描述，由抽象轉成為具體描述是值得探討的議題。

參考書目

(一) 中文部分

1. 圖書

Neuman, W. L.（2000）。社會研究方法：質化與量化取向（朱柔若譯）。臺北市：楊智文化。

中國文獻編目規則編撰小組編（1996）。中國文獻編目規則：主要名詞術語。南海市：廣東人民出版社。

中華民國大學院編（1928）。全國教育會議報告。上海：商務。在近代中國史料叢刊續編（沈雲龍主編，1977）（近代中國史料叢刊續編，43 輯；429）。臺北縣永和：文海。1977 影本。

王梅玲、范豪英、林呈潢、張郁蔚（2016）。館藏發展與管理。新北市：華藝學術。

_____、謝寶煖（2014）。館藏發展與圖書資訊徵集。在圖書資訊學導論（二版），

（第 3 章，頁 78）。臺北市：五南。

吳明德（1991）。館藏發展。臺北市：漢美。

宋建成（2013）。綜論。在國家圖書館（曾淑賢主編，頁 1-32）（中華民國圖
　　書館事業百年回顧與展望，1）。臺北市：五南。

林清芬（1996）。國立中央圖書館之初創與在抗戰期間的文化貢獻。在國史館編，
　　1996 中華民國史專題第三屆討論會論文集（頁 853-855）。臺北市：編者。

南京圖書館志編寫組編（1996）。南京圖書館志（1907-1995）。南京：南京出
　　版社。

姚伯岳（2004）。中國圖書版本學。北京：北京大學出版社。

姚從吾先生遺著整理委員會（1974）。姚從吾先生全集，第一冊。臺北市：正中。

約翰·古德曼（John A. Goodman）(2015)。顧客 3.0：人＋服務流程＋科技應用
　　之綜合。(*Customer experience 3.0 high–profit strategies in the age of techno
　　service*)（池熙璿譯）。臺北市：中國生產力中心。

國家圖書館七十年大事圖輯編輯委員會編輯（2003）。國家圖書館七十年大事圖
　　輯。臺北市：國家圖書館。

國家圖書館特藏組（2010）。國家圖書館七十七年大事記。臺北市：國家圖書館。

國家圖書館編（2009）。與越南圖書館界簽訂合作協議。中華民國 98 年圖書館
　　年鑑，頁 296。臺北市，國家圖書館。

＿＿＿＿＿＿＿＿（2010）。國家圖書館年報 2009：國家圖書館服務年。臺北市：
　　國家圖書館年報編輯小組。

＿＿＿＿＿＿＿＿（2012）。國家圖書館館藏發展政策。臺北市：國家圖書館。

張逸民（2002）。EMBA 企業經營策略。臺北市：華泰。

梁啟超（1975）。中國歷史法。臺北市：臺灣商務。

郭玉生（1981）。心理與教育研究法。臺北市：大世紀。

陳向明（2002）。社會科學質的研究。臺北市：五南。

陳君葆（1999）。陳君葆日記。香港：商務印書館。

曾濟群（1997）。圖書資訊點滴。臺北市：漢美。

黃光雄（1987）。教育研究方法論。臺北市：師大書苑。

黃克武（2000）。蔣復璁口述回憶錄。臺北市：中央研究院近代史研究所。

葉至誠、葉立誠（2012）。研究方法與論文寫作。臺北市：商鼎。

賈馥茗、楊深坑編（1988）。教育研究法的探討與應用。臺北市：師大書苑。

漆高儒（1991）。蔣經國的一生。臺北市：傳記文學。

嚴文郁（1983）。中國圖書館發展史：自清末至抗戰勝利。臺北市：中國圖書館
　　學會出版。

2. 期刊與會議論文及檔案

大學院（1928）。中華民國大學院組織法，民國 16 年 7 月 4 日國民政府公布。
　　大學院公報，1（1），49-50。

中華圖書館協會（1928）。中華圖書館協會年會提案總目。國立中山大學圖書館
　　周刊，6（5/6），17-18；協會第一次年會紀事（1929）。中華圖書館協會會
　　報，4（4），5-14。

王振鵠（1983）。遷建委員會工作小組報告。國立中央圖書館館訊，5（4），246。

＿＿＿＿（2013）。古籍蒐藏與整理。國家圖書館館訊，102（4），57-64。

＿＿＿＿（2013）。國家圖書館八十年。國家圖書館館刊，102（1），2。

行政院（2007）。建立我國通資訊基礎建設安全機制計畫（民國 94 年至 97 年）。
　　行政院國家資通安全會報，民國 96 年 2 月 15 日，頁 1。

何培齊（2005）。國家圖書館與臺南市立圖書館「日治時期臺灣舊籍數位化」合
　　作紀實。國家圖書館館訊，94（2），12-14。

吳英美（2006）。OCLC 及美國圖書館參訪紀實-兼述書目國際化工作。國家圖
　　書館館訊，95（3），24。

宋建成（1996）。民國 84 年資訊月——本館遠距圖書服務系統紀實。國立中央
　　圖書館館訊，18（1），10-13。

＿＿＿＿（2011）。國家圖書館歷史沿革之探析。國家圖書館館刊，100（2），5、
　　20。

江雁秋（2000）。亦師亦友亦鄉親-憶唐德剛先生。傳記文學，96（2），92。

屈萬里（1967）。國立中央圖書館。教與學，1（1），24。

＿＿＿＿（1967）。國立中央圖書館計劃中的幾件工作。教育與文化，351-352，
　　1-3。

_____（1968）。國立中央圖書館主辦的臺灣公藏中文人文社會科學聯合目錄編輯工作。中國一周，930，3-4。

昌彼得（1967）。國立中央圖書館簡史。教育與文化。351/352，6。

林培齡（1994）。當彼岸的文字登錄此岸-記 1994 大陸圖書展覽。出版流通，29，7-12。

俞小明（2005）。國家圖書館與美國猶他家譜學會「臺灣地區族譜數位化」合作紀要兼談其家譜圖書館。國家圖書館館訊，94（4），26-31。

_____（2012）。古籍復刻、經典再現：國家圖書館善本古籍重印出版。全國新書資訊月刊，162，4-5。

_____、廖秀滿（2010）。參加世界數位圖書館合作夥伴年度會議。國家圖書館館訊，99（3），11-12。

胡歐蘭（1983）。國立中央圖書館自動化作業之現況與展望。國立中央圖書館館刊，新 16（1），34-36。

國立中央圖書館（1983）。上海文獻保存同志會第二號工作報告書。國立中央圖書館館刊，新 16（1），76。

國立中央圖書館編（1983）。館史史料選輯。國立中央圖書館館刊，新 16（1），57、76、88。1941 年 3 月 19 日上海文獻保存同志會致蔣復璁函。

國家圖書館（2010）。耶穌會士與儒士相遇 400 年——記國圖與利氏學社成立利瑪竇太平洋研究室簽約儀式。國家圖書館館訊，99（1），50。

國家圖書館特藏文獻組（2016）。105 年工作績效報告書。

張圍東（2009）。國家圖書館古籍文獻國際合作數位典藏計畫：以美國國會圖書館為例 (NCL International Chinese rare book digitalization cooperation project: A case study of the United States Library of Congress）。臺灣圖書館管理季刊，5（4），103-105。

_____（2014）。國家圖書館古籍文獻保存、整理與利用。全國新書資訊月刊，103，4、7、8。

張錦郎（2013）。抗戰時期搶救陷區古籍諸說述評。佛教圖書館館刊，57，54。

莊芳榮、俞小明（2006）。國家圖書館與蒙古國家圖書館合作締約紀實——兼述韓蒙兩地圖書館參訪。國家圖書館館訊，95（4），頁 8。

許廷長（1995）。民國時期的中央圖書館。中國典籍與文化，1995（3），44、45。

陳友民、曾瓊葉（2003）。烽火歲月中之出版紀錄（民國 22 年至 38 年）。國家圖書館館訊，2003（1），22。

陳德漢（2015）。國家圖書館之「教饗閱」──國圖館藏《烏拉圭中國國際圖書館》精粹。國家圖書館館訊，2015（4），27-30。

彭　慰、蔡佩玲（2004）。豐富全民資訊宴饗-92 及 93 年度公共圖書館共用資料庫採購。國家圖書館館訊，93（2），22-24。

曾濟群（1996）。國家圖書館組織法的立法過程。國立中央圖書館館訊，18（1），1-4。

＿＿＿＿＿（2003）。回首來時路那燈火闌珊處──記在國家圖書館服務的片段。國家圖書館館刊，2003（1），12-13。

辜瑞蘭(1967)。國立中央圖書館的出版品國際交換工作。教育與文化，351/352，32。

黃文德（2015）。戰時館藏古籍文獻典藏與播遷之研究(重慶) 短期移地研究心得報告。服務機關：國家圖書館。派赴國家：中國大陸重慶。

黃淵泉（1994）。中國國際圖書館六十年簡史。國立中央圖書館館訊，16（3），15-19。

黃寬重（2008）。國家圖書館南部館籌設緣起與願景。全國新書資訊月刊，109，4。

楊崇森（1992）。邁向一流的國家圖書館──國立中央圖書館的現況與前瞻。實踐，818，12-16。

溫嘉榮（2001）。資訊化社會的學習變革。屏縣教育季刊，6，9-14。

廖　筬（2015）。戰時館藏古籍文獻典藏與播遷之研究 短期移地研究心得報告。服務機關：國家圖書館。派赴國家：中國大陸南京。

廖又生（2003）。試論國家圖書館組織條例與圖書館法之關係。國家圖書館館刊，92(1)，34。

漆高儒（1991）。蔣經國的一生。臺北市：傳記文學。頁 142-144。

臺灣記憶（2017）。關於本站：內容特色。檢自：http://memory.ncl.edu.tw/tm_cgi/hypage.cgi?HYPAGE=about_tm.hpg

348

探索精品館藏：國家圖書館特色館藏的歷史發展
Exploring the Fine Collection:
The Historical Development of Special Collections in National Central Library of R.O.C. (Taiwan)

劉小紅（2003）。圖書館特色化與學科建設。湛江師範學院學報，24（4），110-112。

劉兆祐（1983）。屈翼鵬先生與國立中央圖書館。國立中央圖書館館刊，新 16
　　（1），38。

劉哲民、陳政文編（1992）。搶救祖國文獻的珍貴記錄：鄭振鐸先生書信集。1
　　版。上海：學林出版社。

蔣復璁（1935）。國立中央圖書館。文華圖書館學專科學校季刊，7（3/4），559-560。

＿＿＿＿＿（1956）。國立中央圖書館當前的問題。教育與文化。12（7），2-4。

＿＿＿＿＿（1978）。國立中央圖書館的意義與回顧──在朱家驊先生八六誕辰紀
　　念會講演。大陸雜誌，56（6），1。

＿＿＿＿＿（1986）。五十二年的盼望終獲實現。國立中央圖書館館訊，9（1），2。

鄭振鐸（1941）。文獻保存同志會第三號工作報告書。

鄭肇陞（1983）。國立中央圖書館五十年。國立中央圖書館館刊，新 16（1），
　　15-16。

盧秀菊（1994）。現代圖書館的組織結構：理論與實務。臺北：文華，26-28。

盧錦堂（1996）。從糖廠倉庫到網際網路：國家圖書館古籍整理之回顧與前瞻。
　　國家圖書館館訊，1996（2），18。

＿＿＿＿＿（2000）。赴北京出席「中文文獻資源共建共享合作會議第一次會議」報
　　告。國家圖書館館訊，89（3），11-14。

＿＿＿＿＿（2001）。從抗戰期間搶救珍貴古籍的一段館史說起。國家圖書館館訊，
　　90（3），6-8。

＿＿＿＿＿（2003）。抗戰時期香港暨馮平山圖書館參與搶救淪陷區善本古籍。國家
　　圖書館館刊，2003（2），127-129。

＿＿＿＿＿（2004）。古籍版本鑑賞-從珍惜善本祕笈說起。全國新書資訊月刊，93
　　（6），15-19。

＿＿＿＿＿（2005）。古籍版本鑑賞──古籍‧版本‧善本。全國新書資訊月刊，94
　　（10），21-25。

閻麗慶（2011）。國內外大學圖書館特色館藏建設概況及比較。新世紀圖書館，
　　1，26-29。

駱　偉（2004）。簡明古籍整理與版本學。澳門：澳門圖書館暨資訊管理協會。

頁 2。

總統府公報（1940）。制訂「國立中央圖書館組織條例」。總統府公報，302，1-2、
　　4。

＿＿＿＿＿＿＿（2001）。制訂「圖書館法」。總統府公報，6377， 27-29。

鍾雪珍、王梅玲（2014）。國家圖書館組織結構改變之研究：1933-2013(A Research
　　on organizational structure changes in National Central Library of ROC:
　　1933-2013）。在 2014 圖書館量化與質化研究方法研討會（2014 QQML），
　　伊斯坦堡，土耳其。

蟬　隱（1966）。蔣慰堂先生與國立中央圖書館。中國圖書館學會會報，18，1。

羅德運(1988)。蔣復璁：一個不應被忘卻的名字。湖北師範學院學報：哲學社
　　會科學，18（5），92。

嚴文郁（1983）。中國圖書館發展史：白清末至抗戰勝利。臺北市：中國圖書館
　　學會出版。頁 3。

蘇　精（1978）。從換書局到出版品國際交換處。圖書館學與資訊科學，4（2），
　　183。

＿＿＿＿、周　密（1979）。國立中央圖書館大事記：自民國 22-29 年。國立中央
　　圖書館館刊，新 12（2），66-69。

3. 學位論文

林巧敏（2008）。國家圖書館電子資源館藏發展之研究（未出版之博士論文）。
　　國立臺灣大學文學院圖書資訊學系，臺北市。

林速禎（1996）。臺灣地區文化中心圖書館館藏特色管理之研究（未出版之碩
　　士論文）。私立中國文化大學史學研究所，臺北市。

賴雅柔（2013）。臺灣地區大學圖書館特色館藏發展之研究（未出版之碩士論
　　文）。國立師範大學圖書資訊學研究所，臺北市。

4. 網路資源

中華民國圖書館學會（2016）。委員會。檢自 http://www.lac.org.tw/intro/5

王振鵠（1995）。國家圖書館（National Library）。在胡述兆編，圖書館學與資
　　訊科學大辭典。檢自：http://terms.naer.edu.tw/detail/1681184/

350

探索精品館藏：國家圖書館特色館藏的歷史發展

Exploring the Fine Collection:
The Historical Development of Special Collections in National Central Library of R.O.C. (Taiwan)

行政院研究發展考核委員會（2012）。行政院組織改造（Government reform and innovation）。檢自：http://www.rdec.gov.tw/mp14.htm

呂燕燕（1995）。特藏（Special Collection）。在胡述兆編，圖書館學與資訊科學大辭典。檢自：http://terms.naer.edu.tw/detail/1681597/

汪雁秋（1995）。國立中央圖書館出版品國際交換處。在胡述兆編，圖書館學與資訊科學大辭典。檢自：http://terms.naer.edu.tw/detail/1681269/?index=1597724

林國勳（2011）。淺談數位保存之定義。中央研究院計算中心通訊，2011 年 5 月。檢自：http://newsletter.ascc.sinica.edu.tw/news/read_news.php?nid=2058

教育部（2012）。國家圖書館組織法。檢自 http://www.rootlaw.com.tw/LawArticle.aspx?LawID=A040080010010700-1010203

國家圖書館（2009）。國家圖書館推廣「漢學書房」合作計畫。檢自：http://www.ncl.edu.tw/information_237_569.html

_____（2013）。國家圖書館處務規程。檢自：https://www.ncl.edu.tw/ct.asp?xItem=17301&ctNode=1342&mp=2

_____（2016）。館藏特色。檢自： http://www.ncl.edu.tw/ct.asp?xItem=1063&CtNode=1234&mp=2

_____（2016)。古籍與特藏文獻資源：最新消息。檢自：http://rbook2.ncl.edu.tw/News/

_____（2017)。本館簡史：本館簡介。檢自： https://www.ncl.edu.tw/content_267.html

_____（2017)。館藏特色。檢自：http://www.ncl.edu.tw/content_53.html

_____（2017)。總館各樓層專室簡介/4 樓(善本書室、縮影資料室、網路資源區)。檢自：http://www.ncl.edu.tw/information_283_56.html#a

國家圖書館特藏文獻組（2016）。「古籍聯合目錄資料庫合作建置研討會」會議簡介。檢自：http://rbook2.ncl.edu.tw/Search/Meeting/2

國家圖書館秘書室（2010）。曾淑賢館長接棒國家圖書館迎向建國百年。檢自：http://www.ncl.edu.tw/information_236_3356.html。

國家圖書館遠距學園（2016）。國家圖書館遠距學園。檢自：https://cu.ncl.edu.tw/

國家圖書館編（2017）。國家圖書館館藏發展政策：館藏發展政策。檢自： htt
p://nclfile.ncl.edu.tw/files/201701/46836e97-8fb3-4065-9480-ce2144effd2d.p
df

蘇桂枝（2008）。參加「世界數位圖書館」展示會紀要。在公務出國報告資訊網。
檢自：http://report.nat.gov.tw/ReportFront/report_detail.jspx?sysId=C096026
80

黃婉君、黃華明（2001）。參加2001國科會數位博物館國際研討會：美國經驗。
國立臺灣大學醫學院圖書館分館館訊，54，1-3。Doi: http://readopac2.ncl.
edu.tw/nclJournal/GetPDF?tid=A01026139&jid=00000402&eid=61bba8db27d
94bae7e7dd00e8082ab9c

臺灣記憶（2017）。關於本站：內容特色。檢自：http://memory.ncl.edu.tw/tm_c
gi/hypage.cgi?HYPAGE=about_tm.hpg

(二) 英文部分

1. 圖書

Berg, Bruce L. & Lunc, Howard. (2012). Qualitative research methods for the
social sciences. 8th international ed. Upper Saddle River, NJ: Pearson.

Berger, Sidney E. (2014). Rare books and special collections. Chicago, IL:
Neal-Schuman.

Burgess, R.G. (1984). In the field: An introduction to field research. London UK:
Allen and Unwin.

Burston, G. (1979). National libraries: An analysis. In Line, Maurice B. (Eds.),
National libraries. London, U.K.: Aslib. 87-98.

Corrado, E. M., & Moulaison, H. L. (2014). Digital preservation for libraries,
archives, and museums. Plymouth, UK: Rowman & Littlefield.

Danton, J. Periam. (1973). The Dimensions of comparative librarianship. Chicago,
IL: American Library Association.

Evans, Edward G. (2005). Developing library and information center collections.

352

探索精品館藏：國家圖書館特色館藏的歷史發展
Exploring the Fine Collection:
The Historical Development of Special Collections in National Central Library of R.O.C. (Taiwan)

(5th ed.). Littleton, CO: Libraries Unlimited.

Fung, Margaret Chang (1994). The Evolving Social Mission of the National Central Library in China (1928-1966). Taipei, Taiwan: National Institute for Compilation and Translation. 【張鼎鍾（1994）。中國國立中央圖書館社會使命之演進（1928 年至 1966 年）。臺北市：國立編譯館。】

Gregory, Vicki L. (2011). Assessing user needs and marketing to those users. In Collection development and management for 21st century library collections: An introduction (chap. 2, pp.21-22). New York: Neal-Schuman Publishers.

_____. (2011). Collection development policies. In Collection development and management for 21st century library collections: An introduction (chap. 3, pp.31-54). New York: Neal-Schuman Publishers.

Laziger, Susan S. & Tibbo, Helen R. (2001). What is digital preservation and metadata: history, theory, practice. Englewood, CO: Libraries Unlimited.

Levine-Clark, Michael & Carter, Toni M. (Eds.). (2013). ALA glossary of library and information science. (4th ed.). Chicago, IL: American Library Association.

Johnson, Peggy. (2014). Fundamentals of collection development and management. (3rd ed.). Chicago, IL: American Library Association.

Panitch, J. M. (2001). Special collections in ARL libraries: Results of the 1998 survey. Washington, D C: Association of Research Libraries.

Primary Research Group. (2014). Trends in rare books and documents special collections management, 2014-15 Ed.. New York, NY: Primary Research Group.

Scham, A. M. (1987). Managing special collections. New York: Neal Schuman.

Stueart, R. D.& Moran, Barbara (1987). Library Management. (3rd ed.). Littleton, CO: Libraries Unlimited.

Young, Heartsill. (Ed.). (1983). National libraries. The ALA glossary of library and information science. Chicago, IL: American Library Association.

2. 期刊與會議論文及檔案

Albanese, A.R. (2005). Rarities online. Library Journal, 130 (Supplement), 40-43.

American Library Association. (1941). Library Specialization. In Proceedings of an Informal Conference Called by the A.L.A. Board on Resources of American Libraries, May 13-14, 1941; Downs, R.B., Ed.; Chicago, IL: American Library Association.

Baker, Tim. (2011). Rethinking the relevance and role of national libraries in the collection, recording, preservation, provision of access to and transmission of knowledge in the age of the internet. University of Cape Town: Sociology of Information. Retrieved from https://kimbakercapetown.files.wordpress.com/2012/04/baker-k-rethinking-the -relevance-and-role-of-national-libraries-in-the-age-of-the-internet1.pdf

Berger, S. E. (1987). What is so rare...: Issues in rare book librarianship. Library Trends, 36(1), 9-22.

Burrows, T. (2000). Preserving the past, conceptualising the future: Research libraries and digital preservation. Australian Academic and Research Libraries, 31(4), 142-153.

Campbell, E. G. (1967). [Letter to Philip P. Mason]. University of Wisconsin Milwaukee, Archives and special collections (Collection RG 200/01/06, Box 1, Folder 56: Society of American Archivists Records, President, Herbert E. Angel, Uniform Archival Statistics, 1966-67).

Cullen, C.T. (2001). Special collections libraries in the digital age: A scholarly perspective. Journal of Library Administration, 35(3), 79-91.

Graham, P. S. (1998). New roles for special collections on the network. College and Research Libraries, 59(3), 232-239.

Humphreys, K. W. (1966). National library functions. UNESCO Bulletin for Libraries, 20(4), 158-159.

Jantz, Ronald C. (2012). A Framework for studying organizational innovation in research libraries. College & Research Libraries, 73(6), 530.

Line, Maurice B. (1998). What do national libraries do in the age of the Internet? Ariadne, 13, 6-7.

Phillips, F. (2002). Managing the special collections department in the digital

354

探索精品館藏：國家圖書館特色館藏的歷史發展

Exploring the Fine Collection:
The Historical Development of Special Collections in National Central Library of R.O.C. (Taiwan)

world: A case study of cooperation and innovation. OCLC Systems and Services, 18(1), 51-58.

Smith, Carol. (2006). Digitization of special collections: Impact and issues a literature review. Info 663 – tech processes in libraries. Retrieved from http://www.carolsmith.us/downloads/663digofspecialcoll.pdf；

Special collections libraries. Library trends, 51(1), 87-103.

Sutton, S. (2004). Navigating the point of no return: Organizational implications of digitization in special collections. Libraries and the Academy, 4(2), 233-243.

Yu, Hsiao-ming. (2014). International collaboration on digitalization of rare Chinese books at National Central Library: models and outcomes. International Journal of Humanities and arts computing, 8, 124-151.

3. 學位論文

Young, Virginia Ella. (1997). Special Collections in the Year 2015: A Delphi Study. (Unpublished doctor dissertation). University of Alabama, Tuscaloosa, Alabama.

4. 網路資源

Association for Library Collections & Technical Services. (2007). Definitions of Digital Preservation. Retrieved from http://www.ala.org/alcts/resources/preserv/defdigpres0408

Association of Research Libraries. (2003). The Unique role of special collections. Retrieved from http://www.arl.org/storage/documents/publications/special-collections-statement-of-principles-2003.pdf

_____. (2003). Special collections: Statement of principles. Retrieved from http://www.arl.org/rtl/speccoll/speccollprinciples.shtml

_____. (2010). Statements, principles and reports of

ARL special collections working groups. Retrieved from
http://www.arl.org/focus-areas/research-collections/special-collections/2482-st
atements-principles-and-reports-of-arl-special-collections-working-groups#.Vl
7JTnYrLV0

Digital Preservation Coalition. (2016). About the Digital Preservation Coalition.
Retrieved from http://www.dpconline.org/

Dooley, Jackie M., & Luce, Katherine. (2010). Taking our pulse: The OCLC
research survey of special collections and archives. Dublin, OH: OCLC
Research. Retrieved from
http://www.oclc.org/research/publications/library/2010/2010-11.pdf

International Federation of Library Associations. (2001). Guidelines for a
collection development policy using the conspectus model. Retrieved from
http://www.ifla.org/files/assets/acquisition-collection-development/publication
s/gcdp-en.pdf

_____. (2013). About the national
libraries section. Retrieved from http://www.ifla.org/national-libraries

_____. (2016). About the national
libraries section.
Retrieved from http://www.ifla.org/about-the-national-libraries-section

Library of Congress. (2015). Year 2015 at a glance. Retrieved from
http://www.loc.gov/about/general-information/#2010_at_a_glance

_____. (2016). Collections. Retrieved from
http://www.loc.gov/about/general-information/#2010_at_a_glance

Maron, Nancy L., Pickle, Sarah, & Marcum, Deanna. (2013). Searching for
sustainability: Strategies for eight digitized special collections. Retrieved from
http://www.arl.org/storage/documents/publications/searching-for-sustainabilit
y-report-nov2013.pdf

McGowan, Ian. (2010). National libraries. In Encyclopedia of libraries and
information sciences (3rd ed.), 3850. Doi: 10.1081/E-ELIS3-120044742.

National Library of Australia. (2008). Collection development policy- Australian

356

探索精品館藏：國家圖書館特色館藏的歷史發展
Exploring the Fine Collection:
The Historical Development of Special Collections in National Central Library of R.O.C. (Taiwan)

collecting. Retrieved from

https://www.nla.gov.au/book/export/html/4825

_____. (2008). Guidelines for the discard and retention of

library material. Retrieved from

https://www.nla.gov.au/policy-and-planning/discard-retention-library-material

_____. (2016). Collection statistics. Retrieved from

http://www.nla.gov.au/collections/statistics

_____. (2016). Collections. Retrieved from

   http://www.nla.gov.au/collections

Rare Books and Manuscripts Section. (2016). ACRL code of ethics for special

   collections librarians. Retrieved from

   http://rbms.info/standards/code_of_ethics/

Sylvestre, G. (1978). Guidelines for national library. UNESCO: Pairs. Retrieved

   from http://unesdoc.unesco.org/images/0007/000761/076173eb.pdf

The British Library. (1972). The British Library Act. Retrieved from

   http://www.bl.uk/aboutus/governance/blact/

_____. (2006). The British Library's Content Strategy-Meeting the

   Knowledge Needs of the Nation. Retrieved from

   http://www.bl.uk/aboutus/stratpolprog/contstrat/contentstrategy[1].pdf

_____. (2016). Collections Management Policy. Retrieved from

   http://www.bl.uk/aboutus/stratpolprog/coldevpol/

_____. (2016). Early printed collection: collection development policy.

   Retrieved from http://www.bl.uk/reshelp/bldept/epc/earlycdp/earlycdp.html

_____. (2016). Facts and figures. Retrieved from

   http://www.bl.uk/aboutus/quickinfo/facts/index.html

_____. (2016). From Stored Knowledge to Smart Knowledge: The

   British Library's Content Strategy 2013-15. Retrieved from

   http://www.bl.uk/aboutus/stratpolprog/contstrat/index.html

Thomas, Lynne M. (2009). Special collections and manuscripts. In Encyclopedia of

Library and Information Sciences (3rd ed.).   New York, NY : Taylor and Francis. 4949-4951, 4948-4955.

（http://dx.doi.org/10.1081/E-ELIS3-120044336）

Traister, Daniel. (2003). Public services and outreach in rare book, manuscript, and special collections library. Library Trends 52(1) 87-108. Retrieved from http://repository.upenn.edu/cgi/viewcontent.cgi?article=1024&context=library _papers

附錄一

國家圖書館館藏發展政策：
特藏文獻(2017)

5 特藏文獻

5.1 蒐藏範圍

　　本館所藏「特藏文獻」內容包括善本古籍、普通本線裝書、歷代名家手稿、館史檔案、金石拓片、晚清百年期刊、古書契、古地圖、版畫、19世紀以來之攝影圖像以及外國以中國和臺灣為主題之相關畫刊報導、各式版畫、石印、清末民初日治時期老明信片、印刷史文物，以及臺灣珍稀文獻等資料。其中所謂善本古籍係指凡是經過精刻、經鈔、精校、精注，且流傳稀少或清乾隆60年

360

探索精品館藏：國家圖書館特色館藏的歷史發展
Exploring the Fine Collection:
The Historical Development of Special Collections in National Central Library of R.O.C. (Taiwan)

（1795）以前創作或刊行年代久遠之書本，或有名人批點，或是稿本，皆可稱
之為善本。至於珍貴性未達前述善本之古籍者，則列為普通本線裝書。

5.2 館藏概況

本館所保存的善本書多達 1 萬 2 千餘部，內容包含古典文學、史學及哲學，
其中又以明、清兩代的古籍為最多，占了約一半以上。除漢簡 30 枚、敦煌寫經
153 卷、日本卷子 6 卷外。善本古籍 12,922 部(135,478 冊)，其中刻本近 8,000
部，宋版 174 部、金版 6 部、元版 270 部、明版 6,000 多部，嘉興大藏經 1 部，
其餘為活字版，清代以及朝鮮、日本、安南流傳較稀之刻本。

普通本線裝書 9,768 部、113,883 冊。金石拓片 4,174 種 10,571 幅；墓誌拓
片 2,919 種 3,063 幅。版片及印模 57 種、91 件，活字 3,506 顆。此外尚有年畫
1,224 種 2,063 幅、臺灣版畫共 106 種 119 幅；無求備齋文庫 3,057 部 11,399 冊；
臺灣古文書 2,375 件；舊照片 4 冊 486 張；明信片：大陸 7,824 張、臺灣 4,126
張；當代名人手稿 366 家等資料，相關詩作、散文、劇本、小說、書信、評論
等各類文體及素描、水彩、油畫、書法、水墨等美術作品逾 3 萬件。

2005 年起，本館陸續展開與國外重要古籍收藏單位進行古籍數位化合作，
截至 2016 年止已掃描完成 4,094 部重要宋、元、明、清古籍數位影像，大為充
實本館古籍研究數位資源。

5.3 徵集政策

本館特藏文獻為魏晉南北朝以來之重要文獻典籍，其中尤以明代資料最富
特色，對傳承文化具有極為特殊之意義。然今後仍需多方徵集蒐羅，並衡諸實
際情況，分別其輕重緩急，倘質或量可形成館藏特色者，尤須優先。

5.3.1 徵集原則

1. 加強特色館藏，如明人文史特藏資料，務求專精，以維持並發揚已形
   成之館藏優勢。
2. 具代表性之歷代重要原始典籍及各家評註，應積極蒐藏。
3. 各種重要著述之不同版本及特殊覆刻本，應盡量網羅。
4. 宋元善本之卷帙完整或特具價值而為館藏所無者，尤須優先徵集。

5.清人著述等館藏所不足者，應作重點補充。

6.歷代方志、家譜文獻、敦煌文獻等為近代學術研究的顯學，應留意蒐集。

7.小說戲曲、圖繪或版畫古籍等有助於民間文學藝術之研究，應留意蒐集。

8.名家翰墨、金石拓片等文獻或特藏，與歷代典籍相輔相成，應留意蒐集。

9.有關鄉土民俗及文史資料，受近代學者所重視，應留意蒐集。

10.有關近代明信片、古書契等資料，為研究近代民情風俗之重要參考文獻，應留意蒐集。

11.徵集當代名家手稿、日記、書牘、美術作品等資料，為研究現代文獻之第一手資料，應規劃優先蒐集、加強蒐集。

12.在版式、紙墨、印刷、裝幀各方面具有代表性的古籍，以及有關出版史、印刷史等文獻、文物，應留意蒐集。

13.具有文物價值或版本價值之外文善本古籍或文獻，尤其與中國或臺灣有關者，應留意蒐集。

14.本館缺藏而他館所有之的重要古籍文獻，應盡量蒐集其重製品；本館缺藏而他館所無者，則應盡量蒐集其正本。

15.有關古籍文獻的數位化資料，日益增多，應透過合作或交換方式盡量網羅。

16.因應讀者需要及實際情況，除上述特藏資料外，舉凡在質或量方面可形成特色之其他特藏資料，亦應多方蒐藏。

5.3.2 徵集途徑

1.採購：親自到書店訪書採購；參考書商目錄、專題書目及網路資源選書，確定書單後透過書商訂購；向提供資料的個人採購；透過書商、代理商至拍賣會參加投標獲得；透過傳播媒介公開徵求；參訪國內外古書展。特藏資料的採購，原則上以聘請多位專家學者協助審查，確認版本無誤及價值合理後再進行採購。

2.贈送：為使收藏更加豐富，除採購外，公私移贈圖書也使館藏更加豐

362

探索精品館藏：國家圖書館特色館藏的歷史發展

Exploring the Fine Collection:
The Historical Development of Special Collections in National Central Library of R.O.C. (Taiwan)

富。

3.交換：因館藏善本多為珍貴且具學術價值之版本，故國內外圖書館亦透過互惠交換方式，由雙方挑選所需古籍文獻複製成微捲、微片、數位影像，紙本複製書等形式交換。

4.重製：符合本館館藏發展政策但無法以一般採訪途徑獲得的特藏文獻、珍善圖書等，本館依據「著作權法」第四十八條規定，向其他圖書館或同性質機構請求重製或合作重製；重製方法包括掃描、拍攝、印刷、複印或其他方法有形之重複製作等。

5.國際合作：透過古籍文獻國際合作數位典藏計畫取得數位影像，並獲得授權進行重製或出版。

5.4 徵集工具

1.相關的書目書刊、拍賣目錄等。

2.各報刊及網路相關資料。

3.國內各特藏文獻相關資料庫。

4.訪問學界耆老、民間藏書家、主題書店或舊書店等。

5.5 館藏評鑑與維護

5.5.1 館藏評鑑

依據本館《館藏發展政策》〈通則〉之館藏評鑑 1.6.1 辦理。並不定期邀請學者專家就採購之圖書版本、價值及館藏分級管理維護、推廣等相關事宜給予專業意見和建議。

5.5.2 館藏維護

本館以典藏國家文獻為職責，對於影響館藏書刊資料保存維護之因素，均加以重視並隨時注意維護。

1.在典藏環境方面，依據「國家圖書館特藏文獻管理維護作業要點」辦理相關維護作業，善本書庫內保持恆溫 20℃、相對濕度 55-60%，減少因溫濕度的變化對紙質文獻造成的損傷；防光害，採用低紫外線燈管；安裝防盜、消防及保全設備，定期檢測，確保其功能正常有效運作，

並有中央系統 24 小時監控。

2. 在文獻修復方面，依據分級典藏原則，針對不同級別之古籍文獻如國寶、重要古物、一般古物、普通本古籍等注意其破損情形，延請專業修裱人員，針對不同級別之古籍，按破損程度之不同，應用修裱技術及科學方法，修護因自然劣化、蟲蛀或人為破壞等對文物造成的損傷，期能恢復其原有的樣貌及延長其使用年限。

3. 在文獻管理方面，依據「中央政府各機關珍貴動產、不動產管理要點」相關規定，每月定期報部備查並辦理珍貴動產典藏維護事宜。依據「文化資產保存法」相關規定辦理國寶、重要古物等之公告及典藏維護事宜。依據「國家圖書館特藏文獻盤點作業要點」定期抽點及盤點，並訂定庫房管理、展覽、攝影、複印、複製等作業規定。

附錄二
深度訪談：前言說明

　　您好！我是政治大學圖書資訊暨檔案學的博士生鍾雪珍，目前正在做研究論文的資料收集工作。我的論文題目是「**我國國家圖書館特色館藏歷史發展研究**」，探討我國國家圖書館特色館藏發展的相關議題。

　　本研究採用三種研究方法：文獻分析法、歷史研究法與深度訪談法，以便收集各種相關資料。首先運用文獻分析法探討三個理論：1.特色館藏的發展，包含特色館藏的緣起、特色館藏的定義與內涵與特色館藏發展與管理；2.國家圖書館功能與特色館藏發展，包含國家圖書館功能之探討、網路時代國家圖書館之新功能與國家圖書館與特色館藏發展之探討；3.數位時代特色館藏發展，包含特色館藏的發展趨勢之觀察、圖書館與特色館藏發展議題與特色館藏發展政策。

　　其次，本研究採用歷史研究法進行我國國家圖書館特色館藏的歷史發展之研究，自 1933-2017 年，共有 84 年歷史的國家圖書館的五個時期的歷史階段為研究架構，分別是：1.籌備時期（民國 22-26 年）；2.抗戰西遷至正式成立及復員期（民國 27-37 年）；3.遷臺復館時期（民國 38-65 年）；4.文化建設時期（民

366

探索精品館藏：國家圖書館特色館藏的歷史發展
Exploring the Fine Collection:
The Historical Development of Special Collections in National Central Library of R.O.C. (Taiwan)

國 66-84 年）；5.網路及自動化應用時期（民國 85-106 年）。以五個階段之六個
重要歷史發展要項：1.歷史背景與重要事件；2.組織結構；3.特色館藏相關歷史
發展，包含(1)特色館藏之建置計畫；（2）特色館藏之來源徵集及內容與特色；
（3）特色館藏相關法規；4.出版品；5.服務（技術服務、讀者服務、建置服務
系統、行銷）；及 6.國內與國際交流合作，例如：數位化發展相關議題之探討。
最後，輔以訪談研究法，以收集不同面向之實際參與特色館藏發展實際經驗、
觀點、意見與建議。

  21 世紀迎接網路與數位科技的衝擊，國外先進國家的國家圖書館運用科學
管理技術於特色館藏發展，例如：加強相關政策規劃、館際互動與國內外的合
作計畫等。陸續推動的相關的計畫與策略，例如包括 1.制訂「特色館藏發展相
關政策」：配合國家圖書館職掌制訂特色館藏發展的相關政策，包含推動圖書館
特色館藏的徵集「特色館藏資源的徵集計畫」、有關於特色館藏資源整理與典藏
的「特色館藏資源典藏政策」；2.「特色館藏資源數位化政策」：將既有特色館
藏實體資源加以數位化，而數位化作業需要與相關圖書資訊界與數位出版產業
界合作，需制訂相關作業規範與指引；3.「特色館藏資源保存政策」：制訂保存
政策，以維護特色館藏資源可以長久使用；4.「特色館藏資源行銷」：針對特色
館藏資源進行加值利用與推廣，這些值得關注的新議題，可一併討論。

附錄三

深度訪談：受訪同意書

　　您好！本次訪談目的是希望借重您對本議題的資深經驗，提出您實際參與特色館藏發展之經驗、或是從事研究之看法與建議。預計訪談 15 位，包含我國國家圖書館特色館藏相關主管、實際工作館員與圖書資訊學者專家。經過整理訪談記錄，以歸納出對於我國國家圖書館特色館藏發展（1933 年-2017 年）84 年以來，過去發展、現況與未來發展的看法與建議。

　　本次訪談基於研究倫理，採匿名處理，以不公開受訪者之姓名為原則。所有內容將作整體記錄與分析，不會針對個人發言內容做單獨註記，請您依據實際心得發言。在訪談過程如果有無法回答或不清楚部分，都可以隨時提出疑問暫停訪談或是退出研究，請安心。

感謝您接受本研究之訪談！

368

探索精品館藏：國家圖書館特色館藏的歷史發展

Exploring the Fine Collection:
The Historical Development of Special Collections in National Central Library of R.O.C. (Taiwan)

訪談時間：中華民國　年　月　日（星期　）

訪談地點：————————————————

受訪者簽名：——————————————————

附錄四

深度訪談：訪談大綱

1. 請問您有關國內外圖書館與資料單位對於特色館藏的緣起、定義、內涵、與發展管理之看法與意見？

2. 依據國內外文獻對於國家圖書館的功能與任務之研究結果以收集國家珍貴文獻為首要任務。您認為以國家圖書館的功能與任務在特色館藏的發展應該扮演何種角色？意見為何？

370

探索精品館藏：國家圖書館特色館藏的歷史發展

Exploring the Fine Collection:
The Historical Development of Special Collections in National Central Library of R.O.C. (Taiwan)

3. 我國國家圖書館特色館藏歷史發展有五個階段，您的參與經驗及經歷？或有任何看法、意見及建議？

4. 我國「國家圖書館館藏發展政策」之章節「特藏文獻」內容，需要修改部分的意見？與實際作業有無需要修改或是調整之處的意見或是建議？

5. 請問您對於數位時代特色館藏的重要發展議題的看法、意見與建議？

6. 我國國家圖書館發展現況如何？問題與建議？

附錄五

特藏古籍文獻複製品借印出版管理要點

中華民國 100 年 10 月 13 日臺圖特字第 1000003378B 號令訂定

中華民國 101 年 3 月 8 日臺圖特字第 1010000770B 號令修正第七點

中華民國 102 年 3 月 15 日國圖事字第 1020000797B 號令修正第二點

一、國家圖書館（以下簡稱本館）為發揚中華文化，擴大館藏古籍文獻之流傳，
特訂定本要點。

二、本要點所稱特藏古籍文獻複製品，係指保存於本館特藏文獻組善本書庫內
之善本古書、普通本線裝舊籍，以及簡牘、拓片等相關文獻之複製品。

借印出版特藏古籍文獻，應就複製品為之。

前項複製品所需工本費由申請借印出版者負擔。

三、借印本館特藏古籍文獻複製品之出版品應註明原件係「國家圖書館」所藏。

372

探索精品館藏：國家圖書館特色館藏的歷史發展

Exploring the Fine Collection:
The Historical Development of Special Collections in National Central Library of R.O.C. (Taiwan)

　　出版品應維持原件版式，不得塗抹增刪。

四、借印本館特藏古籍文獻複印品者，宋元版一次以五部為原則，明清版、稿本、鈔本一次以二十部為原則。須俟每次履行契約後，始得再行申請借印。

五、凡向本館申請借印出版特藏古籍文獻複製品，均應備函，提具詳細借印出版計劃，載明申請者基本資料、出版品名、出版宗旨、借印內容、出版方式等事項。本館得要求申請者就其申請提出補充資料或說明。申請者未依本館要求者，視為放棄申請。本館得邀請學者專家就申請借印之出版或再版計畫進行審查，審查通過後方予借印。

六、借印本館特藏古籍文獻複製品者，經通知同意其借印出版後，應與本館簽訂借印契約，並應在所定期間內辦理借印手續。逾期未辦理者，視同放棄申請。借印契約由雙方另行擬定。

七、借印本館特藏古籍文獻複製品，其出版品質低劣者應視為違規，其處理方式在借印契約中擬定之。

　　借印本館特藏古籍文獻複製品者，應於出版後依下列出版品數量贈送本館：

　　(一)國寶級古物依印製數量的十分之三。

　　(二)重要古物級依印製數量的十分之二。

　　(三)一般古物級及其他古籍文獻依印製數量的十分之一。

　　出版品僅部分借印自本館；或僅以本館館藏配補缺卷缺頁者，俱於契約內約定贈送數量。

　　本館得視情況與申請者約定其他贈送方式。

八、本要點經本館館務會議通過後施行。

附錄六
國家圖書館特藏古籍文獻
保管要點

中華民國七十八年二月十三日第三次館務會議通過
中華民國八十八年九月二十日第十四次館務會議修正通過
中華民國九十年二月十九日第三次館務會議修正通過
中華民國九十二年四月八日第五次館務會議修正通過

一、國家圖書館（以下簡稱本館）為妥善保管特藏古籍文獻，特訂定本要點。
　　本要點所稱特藏古籍文獻，係指保存於本館特藏文獻組善本書庫內之善本
　　古書、普通本線裝舊籍，及簡牘、拓片等相關文獻、文物。

二、特藏文獻組所屬空間應設有妥善的安全防護系統及措施。

三、善本書庫除管理人員外，其他人員禁止隨意進出善本書庫；如因公務或其
　　他需要，須經館長或特藏文獻組主任同意，並登記後，由善本書庫管理人
　　員或經特藏文獻組主任同意之本館人員陪同，始得進出。

四、特藏文獻組安全維護請駐衛警協助，並依緊急作業程序處理。

五、本館設值夜人員，遇火警、竊盜等緊急事故，立刻報請本館特藏文獻組主
　　任及上級處理。

六、善本書庫管理人員每日開啟書庫門之後，或關閉書庫門之前，須仔細檢查
　　書庫內之門窗、燈具等。

七、善本書庫內嚴禁煙火及攜入、存放各種危及特藏古籍文獻安全之物品。

八、善本書庫機電設備列入本館機電設備統一維護項目，並定期檢查。

九、善本書庫、善本裝裱室、善本展示櫃等所使用照明燈具以無紫外線燈管為
　　原則。

十、善本書庫應定期清潔除塵及更換空調過濾網；隨時汰換天然樟腦丸。

十一、善本書庫應經常保持溫度攝氏二十度，相對濕度百分之五十至六十。

十二、所有特藏古籍文獻須經燻蒸殺蟲後，始得存放於善本書庫。

十三、善本書庫管理人員須隨時檢查藏品情況；特藏文獻組主任每兩個月至少
　　　抽查一次；館長得隨時親自或派員抽查。檢查或抽查紀錄，應簽報呈核
　　　備查。

十四、善本書庫管理人員須憑特藏古籍文獻借閱單辦理調閱手續。特藏古籍文
　　　獻借閱單分為三聯：第一聯由管理人員保存，第二聯隨資料點交善本書
　　　室服務人員，由服務人員點交借閱者後保存，第三聯於提調資料時置於
　　　書櫃內該資料原位。借閱者歸還資料時依相反程序點交入庫。
　　　特藏文獻組人員因考訂或其他業務需要提用善本圖書資料，仍須填妥借
　　　閱單。無論使用完畢與否，當日中午及下班前必須歸還入庫。

十五、善本書庫管理人員提出特藏古籍文獻及歸位時，應注意是否與其籤條所
　　　登錄情況相符。

十六、善本書庫管理人員每次提出特藏古籍文獻時，應立即將書櫃上鎖，不得
　　　留待其歸位後再鎖。

十七、特藏古籍文獻因需要而攜出館外前，應先經館長核准，並有特藏文獻組
　　　人員護送；限當日下班前歸還書庫。如在館外展出，尚須先擬定詳細方
　　　案報部核定。

十八、本要點經館務會議通過後施行，修正時亦同。

附錄七

善本室閱覽須知

中華民國 102 年 3 月 20 日國圖事字第 1020000835B 號令訂定

一、國家圖書館（以下簡稱為本館）為便利閱覽人士利用本館特藏古籍文獻，
　　特訂定本須知。
　　本須知所稱特藏古籍文獻，係指保存於本館特藏文獻組善本書庫內之善本
　　古書、普通本線裝舊籍，及簡牘、拓片等相關文獻、文物。

二、基於維護國家珍貴文化財產，借閱特藏古籍文獻以重製品為原則。如欲閱
　　覽原件，須以書面申請，經館長或特藏文獻組主任同意後始得借閱。

三、閱覽特藏古籍文獻原件，務請遵守下列規定，違者依本館閱覽服務規則處
　　理，其情節嚴重者移送法辦：

　　（一）閱讀前，請先將雙手擦拭乾淨；閱讀時須戴上口罩、手套。

　　（二）不得在特藏古籍文獻上塗寫任何文字或記號；若需抄寫筆記時，請一
　　　　　律使用鉛筆。

　　（三）閱覽時，不得將雙手或任何物件壓置特藏古籍文獻上，應將特藏古籍
　　　　　文獻平置桌上，並避免捲摺、急速翻葉及其他足以損毀特藏古籍文獻

376

探索精品館藏：國家圖書館特色館藏的歷史發展
Exploring the Fine Collection:
The Historical Development of Special Collections in National Central Library of R.O.C. (Taiwan)

之動作。

（四）未經許可，不得攜入與攝影、複製有關之器材。

四、讀者借閱資料，每人每次至多為三部。

五、借閱資料，限在善本室閱覽，不得攜出室外。

六、申請複印特藏古籍文獻，以利用重製品為原則。

七、各大學為其師生申請到館利用特藏古籍文獻進行教學，須於事前函洽。

八、本須知未規定之事項依本館閱覽服務規則辦理。

九、本須知經本館館務會議通過後施行，修正時亦同。

附錄八

國家圖書館特藏資料借展作業要點

中華民國 99 年 3 月 5 日台圖特字第 0990000705B 號令訂定

一、國家圖書館（以下簡稱本館）為發揮典藏功能，宏揚傳統文化及配合社會教育機構推廣圖書及歷史文物展覽，特訂定本要點。

二、本要點所稱「借展」，係以國內公私立文教機構，商借本館藏品，用於非營利性展覽為原則。

三、國外借展之條件由本館與借展人另行商議並逐案報請中央主管機關核准後辦理之。國外借展係指與我國有互惠待遇友邦國家之政府機構或與本館有互惠待遇之世界著名圖書館、博物館等文教機構為限。

四、本作業要點所稱特藏資料，係指本館所藏之下列藏品：

（一）善本書。

（二）普通本線裝書。

378

探索精品館藏：國家圖書館特色館藏的歷史發展

Exploring the Fine Collection:
The Historical Development of Special Collections in National Central Library of R.O.C. (Taiwan)

（三）明信片。

（四）古文書。

（五）外文百年圖書。

（六）年畫。

（七）其他特藏資料等。

五、凡向本館借展藏品者，須檢附展覽計畫書、借展清單、數量、展覽期限、
借展單位、負責人姓名等資料，於三個月前以正式公文預先送交本館徵求
同意，經本館評估符合規定後，雙方簽訂「借展合約書」（附件 1），並提
交借展期間「藏品牆對牆保險」（意即自展品離開原儲存地點開始到展出地
點往返之運輸途中以及展出期間，都在保單的保險範圍內），保險金額由本
館訂定，並註明以本館為要保人及受益人。

但本館藏品中，倘有狀況不適借出者，本館將不出借或以複製品形式出借。

六、提借及歸還之手續由申請單位事先約定日期、時間，親自來館辦理，當面
點交辦妥簽收手續，並核對填具「借展品狀況書」（附件 2）作為展品歸還
時比對之依據；借展單位歸還借展品時，須經本館相關人員檢視點交，並
核對借展品狀況無誤後，再填具「借展品歸還註銷單」（附件 3），始完成
歸還手續。

七、借展單位應負責借展期限內展品之安全維護與管理，因考慮保管因素，借
展期限以不逾二個月為原則；借展品於開展前一周提借，並於展覽結束後
一周內歸還，如需延期，應先徵得本館同意。

八、借展品除可收錄於展覽簡介或圖錄外，非經本館同意，不得複製或轉借。
若須用於相關文宣、印刷物或其他加值產品等，須於申請時一併提出，經
本館審酌後決定。因展覽衍生之任何出版品（紙張或電子）或加值產品、
錄影節目等，應無償送交至少三份予本館留存。

九、借展品展出期間，應逐冊（件）標明「國家圖書館珍藏」或「國家圖書館
提供」字樣。若應用於相關文宣、印刷物、電子出版品或其他加值產品、
攝影、錄影等，亦需加註標明。

十、展覽期間內任何攝影或錄影，需先徵詢本館同意後方可進行。

十一、對於有著作權保護的借展品，借展者應先獲得作者或著作權所有人之同
意授權使用，並依著作權法相關規定辦理。

十二、借展期間，應注意借展品往返運送、展場溫濕度控制、消防及保全等相關事宜，如有破壞、污損或遺失等突發事件，借展單位應立即與本館相關人員聯繫，並填具「借展品損壞狀況報告書」（附件 4），且依投保金額負修復與賠償責任，而複製品則按實際損失賠償。

十三、前項作品之賠償，應以本館所開列保險金額為計價基礎，借展單位不得異議。

十四、因考慮藏品展出後需整理修護，借展品歸還後三個月內不再借展。

十五、其他如有違反情事，依借展合約書規定辦理。

十六、本要點經館務會議通過後實施，修正時亦同。

附錄九

國家圖書館特藏文獻管理維護作業要點

中華民國 105 年 5 月 17 日館務會議修訂通過

一、國家圖書館（以下簡稱本館）為妥善保管特藏文獻，特訂定本要點。

二、本要點所稱特藏文獻，係指保存於本館特藏文獻庫(含手稿室)內之善本古書、普通本線裝舊籍、漢簡、年畫、古文書、金石及墓志拓片、明信片、名家手稿、書畫、古地圖、雕版等相關文獻、文物。

三、本要點所稱之特藏文獻庫管理人員，指由特藏文獻組組主任指定專責辦理特藏文獻庫管理業務之該組同仁。

四、特藏文獻須經冷凍、低氧或燻蒸除蟲後，始得存放於特藏文獻庫。

五、特藏文獻庫應設有妥善的安全防護系統及措施，安裝防盜及保全設備，中央系統 24 小時監控。

六、特藏文獻庫之環境維護：

    (一) 特藏文獻庫管理人員每日開啟庫門之後，及關閉庫門之前，須仔細檢查庫內之門窗、燈具等。

    (二) 庫內嚴禁煙火及攜入、存放各種危及特藏文獻安全之物品。

    (三) 庫內空調、機電設施列入本館空調、機電設備統一維護項目，每月定期檢查，預防及排除可能造成損害之不良因素。

    (四) 庫內消防設備，每年應由秘書室統一安排進行維護檢測，確保其正常運作；另於定點安置滅火器，供緊急時操作使用，並應於有效時限內定期更換。

    (五) 庫內所使用照明燈具以無紫外線燈管為原則，以降低光線對特藏文獻等的傷害。

    (六) 庫內應經常保持溫度攝氏二十度，相對濕度百分之五十至六十，減少因溫濕度變化對特藏文獻的損傷。

    (七) 庫內應定期清潔除塵及更換空調過濾網，隨時汰換天然樟腦丸。

七、特藏文獻庫遇火警、地震等緊急事故，應依「國家圖書館特藏文獻庫緊急應變處理作業要點」處理。

八、特藏文獻庫門禁卡由特藏文獻組組主任及特藏文獻庫管理人員保管，其他人員禁止隨意進出，如因公務進出庫時，須由特藏文獻庫管理人員及經特藏文獻組組主任授權人員陪同始得進出。

九、進出特藏文獻庫須於「進出登記簿」登記時間、姓名、單位、事由、入庫時間、出庫時間、特藏文獻組證明人等欄位內容。

十、公務進出特藏文獻庫需符合下列情形之一：

    (一) 讀者申請調閱。

    (二) 藏品入庫及維護修復。

    (三) 定期修繕、檢測相關設備及環境清潔維護等。

    (四) 進行盤點、定期抽查。

    (五) 緊急修繕。

    (六) 處理緊急災難。

十一、外賓參訪特藏文獻庫，應由相關單位簽請館長同意後辦理。

十二、特藏文獻之提借、歸架入藏：

    (一) 特藏文獻庫管理人員須憑「特藏文獻借閱單」辦理讀者提借閱覽及歸架手續。

    (二) 「特藏文獻借閱單」分為三聯：第一聯由特藏文獻庫管理人員保存，

第二聯隨資料點交善本書室服務人員核對，由服務人員點交借閱者後保存，第三聯於提借時置於典藏櫃內該資料原位。

(三) 資料歸還時由善本書室服務人員依第二聯點收，再交由特藏文獻庫管理人員依第一聯核對無誤後，歸架入藏，並將置於典藏櫃內的第三聯抽回。

(四) 本館人員因研究或辦理展覽前檢視、數位化作業等其他業務，需要提用特藏文獻資料時，仍須填妥借閱單，並加註提借用途。

(五) 提借特藏文獻資料，無論使用完畢與否，當日中午及下班前必須歸還入庫。

(六) 特藏文獻庫管理人員提出特藏文獻及歸位時，應注意是否與所登錄情況相符。

(七) 特藏文獻庫管理人員每次提出特藏文獻時，應立即將典藏櫃上鎖，不得留待其歸位後再鎖。

十三、特藏文獻因需要而攜出館外前，應先經館長核准，並有特藏文獻組人員護送；限當日下班前歸還。

十四、特藏文獻之借展，依「國家圖書館特藏資料借展作業要點」辦理；如由本館辦理專案展覽則應擬具計畫簽請館長同意後辦理。

十五、本要點經館務會議通過後施行，修正時亦同。

附錄十

國家圖書館特藏文獻盤點
作業要點

中華民國 105 年 4 月 19 日館務會議修訂通過

一、國家圖書館（以下簡稱本館）為落實特藏文獻藏品之管理，依據國有財產
　　法第六十一條暨中央政府各機關珍貴動產不動產管理要點第十七條，訂定
　　本要點。

二、本要點所稱特藏文獻，係指保存於本館特藏文獻庫(含手稿室)內之善本古
　　書、普通本線裝舊籍、漢簡、年畫、古文書、金石及墓志拓片、明信片、
　　名家手稿、書畫、古地圖、雕版等相關文獻、文物。

三、本要點所稱之特藏文獻庫管理人員，指由特藏文獻組組主任指定專責辦理
　　特藏文獻庫管理業務之該組同仁。

四、特藏文獻庫管理人員應每年定期進行盤點及抽查作業。

五、特藏文獻之盤點，以六年為一盤點周期，並應分年度訂定盤點計 畫，簽請館長同意後辦理，盤點結果應簽報陳核備查。

六、特藏文獻庫管理人員每季應簽請館長指派館內人員或邀請館外人員，會同特藏文獻組組主任抽查，抽查結果應簽報陳核備查；館長得隨時親自抽查。

七、為維護特藏文獻之完好，進行抽查、盤點作業時，人員需配戴口罩、手套；小心以手持拿並檢查保存狀況，注意是否有破損、老化等需修護情形並加以註記。

八、本要點經館務會議通過後施行，修正時亦同。

附錄十一

國家圖書館手稿資料徵集要點

中華民國 102 年 2 月 22 日核訂通過

一、國家圖書館(以下簡稱本館)職司全國文獻典藏、保存文化，為蒐藏名家手
　　稿以推動執行保存珍貴國家文獻之作業並充實本館館藏，特訂定本要點。

二、本要點所稱手稿資料，係指非印刷重製之手寫文本及圖像資料，不包括諸
　　如打字稿、影印、視聽資料、微縮資料、剪報、電腦檔案等其他資料形式，
　　若原件無法取得，本館可藏影印或複寫。

三、本館蒐藏我國現代及當代名人手稿資料。名人意涵概包括如政府首長、政
　　治家、重要文官、軍事將領、外交官、學術界人士、科學家、作家、藝術
　　家、宗教家、教育家、法官律師、媒體人士、地方士紳等對社會文化卓有
　　貢獻之人士。

四、本館蒐藏外國重要人物之手稿資料，尤以對我國發生影響之外國人士。

五、本要點所稱手稿資料之形式，手寫文本包括書法、書信、小說、詩作、戲
　　劇、散文、評論、日記、筆記、樂譜、短箋等各類體例；圖像資料則包括

國畫、油畫、水彩、素描、蠟筆、粉彩、版畫、插畫、漫畫、設計圖、照片及以其他繪畫材料手作之圖繪。

六、本館接受各界捐贈手稿資料，惟資料來源必須明確合法，且贈送資料必須預先獲得本館之同意。對於未切合旨意之捐贈資料，本館得退還捐贈者或加以淘汰。

七、本館對入藏之捐贈手稿資料，得辦理各項推廣活動或進行數位化典藏，惟本館亦請捐贈者或著作權所有人提供充分授權。

八、本館典藏之手稿資料之出版、展覽、外借等活動，依本館特藏文獻相關規定辦理。

九、本要點經陳奉館長核定後實施，修正時亦同。

附錄十二

「我國國家圖書館特色館藏歷史發展研究」博士論文中英文摘要、謝辭

一、中文摘要

　　資訊時代是特色館藏發展的黃金時期，特色館藏發展已成為學術圖書館的一項重要任務及大學評鑑指標之一，更是國家圖書館的首要功能及任務。本研究探討我國國家圖書館特色館藏歷史發展，自 1933 年籌備處迄今 2017 年，84年來相關發展的時空情境、歷程性發展要項及管理策略；尤其面臨資訊時代數位化衝擊之下的作業現況、困難與發展策略。

390

探索精品館藏：國家圖書館特色館藏的歷史發展
Exploring the Fine Collection:
The Historical Development of Special Collections in National Central Library of R.O.C. (Taiwan)

　　本研究的五個研究目的，包含 1.探討分析特色館藏之緣起及內涵與發展管理；2.探討分析國家圖書館功能變遷與特色館藏發展的關係；3.探討我國國家圖書館特色館藏在不同時期歷史背景及重要歷史發展與演變；4.探討分析數位時代我國國家圖書館特色館藏之作業現況、發展與問題。包含特色館藏之館藏描述、特色館藏發展政策、特色館藏數位化、特色館藏保存與特色館藏行銷之現況與特點；5.分析與歸納我國國家圖書館特色館藏歷史發展之成果，及未來推動計畫與發展方向，並提出建議以供我國國家圖書館及圖書資訊界參考。

　　本研究運用三種研究方法，首先運用文獻分析法瞭解特色館藏緣起、內涵與發展管理，分析特色館藏與國家圖書館功能變遷之關係、及探索數位化特色館藏發展管理相關議題；繼以，歷史研究法探討我國國家圖書館特色館藏歷史發展及各階段發展重點；最後，輔以訪談研究法，訪談我國國家圖書館的特色館藏業務相關主管、實際作業人員及相關學者專家 15 位專業人士，收集各階段個人所親身經歷的特色館藏發展重要事件。

　　本研究獲得五項結論議題，包含 1.特色館藏之緣起及內涵與發展管理：特色館藏是具有資訊時代發展意涵的新學術名詞，起源歷史長久，必須與一般館藏分開處理。本學術名詞緣起自 1940 年代，至 1980 年代已發展為被廣泛接受及使用於學術圖書館，是具有資訊時代新意義的名詞。包含狹義的善本書、手稿與檔案，及廣義的特殊版式，具歷史、文化、政治、科學等獨特性或代表性的重要人物及機關資源，同時亦包含數位時代的數位資源；2.國家圖書館功能與特色館藏關係：因各國政治、社會與文化差異而稍有不同，然均以完整典藏代表國家歷史文化的珍貴特色館藏文獻為首要功能，作為永傳後世的國家資產。數位時代國家圖書館逐步增加新功能，包含規劃善本古籍數位化計畫、建立數位發展伙伴及結盟、建立國內及國外合作交流及推動資訊素養與終身學習教育等業務；3.我國國家圖書館特色館藏之歷史發展：國家圖書館自籌備處成立已有 80 多年歷史，分為五個階段進行探討，各有不同的歷史發展與業務重點；4.我國國家圖書館特色館藏發展政策：有助於館藏發展與實際作業執行，是強化特色館藏發展的一份規劃性與指導性文件，2017 年的《國家圖書館館藏發展政策》說明「特藏文獻」蒐藏範圍的內容有 15 種類型；5.數位時代的國家圖書館特色館藏發展：「數位化是一個機會，而不是一個問題」，數位化時代國家圖書館的特色館藏發展任務是一直擴增的。必須整合運用數位化相關技術去進行創新，包含數位化計畫之推動、數位化技術、數位化保存、合作數位化及

合作行銷等。

　　本研究提出之建議包含 1.善用相關的新興科技於特色館藏之發展管理；2.成立特色館藏研究發展部門及「特色館藏合作研究小組」；3.規劃國內外數位化合作結盟計畫為特色館藏核心業務;4.持續定期制訂及修改特色館藏相關服務管理法規；5.培育特色館藏發展管理之專業人才；6.維護跨組合作協力特色館藏業務發展之歷史傳統；7.增加特色館藏發展之預算挹注及申請補助案；8.定期召開特色館藏發展管理與服務相關的檢討會議；9.積極宣傳與推動成立特色館藏相關學會或興趣團體組織；10.重新編寫「善本書志」並善用國內外相關學院科系之人力與資源。

　　關鍵字：特色館藏、館藏發展政策、中文古籍、館藏數位化、數位保存、
　　　　　　國家圖書館、館藏行銷

392

探索精品館藏：國家圖書館特色館藏的歷史發展

Exploring the Fine Collection:
The Historical Development of Special Collections in National Central Library of R.O.C. (Taiwan)

二、英文摘要　Abstract

The information age is the golden age for the development of special collections. In the information society, special collections represent not only the heart of an academic library's missions, but also one of the identifiers of a research library in the information age. One of the fundamental tasks of a national library is to acquire, preserve, and make accessible of nation's historic or cultural heritage resources, including manuscripts, archives, rare books, public records etc., and born digital special collections material.

The aims of this study are to investigate the historical development of special collection in National Central Library of R. O. C. (Taiwan), from 1933 to 2017. During these 80 years, the important factors surrounded by special collection historical development will be discussed, including critical, political, social, cultural, and historical important events, organizational structure changes, special collection relative developments, special collection publications, services, and international & national interchanges.

This study adopts three qualitative research approaches, including literature review research methods, historical research methods and in-depth interview research method. Fifteen librarians working in NCL Special Collection Division participated in the interview research process and provided vivid and detailed working experiences in special collections development.

Based on literature review of special collection and national library's functions, searching data, NCL special collection historical development results and in-depth interviews conclusion, this study has the following findings: (1) Special collection dated back at least to the 1940's till 1980's became a popular and commonly-used term in the modern library. Special collections as a term is defined in the modern sense, depending on age, scarcity, market value, subject matter, condition, or physical format. They include rare books, manuscripts, archives, maps, games, and digital materials; (2) The role of national library varies in size and functions, basically including the preservation of the national publications by legal deposit and the compilation of national bibliographies. Its first high priority is to acquire and preserve the historical and cultural heritage collection of manuscripts, rare books, archives and other digital special collections for the future generations. In digital age, the new tasks of national libraries include: to forge new partnerships and to work collaboratively, nationally and internationally, and to promote citizens' information literacy; (3) Starting from 1933 to 2017, the historical development of special collection in National Central Library of R. O. C. (Taiwan) is a sustainable development process, in five historical development stages with an emphasis on different special collection development focuses; (4) The special collection development policy of National Central Library of R. O. C. (Taiwan) is a useful guideline for the workplace practice in special collections development. The most recent special collection development policy of National Central Library was published in 2017, with 15 categories of special collection materials defined; (5) In the new information society, the digitalization technology brings a lot of new opportunities to national libraries. Digitalization is an important new task for a national library to adopt and to explore new territories, including digital technology, digital preservation, digital cooperation, and digital marketing. Through the special collections collaborative digitalization project, nationally and internationally, the national libraries create new resources, winning more national and international prestige.

The major suggestions of the study are as follows: (1) Adopting and making best use of new technology in special collections development and management.; (2) Building a special collections research and development teamwork group, focusing on academic research planning jobs; (3) Establishing the special

394

探索精品館藏：國家圖書館特色館藏的歷史發展

Exploring the Fine Collection:
The Historical Development of Special Collections in National Central Library of R.O.C. (Taiwan)

collections collaborative digitalization project, nationally and internationally, as a core mission of National Central Library of R. O. C. (Taiwan); (4) Prolonging or formulating the special collection's management regulations, revise regularly to pursue efficiency; (5) Educating more special collections professionals and providing more life-long learning resources; (6)Sustaining the inter-organizational cooperation traditions in the special collections development of National Central Library of R. O. C. (Taiwan); (7) Enhancing the special collections reliable funding and applying for more grants to support the development; (8) Organizing more self-evaluation and review meetings with stakeholders, users, and librarians, to make special collections accessible to the public; (9) Helping draft missions for special collections associations and sponsoring interest groups activities; (10) Compiling descriptive catalogs for the special collection, such as creating databases with scholars and teachers of History or Chinese Literature Department of Taiwan's universities.

Keywords: National Libraries、Special Collections、Collection Development
              Policy、Collection Marketing、Collection Development、Chinese
              rare books、Digitalization Preservation

三、謝 辭

～時時有機會、處處有貴人～

　　時時有機會、處處有貴人，是生命中最珍貴、最值得記憶與最感恩的一種境界與覺察。人類自出生，因著無數愛心的支持與陪伴，時時不孤單、時時有力量，得以勇敢迎接各種挑戰。博士班修業是一個較長時程的學習訓練，有如參加一場馬拉松賽跑，必須一關一關通過嚴格的學習訓練與成效要求，按部就班的推進，才能順利達標。

　　感謝「國立政治大學圖書資訊與檔案學研究所」優質團隊，上下一心、同心協力，歷任所長、授課老師與助教們的熱心服務、指導與照顧。課堂上，師生們一起愉快學習與自在討論，沐浴在追求知識以及悠遊古今、與先知、聖賢者為伍的無限廣闊天地，感謝有緣作伴一同修課、切磋琢磨的可愛同學們。感謝指導教授蔡明月老師的細心指引，論文得以一章一章順利完成。感謝論文預審及口試的委員們，曾淑賢館長、黃鴻珠老師、薛理桂老師與王梅玲老師，熱心付出您們的寶貴時間及提供修改意見與建議，促成本論文的寫作得以更嚴謹、內容更臻完整與豐富。

　　本論文最愉快的學習經驗是進行訪談研究的工作歷程，可謂「國圖總動員」，感謝 15 位受訪者，包含國家圖書館歷屆館長、資深主管與同仁們協助。受訪者熱情分享特色館藏發展管理的個人實際工作經驗，透過生龍活虎的口述歷程，回返青春輝煌的年少時代，受訪者們竭盡心力地執行任務，令人動容，國家圖書館特色館藏發展各歷史階段的關鍵人物及重要事件也歷歷再現。感謝我國家圖書館的好長官及同事們，我深深以您們為榮。本訪談研究順利收集到精彩與難得的研究資料，獲益良多，尤其是受訪者的真誠分享，超過我的預期想像，致上無限敬意及謝意。感謝熱情教授「質

性研究」課程的政治大學的馬藹萱老師，您授課的訪談研究內容真有趣又實用。

感謝熱愛運動的舞蹈班、瑜珈班與氣功班老師及同學們陪伴。感謝天天一起開心跳舞的郭銹菊老師及全班好同學，您們的認真、恆心、行動力與活潑力，肯定是新時代的「臺灣之光」，值得敬佩。大家總是真誠及熱情的互相鼓勵、關心及分享。運動可幫助人類大腦分泌快樂嗎啡，協助我維護住健康身體與活潑心靈。透過規律運動及認真保養健康，才能持續保住好體力及穩定好心情，得以順暢及愉快跑完馬拉松式的博士學習之旅。

感謝我的好朋友及好鄰居們，小學、國中、高中、大學同學、國家圖書館好同事們。政大公企圖書館學分班、世新大學終身教育學院圖書館學分班、淡江大學資圖系及英文俱樂部同學 Alice, Bob, Lydia, Linda, Rosa。感謝您們熱情陪伴與共度美好時光！一起學習、一起快樂與幸福！

最後感謝我的家人，感謝家中長輩們、父母親及弟兄姊妹們的支持及陪伴。六年博士修習過程中，幸運地有瑋兒的陪伴，他也同時完成大學與研究所學業。每每夜半時刻，投入偏鄉英語學習教育的先生陳超明自臺灣各地的偏鄉工作疲憊歸來，總見我們母子兩人仍處於燈火通明，淪陷在論文大戰中，親眼見證兩人的奮鬥，他總是默默會心一笑。今日，母子檔同時完成碩士論文與博士論文的撰寫，也同時順利畢業。我的家庭三位成員，都曾下足功夫，努力寫出各自的學位論文，囿於個人有限的學識及能力，不盡完美。但是，對於臺灣博碩士學位論文的生產與典藏，希望有小小小貢獻啊！

博士修習是攀登學術巔峰，是個人生命中一件值得珍惜、記憶與感恩四周人協助及陪伴的大事件。博士論文是一份學術研究的練習作品，限於個人的時間、體力、知識力及智慧力，內容難以完美無暇、無懈可擊；但肯定是一位研究生曾燃燒生命、努力參與推動人類文明及傳承人類知識及智慧之真實奮鬥的書寫紀錄。不足之處，尚祈先進與同道們包涵指教。

博士論文將列入國家檔案永久典藏，正式收錄為國家重要的學術文化

資產。如有榮耀都是大家的賜與、合作及共享。感謝您們一路陪伴，時時
給我鼓勵與力量。

時時有機會、處處有貴人，一生的貴人們一起共享共榮吧！

謹誌

於臺北木柵

中華民國 106 年 6 月 6 日

國家圖書館出版品預行編目(CIP) 資料

探索精品館藏：國家圖書館特色館藏的歷史發展 /
鍾雪珍著. -- 初版. -- 臺北市 ： 元華文創，民
107.10
　　面； 　公分

ISBN 978-957-711-029-9 (平裝)

1.國家圖書館 2.館藏發展 3.善本

023.52　　　　　　　　　　　　107015612

探索精品館藏：國家圖書館特色館藏的歷史發展
Exploring the Fine Collection: The Historical Development of Special Collections in
National Central Library of R.O.C. (Taiwan)

鍾雪珍　著

發 行 人：陳文鋒
出 版 者：元華文創股份有限公司
聯絡地址：100 臺北市中正區重慶南路二段 51 號 5 樓
電　　話：(02) 2351-1607
傳　　真：(02) 2351-1549
網　　址：www.eculture.com.tw
E - m a i l：service@eculture.com.tw
出版年月：2018（民 107）年 10 月 初版
定　　價：新臺幣 560 元

ISBN：978-957-711-029-9 (平裝)

總 經 銷：易可數位行銷股份有限公司
地　　址：231 新北市新店區寶橋路 235 巷 6 弄 3 號 5 樓
電　　話：(02) 8911-0825 　傳　　真：(02) 8911-0801